福建江夏学院资助

与法治丛书

周宇 著

# 美国标准与法律融合研究

厦门大学出版社
XIAMEN UNIVERSITY PRESS

国家一级出版社
全国百佳图书出版单位

**图书在版编目（CIP）数据**

美国标准与法律融合研究 / 周宇著. -- 厦门 ：
厦门大学出版社，2022.11
（标准与法治丛书）
ISBN 978-7-5615-8642-6

Ⅰ．①美… Ⅱ．①周… Ⅲ．①标准化法－研究－美国
Ⅳ．①D971.221.7

中国版本图书馆CIP数据核字(2022)第105333号

| | |
|---|---|
| **出 版 人** | 郑文礼 |
| **责任编辑** | 甘世恒 |

**出版发行** 厦门大学出版社

| | |
|---|---|
| **社 址** | 厦门市软件园二期望海路 39 号 |
| **邮政编码** | 361008 |
| **总 机** | 0592-2181111　0592-2181406(传真) |
| **营销中心** | 0592-2184458　0592-2181365 |
| **网 址** | http://www.xmupress.com |
| **邮 箱** | xmup@xmupress.com |
| **印 刷** | 厦门市明亮彩印有限公司 |

| | |
|---|---|
| **开本** | 720 mm×1 020 mm　1/16 |
| **印张** | 17.75 |
| **插页** | 1 |
| **字数** | 338 千字 |
| **版次** | 2022 年 11 月第 1 版 |
| **印次** | 2022 年 11 月第 1 次印刷 |
| **定价** | 73.00 元 |

本书如有印装质量问题请直接寄承印厂调换

厦门大学出版社
微信二维码

厦门大学出版社
微博二维码

# 目　录 ■

# 绪　论

## （一）本书背景

"自第一次工业革命以来,生产秩序化、统一化和分工协作生产方式的要求突显,开启了工业标准化时代。"[①]为了提升产品或服务的安全性、互通性、兼容性以及生产的效率,工程技术人员发明了标准(standard),目的是在生产过程中获得"最佳秩序"。"1798 年美国人伊利·惠特尼应用互换性原理制造枪的零部件来无选配地大量组装来福步枪,1834 年英国人惠特沃思提出第一个螺纹牙型标准,1897 年英国商人提出钢梁生产的系列化和标准化建议,1911 年美国人泰勒研究制定了标准化的作业方法。"[②]进一步提高生产效率、降低生产成本已经成为工业时代企业发展获利的"黄金法则"。随着标准化活动的发展与推广,标准的诸多功能为人们所知,尤其在经济发展方面有着突出的贡献,人们认识到标准对提高效率和降低成本发挥着显著作用。"经英国统计,标准化对英国2015 年生产效率提升的贡献率高达 37.4%,相当于年度 GDP 增长率的28.4%,德国和法国也得出类似结论。"[③]于是越来越多产业内的其他成员为了提升生产效率与产业竞争力,都逐渐开始采用标准,标准成为科学技术领域的规范性文件,标准也就对这些成员产生了一定的约束作用,标准通过技术要求等规范手段调整科学技术领域的关系,旨在实现"最佳秩序",形成了独立的规范体系,即区别于法律等社会规范体系的技术规范体系。当前,标准已经不再只是提高生产效率、降低生产成本、实现统一化的工具,标准的治理功能也逐渐

---

[①]　麦绿波:《标准化学——标准化的科学理论》,科学出版社 2017 年版,第 53 页。
[②]　麦绿波:《标准化学——标准化的科学理论》,科学出版社 2017 年版,第 53 页。
[③]　麦绿波:《标准化学——标准化的科学理论》,科学出版社 2017 年版,第 3 页。

为人们所知,作为治理工具的标准已经逐渐开始融入国家治理中。

标准,或可称为技术标准,"是一种技术规范"①,指"通过标准化活动,按照规定的程序经协商一致制定,为各种活动或其结果提供规则、指南或特性,供共同使用和重复使用的文件"。② 法律是由国家制定或认可的规范,具有法律规范效力(强制约束力与普遍约束力)。"法又是另一套规范体系,法是人类价值观念等发展到一定程度的产物"③,"法是由国家制定或认可并依靠国家强制力保证实施的,反映由特定社会物质生活条件所决定的统治阶级意志,以权利义务为内容,以确认、保护和发展对统治阶级有利的社会关系和社会秩序为目的的行为规范体系"。④

所谓标准与法律的融合指的是,在国家的规范体系中,属于不同规范范畴的标准与法律出现相互融汇成一体的法律现象,通常表现为国家立法援引标准,体现了国家立法利用标准化活动成果的现象。⑤ "虽然两者的规范领域不同,但由于两者的领域不断扩大且产生了交织,两者共同对同一对象具有规范作用,两者互补与支撑,因此,标准之于法治具有特殊的意义。"⑥标准与法律融合的原因是两者都需要借助彼此不同的规范实现自身的规范作用。一方面,现代法治国家的方方面面都需要法治,要做到"有法可依"。因科学技术的飞速发展,新的社会关系向旧有的法律体系发起挑战,例如,核安全问题、食品安全问题、药品安全问题、产品安全问题、建筑安全要求、环境保护问题等,这些领域相较于传统领域具有较强的科学技术属性,但传统的法律调整这些领域突显疲态。科学技术领域并非法外之地,也应当被纳入法治体系中,但由于科学技术领域科学性与专业性的特点,以权利义务为主要调整方式的法律无法深入调整科学技术领域,尚需要借助科学技术领域的规范延伸法律的作用。标准作为科

---

① 柳经纬:《论标准替代法律的可能及限度》,载《比较法研究》2020年第6期。

② 《标准化工作指南 第1部分:标准化和相关活动的通用术语》(GB/T 20000.1—2014),定义5.3及其注1。尚需说明的是,依据标准的引用规范(GB/T 20000.3—2014《标准化工作指南 第3部分:引用文件》),通常采用的是"标准号在前,标准标题在后"的引用模式,例如,GB 11929—2011《高水平放射性废液贮存厂房设计规定》。本书为法学与标准的交叉研究,因此,本书调整了标准引用的规范,使其符合法学学科引用法律法规的习惯[《中华人民共和国民法典》(2020)、《中华人民共和国刑法》(2020年修正)],即"标准标题在前,标准号在后"的引用模式,例如,《高水平放射性废液贮存厂房设计规定》(GB 11929—2011)。

③ 卓泽渊:《法的价值论》,法律出版社2018年第3版,第72页。

④ 张文显:《法理学》,高等教育出版社2011年第4版,第47页。

⑤ 标准化活动的绝大部分成果是标准,其他成果还包括规范、规程、技术报告、协议、指南等标准化文件。参见白殿一、王益谊:《标准化基础》,清华大学出版社2019年版,第21页。进一步说,标准化成果还包括由这些标准化文件所形成的"最佳秩序"。

⑥ 柳经纬:《标准与法律的融合》,载《政法论坛》2016年第6期。

学技术领域的规范性文件适合调整科学技术领域的问题。因此,法律通过与标准的融合,实现了法律对科学技术领域的调整。另一方面,标准不是法律,也不具有法律的强制性效力,标准制定者面临的最大挑战是标准的实施。通过标准与法律的融合,标准获得法律效力的支撑,促进实现标准制定者所追求的技术要求(秩序)。因此,在现代国家治理体系中,标准与法律相互支撑、相互融合。

标准和法律在实现国家治理现代化中都扮演着重要角色。虽然标准与法律在制定主体、权力来源、内容、效力等方面不同,但标准与法律又有密切的关系,尤其是在产品质量安全、劳动场所安全、食品安全、环境保护、能源、医疗卫生以及社会管理等领域。"标准与法律呈现出融合的状态。不仅标准的实施有赖于法律,通过法律的规定获得法律上的强制力;而且法律的实施也需要依托标准,通过标准的技术规范或标准化工作机制而获得更佳的效果。标准与法律的融合表明标准并非游离于法治之外,标准对于法治的实现具有特殊的意义和作用。标准与法律融合体现在法律引进标准以及标准吸收法律。标准与法律的融合现象以及标准对于法治的意义和作用,是推进法治建设、实现国家治理体系和治理能力现代化的重要课题,应当引起学界的关注。"①

标准化与国家治理的现代化密不可分。"一个国家的标准化程度,从某种意义上说也反映着社会的现代化水平和国家的治理水平。"②离开标准化,政府、市场、社会治理无从谈起。标准化之于国家治理主要有以下几个方面的意义:第一,标准化确立现代国家治理规范,关乎国家治理制度化,通过各个行业的标准化建设,推动国家治理中整体标准化建设。第二,标准化为国家治理的合理化提供依据,由于效益是国家治理的重要目标,国家治理中良好的效益是建立在科学化的基础上的,而标准化正是向国家治理注入科学化元素。第三,标准化可以为国家治理现代化提供量化的指标,从而直接关系到国家治理的改革和改善。③标准化是现代社会最基本的规则,深入社会的每一个角落,成为了社会治理现代化的重要因素之一,与国家治理的现代化密不可分。一个国家的标准化程度,实际上也反映出一个国家的治理水平与社会现代化水平。④《中国共产党第十九届中央委员会第五次全体会议公报》指出,基本实现国家治理体系和

---

① 柳经纬:《标准与法律的融合》,载《政法论坛》2016 年第 6 期。

② 俞可平:《加强标准化建设以推进国家治理现代化》,载《中国国门时报》,2016 年 6 月 15 日第 3 版。

③ 参见俞可平:《标准化是治理现代化的基石》,载《理论学报》2015 年第 11 期。

④ 俞可平:《加强标准化建设以推进国家治理现代化》,载《中国国门时报》,2016 年 6 月 15 日第 3 版。

治理能力现代化是我国到 2035 年要实现的 9 方面远景目标之一。① 标准作为新兴治理工具能够有效补充传统治理工具的不足之处,并与传统治理工具融合促进实现我国国家治理体系和治理能力现代化。标准与法律的融合研究趣旨符合我国国家治理体系现代化和治理能力现代化作为两种不同治理工具在现代国家治理体系中相互融合的趋势。"在提倡实现国家治理体系和治理能力现代化的今天,国家治理中对标准的需求空前高涨,研究国家治理中的标准化,有助于促进国家治理现代化。不仅如此,标准化对于全面依法治国具有重要的支撑作用。"②

在世界范围内,各大经济体的国家治理中都能看见标准的身影,标准与法律融合已经成为世界各国国家治理中的现象级问题以及普遍现象。德国、英国的标准与法律融合模式较为相似,即政府授权具体的私营标准组织承担国家标准化管理职责,政府机构采用其制定的非政府标准,享受了民间标准化活动的成果,此种模式最大的特点为"半公半私"。美国标准与法律融合模式最大的特点为通过立法确认了美国政府机构不再制定政府专用标准,政府机构行使职权过程中产生的标准化需求,由私营标准组织制定的自愿共识标准满足,即由市场主导的标准与法律融合的模式。日本标准与法律融合模式为政府主导制定标准(即 JIS 标准与 JAS 标准),再由日本政府依据其自身的需要在法律法规中援引标准,但近年来,日本政府逐渐开始尝试利用民间标准化成果,有限地引用民间标准机构制定的非政府标准。③ 我国同样存在标准与法律融合的现象。我

---

① 《中国共产党第十九届中央委员会第五次全体会议公报》,http://www.xinhuanet.com/politics/2020-10/29/c_1126674147.htm,下载日期:2020 年 12 月 16 日。

② 柳经纬:《评标准法律属性论——兼谈区分标准与法律的意义》,载《现代法学》2018年第 5 期。

③ 参见白殿一、王益谊:《标准化基础》,清华大学出版社 2019 年版,第 232~253 页。刘春青等:《美国 英国 德国 日本和俄罗斯标准化概论》,中国质检出版社、中国标准出版社 2012 年版。刘春青等:《国外强制性标准与技术法规研究》,中国质检出版社、中国标准出版社 2013 年版。Royal Charter and Bye-laws, https://www.bsigroup.com/globalassets/Documents/about-bsi/royal-charter/bsi-royal-charter-and-bye-laws.pdf,访问日期:2020 年 12 月 15 日。Memorandum of Understanding Between the United Kingdom Government and the British Standards Institution in Respect of Its Activities as the United Kingdom's National Standards Body, https://www. bsigroup. com/Documents/about-bsi/BSI-UK-NSB-Memorandum-of-Understanding-UK-EN.pdf,下载日期:2020 年 12 月 15 日。長谷川亮一「近代日本における「標準化」の概念について」『人文社会科学研究科研究プロジェクト報告書』、第 217 集(2012年 2 月)。小山正德「工業標準化法と日本工業規格について」『電気学会雑誌』、第 69 卷第 734号(1949 年 12 月号)。呂建良「日本における標準化戦略の発展」、第 42 卷第 1 号(2013 年1.2.3 月号)。

国标准与法律融合中的标准主要是政府主导制定的标准①,同时《中华人民共和国标准化法》(下称《标准化法》)第 2 条规定,"强制性标准必须执行",即赋予了强制性标准法律效力,因此,我国标准与法律融合方式除援引以外,还包括了法律的直接规定。

标准与法律的融合之势势不可挡,并且已经成为当前各国国家治理中的普遍现象。

## (二)选题依据

标准与法律融合作为现代法治中的普遍现象,在不同国家、不同的标准化体制中均有不同的表现,即标准与法律融合的路径不同、体系不同、模式不同。这些现象都值得我们去研究,以供我国标准化法制建设借镜。"我国正在进一步深化标准化改革,鼓励我国标准走出去,开展标准化对外交流与合作,推动我国标准国际化。"②因此,更加了解国际以及标准化发达国家的标准化制度,更有利于促进我国标准的国际化,供我国深化标准化体制改革参考。

由于具体国情的不同,国家之间的标准化管理模式也各不相同,也就形成了不同的标准与法律融合的模式。美国作为世界工业强国、科技强国、技术强国,其标准化法制体系独树一帜,具有典型性,其独特的标准化体系以及标准与法律融合的模式值得我们深入探讨。在某种程度上,美国的强大与其标准化法制体系具有密切的关系。当今世界范围内再也找不到第二个国家的标准化体系如同美国那般彻底地市场化,其最大的特点是美国政府机构不仅几乎不亲自制定标准,甚至还与其他市场主体一样成为市场标准的采用者;各种标准之间为了被推广使用、政府采用或法律纳入都不断地提升质量,各种标准在竞争中发展。如此,便形成了与这种标准化体系相适应的标准化法律体系,推动形成了极具特色的美国标准与法律融合的模式。尽管美国标准与法律融合的现象已产生近两个世纪,但学术界尚未有学术作品系统地研究美国标准与法律融合的模式,尚有留白之处,十分有必要填补之,这也是本书作为研究美国标准与法律融合专论的趣旨之所在。

标准与法律融合已经成为当前世界各主要国家的国家治理体系中的现象级问题,在此背景下,研究世界各国标准与法律融合的现象可为我国相关领域

---

① 我国政府主导制定的标准为国家标准(强制性国家标准和推荐性国家标准)、地方标准、行业标准。我国标准体系由国家标准(强制性国家标准和推荐性国家标准)、地方标准、行业标准,以及市场主体制定的团体标准与企业标准组成(《标准化法》第 2 条)。

② 甘藏春、田世宏:《中华人民共和国标准化法释义》,中国法制出版社 2017 年版,第 38～39 页。

提供参考,开拓标准与法律融合的国别研究领域,丰富标准与法律融合研究的知识谱系。美国是当前世界上的强国,且中美关系处于关键的历史时期,研究美国标准与法律融合制度更能为我国相关单位提供参考,助力深化我国标准化体制改革。

## (三)研究对象与研究内容

本书的研究对象为美国标准与法律融合制度。

研究内容为:

第一,阐述标准与法律融合的基础原理,揭示当代法治体系中标准与法律融合的现象,为全书的研究奠定理论基础。

第二,研究美国标准与法律融合的历史发展,考察研究美国标准与法律融合制度的产生、发展历史、实施历史,从历史发展角度标记美国标准与法律融合制度的纵坐标,以立体呈现美国标准与法律融合制度。

第三,研究当前美国标准与法律融合制度,作为横坐标,以立体呈现美国标准与法律融合制度。具体来说,一方面,从宏观制度层面研究美国标准与法律融合制度特征,以及分析美国标准与法律融合的法律依据。另一方面,从微观立法例层面研究美国标准与法律融合的具体实例及其内容,从实例出发,研究美国标准与法律融合的具体路径。

第四,既要研究美国标准与法律融合为美国法治带来的积极影响,更要揭示美国标准与法律融合为美国法治带来的消极影响,旨在做到研究的辩证统一。

第五,比较分析中、美两国标准与法律融合制度,从比较中获得借镜,为我国标准化改革提供参考。

## (四)文献综述

### 1. 国内文献综述

刘春青等编著的《美国 英国 德国 日本和俄罗斯标准化概论》(2012)是当前国内系统地、详细地介绍世界主要国家标准化管理体系的专论,同时也是一部比较标准化管理体系的专论。该书指出,在当今世界范围内法律(公权力)在国家治理中广泛利用标准化成果已经成为普遍现象,即标准与法律的融合是普遍现象。该书围绕市场主导的标准化管理体系与政府主导的标准化管理体系对美国、英国、德国、日本和俄罗斯的标准化管理体系展开论述,较为详细地介绍与描绘了上述各国标准与法律融合的现象。该书鸟瞰式地介绍了美国标准化管理体系以及美国标准化法制体系。①

柳经纬所著的《标准与法律的融合》(2016)认为标准与法律虽然属于不同的规范体系,但两者具有融合的基础且客观上存在融合的现象。该文是本书的理论基础,揭示了标准与法律融合的一般原理。该文指出,"标准与法律属于不同范畴的规范,有着不同的属性。但在众多的领域里,标准与法律呈现出融合现象。标准与法律融合的基础是二者具有的共性,即规范性和对秩序的追求;标准与法律融合的内因是二者具有的互补性,外因是二者的领域不断扩大导致标准与法律规范领域的重叠,标准与法律共同对同一对象发挥规范作用;标准与法律的融合表明,标准并非游离于法治之外,其对于法治具有特殊的意义"。②

柳经纬所著的《评标准法律属性论——兼谈区分标准与法律的意义》(2018)的研究认为标准与法律融合的一般理论中标准与法律属于不同规范范畴,标准与法律相区分是标准与法律融合理论研究的前提,并进一步揭示了标准与法律融合的原理。"标准与法律本属于不同性质的规范系统,但在标准法律属性论者看来,标准,尤其是政府主导制定的标准具有法律属性,属于法律的范畴。然而,如果将标准法律属性论置于我国标准化的实践中加以考察,就不难发现存在着明显的理论缺陷。标准法律属性论的出现自有其主客观原因,然而严格区分标准与法律仍属必要。从标准对于法治的意义来看,有必要将标准与标准化提升到国家法治战略的高度来认识,在具体法治的环节中重视对标准化成果的利用,加强对标准化与法治问题的理论研究。"③

范馨怡与宋明顺所著的《美国标准制定组织的发展机制及现状研究》(2018)从现象层面介绍了美国标准化体系、标准化组织及其运作。该文通过对美国自 2010 年起经 ANSI(ANSI,American National Standards Institute)认可的新增标准制定组织的特征分析,选择 CRSI 和 B11 两个具有代表性的标准制定组织进行案例分析,发现美国标准具有完善的制定机制,即"相关制定组织从会员结构、技术结构等方面优化组织内部结构,并将组织的发展方向与标准战略结合,推动自身标准发展。"鉴于此,从完善标准制度、机构制度和标准战略三个方面提出了我国标准发展的相关建议。④

---

① 刘春青等:《美国 英国 德国 日本和俄罗斯标准化概论》,中国质检出版社、中国标准出版社 2012 年版。

② 柳经纬:《标准与法律的融合》,载《政法论坛》2016 年第 6 期。

③ 柳经纬:《评标准法律属性论——兼谈区分标准与法律的意义》,载《现代法学》2018 年第 5 期。

④ 范馨怡、宋明顺:《美国标准制定组织的发展机制及现状研究》,载《改革与战略》2018 年第 10 期。

陈燕申与陈思凯所著的《美国国家标准机构的发展与作用探讨——ANSI 的经验及启示》(2016)从现象层面介绍了美国国家标准制度及 ANSI 的历史与现状;对 ANSI 的职责与作用进行分析探讨,包括美国国家标准制定机制、主导标准政策和规则、公共政策桥梁和国家标准战略;借鉴 ANSI 的实践,指出建立完整的社团标准制度、发展非社团标准、政府推动标准化和建立技术法制,以及制定面向全球的标准化战略等,是中国标准化改革和发展的迫切需求。①

王军所著的《私主体何时承担公法义务:美国法上的"关系标准"及启示》(2019)认为在合作治理时代,私主体越来越多地参与行政任务,挑战了行政权及行政行为。"私主体是否以及何时承担公法义务,涉及法律上将私主体认定为行政机关的问题。美国法上的'关系标准'于判例中生成,并将实质监管关系作为认定行政机关的核心要素。'关系标准'一方面对于控制权力、统一法律适用和相关概念的厘清具有积极意义,另一方面也面临着违逆立法初衷、危及信息公开价值等指责与挑战。"②

高秦伟所著的《私人主体与食品安全标准制定》(2012)认为私人主体制定的非政府标准能够充分发挥市场力量在规制中的作用,形成政府与私人主体的合作规制。该文从合作规制的角度,提出"美国私营标准组织制定的非政府标准具有科学发展性、市场需求以及自我规制的特点,切实保障了食品安全与公众健康"。该文也附带介绍了美国标准与法律融合制度以及美国标准化法制体系,同时结合中、美等国在合作规制方面的经验教训,分析指出,"私人主体的标准制定要想能够积极地发挥合作规制的作用,除了需要从反垄断法、知识产权法等诸多方面加以制约外,还特别需要在标准制定的正当程序上强调公开、平衡、合意与协调等因素,强化对自我规制的'再规制'"。③

### 2. 国外文献综述

德国学者 Peter Marburger 所著的 *Die Regeln der Technik im Recht* (1979)分析了技术标准的主观概念、客观概念、社会功能、经济重要性,技术规则的法律效力,法律对技术法规的引用等内容,提出了技术标准与法律的区分,认为技术标准不是法律,只有当法律援引技术标准时,技术标准才具有法律

---

① 陈燕申、陈思凯:《美国国家标准机构的发展与作用探讨——ANSI 的经验及启示》,载《中国标准化》2016 年第 8 期。

② 王军:《私主体何时承担公法义务:美国法上的"关系标准"及启示》,载《中外法学》2019 年第 5 期。

③ 高秦伟:《私人主体与食品安全标准制定》,载《中外法学》2012 年第 4 期。

效力。①

美国学者 JoAnne Yates 与 Craig N. Murphy 所著的 *Engineering Rules*：*Global Standards Setting since* 1880(2019)将世界第二次、第三次工业革命中的技术标准化作为研究对象，将技术标准化发展分为三个关键阶段，分析了技术标准的概念、标准化组织的概念、标准的社会功能等内容，重点分析了美国标准化组织的形成、发展的现象及其原因，总体上描绘了现代美国标准化史的图景。②

美国学者 Stephen Breyer 所著的 *Regulation and Its Reform*(1982)是一部有关美国法规及其法规发展的著作，该书以各种法规作为研究对象，揭示了规则制定的内部机理以及经济原则。该书专章讨论标准制定，分析了标准制定的体系（程序背景以及标准制定程序）与该程序中所暴露的问题（信息、执行力、反竞争方面的影响、司法观点）。作者指出，制定标准是传统规则制定的方法之一；在法律中适用标准能够消弭很多法律的抽象规定；制定标准与立法的区别在于程序，立法与标准制定属于不同的体系，立法很少涉足于标准制定，甚至仅极具抽象的规定；由于性能标准具有一定的灵活性，故设计标准比起性能标准更容易强制执行；若能够贯彻标准或用标准化的方法行事，能够解决不少诉累。③

瑞典学者 Nils Brunsson 等编写的 *A World of Standards*(2000)分析了标准的规制、标准的制定与传播以及采纳标准。该书认为标准的合理性（权威性、正当性）源自于：标准是储藏专业知识的法规、标准以科学技术为基础、标准的自愿性属性以及标准化的哲学基础——"笛卡尔主义的遗产"（科学即理性进步）。标准的广泛传播与标准制定组织的影响力大小有关，即加入组织的成员或采纳标准的主体的数量就决定了标准的影响力，同时标准的传播也与标准的销售有关。接受（采纳）标准是该书重点论述之处，该书深入地剖析了标准采纳者采纳某种标准的原因，标准如何实现自愿性、遵守标准如何实现统一性的问题，以及遵守标准是一种时尚潮流的原因。④

美国学者 Tim Büthe 与 Walter Mattli 所著的 *The New Global Rulers*：

①　Peter Marburger，*Die Regeln der Technik im Recht*，Carl Heymanns Verlag KG，1979.

②　JoAnne Yates，Craig N. Murphy，*Engineering Rules*：*Global Standards Setting since* 1880，Johns Hopkins University Press，2019.

③　Stephen Breyer，*Regulation and Its Reform*，Harvard University Press，1982.

④　Nils Brunsson，Bengt Jacobsson and Associates(Eds.)，*A World of Standards*，Oxford University Press，2000.

*The Privatization of Regulation in the World Economy*(2011)认为尽管更加强调全球监管,但国内的标准制定机构仍然发挥着重要的作用,当代国内标准制度超越了"国内制度问题"的理念。该书深入研究了国内外标准制度之间的互动关系,从定量和定性的方法中为 ICT 提供了一个非常好的论证和有力的证据。这项研究的创新之处在于,它将企业视为主要参与者,并提供了有关标准化过程背后政治的深层次信息。通过对作为被监管方的关键私营机构进行首次系统而全面的分析,该书构建了通过标准的私人治理体系。①

荷兰学者 Bernd M. J. van der Meulen 所著的 *Private Food Law*(2011)认为食品行业格局的一个显著变化便是食品零售商取代了食品生产商在供应链中的主导地位。而凭借这样的地位优势,零售商在落实自我规制、行业合作以及跨国发展的进程中探索出了一套以合同为管理工具,依托于私营标准、第三方认证的私人食品规制体系。当然,除此之外,还有诸如自我声明、行业行为守则等不同的私人规制体系,以及针对有机食品、宗教食品等的公私规制及其互动模式。所谓私法,是指食品从业者借助合同这样的私法解决合意基础上的自我规制,但实践中,自我规制的形式也很多,原因包括规则制定主体的多元性和形式内容的多样化。换而言之,除了法律这一规则形式,私主体自我规制所依据的规则也包括行业自律的商业准则和企业自律的内部规范。因此,结合本书的案例分析,"私法"既指向合同等相对于行政法等公法的私法规则,也指向私主体为开展集体式或个体式自我规制而制定的其他社会规则。以"食品'私法'"这样的术语来归纳这些私人的项目是因为它们都是由私主体通过"私法"工具加以创建的,其目的在于通过规范食品企业的行为来减少政府的干预。②

Jorge L. Contreras 编著的 *The Cambridge Handbook of Technical Standardization Law：Further Intersection of Public and Private Law*(2019)是美国学术界分析美国标准化法的专论。该书集中讨论了美国标准化法及其周边问题,例如,标准对政府活动的支撑(仅从客观层面描述了这一现象),标准化与健康、安全与侵权责任的关系,标准的著作权问题(该书对标准著作权持消极态度),标准与软件工程,标准与商标、认证的关系。③

Emily S. Bremer 所著的 *American and European Perspectives on Private*

---

① Tim Büthe, Walter Mattli, *The New Global Rulers：The Privatization of Regulation in the World Economy*, Princeton University Press, 2011.

② Bernd M. J. van der Meulen, *Private Food Law*, Wageningen Academic Publishers, 2011.

③ Jorge L. Contreras, *The Cambridge Handbook of Technical Standardization Law：Further Intersection of Public and Private Law*, Cambridge University Press, 2019.

*Standards in Public Law*(2016)认为一个世纪以来,美国与欧洲依靠私营标准组织去制定与维护的一定数量的技术标准成为技术进步、贸易与公共安全的核心要素。当前,美国与欧洲通过对非政府标准的采用都构建了很好的政府法规。虽然大部分政策看起来很相似,但在很多关键方面还是不同的。这是由于美国与欧洲政府采用了两种不同的技术标准体系。该文分析了美国当前自愿性标准化体系形成的独特历史、经济现况以及政治因素,描绘了美国标准与法律融合的过程。该文比较了美国与欧洲的标准化体系,并得出美国与欧洲标准化体系的共性与不同。[1]

Robert W. Hamilton 所著的 *The Role of Nongovernmental Standards in the Development of Mandatory Federal Standards Affecting Safety or Health*(1978)认为,20 世纪 70 年代以来,美国联邦政府密切监管产品、生产过程、工作场所的环境、健康和安全性能。自 19 世纪中叶以来,特别是在过去的半个世纪里,私人标准组织制定了成千上万的标准来协调美国行业的生产。虽然联邦政府利用许多非政府标准监管产品或服务,非政府标准体系之间的关系和许多联邦机构负责制定美国联邦卫生和安全法规尚未正式定义这些非政府标准。作者担心,非政府标准没有充分反映消费者的利益,以及工人和小企业的利益。该文研究了最著名的非政府标准制定机构的决策,这些机构为联邦政府提供了许多联邦政府无法复制的宝贵经验和专业知识。在分析了几个联邦机构在制定联邦健康和安全法规时试图使用非政府标准的经验后,该文主张对这些标准的使用应制度化。为此,该文建议建立一个机制,以便制定一个统一的联邦政策,与私营标准制定组织协调与合作,广泛地调动、利用私营组织的经验和专业知识为联邦政府的监管服务,同时确保在符合机构职责的情况下对健康和安全利益进行充分保护。[2]

Nina A. Mendelson 所著的 *Private Control over Access to the Law：The Perplexing Federal Regulatory Use of Private Standards*(2014)简要分析了美国非政府标准被纳入法律的原因、非政府标准与法律融合的路径;对于如何"实现"受著作权保护的非政府标准的普遍可获得性,该文进行了分析并提出了解决方案。一般来说,想要接触到这项具有约束力的法律,个人不能像阅读《美国法典》或《联邦法规法典》那样,在网上或政府法规阅览室中自由阅读。相反,公众通常必须向起草组织支付一笔不少的费用,否则必须前往华盛顿特区的联

---

① Emily S. Bremer, American and European Perspectives on Private Standards in Public Law, 91 *Tul. L. Rev.* 325 (2016).

② Robert W. Hamilton, The Role of Nongovernmental Standards in the Development of Mandatory Federal Standards Affecting Safety or Health, 56 *Tex. L. Rev.* 1329 (1978).

邦登记册办公室的阅览室。由于公众获得这项法律的成本很高,而且很难找到,因此,这项"法律"在很大程度上由私人控制,并不是真正的"秘密"。民主精神向美国标准与法律融合体系提出诘问:在一个民主国家,法律应是现成的、公开的。在这种公私协作治理环境中,对便捷公共访问法律的意愿几乎与机构纳入标准为之监管时一样强烈。最后,与核心民主价值观不一致的信息很可能来自于政府对非政府标准的过度采用,而与美国法律相比,采用非政府标准的法律,社会成本高昂。[①]

Tyler R. T. Wolf 所著的 *Existing in a Legal Limbo：The Precarious Legal Position of Standards-Development Organizations*(2008)认为尽管《OMB A-119》通知中指出标准制定的理想原则是:充分考虑了各方利益冲突以及尊重开放、利益平衡、正当程序、救济程序和协商一致原则。然而,这些标准组织的内部检查有时会失败,因此,仅靠专业精神是不够的。外部的、正式的以及公共的监管是必要的,以确保标准组织符合正当程序的理想。不幸的是,目前没有对标准组织的内部过程进行足够的第三方检查。没有法院认定标准组织是国家机构,即使标准组织承担了一定的公共管理职能,如标准被纳入法律、承担质量认证等。该文认为标准组织不能继续存在于这片法律盲区:它游离于政府机构的法律管制之外,其行使的权利又高于普通私人组织。[②]

### 3. 国内外研究的不足之处

上述国内外文献基本反映了美国标准与法律融合问题的国内外研究现状,其存在以下不足之处:

第一,当前国内外论及美国标准与法律相关主题的文献存量较大,但仅论及美国标准与法律相关主题的外围或周边问题,例如,标准必要专利、标准著作权、公私共治等问题,尚未触及美国标准与法律的核心问题(美国标准与法律融合的路径、发展史、模型构建等)。当前虽有小部分国内外文献直接触及美国标准与法律的融合(美国法律法规援引非政府标准)问题,但几乎都是在"现象级"层面论及此问题,仅在客观层面采鸟瞰式的视角描述了美国标准与法律融合的"外表",不仅没能详细地研究美国标准与法律融合的现象,同时也尚未深入地揭示美国标准与法律融合的原理,并且尚未有专论(博士论文)全面地、系统地研究美国标准与法律融合问题。

第二,现有文献没能从标准与法律的本质属性层面揭示美国标准与法律融

---

① Nina A. Mendelson, Private Control over Access to the Law：The Perplexing Federal Regulatory Use of Private Standards, 112 *Mich. L. Rev.* 737 (2014).

② Tyler R. T. Wolf, Existing in a Legal Limbo：The Precarious Legal Position of Standards-Development Organizations, 65 *Wash. & Lee L. Rev.* 807 (2008).

合的原因。当前较多研究尝试解释美国标准与法律融合的原因,包括减少联邦登记篇幅、采用非政府标准给政府带来的低成本营运、政府机构可以利用非政府组织大量专业知识和资源等。但遗憾的是,其仅在解释美国标准与法律融合的现象层级的原因,没能触及标准与法律融合的本质原因,也没能利用标准与法律融合的一般理论解释美国标准与法律融合的问题。不触及本质层面的原因就无法解释美国标准与法律融合的本质问题。

第三,现有文献尚未从宏观制度层面与微观立法例层面研究美国标准与法律的融合。当前国内外学界涉及美国标准与法律融合问题的研究仅停留于现象层面问题的介绍与描述,没能深入揭示美国标准与法律融合制度的样态、美国标准与法律融合的路径,没能分析相关法律法规以及实例。

第四,现有文献虽然有论及美国标准与法律融合中标准著作权保护问题,且提出了相应的制度建议,但现有的制度建议尚不足以有效地解决美国标准著作权保护问题与法律普遍可获得性问题,因此,亟须另找出路。

第五,现有文献尚未从美国标准与法律融合中获得中国能够得到的相关借镜。当前国内文献围绕美国标准与法律融合的问题展开现象层面的介绍,使国人形成了对美国标准与法律融合的大体印象,但尚不足以满足相关领域的需求。改革开放四十多年来,中国的经济、法制发生了翻天覆地的大变革,中国正处于社会主义市场经济改革的深水区,市场越开放就越促进政府的管理职能的转型,也无法避免市场中涌现出非政府标准以及市场主体对市场的自治。当前新《标准化法》已经承认团体标准等非政府标准的法律地位,但现有研究尚未从借鉴美国经验的角度探讨我国法律的制定如何充分利用民间标准化成果。

## (五)本书的意义及创新之处

### 1. 研究意义

第一,填补了美国标准与法律融合问题体系化研究的空白,完善了美国标准与法律融合的理论体系,丰富了标准与法律融合的知识体系。

第二,正式、完整引进"参引合并"立法技术的概念,为我国立法学理论研究提供了概念基础。

第三,通过研究美国标准与法律融合的相关问题,构建了美国标准与法律融合的模型、美国标准与法律融合的实现方式、路径。同时基于丰富的一手资料,详细研究了美国标准与法律融合的发展史。通过横纵两条线索,完整地呈现美国标准与法律融合制度。

第四,以美国标准与法律融合制度为借镜,比较研究了中美两国的标准化管理体制。在当前我国正在重点发展民间标准化活动的背景下,研究了我国法律或行政管理充分利用民间标准化活动成果的可能性,并构建了我国法律法规与团体标准融合的制度,为我国标准化体制改革提供参考。

第五,本书的研究成果可为我国相关部门(尤其是国务院标准化行政管理部门)了解美国标准与法律融合制度时提供参考,以及为我国深化标准化工作改革提供参考。

### 2. 创新之处

第一,当前学界尚未有专论全面地、系统地论及美国标准与法律融合的问题,美国标准与法律问题研究尚有空白,本书能够填补美国标准与法律融合问题研究的空白。

第二,梳理了美国标准与法律融合发展历史,从纵向角度研究了美国标准与法律的融合制度,完整地揭示了美国标准与法律融合发展史,填补了国内外美国标准与法律融合发展史研究的空白,并分析提出当前美国标准与法律融合模式具有历史性。

第三,首次在中文世界里详细地引进"参引合并"立法技术的概念,为我国将来立法采用"参引合并"的立法技术的可能性做了基础概念的研究。

第四,从宏观制度层面与微观立法例层面研究了美国标准与法律融合制度,系统、详细地分析美国标准与法律融合的特征、法律依据、立法例以及融合路径等问题。

第五,比较研究中、美两国标准与法律融合制度,以美国标准与法律融合制度为借镜,建议我国法律法规或行政管理应充分利用民间标准化成果,提出了详细的我国法律援引团体标准的制度建议。

# 第一章

## 标准与法律融合的理论 ■

### 一、标准与法律融合的概念

例1：美国 2008 年《消费品安全促进法案》（Consumer Product Safety Improvement Act of 2008）[①]第 42 条（a）款规定了有关"全地形车"（all-terrain-vehicle）应采用美国特种车辆学会（Specialty Vehicle Institute of America）制定的"四轮全地形车配置重构以及性能要求"（Four Wheel All-Terrain Vehicles Equipment Configuration，and Performance Requirements），制定之初为非政府标准（团体标准、市场标准），但后经 ANSI 认证成为了美国国家标准（American National Standard ANSI/SVIA-1—2007），并被《消费品安全促进法案》援引，即成为了法律的一部分，具有了法律的强制约束力与普遍约束效力。

例2：美国 2008 年《消费品安全促进法案》第 104 条规定了便携式床导轨[②]（portable bed rails）执行的便携式床导轨安全标准为 ASTM F2085-12。

例3：美国 1974 年《国家工业房屋建筑和安全标准法案》[③]将《底层建筑的通风和合适的室内空气质量》（ANSI/ASHRAE 62.2—2010）、《单体或复合的一氧化碳警报器标准》（ANSI/UL 2034—2008）、《建筑结构和材料防火试验以及试验方法的标准》（ASTM E 119，2005）、《国家电力规范典》（NFPA No.70—2005）第 550.17 条、《一氧化碳侦测与警报设备的安装标准》（NFPA 720）等标

---

① PUBLIC LAW 110-314-AUG.14，2008.

② ASTM F2085-12，and its predecessor ASTM F2085-10a define "portable railing installed on the side of an adult bed and/or on the mattress surface which is intended to keep a child from falling out of bed"，依据相关标准对便携式导轨的定义可知，这是一种安装在成人床沿以防儿童从床上滚落的护栏安装导轨。

③ 42 U.S. Code 5401-5426.

准纳入其中。

例4:《中华人民共和国核安全法》(下称《核安全法》)第45条:"放射性废物处置单位应当按照国家放射性污染防治标准的要求,对其接收的放射性废物进行处置。"该条规定了放射性废物处理的有关标准,虽然该条没有指明具体的名称或标准号,但仍可在我国标准体系中寻得较为明确的指向。该条援引的现行有效的标准为《高水平放射性废液贮存厂房设计规定》(GB 11929—2011)、《放射性废物管理规定》(GB 14500—2002)、《低、中水平放射性固体废物暂时贮存规定》(GB 11928—1989)、《低、中水平放射性高完整性容器—球墨铸铁容器》(GB 36900.1—2018)、《低、中水平放射性高完整性容器—混凝土容器》(GB 36900.2—2018)、《低、中水平放射性高完整性容器—交联高密度聚乙烯容器》(GB 36900.3—2018)等一系列核安全标准。

例5:日本《建筑物基准法》(《建築基準法》)中第37条规定,建筑物的基础部分、安全和防火上有重要作用的建筑材料应使用JIS国家标准,依据日本标准与法律融合的实践操作,由行政法规指定具体采用哪一条JIS国家标准。日本建设部在1446号行政告示中将《建筑物基准法》第37条的"建筑物基础部分"进行分类细化,并规定相关建筑材料应强制使用JIS A5526、JIS E1101、JIS G3136等三十余项JIS国家标准。①

仔细观察上述法条,我们不难发现,这些法律规范与我们平常所见的常规法律规范有所不同,这些法律规范或多或少都援引了"标准"(standards)。进一步观察这些法律规范,我们不难发现它们的又一个共性——在法律规范中出现标准,这旨在保护人身、财产的安全,即法律通过借以科学技术的方法实现其保护人身、财产安全的规范目的,在此种情况下,法律不得不援引科学技术领域的规范性文件——标准。标准与法律这种合二为一、融合一体的法律现象,我们称其为"标准与法律融合"。

## (一)标准的概念

### 1. 标准的定义

标准分为广义上的标准与狭义上的标准。

广义上的标准是日常用语中的标准,也就是我国自古以来就存在于本土语

---

① 平成十二年(2000年)5月31日建设省告示第1446号《建築物の基礎、主要構造部等に使用する建築材料並びにこれらの建築材料が適合すべき日本工業規格又は日本農林規格及び品質に関する技術的基準を定める件》,https://www.mlit.go.jp/notice/noticedata/pdf/201706/00006705.pdf,下载日期:2021年2月25日。

境中的标准①,指的是衡量人或事物的依据或准则,或本身合于准则,可供同类事物类比,例如,道德标准、标准答案、行为标准、"实践是检验真理的唯一标准"、工资标准、证明标准、定罪标准等,还可以引申为榜样、规范、模范等,通常所说的样板房也可以理解为标准房型。这些都是人们日常生活中经常涉及的标准,也就是广义上的标准。

狭义上的标准,仅指标准化意义上的标准,包括标准文件与标准样品,例如,环境质量标准、食品安全标准、汽车安全标准、核安全标准等,以及政府标准与非政府标准、国家标准、行业标准、地方标准等。这些标准都可以具体化为技术要求,能够规范科学技术领域的活动,因此,也可以被称为技术标准。对于标准的定义,标准化界与立法均有相似且无本质区别的定义。我国标准化界通过协商一致②程序以标准的标准③的形式定义了标准,重点强调了标准的技术性、协商性与规范性,标准是指"通过标准化活动,按照规定的程序经协商一致制定,为各种活动或其结果提供规则、指南或特性,供共同使用和重复使用的文件","标准宜以科学、技术和经验的综合成果为基础"。④ 该定义参考了 2004 年发布并实施至今的 ISO(International Standard Organization)第 2 号指南中标准的定义⑤。ISO 将标准定义为:"为了在指定情形下获得最佳秩序,通过协商一致程序制定,并经公认机构批准,为各种活动或其结果提供规则、指南、特性,

---

① (晋)孙绰《丞相王导碑》:"信人伦之水镜,道德之标准也。"(唐)韩愈《伯夷颂》:"彼独非圣人而自是如此,夫圣人乃万世之标准也。"(唐)杜甫《赠郑十八贲(云安令)》:"示我百篇文,诗家一标准。"《荀子·致士》:"程者,物之准也。"

② 标准制定中的"协商一致"请参见本书第四章的内容。

③ 实际上,标准概念的规范化状态就是用了"标准的标准"。所谓"标准的标准"指的是规定标准本质性内容的标准,用于约束和指导标准建立的标准,约束的内容涉及标准的形式、内容、制定行为和过程等,通常表现为"标准的编写规范",例如,《标准化工作指南 第 1 部分:标准化和相关活动的通用术语》(GB/T 20000.1—2014)。关于"标准的标准"的概念,参见麦绿波:《标准的标准(上)》,载《中国标准化》2013 年第 7 期。麦绿波:《标准的标准(下)》,载《中国标准化》2013 年第 8 期。

④ 《标准化工作指南 第 1 部分:标准化和相关活动的通用术语》(GB/T 20000.1—2014),定义 5.3 及其注 1。

⑤ 《标准化工作指南 第 1 部分:标准化和相关活动的通用术语》(GB/T 20000.1—2014)修订了《标准化工作指南 第 1 部分:标准化和相关活动的通用词汇》(GB/T 20000.1—2002)中有关标准的定义,GB/T 20000.1—2002 等同转化 ISO 第 2 号指南,因此,较 GB/T 20000.1—2014 多了"为了在特定情形下获得最佳秩序"以及"经过公认机构批准"。

供共同和重复使用的文件"。① ISO 对标准的定义与我国标准化界对标准定义没有本质区别,强调了标准的目的是"获得最佳秩序"以及标准应当"经过公认机构批准"。我国 2017 年修订的《标准化法》第 2 条②规定了标准的定义,该条综合了国内外标准化实践界定了标准的定义③,同样强调了标准的技术性与规范性。

依据上述标准的定义,可对标准做如下归纳:

第一,标准是特定领域需要统一的技术要求(《标准化法》第 2 条),标准的制定目的是实现特定领域的统一化,统一化是标准的最根本作用。

第二,标准具有技术性与共识性。"协商一致"体现了标准制定程序中,各参与制定标准主体的平等关系,基于科学、技术和经验的成果达成的技术共识。这意味着标准的产生需要做好两方面的基础工作,一方面,"将科学研究的成就、技术进步的新成果同实践中积累的先进经验相互结合,纳入标准,奠定标准科学性的基础"④;另一方面,"标准中所反映的不应是局部的片面的经验,也不能仅仅反映局部的利益"⑤,应从共同利益出发,充分协商一致,使标准的规定符合各方利益,充分反映了标准的公正性与协商性。这样制定出来的标准才能够既符合先进技术、最新科学研究成果,又能够体现出标准的协商性,在执行中就具有权威性。

第三,标准还需要由特定的机构认可批准,"具有特定的形成程序环节和认可环节,是机构管理的对象"⑥,这意味着标准有制定者或批准者等责任人,通常标准的责任人为组织或机构,从当前标准化活动的实践来看,这些机构又被称为标准(化)组织(SDO,Standard Development Organization),例如,政府机构、政府认可的机构、团体认可的机构、联盟认可的机构、国际组织,这些机构既可以是官方的,也可以是非官方的。

第四,"标准作为一种文件是格式化的文件,是表述性的文件,标准具有特

---

① document, established by consensus and approved by a recognized body, that pro-vides, for common and repeated use, rules, guidelines or characteristics for activities or their results, aimed at the achievement of the optimum degree of order in a given context.

② 《标准化法》第 2 条:本法所称标准(含标准样品),是指农业、工业、服务业以及社会事业等领域需要统一的技术要求。

③ 甘藏春、田世宏:《中华人民共和国标准化法释义》,中国法制出版社 2017 年版,第24 页。

④ 李春田:《标准化概论》,中国人民大学出版社 2014 年第 6 版,第 9 页。

⑤ 李春田:《标准化概论》,中国人民大学出版社 2014 年第 6 版,第 9 页。

⑥ 麦绿波:《标准学——标准的科学理论》,科学出版社 2019 年版,第 49 页。

定的外观形式,采用规范性表述模式"①,通常使用文字、公式、图表、设计图、表格等方式表达标准化活动的成果。

第五,《标准化工作指南 第1部分:标准化和相关活动的通用词汇》(GB/T 20000.1—2002)明确指出标准是一种规范性文件,标准的表述中通常包含有规范表达模式,能够对各种活动或其结果产生规范作用,指引相关活动或其结果,从而实现标准所追求的秩序。

本书所述的标准(即能够与法律融合的标准)定义是狭义上的标准。

### 2. 标准的特征

上述标准的定义明确地指出标准是一种文件,并指出了标准之所以与其他文件有所区别,是因为标准具有如下五个特征:第一,标准的形成需要"通过标准化活动,按照规定的程序经协商一致制定",这就说明了,标准与标准化活动密切相关,标准是标准化活动的成果,这种活动应当是履行了标准制定程序的全过程,并且对标准制定的内容形成了经过协商一致的普遍同意。第二,标准具备的特点是"共同使用和重复使用",这说明了标准文件在一定范围内被大家多次重复使用。第三,标准的功能是"为各种活动或其结果提供规则、指南或特性","最佳秩序"的建立首先要对人类所从事的"活动"以及"活动的结果"确立规矩,标准的功能就是提供这些规矩,包括对人类活动提供规则或指南,对活动的结果给出规则或特性,这也就是标准规范性的实质来源。第四,标准产生的基础是"科学、技术和经验的综合结果",标准是对人类实践的归纳、整理,是充分考虑最新技术水平并规范化的结果,因此,标准是具有技术属性的文件,标准中的条款是技术条款,这也是标准区别于其他文件(如法律法规)的特征之一,协商一致程序是标准技术性的程序性保障,两者共同构成了标准的科学性属性。第五,标准的表现形式是一种文件,标准的形成过程及其具有的技术规则的属性,决定了标准是一类规范性的技术文件,因此,这就是标准规范性的形式来源。②

### 3. 标准的属性

由上述标准五大特征可知,标准具有规范性与科学性两大属性。

标准的规范属性。标准的规范属性指的是,标准对相关领域活动具有规范作用,并为相关领域的活动或其结果提供规则、指南或特性,人们通过标准的指引实施标准,就可以获得标准所追求的"最佳秩序",因此,标准属于单纯的技术规范,标准的规范性只存在于科学和技术层面上,不具有法律层面上的意义。

---

① 麦绿波:《标准学——标准的科学理论》,科学出版社 2019 年版,第 49 页。
② 参见白殿一、王益谊:《标准化基础》,清华大学出版社 2019 年版,第 6～7 页。

如上述,"为各种活动或其结果提供规则、指南或特性"是标准的功能之一,这反映了标准的规范性。之所以标准具有规范性,是因为标准具有规范要素(规范构成):第一,标准也具有法律规范要素中的假定条件,通常来说,就是标准的适用问题,即标准的适用条件,在标准文本的表述为"范围"。例如,我国国家标准《社会生活环境噪声排放标准》(GB 22337—2008)中的"第一条 适用范围"就是该标准的适用范围,即假定条件,"本标准规定了营业性文化娱乐场所和商业经营活动中可能产生的环境噪声污染的设备、设施边界噪声排放限制和测量方法……"。第二,标准中大量采用了一些类似于法律的行为模式用语①,这类标准条款有五种类型:要求、指示、推荐、允许和陈述②,其行为规范的意义十分明显。例如,我国国家标准《农药制造工业大气污染物排放标准》(GB 39727—2020)中表示行为模式且具有指引的词"应"或"不应"出现次数超过 20 次,"不得"出现 2 次;我国行业标准《水中氚的分析方法》(HJ 1126—2020)中表示行为模式且具有指引"可以"出现 11 次,"应"出现 14 次。此外,标准中还出现"宜""不宜"这类行为导向性用语。③ 标准的这种规范意义实际上规范的是技术性、科学性和合理性,旨在实现"最佳秩序"。第三,效果,指的是人们遵守或违反标准中所规定的行为模式所产生的效果。"任何一种社会规范,都具有保证其实施的社会力量,即都具有某种强制性。"④标准的后果区别于法律后果,标准的后果是能够实现"最佳秩序",即如果人们遵守了标准,那么就会实现标准所追求的"最佳秩序",如果人们违反了标准,不仅不会形成"最佳秩序",还有可能会造成"最低秩序"的破坏,例如,行为人违标排放污水就很可能导致环境的污染,进而造成环境质量低下,使环境生态功能减退或丧失。因此,标准的后果仅在从科学技术角度观察才具有意义,在科学技术层面,标准具有"强制性"。可见,标准是一种具有规范性的文件,属于规范性文件的一种,从而当然具有规范效力。规范效力又是规范性的核心内容,标准当然具有规范效力。

标准的科学属性(the scientific bases of standards)。标准是对人类实践的归纳、整理,是充分考虑最新技术水平并规范化的结果。⑤ 通常来说,标准的科学属性又被理解为专业性(expertise)或标准的正当性(权威性),即标准之所以

---

① 行为模式用语包括可以、应当、必须、可以、不得、禁止等。参见柳经纬:《标准的规范性与规范效力——基于标准著作权保护问题的视角》,载《法学》2014 年第 8 期。

② 参见柳经纬:《论标准对法律发挥作用的规范基础》,载《行政法学研究》2021 年第 1 期。

③ 参见柳经纬:《标准与法律的融合》,载《政法论坛》2016 年第 6 期。

④ 张文显:《法理学》,高等教育出版社 2011 年第 4 版,第 47 页。

⑤ 白殿一、王益谊:《标准化基础》,清华大学出版社 2019 年版,第 7 页。

被遵守,也正是基于标准的专业性。① "标准化的发展史表明,标准是应社会发展的需要而产生的解决社会问题的专业性的技术方案,因而得到社会的普遍认同,被广泛采用。"②标准化活动是一个非政治的、科学的过程,用以制定或确定应对监管或技术挑战的有关技术最优解决方案。标准制定中的专家参与者的选任或制定行为中,国籍或其他的政治因素考量都应被排除在外。③ 其中,最核心的要素是"科学的过程""技术最优解决方案",标准科学性也正是源于此。之所以标准具有科学技术性或专业性,是因为标准制定者或参与制定者的专业性、标准规范内容的专业性、标准的制定方法的专业性。这反映了虽然标准是以文字方式表达,需要文字性工作,但恰恰说明了标准的制定取决于依靠研究和验证的专业性方法。通常专业性方法包括科学试验、技术测试、科研实验、建模、计算、技术经验总结、技术研发等工作。标准研制工作是一个科学研究的系统工作。研制标准中的每一个"约定点"都是一个科学规律揭示的研究内容或合理依据证明的研究内容,整个标准的研究形成了系统性的大量科学研究"约定点"。④

关于标准的规范属性与科学属性,容本章其他部分详述之。

### 4. 标准的类型

随着当代标准化事业的蓬勃发展,形成了标准数量众多、范围广泛的标准体系,所谓标准的分类,就是依据不同的维度,将纷繁复杂的标准划分成多个不同的类别,以便人们适用或研究。⑤

标准的划分也应依据一定的原则:第一,分出的各类之间不应该存在交叉或适用界限不明等问题;第二,分类的结果应当有利于标准的管理;第三,要便于区分标准的功能;第四,标准区分的结果能够书面化。⑥ 据此,标准可以按照五个维度进行分类,即范围(国际标准、国家标准、行业标准、地方标准等)、功能(符号、术语、分类、试验、规范、规程等标准)、目的(基础标准、技术标准、安全标准、卫生标准等)、对象(产品标准、过程标准、服务标准)以及领域(通用标准、农

---

① Bengt Jacobsson, Standardization and Expert Knowledge, in: Nils Brunsson, Bengt Jacobsson and Associates(Eds.), *A World of Standards*, Oxford University Press, 2000, p.40.

② 柳经纬:《论标准替代法律的可能及限度》,载《比较法研究》2020 年第 6 期。

③ Tim Büthe, Walter Mattli, *The New Global Rulers*: *The Privatization of Regulation in the World Economy*, Princeton University Press, 2013, p.5.

④ 麦绿波:《标准学——标准的科学理论》,科学出版社 2019 年版,第 279～280 页。

⑤ 参见白殿一、王益谊:《标准化基础》,清华大学出版社 2019 年版,第 8 页。

⑥ 参见白殿一、王益谊:《标准化基础》,清华大学出版社 2019 年版,第 8 页。

业标准、化工标准等)。①

此外,依据标准制定主体、标准实施效力的划分也是国内外实践中通常采用的标准分类方法,即分为政府标准(公标准)与非政府标准(私标准)、强制性标准与自愿性标准。② 这两种标准的类型划分方法与本书关系紧密,本书主要采用的就是这两种划分方法。依据标准制定主体划分:政府主导制定的标准,即政府标准,旨在维护公共秩序,保护公共利益,我国的政府标准主要是国家标准(强制性国家标准与推荐性国家标准)、行业标准、地方标准;市场主体主导制定的标准,即市场标准,旨在为制定标准的组织服务,提高组织的竞争力,获得实施标准带来的利益,非政府标准、自愿共识标准,我国的市场标准主要是团体标准与企业标准。③ 依据标准实施效力的划分:法律法规应强制实施的标准是强制性标准④;由人们自愿采用的标准为自愿性标准(推荐性标准),通常非政府标准组织制定的标准为自愿性标准(非政府标准),人们通过意思表示采用,但是在有些国家,非政府标准组织制定的自愿标准也会通过某些立法手段进入法律体系,从而具有了法律效力(普遍约束力与强制约束力)。

## (二)法律的概念

法律是当代国家治理的最根本、最有效的手段,是人们行为规范的底限。法律是社会规范的一种,与其他规范最大的区别就是由国家制定或认可的普遍适用于一切社会成员的规范,具有国家意志的属性,因此,法律的强制力依靠国家强制力保证实施。⑤ 法律的制定与实施属于国家治理体系中法治的内容,而法治在国家治理中起到根本作用,也是"实现国家治理体系和治理能力现代化的必然要求"⑥。

各法学流派对法的概念有不同的认识⑦,至今尚无统一的解释。自然法学派认为,"法是源于人类心灵中永恒不变的正义观念,来自于人类之理性,自然法理论否认法自身的独立性,认为法必然从属于更高级的行为标准(现代自然

---

① 参见白殿一、王益谊:《标准化基础》,清华大学出版社 2019 年版,第 8 页。

② 参见李春田:《标准化概论》,中国人民大学出版社 2014 年第 6 版,第 20～21,30～31 页。

③ 参见李春田:《标准化概论》,中国人民大学出版社 2014 年第 6 版,第 20～21 页。

④ 参见刘春青:《国外强制性标准与技术法规研究》,中国质检出版社、中国标准出版社 2013 年版,第 3 页。

⑤ 参见张文显:《法理学》,高等教育出版社 2011 年第 4 版,第 45～47 页。

⑥ 《中共中央关于全面推进依法治国若干重大问题的决定》。

⑦ 参见胡玉鸿、许小亮、陈颐:《法学流派的人学之维》,北京大学出版社 2013 年版,第 1～2 页。

法理论认为主要是指道德），因此，违反了这个更高行为标准的法就不再是法，即'恶法非法'。"①实证主义法学派认为，"法（Recht）在本质上与制定法（Gesetz）是同一的，但制定法不是纯粹的恣意的表达，而是历史的、同时也是理想的立法者的意志的表达，这种意志受理性思考的支配，建立在理性洞察的基础上。"②因此，只有实证法（实在法）才是严格意义上的法律，是实际存在的、具有实际效力，并可以精确分析的法律。③历史法学派认为，"法律实际乃由一个独特的民族所特有的根本不可分割的禀赋和取向，而向我们展现出一幅特立独行的景貌。将其联结一体的，乃是排除了一切偶然与任意其所由来的意图的这个民族的共同信念，对其内在必然性的共同意识。法律随着民族的成长而成长，随着民族的壮大而壮大，最后，随着民族对其民族性的丧失而消亡。"④

　　总而言之，尽管各法学流派对法的概念的争论延续上千年，至今尚未形成统一的解释，但在本书语境下，标准与法律融合更多地发生在制定法层面，即实在法层面。具体来说，标准通常是书面化，或实物作为载体的规范，这显然不会通过人们的道德观念或公平正义观念予以援引，只能通过国家机关通过立法程序对标准的认可（援引），标准与法律融合只能发生在实实在在的法律中，即实在法。实在法指国家机关制定或认可并依靠国家强制力保证实施的社会规范，由此可见，规范性与强制性是法的本质属性。一方面，法是调整社会关系的行为规范，这就说明了，法是规范的一种，因此，规范性是法律的本质属性。法的规范性来自于法律规则的规范要素，即假定条件、行为模式、后果，同时，法具有指引、评价、预测、教育和强制等规范作用。另一方面，法的强制性属性。法是"被奉为法律"的统治阶级的意志，反映了统治阶级的意志，意志本身并不是法，只有表现为国家机关制定的法律、法规等规范性文件时才是法，法律（制定法）是法的"一般表现形式"。"统治阶级的意志是法的本质属性之一，法具有高度的统一性与极大的权威性，法代表着国家的权威，法是不可违抗的，任何国家都不会容忍违法行为，国家强制力保证法的实施，因此，法律具有普遍约束力与强制效力。"⑤

---

①　参见舒国滢：《法理学导论》，北京大学出版社 2019 年第 3 版，第 26～27 页。

②　［德］卡尔·拉伦次：《法学方法论》（全本·第六版），黄家镇译，商务印书馆 2020 年版，第 40 页。

③　舒国滢：《法理学导论》，北京大学出版社 2019 年第 3 版，第 28 页。

④　［德］弗里德里希·卡尔·冯·萨维尼：《论立法与法学的当代使命》，许章润译，中国法制出版社 2001 年版，第 7～9 页。

⑤　参见张文显：《法理学》，高等教育出版社 2011 年第 4 版，第 42～47 页。

### （三）标准与法律的融合

融合指几种不同的事物融汇成一体。① 标准是社会治理的新兴工具，作为外在于法律的规范体系，本来没有法的规范效力；法律是社会治理的传统工具，在上述例子中，新兴治理工具与传统治理工具融为一体。虽然标准与法律属于不同的规范体系范畴，制定主体、制定程序、作用方式以及规范效力等方面都不相同，但标准与法律有融合的基础，形成融合的现象。可以说，标准与法律的相区分是标准与法律融合的前提。② 所谓标准与法律融合指的是，在国家的规范体系（治理体系）中，属于不同规范范畴的标准与法律出现相互融汇成一体的法律现象，其中立法中援引标准是标准与法律融合中最常见的方式，即标准通过融合进入法治体系中（进入法学的视野），对法律调整法律关系、规范人们行为产生的作用与影响，使得本来无法的规范效力的标准获得了法的规范效力，即当标准通过标准与法律融合进入法律体系中，标准的规范性使得标准可以转换为具有法律意义的行为规范或称为法律规范的具体内容。③ 也可以说，标准与法律融合，是作为技术规范的标准能够与法律相互配合，成为社会规范。标准与法律融合的现象体现了法律充分利用了标准化领域的成果，标准与法律融合也是当前世界各国法治中十分普遍的现象。

标准与法律融合实际上是国家立法援引了法律规范体系以外的标准，这个过程十分类似于上述法的定义中的"国家认可的、普遍适用的规范"，即标准与法律融合实际上类似于国家认可了标准。从本质上说，"国家认可的、普遍适用的规范"所描述的是法的定义，即国家认可了某种规范后，这种规范也成为法。但标准与法律的融合并不会使标准成为法律，只不过通过法律的认可或援引，标准进入法律体系，借助法律而获得了法律效力，并不能转变标准为法律。因此，只能说，标准与法律的融合是类似于法的定义中"国家认可的、普遍适用的规范"，这种融合实际上就是强调国家对标准的"认可"。更加准确地说，这种"认可"是标准替代法律，由于标准是外在于法律的规范系统，标准与法律属于两种不同的规范系统，两者的相互融合在规范层面上看，实际上是标准替代了法律的功能作用，或者说标准弥补了法律的某些漏洞，补全法律规范领域版图，

① 《现代汉语辞海》编委会：《现代汉语辞海》（二卷），山西教育出版社 2002 年版，第845 页。

② 标准与法律的区分论参见柳经纬：《评标准法律属性论——兼谈区分标准与法律的意义》，载《现代法学》2018 年第 5 期。

③ 参见柳经纬：《论标准对法律发挥作用的规范基础》，载《行政法学研究》2021 年第1 期。

"而标准作为技术规范,不具有法律的规范性,只有通过法律的权威性与威慑力才能促使人们遵守标准,因此,标准必须进入法律才能够发挥作用。"[①]

随着经济社会发展与技术进步,人们必然提高产品或服务的技术要求,法律也必然修正一些事关人身、财产安全的产品或服务的规定,如此,技术要求与法律规定就形成了动态关系。人们提高技术要求,立法就需要修订技术要求以满足人们较高的技术需求,若频繁通过修法的方式实现日益增长的技术要求,就会影响到法的稳定性以及耗费立法成本。因此,为了保证立法的稳定性,又能满足人们对技术发展的需要,标准与法律融合就是立法的稳定性与适应性的"平衡点",标准与法律融合能够实现法律的稳定性与适应性的统一[②]。具体来说,一方面,在法律中仅需要原则性规定强制执行的技术要求,不规定具体的技术要求,便可以无须经常修订法律,从而保障法律的稳定性;另一方面,在法律中采纳标准,又可以保证法律规定的技术要求与时俱进,即只需要修订标准即可满足人们日益增长的技术需求,而不需要通过繁复的立法程序修法满足人们日益增长的技术需求,从而保证了法律的适应性。具体实例参见本书第四章,该章详细地研究了美国 2008 年《消费品安全促进法案》第 104 条规定婴儿车安全技术要求及其如何实现与标准的融合。简要来说,法案第 104 条仅原则性地规定了婴儿车的安全技术要求应受法律调整,但尚未规定具体的安全标准,通过采纳 ASTM 制定的《婴儿车安全标准》以具体规定技术要求。随着婴儿车相关技术的发展,几年间《婴儿车安全标准》数次修订,若《消费品安全促进法案》第 104 条直接规定婴儿安全技术要求,那么《消费品安全促进法案》第 104 条也需要根据技术的发展而修订,法律的修订程序无疑十分繁复。在标准与法律融合的场景下,立法机构并不需要修订《消费品安全促进法案》第 104 条,只需要发布一个采纳新版本标准的立法通知就可以实现法律对新技术的调整,从而实现了法律稳定性与适应性的统一。

可以说,标准进入法律体系后,虽然标准的属性不会转变成法律,但标准与援引标准的法律规范共同所形成的法律规范就是技术法规的一种,即标准与法律融合后的产物是技术法规[③]。标准是科学技术的规范,调整科学技术领域的关系,标准进入法律规范体系后能够延展法律调整科学技术领域的可能性,于

---

① 参见柳经纬:《论标准替代法律的可能及限度》,载《比较法研究》2020 年第 6 期。

② 住房和城乡建设部强制性条文协调委员会、中国建筑科学研究院:《建筑技术法规和强制性标准研究》,中国建筑工业出版社 2018 年版,第 213 页。

③ 技术法规指,规定技术要求的法规,它或者直接规定技术要求,或者通过引用标准、规范或规程提供技术要求,或者将标准、规范或规程的内容纳入法规中。参见《标准化工作指南 第 1 部分:标准化和相关活动的通用术语》(GB/T 20000.1—2014),定义 5.7.1。

是,这种与标准融合的,或者说引入标准的法律规范,可以称为技术法规。可见,标准与法律融合是一种十分独特又十分普遍的法律现象,需要我们进一步研究之。

## 二、标准与法律融合的基础

标准与法律属于不同的规范体系,彼此相互独立,但标准与法律融合是现代法治体系中的普遍现象,其具有融合的基础,因此,研究标准与法律融合的基础是标准与法律融合问题研究的开始。标准与法律融合的基础有二:标准与法律都具有规范性以及标准与法律都有对秩序的追求。

### (一)标准与法律都具有规范性

标准之所以进入法律中并能够在法律规范社会行为中发生作用是基于标准与法律都具有规范性的基础之上。[①] 因此,分析标准与法律的规范性,是解释标准与法律融合现象的起点。

"'规范'这个术语用以指代任何一种普遍的、个体化的或特定化的,被用来指导人的行为并作为评价和批评之基础的标准。严格意义上的规则、经验规则、假定、原则、标准、指导方针、规划、食谱、命令、格言,以及建言等都可以是规范。一个规范如何获得指引和评价行为的这个目标,依赖于该规范的种类。道德和逻辑规范从它们的内在有效性中获得其目标。这些规范是'规范性的',而非描述性的。它们并非意在告诉其服从者将要或可能做什么,相反,它们意在告诉他们在一定意义上,他们有权做什么,应当做什么,或可以做什么。"[②]除此之外,具有规范性的规范还可以指引受其规范的主体如何做,实现规范所意欲追求的秩序或目的。"法律规则之所以具有规范性,是因为法律规则内部具有严密的逻辑结构,学理上有'三要素说'与'二要素说'之区别,'三要素说'为主导学说,由假定、处理、制裁三部分构成。"[③]"'二要素说'认为,法律规则之所以具有规范性,是因为法律规则在逻辑意义上是由行为模式和法律后果等要素组成的。"[④]因此,只要通过解构标准并能获得规范性各要素,就可以认为标准具有规范性属性。欲完整地检视某种规范是否具有规范性,更加系统地讨论标准与

---

① 柳经纬:《论标准对法律发挥作用的规范基础》,载《行政法学研究》2021 年第 1 期。

② [美]斯科特·夏皮罗:《合法性》,郑玉双、刘叶深译,中国法制出版社 2016 年版,第 54～55 页。

③ 张文显:《法理学》,高等教育出版社 2011 年第 4 版,第 69 页。

④ 舒国滢:《法理学导论》,北京大学出版社 2019 年第 3 版,第 101～102 页。

法律的规范属性①，宜采"三要素说"的逻辑结构揭示标准与法律的规范性。

第一，假定条件。假定（假定条件）是指出适用这一规则的前提、条件或情况的部分。② 质言之，适用指向的特定人、特定场合与特定时间等特定条件，形成了适用规则的前提条件，似"开启规则之门"的钥匙。例如，《中华人民共和国民法典》第 686 条规定："当事人在保证合同中约定，债务人不能履行债务时，由保证人承担保证责任的，为一般保证。"此处"当事人在保证合同中约定"即为该法条之假定条件，一般保证的成立前提须由当事人特别约定，否则，在约定不明或没有约定的情形下为连带保证责任，也就排除了一般保证的成立可能性，就应直接适用有关连带保证责任的规定。标准中也存在类似的假定条件，即在某种特定条件、特定主体或特定时间的情况下适用某种标准，通常在标准文件中表述为"适用范围或范围（Scope）"。例如，美国材料实验协会（ASTM）制定的《用于制作医用口罩的原材料技术要求》（Standard Specification for Performance of Materials Used in Medical Face Masks）（F2100-19）的第一条"适用范围（Scope）"开宗明义地指出，本标准适用于"为医疗服务提供医用口罩制造材料的测试和技术要求（1.1）"③"本标准设置了医用口罩原材料的评定分类：细菌过滤能力、压差、亚微米颗粒过滤能力、合成血液的阻力测试以及可燃性测试（1.2）""本标准不涉及医疗口罩设计要求和性能要求的所有方面，本标准不涉及评估医用口罩设计的有效性和透气性以及调节呼吸保护（1.3）""本标准并不解决本标准尚未明示的安全问题（1.5）"。该标准规范要素中的"假定条件"可总结为：(1)适用本标准的特定对象（特定场合）为"生产提供医疗机构的医用口罩原材料"，即生产其他用途的口罩不适用本标准；(2)本标准并不规范医用口罩的所有技术指标，仅涉及医用口罩的细菌过滤能力、压差、亚微米颗粒过滤能力、合成血液的阻力测试以及可燃性测试，其他技术指标适用具体其他标准。再如，《固定梯子的美国国家安全标准》（American National Standards for Ladder-Fixed-Safety Requirement）（ANSI-ASC A14.3—2008）第一章第一条适用范围（Scope）指出，"本标准规定了设计、建造和使用固定梯子的最低设计要求"，可见，设计、建造和使用固定梯子的行为是适用该标准的前提条件，也

---

① 柳经纬：《标准的规范性与规范效力——基于标准著作权保护问题的视角》，载《法学》2014 年第 8 期。

② 张文显：《法理学》，高等教育出版社 2011 年第 4 版，第 69 页。

③ 尚需说明的是，标准表示条款的方式与法律表示条款的方式有所不同。法律是直接以"第×条""第×款""第×项"表示，而标准是以"1.2""5.2""3.3.4"方式表示，此种表示方法国际通行。尽管如此，标准也有很严谨的"条、款、项"的条文逻辑结构，例如，"2.3.4"表示"第二条第三款第三项"。

就是标准的规范范围,即该标准的"假定条件"。

从上述标准与法律的假定条件分析看,标准与法律均具有假定条件,并且都为其规范要素的重要组成部分。两者的假定条件尤其是适用对象上存在区别,"法律适用对象为法律主体,是法律权利义务的承担者,即法律人格的主体,而标准并不关注适用主体是否具有法律上的人格,仅关注标准的适用主体是否具有专业技术上的资格,即能否依据该标准从事标准化活动。"① 尽管两者在假定条件上具有本质区别,但这并不妨碍标准具有规范构成要素中的"假定条件"。因此,标准符合规范属性检视之假定条件要素,具有规范性的前提要件。

第二,处理(行为模式)。"处理是具体要求人们做什么或禁止人们做什么的那一部分"②,即行为模式,是规则规范人们应该做什么或不做什么,其系有拘束力之行为要求③。在符合某种假定条件要素后,规范指引人们行为,符合规则追求的秩序价值。透过行为模式的规定,"法律被描写成立法者的'命令'或'意志'表示,以及当法律秩序本身被说成是国家的'命令'或'意志'。"④法律规范的行为模式因规范类型的不同而不同,一般包括"可以"("有权")、"应当"("必须")与"不得"("禁止")三种类型。"可以""有权"意指权利,"应当"("必须")意指作为义务,"不得"("禁止")则意指不作为义务。这些行为模式均直接出现在法律文本之中。⑤ 因此,法律规范可分为授权性与义务性规范。如上述《中华人民共和国民法典》第 686 条中"债务人不能履行时"就是行为模式,即债务人的存在具有规范内容的行为。法律规范的行为模式一般包括"可以"("有权")"应当"("必须")"不得"("禁止")三种类型,"可以"("有权")是指权利,"应当"("必须")和"不得"("禁止")是指义务,前者为作为义务,后者为不作为义务。法律规定哪些是可为的,哪些是不可为的,通过权利和义务的配置实现其对社会行为的规范作用。⑥ 法律是通过民主立法方式确定的规范,法律的作用在这个层面上指引人们什么"应为"或"不应为",原则性地划一道底线或上限,但没有具体言明如何为,即行为人如何具体做才是合法的,这反映了法律的结果主义。

① 柳经纬:《标准的规范性与规范效力——基于标准著作权保护问题的视角》,载《法学》2014 年第 8 期。

② 张文显:《法理学》,高等教育出版社 2011 年第 4 版,第 69 页。

③ [德]Karl Larenz:《法学方法论》,陈爱娥译,五南图书出版公司 1996 年版,第 149 页。

④ Hans Kelsen, *General Theory of Law and State*, Anders Wedberg(Trans.), Harvard University Press, 1949, p.30. 中译本见[奥]凯尔森:《法与国家的一般理论》,沈宗灵译,商务印书馆 2013 年版,第 72 页。

⑤ 柳经纬:《标准的规范性与规范效力——基于标准著作权保护问题的视角》,载《法学》2014 年第 8 期。

⑥ 柳经纬:《标准与法律的融合》,载《政法论坛》2016 年第 6 期。

因此,法律对行为人的行为结果作积极评价或消极评价,其评价范围仅限于最后的行为状态,对于采取何种方法完成这种行为在所不问,易言之,法的指引作用就是指向效果。从"法律命令说"的角度看,能够较合理地解释该问题,凯尔森认为,"法律规范便是命令(command),一人命令是一个人以另一人的行为为客体的意志(或愿望)的表示。命令是一种绝对必要形式的意志表示。一个命令只有在它对它所指向的人有约束力、只有这个人应当做命令所要求做的事情时,才是一个规范。"[1]因此,从"法律命令说"可以看出,法律的规范性侧重于"命令"。

　　就标准而言,标准中同样具有类似法律行为模式的指引用语。《用于制作医用口罩的原材料技术要求》中共出现英文情态动词(依据语气强弱排序)"must(必须)"1次、"shall(应当)"8次、"can(可以)"1次、"may(可以,语气较can弱,多数情况下表示征求意见)"3次,例如,"选择合适的医用口罩时,必须(must)根据与医用口罩类别相关的特定性能领域,考虑潜在的暴露危害。(4.5)""本规范所涵盖的医用口罩材料,应(shall)根据医用口罩材料的阻隔性能特性,指定为以下一个或多个性能等级:1级阻隔、2级阻隔、3级阻隔。(5.1)""指定属性的列表代表行业实践描述材料的性能,但不包括所有方面的性能,可能需要保护医务工作者。(4.2)"。再如,美国石油学会(API)制定的《阀门耐火试验标准(第4版)》(Standard for Fire Test for Valves)(API 6FA—2018)的前言中,明确指出各规范类型的不同含义:在标准中使用"shall(应当)"时,表示为符合标准的最低要求,其要求应该或必须满足;在标准中使用"should(应该)"表示推荐的或建议的要求(其要求是理应或建议满足的),但不是符合标准所必须的;在标准中使用"may(可以)"表示在其标准范围内允许的操作过程;在标准中使用"can(能够)"表示可能性或能力性的说明。

　　标准同样具有规范性,也可以规范行为,但标准的规范性与法律具有本质的区别,不仅在效力上区别于法律,在规范内容方面也区别于法律,即标准的规范不具有法律上之评价要素。标准的调整方式与法律以权利义务为内容的调整方式不同,标准的规范性并不是通过权利义务关系调整秩序,不具有法律层面的意义,标准关注的是"如何为"或"如何不为"[2],标准中也会采用一些行为导

---

①　Hans Kelsen, *General Theory of Law and State*, Anders Wedberg(Trans.), Harvard University Press, 1949, p.30. 中译本见[奥]凯尔森:《法与国家的一般理论》,沈宗灵译,商务印书馆 2013 年版,第 66 页。

②　Bengt Jacobsson, Standardization and Expert Knowledge, in: Nils Brunsson, Bengt Jacobsson and Associates(Eds.), *A World of Standards*, Oxford University Press, 2000, p. 42.

向的用语,类似法律的行为模式用语,例如,标准文本中经常出现"可以""应""必须""不得""不应"等具有行为导向的措辞,通过向标准实施者提供明确的行为模式指引,旨在实现标准所追求的科学技术秩序,因此,可以说,虽然标准的规范性不具有法律属性,但并不能否认标准具有规范性。"标准是技术规范,其价值取向主要是科学性和合理性,通过对人们行为的引导,回答'如何做才是科学的、合理的'问题。标准的定义也凸显了标准的规范属性,例如,'为了获得最佳秩序''共同使用和重复使用的规范性文件'等表述。"①"人们依此行为,获得科学的、合理的结果,这也就是标准所追求的'最佳秩序'。"②因此,标准的规范性是对科学技术领域的事项提出具体的技术要求,其规范性仅具有技术要求的差别。如果生产经营者遵守标准,提供符合标准的产品和服务,那么采用标准的方案同样可以取得解决安全、健康、消费者利益和公共利益保护等问题的效果。③ 例如,美国标准《聚四氟乙烯粒状模制材料和冲压挤制材料的规范》(ASTM D4894—2015)采用了多种呈现方式详尽地且步骤分明地表达该种材料的制备方法,从该标准可以看出,标准制定者仅提供一种获得秩序的方法,标准的制定经过无数次的试验与测试从而获得"最佳秩序",标准制定者对严格依据"如何为"指示的标准实施者能够取得"最佳秩序"具有足够的信心,因此,具有详尽"如何为"内容的标准可以不再重复规定"最佳秩序",这也就能解释通常标准为"过程主义"的原因。

可见,标准中也存在具体要求人们做什么或禁止人们做什么的行为指引规定;或者说,标准同样存在建议人们做什么或不建议人们做什么的行为指引规定。标准具有行为模式要素是因为合格的标准本身就是可信任的有效知识体,其内容具有指导性价值,可以直接用于指导相关工作的开展。④ 因此,在规范性分析中,可以认为,标准也具有规范性的语言表达,即"处理"。

第三,制裁。制裁是指出行为要承担的法律后果的部分,制裁只是法律的否定性结果,而否定性结果只是法律结果的一种,法律结果还包含了肯定性与奖励性的结果,"制裁"有以偏概全之嫌,这也是制裁作为法律规则要素受到集中批评之处。⑤ 因此,本部分嫁接"二要素说"的"法效果用以分析标准与法律的规范性。法效果始终属于规范性领域,作为规范性的事实,法效果借助法条的

---

① 柳经纬:《标准与法律的融合》,载《政法论坛》2016 年第 6 期。
② 柳经纬:《标准与法律的融合》,载《政法论坛》2016 年第 6 期。
③ 柳经纬:《论标准替代法律的可能及限度》,载《比较法研究》2020 年第 6 期。
④ 麦绿波:《标准学——标准的科学理论》,科学出版社 2019 年版,第 121 页。
⑤ 张文显:《法理学》,高等教育出版社 2011 年第 4 版,第 69 页。

效力可发生(适用)于任何事例。"①为方便检视标准的规范性,此处称为"后果",它指受规范主体依据行为模式而产生的效果,即受到规则的正面评价或负面评价。就法律规范而言,在法律规范中这种肯定性或否定性后果,体现的是立法者的意志,属于具有价值取向性质的评价。② 法律后果能够引起法律关系的变动,能够引起权利义务关系的变动。例如,通过规范分析《中华人民共和国民法典》第312条善意取得条款可知,无权处分为假定条件,符合善意取得之三项积极要件为行为模式,受让人取得不动产或动产所有权为法律后果,取得所有权即为肯定性后果。再如,《中华人民共和国民法典》第506条:"合同中的下列免责条款无效:(一)造成对方人身伤害的;(二)因故意或者重大过失造成对方财产损失的。"该条中合同免责条款无效为法律后果,条款无效即为否定性后果。

标准也具有效果(后果)。任何一种社会规范,都具有保证其实施的社会力量,即都具有某种强制性。③ 标准的效果,或者说遵守标准的效果的肯定性效果或违反标准的否定性效果。"标准作为一种技术规范,它规定人们如何使用自然力、生产工具等,以有效地利用生产工具,开发自然资源,有些技术规范如果不遵守可能引起伤亡事故,导致效率低下,危及生产秩序和交通秩序,或直接与他人的生命财产攸关。"④"如果从法律规范的后果体现了规范制定者对行为人的行为后果所进行的具有价值取向性的评价角度来看,应该说标准是不存在这种后果的。"⑤这是因为标准的效果并不体现或反映标准制定者的主观意志的价值判断或取舍,标准所体现的是标准制定者对标准所要追求的科学技术要求的体现。标准的效果具体来说就是"按标准的规定行事,限制了行为的随意性,使行为进入有序的状态"⑥,与法律规则中言明法律效果不同的是,通常标准的条文并不会直接规定标准的效果,标准的效果需要执行标准或者不执行标准、不完整执行标准才能够显现,违反标准只会产生技术上的不利后果。例如,违反上述《用于制作医用口罩的原材料技术要求》,生产商制造的医用口罩不符合该标准的要求,只会造成其生产的医用口罩质量低下,无法满足医疗使用的用途,可能导致口罩的过滤能力低(性能不能满足要求)或防火等级低(安全性不能满

① [德]Karl Larenz:《法学方法论》,陈爱娥译,五南图书出版公司1996年版,第151页。

② 柳经纬:《标准的规范性与规范效力——基于标准著作权保护问题的视角》,载《法学》2014年第8期。

③ 张文显:《法理学》,高等教育出版社2011年第4版,第47页。

④ 张文显:《法理学》,高等教育出版社2011年第4版,第45页。

⑤ 柳经纬:《标准的规范性与规范效力——基于标准著作权保护问题的视角》,载《法学》2014年第8期。

⑥ 麦绿波:《标准学——标准的科学理论》,科学出版社2019年版,第121页。

足要求),导致产品质量问题,因此,违反标准仅能直接导致科学技术上的负面评价,这也是一种后果,即执行或不执行标准的后果。尽管标准的效果是间接地发生,但它们往往会产生一些具有某种程度上的强制性效果,在许多情况下,市场力量和广泛的非正式接受赋予标准某种程度上的效果,它们往往通过市场力量、契约关系和习惯法的使用获得一些强制效果[1];若法律采纳了标准,那么此时执行或不执行标准的后果就具有法律上的意义。因此,当社会需要人们遵守某些攸关效率、秩序、安全等技术规范时,相关权力机构就把技术规范纳入纪律、行政命令或者法律法规,使之成为社会规范,此时,违反技术规范,就具有了法律上的意义。

本部分检视了标准的规范属性,不难得出标准具有规范性的结论,即标准具有规范效力。正是因为标准具有规范效力,因此,在某种程度上,标准就如同法律般规范人们的行为。[2] 虽然标准与法律都具有规范性,但通过观察标准与法律的规范属性,两者的规范性具有本质的区别。标准的规范构成要素,即假定条件、行为模式、后果,仅在科学和技术领域具有规范意义,规范科学和技术领域,而无以权利义务为内容的法律效果。因此,标准仅是单纯的技术规范,调整科学和技术领域的社会关系。虽然标准的规范性能为标准化活动带来一定的约束,但是约束不等于阻碍,标准所蕴含的合理的约束等于畅通,规范是建立有序化或新秩序,规范性不仅是标准的属性,也是标准的功能。法律通常关注受规范主体行为是否可以作为某种行为,但不关注受规范主体如何为或如何不为,即法律为结果主义;标准通常关注受规范主体如何为或如何不为,即标准为过程主义,虽然也有标准关注产品或服务的结果,但这些标准也同样关注得到结果的过程,只不过除关注过程以外,还同样关注结果。

由此可见,正是因为标准与法律的规范性不同,两者的规范性各有规范侧重点,同时也就有了规范弱点,因此,都具有规范性就是标准与法律相互融合的基础。

## (二)标准与法律追求共同的价值目标

标准与法律都具有规范性,同时,标准与法律的规范目标就是通过两者的规范性实现,即实现标准与法律所追求的某种秩序。在当前高度发达的工业化社会里,标准与法律所追求的秩序市场产生交织,如此,标准与法律对秩序的追

---

① Emily S. Bremer, American and European Perspectives on Private Standards in Public Law, 91 *Tul. L. Rev.* 325 (2016), pp.333,343.

② Jane K. Winn, Globalization and Standards: the Logic of Two-Level Games, 5 *ISJLP* 185 (2009), pp.190-191.

求也是标准与法律融合的基础。法律秩序与标准秩序都是秩序的子概念,因此,两者必然符合秩序的概念,即有条理地、有组织地安排各构成部分以求达到正常的运转或良好的外观。

法律秩序是法律通过权利义务关系以及国家强制力保证完成社会秩序的塑造,从而实现法律所追求的秩序,即实现社会关系的序列化状态和社会主体行为的规则化状态,是法律规范所预设的权利义务关系在现实生活中的实现。[①]在当前语境下,法治不止意味着制定了完备的法律体系或法律制度,而是通过法治(科学立法、严格执法、公正司法、全民守法)形成法律秩序,所制定的法律被信仰,法律规则得到普遍遵守,因此,可以说,法律秩序的形成是法治的终极目标,实现统治阶级所欲追求的社会秩序。良好的法律秩序形成的社会秩序中,公民与公民、国家与公民都能够在法律秩序中享受着法治带来的安全与自由,一切权利义务关系的运行都可以做到有法可依,实现法律的公平正义。[②]法律秩序是法律所追求的直接目标,这在我国立法中的法律目的条款都表达得很清楚,我国许多立法的第一条都是立法目的条款,这是一种将形而上的法律秩序实证化的条款。[③]例如,《中华人民共和国产品质量法》(下称《产品质量法》)的立法宗旨是加强对产品质量的监督管理,提高产品质量水平,明确产品质量责任,保护消费者的合法权益,维护社会经济秩序;《中华人民共和国刑法》的立法宗旨为了惩罚犯罪,保护人民。上述这些"第一条立法目的"条款都是对某部法律欲要实现的某种法律秩序的实证化。在当前国家治理工具现代化与多样化的趋势中,法治虽然越来越重要,位于治理体系的中心位置,但其他规范体系也在调整着社会秩序。

社会的秩序化需求在今天更多地由国家立法予以满足,但我们不能由此得出"无法律便无秩序"的结论。[④]标准就属于这种法外的社会秩序化能力。同样,标准作为社会规范的一种,标准对秩序的追求也是标准规范性的目的。《标准化工作指南》明确指出,标准的目的是在一定范围内获得"最佳秩序"。"'最佳秩序'指通过制定和实施标准,使标准化对象的有序化程度达到最佳状态,建立最佳秩序集中地概括了标准的作用和制定标准的目的,同时又是衡量标准化活动、评价标准的重要依据。"[⑤]标准对秩序具有很高的要求,即"最佳秩序",区别于法治对秩序较低的要求。具体来说,标准对秩序的追求是通过执行标准,

---

① 参见公丕祥:《法理学》,复旦大学出版社 2002 年版,第 479 页。
② 参见柳经纬:《标准与法律的融合》,载《政法论坛》2016 年第 6 期。
③ 参见刘风景:《立法目的条款之法理基础及表述技术》,载《法商研究》2013 年第 3 期。
④ 庞正:《法治秩序的社会之维》,载《法律科学(西北政法大学学报)》2016 年第 1 期。
⑤ 李春田:《标准化概论》,中国人民大学出版社 2014 年第 6 版,第 9 页。

以达到科学性与技术性的实现以及最佳秩序的实现。"标准是技术规范,其价值取向主要是科学性和合理性,通过对人们行为的引导,回答'如何做才是科学的、合理的'问题。人们依此行为,获得科学的、合理的结果,这也就是标准所追求的'最佳秩序'。"[①]标准对秩序的追求蕴含了制定者对秩序的普遍共识,如此,标准就具有很好的社会基础支撑其实现,最大限度扫清了标准执行过程中的阻碍。我国目前实际上已经建立了相对完善的法律体系,形成了较高质量的法治秩序,绝大多数行业也建成了价格机制,形成了企业间自由竞争的秩序;然而,在法治秩序与竞争秩序建设方面都取得明显成就的情况下,却迟迟不能建立更成熟的市场经济,其原因就在于尚未在经济秩序中形成标准秩序。因此,由利益相关方共同制定标准规则,各方共同遵守,再由第三方机构进行认证认可,对相关产品或服务质量依据标准进行检测,正视这种市场自愿且不可或缺的力量,在一定范围内形成类似法律秩序的"强制秩序"的效果,这就是标准秩序。[②]

例如,我国《电子工业水污染物排放标准》(GB 39731—2020)是关于"电子工业企业、生产设施或研制线的水污染物排放控制要求、监测要求和监督管理要求"的强制性国家标准,所追求的秩序是相关产业的水污染物排放应满足该标准要求的环境质量要求,通过设置一系列规范内容以规范相关排放单位的排放行为,旨在保护环境免受排放污水的侵害,保护人们的生命健康财产安全,形成电子工业水污染排放的"最佳秩序"。依据该标准测定相关行业的污染排放行为,就能做到排污设备建设与管理、污水采样、排水量浓度计算等事项的有序性,获得的结果才具有科学性与合理性。同样地,依据标准行事,也是一种秩序。

由此可见,标准与法律都追求秩序,并希望通过规范性实现其秩序,当标准与法律所追求的秩序重合时,这就使得标准与法律的融合成为可能。例如,法律欲规范核废料的处理问题(《核安全法》第 45 条),通常会囿于篇幅、立法语言表达、立法者专业技术限制等因素不会对具体问题作出规定,此刻,核安全法律规范与核废料处理标准就产生了融合的可能。

## 三、标准与法律融合的原因

"标准与法律属于不同范畴的规范,有着不同的属性。但在众多的领域里,

---

① 参见柳经纬:《标准与法律的融合》,载《政法论坛》2016 年第 6 期。
② 参见程虹:《让标准构成一种秩序》,载《大众标准化》2016 年第 12 期。

标准与法律呈现出'你中有我''我中有你'的融合现象。"①德国技术法(Techni-krecht)学者 Jürgen Ensthaler 明确指出:"合作(kooperative)和私人自治(pri-vatselbstregulative)是当前技术法的典型特征,在这个过程中,国家法律规范及其行政权力日渐式微,这说明了法律和技术的相互作用。第一,技术的发展是动态的,静态的国家规制不能有效调整技术问题,但标准组织制定的技术标准,通常可以比法律更快地纠正。第二,在分工和知识分裂日益加剧的时期,技术专长与知识汇集于私人组织,而不是国家。技术与法律之间的关系并不意味着两者是跨学科的平行线,应是相互借鉴。"②无论标准还是法律都具有因其本质属性产生的局限性,并且依靠其自身通常难以逾越,需要借助外部治理工具的力量,实现多种治理工具的融合,相辅相成,形成互补关系与共治模式。标准与法律具有融合的动因,又可分为标准与法律融合的内因与外因。

## (一)标准与法律融合的内因

所谓内因指,虽然标准与法律都具有规范性,但二者的规范性存在着区别,正是这种区别,使得二者之间具有互补性,这种互补性构成了标准与法律融合的内在需求。③

### 1. 标准与法律规范效力的互补——标准获得法律效力的支撑

标准与法律的规范效力来源不同,是标准与法律最显著的区别。我们通常所指的"效力(validity)"就是规范(norms)的特殊存在。说一个规范是有效力的,也就假定它的存在,或者说,我们假定规范对那些行为受规范调整的人有"约束力(binding force)"。④ 标准与法律的规范效力来源不同决定了标准与法律具有不同的效力。

法律的规范效力来源于国家的强制力保证,国家强制力产生制裁的压力促使人们遵守法律,保证法律得到执行。而标准的规范效力来源则是标准制定各方主体对"最佳秩序""最佳技术方案"的共识,这种共识具有客观性,即并非依据特定主体的主观意志能够完全决定。标准的科学性与技术性决定了标准的客观性。"许多标准的形成主要是技术性的研究工作,依赖于技术性研究或知

---

① 柳经纬:《标准与法律的融合》,载《政法论坛》2016 年第 6 期。

② Jürgen Ensthaler, Dagmar Gesmann-Nuissl, Stefan Müller, *Technikrecht : Rechtli-che Grundlagen des Technologiemanagements*, Springer Vieweg, 2012, Seites.3-5.

③ 柳经纬:《标准与法律的融合》,载《政法论坛》2016 年第 6 期。

④ Hans Kelsen, *General Theory of Law and State*, Anders Wedberg(Trans.), Har-vard University Press, 1949, p.30. 中译本见[奥]凯尔森:《法与国家的一般理论》,沈宗灵译,商务印书馆 2013 年版,第 65 页。

识性研究的成果,而不是依靠总结的文字功夫。特别是有些创新性的和技术性强的标准,技术研究工作占据了标准制定的绝大部分工作量和时间。"①因此,标准之所以被遵守,最重要的是标准的科学性与技术性;遵守符合质量的标准还能够提高生产效率、提升产品或服务的质量、保障产品或服务使用者的人身财产安全,符合标准的产品或服务也更加容易被市场所接受等诸多影响标准被遵守的因素。

可见,标准与法律规范效力来源不同,即"正当性(权威性)(legitimacy)"来源不同。法律的正当性(权威性)基础是统治阶级的意志或国家的权力,而标准的正当性(权威性)基础是科学性与技术性的最佳秩序以及相关利益主体的普遍共识。这就决定了标准与法律的规范效力也各不相同。"规范效力系指,据以衡量人的行为要求或标准,其所具有准则性或拘束性。"②法律规范效力指法律具有强制效力,并且法的效力具有普遍约束效力,这在国家范围内的任何人,都要受法律的强制约束,这反映了法律的刚性规范效力。无论是政府标准还是市场标准天生都不具有法律效力③,尤其是非政府标准。非政府标准也被学者们称为自愿共识标准(voluntary consensus standards),绝大部分的自愿共识标准来自于非政府、私有化的标准制定组织。正是由于非政府标准的自愿共识属性,非政府标准的效力类似于依意思自治成立的法律行为,仅具有相对约束效力,不具有普遍约束效力。所谓相对效力指自愿共识标准的效力仅及于私营标准组织内部(标准组织的各成员)以及后续经过意思表示同意(承诺)受此标准约束的主体(标准实施者、标准采纳者、标准执行者),除此之外的主体,并不受该标准的约束;因此,可以说,依自愿共识程序制定的非政府标准并不具有如同法律那般的普遍的适用效力,即强制约束力(binding force)④,继而非政府标准的遵守完全凭借标准实施者的自愿遵守。虽然非政府标准不具有强制约束力,但这并不代表违反标准没有任何后果,若标准实施者违反相关标准的规定,给违标主体带来技术上的不合理以及产品质量低下、市场排斥、行业排斥等消极

---

① 麦绿波:《标准学——标准的科学理论》,科学出版社 2019 年版,第 275 页。

② [德]Karl Larenz:《法学方法论》,陈爱娥译,五南图书出版公司 1996 年版,第 87 页。

③ 包括政府标准在内的标准获得法律效力的路径是通过法律的援引(例如,《核安全法》第 45 条)、双方当事人的意思标准进入合同(质量条款)、法律的直接规定(《中华人民共和国标准化法》第 2 条、第 25 条直接规定了强制性国家标准具有强制效力)等。参见柳经纬:《标准的类型划分及其私法效力》,载《现代法学》2020 年第 2 期;《论标准的私法效力》,载《中国高校社会科学》2019 年第 6 期。

④ Eike Albrecht,VSS and Legal Standards:Competition or an Added Value? in:Carsten Schmitz-Hoffmann, Michael Schmidt, Berthold Hansmann, Dmitry Palekhov (Eds.), *Voluntary Standard Systems*,Springer,2014,p.68.

影响,会引起相应的违约责任以及私营标准组织内部的"社团罚(Vereinsstraf-gewalt),即进行正式的批评、罚款、有期限的停职或禁止某些社团活动直至开除"①。因此,法律具有强制约束力与普遍约束效力;标准不具有强制约束效力与普遍约束效力,仅具有相对约束力。

从标准层面看,标准具有需要法律支撑的动因。标准与法律归属于不同的规范体系,标准不是法律②,因此,标准不具有法律效力③,也不具有法律属性。这说明了:一方面,标准的效力不具有法律强制性,仅具有科学性与技术性,如果产品的提供者违标生产,会导致产品技术要求不够以及质量低下,从而使市场承认度较低以及行业认可度较低;另一方面,尽管标准在一定范围内具有一定的约束力,但是标准的约束力不同于法律的普遍约束力,即法律一经颁布,对全体国民或在一国范围内的所有主体都具有约束力。制定标准的目的在于标准得到采用(实施)④,但囿于标准的效力既不具有强制性,也不具有普遍适用性,因此,标准的采用(实施)与推广便受到限制,如此,标准的实效性就受到了严重挑战以及具有较大的局限性,这就危及制定标准的目的,也危及标准对秩序的追求。可见,标准体系对标准的实施保障具有较高的要求,也是实现标准所追求的秩序的关键所在。标准需要借助外部力量,使其具有更强的约束力以及更广的约束力范围,而法律的强制约束力与普遍约束效力可以弥补标准实施的不足之处,因此,标准就有需要进入法治领域的动因。

标准进入法治领域而获得法律效力的方式主要三种。第一,通过国家法律规定(赋予)某种类型的标准具有强制约束力,即具有法律效力,例如,《标准化法》第 2 条规定,"强制性标准必须执行",第 25 条规定,"不符合强制性标准的产品、服务,不得生产、销售、进口或者提供"。第二,国家法律援引标准,事实上,我国模式中法律法规中并没有明确规定援引某种标准,采用的是泛指的援

---

①　[德]卡尔·拉伦茨:《德国民法通论》,王晓晔、邵建东、程建英等译,法律出版社 2013 年版,第 228 页。

②　Manfred Wolf/Jörg Neuner, *Allgemeiner Teil des bürgerlichen Rechts 10 Auflage.* Verlag C.H.Beck(München),2012,S.25. Peter Marburger, *Die Regeln der Technik im Recht*,Carl Heymanns Verlag KG,1979,S.283. 柳经纬:《标准与法律的融合》,载《政法论坛》2016 年第 6 期。

③　James M. Sweeney, Copyrighted Laws:Enabling and Preserving Access to Incorporated Private Standards,101 *Minn. L. Rev.* 1331 (2017),p.1337. Eike Albrecht,VSS and Legal Standards:Competition or an Added Value? in:Carsten Schmitz-Hoffmann, Michael Schmidt, Berthold Hansmann, Dmitry Palekhov(Eds.), *Voluntary Standards Systems*, Springer(Heidelberg),2014,p.68.

④　柳经纬:《标准与法律的融合》,载《政法论坛》2016 年第 6 期。

引模式。因此,在操作层面上,必须根据法律的规定和具体情况才能确定所指向的特定标准,例如,《中华人民共和国产品质量法》(下称《产品质量法》)第 13 条规定,"可能危及人体健康和人身、财产安全的工业产品,必须符合保障人体健康和人身、财产安全的国家标准、行业标准"。如果具体的物品为灯具,那么《产品质量法》第 13 条所称"保障人体健康和人身、财产安全的标准"指向的就是我国国家强制性标准《灯具 第 1 部分:一般要求与试验》(GB 7000.1—2015)。[1] 美国模式较为特别,美国通过立法确定美国立法机构或政府机构必须援引自愿共识标准(voluntary consensus standards),美国政府机构经常通过"参引合并"的方式赋予标准正式法律效力[2],因此,美国立法机构或行政机构制定行政法规时,只需在条文中间接引用自愿性标准即可,如此,自愿性标准就能获得法律强制力与普遍约束效力。第三,通过双方当事人约定,标准通过民事主体的意思自治进入合同中,并产生法律约束力,因此,标准的效力范围就与合同一样,仅具有相对约束力。但是合同中的标准同样具有法律的强制力,若当事人违反标准,守约方可主张违约责任,甚至可以通过民事诉讼,通过国家强制力追究违约方民事责任。

标准最显著的局限性就是标准不具有法律强制约束力,尤其是依据自愿共识性程序制定的非政府标准。私营标准组织的私人属性,导致其制定的标准不具有普遍的法律约束力,更不具有强制性约束力约束人们必须实施其标准。标准的生命在于实施,即便标准制定的质量再高,没能得到很好的执行,或过于理想主义,与现实脱节,仍然还是一纸空文。私营标准组织可采取扩大组织会员规模以及提高标准质量的措施使非政府标准获得更大范围内的推广或实施。尽管如此,私营标准组织的非政府标准的实效仍不容乐观。若标准实施者违反某标准,即便产品质量不符合非政府标准的要求,标准实施者受到私营标准组织内部的"社团罚",受到行业、市场的排挤等,它仍然不会受到法律的消极评价,或受到法律上的制裁(前提是违标行为为国家法律所禁止,但大部分的违标情况是在国家法律的技术要求之外的违标)。由此可见,相较于具有强制执行力的国家立法来说,非政府标准的违法成本较低,其根源就是来自非政府标准的"相对约束力",即不具有法律上的强制约束力,不会产生法律层面的权利义务变动。

---

① 柳经纬、许林波:《法律中的标准——以法律文本为分析对象》,载《比较法研究》2018 年第 2 期。

② Emily S. Bremer, American and European Perspectives on Private Standards in Public Law, 91 *Tul. L. Rev.* 325 (2016),p.327.

相反,法律规范是"终极规范"①,是社会规范的最后一道防线,是国家意志的体现。法律具有极强的强制执行力,同时,法律的实施由国家暴力予以支撑,对一国范围内的所有国民都具有强制约束力,国民应无条件守法,惧怕法律的制裁是国民守法的重要原因之一。

法律具有强制效力,而标准不具有强制效力,因此,标准通过与法律融合,获得法律的强制效力,标准的推广与实施便获得了法律强制效力的支撑,有利于最终实现标准所追求的科学技术秩序。标准与法律规范效力的互补是标准与法律融合的根本动因,于是标准与法律规范效力的互补是标准与法律融合的原因之一,即两者效力的互补关系对形成标准与法律融合具有原因力作用。

### 2. 标准与法律的专业知识的互补——法律充分利用标准化成果

从法律层面看,法律具有援引标准的动因,即法律利用标准化成果的动因。法律是以权利义务为内容的规范体系,正因此,法律规定就较为抽象,法律也无法事无巨细地适用到一切案例上,无法直接在法律规范与案例事实之间形成大、小前提的涵摄,必须通过法律解释的方法才能够适用到具体案例中。"法律规定了人们的权利和义务,但在涉及科学技术的问题时,难以规定权利义务的具体内容,以科学、技术和经验为基础制定的标准使得法律规定的权利义务的内容得以具体化。"②法律尚未规定人们"如何为",而标准高度详细叙述或定义了产品的质量要求以及特征,而不是抽象的应用。③ 例如,合同法中规定了买卖合同的出卖人应承担瑕疵担保责任,说明了出卖人应当保证交付的标的物符合合同的质量约定,若不符合质量约定,出卖人应承担违约责任。那么,质量究竟如何约定? 双方当事人有约定的情况,在特定物买卖中,可依据双方当事人对标的物的具体规定;在种类物买卖中,双方当事人就无法对每一件标的物进行个别规定,尤其在以大工厂生产为主的当代工业中,通常就需要通过标准来确定质量。双方当事人对质量没有明确约定的情形,合同编也给出了补充方案,即《中华人民共和国民法典》第 511 条第一项之规定④。再如,《中华人民共和国刑法》规定了危险驾驶罪,其中"醉酒驾驶机动车"就是危险驾驶罪的罪状之一,但刑法却没有直接给出明确定义;《中华人民共和国道路交通安全法》第 91 条

---

① 　[美]斯科特·夏皮罗:《合法性》,郑玉双、刘叶深译,中国法制出版社 2016 年版,第 56 页。

② 　柳经纬、许林波:《法律中的标准——以法律文本为分析对象》,载《比较法研究》2018 年第 2 期。

③ 　Jürgen Friedrich, *International Environmental "Soft Law"*, Springer, 2013, p.57.

④ 　质量要求不明确的,按照国家标准、行业标准履行;没有国家标准、行业标准的,按照通常标准或者符合合同目的的特定标准履行。

提及"饮酒后驾驶机动车的",同样,何为"饮酒后",该条也尚未作出明确定义。因此,同样是饮酒行为,究竟在何种严重程度应承担刑事责任或行政责任?对此,科学合理地定义何为"醉酒""酒后"就是为了区分刑事责任与行政责任,不仅对当事人的利益影响甚巨,同时更对社会公众的安全起到重要作用。再者,国家禁止酒后驾驶机动车是由于酒精对驾驶能力有一定的抑制作用,即驾驶者对外界的反应能力与控制能力会下降,处理紧急情况的能力也随之下降,驾驶人对光线、声音的反应时间进而延长,感觉器官之间的协调配合功能发生障碍,致驾驶者不能正常驾驶机动车,从而极容易导致事故的发生。究竟酒精浓度达到何种数值,才会抑制驾驶能力,这是一个科学技术问题,是包含了生物学、医学等科学的综合性问题,应当通过科学试验的测定才能确定。但遗憾的是,法律不能直接地、科学合理地定义"醉酒""酒后",法律无法直接回答科学技术问题,因此,法律就需要标准,即原国家质量监督检验检疫总局发布的我国国家标准《车辆驾驶人员血液、呼气酒精含量阈值与检验》(GB 19522—2004)规定的酒精含量测定方法[1]。如此,法律充分利用了标准化的成果,便能有科学合理的依据定义"醉酒""酒后",能够准确地区分刑事责任与行政责任。这就表明了,在当前国家治理现代化的背景下,无论是国家的监管行为还是市场经济活动都离不开标准;标准对法律具有较大的作用力,形成了法律对标准的依赖关系,如果法律的实施离开了标准,那么法律就难以发挥其规范作用,也就难以达到法律对秩序的追求作用。"如果法律需要解决一定的科学技术问题,那么就有必要援引标准,就必须利用标准化的成果。且法律需要解决的科学技术问题对于法律问题的解决越重要,规定标准并赋予其相应的法律地位就越不可或缺。"[2]因此,从法律层面看,法律具有与标准融合的动因,即法律规定了人们行为的"应为"或"不应为",但标准具化了法律规定中的"如何为"或"如何不为"。

"美国国会通过颁行《1995 年国家技术转让与推动法案》(National Technology Transfer and Advancement Act of 1995,NTTAA)直接承认了美国私营部门标准化活动的效率和极具专业知识的禀赋,这种对私营标准组织制定的标准的偏好表明美国国会含蓄地承认了政府机构从事标准化活动效率低下和缺乏专门的科学技术知识。这种承认具有讽刺意味,因为国会将立法权委托给各

---

① 饮酒驾车是指"车辆驾驶人员血液中的酒精含量大于或者等于 20mg/100mL,小于 80mg/100mL 的驾驶行为"。醉酒驾车是指"车辆驾驶人员血液中的酒精含量大于或者等于 80mg/100mL 的驾驶行为"。

② 柳经纬、许林波:《法律中的标准——以法律文本为分析对象》,载《比较法研究》2018 年第 2 期。

政府机构的初衷是希望各政府机构成为高效的标准化活动的专业性技术官僚机构。"①美国公权力机构因缺乏相应的科学技术领域的专业知识,从事标准化活动效率低下,其原因有二:第一,"法律规定的最终结果在于创设、消灭或改变某种行为义务"。② 这种义务的内容即以法律权利义务为内容加以规制,具体来说,是通过法律规定"应当""不应当"等可为或不可为的模式调整法律上之权利义务关系。例如,法律规定,不得销售假冒伪劣产品、销售或制造假药,法律只对制假、售假行为作出负面评价,并给予相应的制裁。产品或药品的质量应当由相关标准予以判断,即产品或药品是否符合技术要求,但法律不仅不负责也不能鉴定判断产品或药品的质量。再如,污染环境的行为在法律上受到负面评价,即法律规定不得污染环境,但法律并不直接判断排污行为是否合法,而污染环境的判断通常通过环境标准对排污行为的监控,环境标准在判定排污行为的合法性问题中扮演了核心角色,同时,排污行为的合法性问题又是环境法律对行为人行为作出评价的核心要素。因此,法律仅指引人们应为或不应为,指引到相应的法律后果,但通常对如何为在所不问,而标准恰恰就是指引如何为的规范依据。可见在某些涉及科学技术领域的法律问题上,法律的作用日渐式微,作为法外因素的标准则日渐重要。第二,随着科学技术的发展,政府的监管职能也深入具有科学技术品格的新领域中,囿于政府机构并不是专门的科学技术研究机构,不具有较高的科学技术专业知识,因此,解决监管问题可能需要具有专业经验或知识的政府以外的机构。例如,由于技术标准所司之领域并非政策制定或政策选择,技术标准也不是管理人们行为或关系的规则,研制或制定技术标准通常需要该领域尖端的工程或技术知识和经验。投入时间参与技术标准研制或制定的人通常是工程师、科学家或其他技术专家,他们工作的行业大量甚至是依靠实施并受到标准的影响。此外,与政府行政机构相比,私营机构能够对技术、行业实践或其他市场情况的变化作出更灵活、更有效和更经济的回应。③

法律调整科学技术领域之所以呈现"疲态",究其本质是由于"法漏洞(RechtsLücke)"的存在。"有时会将'法律漏洞或实证法漏洞(GesetzsLücke)'与'法漏洞(RechtsLücke)'加以区分,后者不是指个别法律本身(以其规整计划为准)的不圆满性,而是指整体法秩序的不圆满性,这或者源于法律对整个应予

① Tyler R. T. Wolf, Existing in a Legal Limbo: The Precarious Legal Position of Standards-Development Organizations, 65 Wash. & Lee L. Rev. 807 (2008), pp.835~836.

② [德]齐佩利乌斯:《法学方法论》,金振豹译,法律出版社 2009 年版,第 42 页。

③ Emily S. Bremer, Private Complements to Public Governance, 81 Mo. L. Rev. 1115 (2016), p.1123.

规整的范围未加规整，或者其欠缺某种——依不可反驳的交易需要，或一般法意识认可的法原则——确属必要的法制度。"①"法律漏洞"与"法漏洞"之区别是"法律（das Gesetz），或称实证法"与"法（das Recht）"之间的区别导出来的；法漏洞与法律漏洞不同的是，法漏洞不能由立法者有意而为之，而法律漏洞可以是立法者有意为之，也可以是立法者无意为之，因此，法漏洞只能是法本身的问题。虽然德国法学界质疑"法漏洞"理论本身是否存在的论者大有人在，但支持"法漏洞"理论的学者认为，"若法律（das Gesetz）外之价值或观点在法律进化上，及其腐化的防止上可能扮演角色，那么'法漏洞'理论至少当它被用来指称这些不妥当的状态时，应是可以被欢迎的"②。可见，法律规范调整科学技术领域具有较大的困难是由于法律规范本身就不适合调整科学技术领域的秩序，这种困难是客观存在的，并非受立法者的意志影响。因此，可以认为法律调整科学技术领域秩序的疲态是"法漏洞"的类型之一。德国法学家卡内里斯（Canaris）认为，"'法漏洞'还存在'原则漏洞或价值漏洞（Prinzip-oder Wertlücke）'以及因技术（Technik）、经济（wirtschaftlichen）或社会关系（sozialen Verhältnisse）的发展，原本（并不重要，亦不致产生如何的法律问题，因此）可以不加规整的领域，今天变得需要加以规整"。③ 法律的发展远早于技术的发展，在法律产生、成熟的时代，科学技术领域的秩序尚不足以向法律发出挑战，即法律还具有调整能力。标准化生产起源于近代工业革命，成熟于当代。随着科学技术的发展，标准化活动日趋完善与精细，深入科学技术领域的最前沿处，已经超越了法律调整的范围了，即法外空间，因此，在实践中，标准就自然成为替代法律调整科学技术领域秩序的规范性文件。如果说"法漏洞"是由于法律固有缺陷而存在的，那么"超越法律的（Gesetzesübersteigenden）"法的续造的原因可能将成为填补"法漏洞"的工具。从"法漏洞"的角度看标准与法律融合，可以说，为了维护法制体系的统一性与完整性，国家已通过一系列立法明确承认了标准可以作为填补这种"法漏洞"的法的续造，鉴此，技术标准就能填补法律调整科学技术领域秩序时留下的"法漏洞"。如上述，许多标准是基于标准制定者所具有的专业的科学技术知识，经过严谨的科学试验而获得的秩序要求，制定标准即在表述某种被认为是最佳秩序的技术要求。所谓最佳秩序指产品或服务在符合某种标准的技术要求下能够发挥最好的功能，实现最佳标准秩

---

① ［德］Karl Larenz：《法学方法论》，陈爱娥译，五南图书出版公司 1996 年版，第 285 页。

② 黄茂荣：《法学方法与现代民法》（增订七版），自版，2020 年版，第 753 页。

③ Claus-Wilhelm Canaris，Die Feststellung von Lücken im Gesetz，2.，überarbeitete Auflage，Duncker & Humblot，1983，S.141，160ff.转引自［德］Karl Larenz：《法学方法论》，陈爱娥译，五南图书出版公司 1996 年版，第 285 页。

序,例如,保障人身安全与财产安全,提高企业生产或提供服务的效率,保证产品或服务的质量与安全性,能够最好地发挥产品或服务的功能。因此,标准被认为是调整科学技术领域秩序的最佳秩序规范,以实现最佳科学技术要求为存在目的。由此可见,"法律规定了人们的权利和义务,但在涉及科学技术的问题时,难以规定权利义务的具体内容,以科学、技术和经验为基础制定的标准使得法律规定的权利义务的内容得以具体化"。①

本质上,标准的专业知识属性是标准规范属性的核心。标准化与专业技术密切相关,通常标准化活动的观点的形成由某领域"执牛耳者"所促进。标准与标准化的最显著的特征是规则条文以及解决方案中凝固了科学技术知识。标准的专业技术性赋予了标准"正当性(权威性)(legitimacy)"。通常认为,错误的"技术方案"被认为是缺乏专业知识以及疏于咨询专家意见的。② 政府缺乏必要的专业技术技能(requisite technical expertise)、财政资源,或无法更加迅速地、灵活地应对更加复杂或紧迫的规范任务。③ 鉴此,具有高度专业性的非政府标准可以与法律融合,补充法律缺乏的专业技术性;法律应当积极汲取标准中的专业知识。德国学者 Jürgen Ensthaler 指出,学界常常忽略揭示通过科学技术专业知识对技术现象的处理能够产生具有法律意义的结果的原因,这意味着最终法律上的评价结果是基于其他学科或其知识。因此,法律应突破法律教条主义的桎梏,从其他学科汲取专业知识,改善法治的作用。④

标准化活动有时被定义为一个非政治的、科学的过程,用以制定或确定应对监管或技术挑战的有关技术最优解决方案。私营标准组织指出,在选任参与标准制定的专家时,国籍或其他的政治因素考量都应被排除在外。⑤ 其中,最核心的要素是"科学的过程""技术最优解决方案",也就是标准科学性的主要所在。标准之所以具有科学技术性或专业性,是由于标准制定者或参与制定者的

①　柳经纬、许林波:《法律中的标准——以法律文本为分析对象》,载《比较法研究》2018 年第 2 期。

②　Bengt Jacobsson, Standardization and Expert Knowledge, in: Nils Brunsson, Bengt Jacobsson and Associates(Eds.), *A World of Standards*, Oxford University Press, 2000, pp.40～41.

③　Tim Büthe, Walter Mattli, *The New Global Rulers: The Privatization of Regulation in the World Economy*, Princeton University Press, 2013, p.5.

④　Jürgen Ensthaler, Bedeutung Der Zusammenarbeit Zwischen Technik-Und Rechtswissenschaft: Ein Beitrag Zur Entwicklung Eines Realitätsgerechten Unternehmensrechts, 43 Zeitschrift Für Rechtspolitik 226 (2010), p.227.

⑤　Tim Büthe, Walter Mattli, *The New Global Rulers: The Privatization of Regulation in the World Economy*, Princeton University Press, 2013, p.5.

专业性、标准规范内容的专业性、标准的制定方法的专业性。这反映了虽然标准是以文字方式表达的,需要文字性工作,但标准的制定取决于依靠研究和验证的技术行为。

所谓标准制定者或参与制定者的专业性体现在两方面,第一,"标准研制的人员通常应该是相应科学或技术领域学术造诣高、研究实力强的科学家或专家"①;第二,通常参与人从事与科学技术相关的职业,如参与人是某领域的技术专家、专利权人、技术管理人、试验专家、测试专家、某领域的科研人员、研发人员、实践产业专家、具有较高专业水准的实践专家,以及技术工人,甚至还有某领域相关的利益团体,如消费者团体、职业安全标准中的劳工团体等。"如果标准研究人员不是相应领域的优秀研究人员,那么标准研制的结果就很难保证其科学性、合理性、有效性,甚至难以保证正确性。"②因此,参与标准制定程序中协商一致、达成共识的参与人的专业性与科学技术性,是标准具有高度专业性的基本保证。

所谓标准规范内容的专业知识性,指标准的规范对象的专业性,即标准文本所记载的内容主题几乎与科学技术领域相关,包括技术要求、达成某种最佳技术秩序的方法、检测方法、试验方法、制备方法、设计方案等内容,例如,美国标准《聚四氟乙烯粒状模制材料和冲压挤制材料的规范》的内容涵盖了从未进行过预成型或模制并且通常通过类似于粉末冶金或陶瓷中使用的方法或通过特殊的挤压工艺进行加工的粒状树脂和聚四氟乙烯的测试方法(1.1)。《固定梯子的美国国家安全标准》第一章第一条,即适用范围(scope)指出其规范内容为"设计、建造和使用固定梯子的最低设计要求"。《阀门耐火试验标准》(第 4版)的规范内容是"制定置于燃烧环境中的 API 6A 和 API 6D 阀门承压性能的测试和评估要求,本标准的性能要求规定了所有规格和压力额定值的评定准则(1.1)"。《用于制作医用口罩的原材料技术要求》则"用于提供医疗服务口罩制造材料的测试和要求(1.1)。医用口罩的测试项目,包括细菌过滤能力、压差、亚微米颗粒过滤能力、合成血液的阻力测试以及可燃性测试(1.2)"。可见,法律的规范内容为通过权利义务调整人与人之间的行为关系、利益关系,而技术标准的规范内容几乎是科学技术领域的相关技术问题、技术要求或技术方案,对人的行为规范也只是在技术层面的要求。

所谓标准制定方法的专业知识性,指标准制定过程中是以科学技术的专业性方法获得最佳秩序。通常专业性方法包括科学试验、技术测试、科研实验、建

---

① 麦绿波:《标准学——标准的科学理论》,科学出版社 2019 年版,第 279 页。
② 麦绿波:《标准学——标准的科学理论》,科学出版社 2019 年版,第 279~280 页。

模、计算、技术经验总结、技术研发等工作。标准研制工作是一个科学研究的系统工作。研制标准中的每一个"约定点"都是一个科学规律揭示的研究内容或合理依据证明的研究内容,整个标准的研究形成了系统性的大量科学研究"约定点"。① 标准研制工作是一种创造性的技术劳动,若制定标准过程中没有现成的技术要求或技术指标可以引用或依靠,标准研发团队需要通过科学技术研究重新建立一套可靠的科学技术体系,从而获得相应成果来支撑标准的建立,因此,标准研制工作存在着与自然科学研究相同的失败的风险,也存在着较高的技术难度。一个成功的、高质量的标准所具有的创新性与有效性是来自对标准底层原理和数据的可信性的追问和证实,以及对标准技术框架及技术性能指标的先进性、标准实施的经济性、标准使用的方便性和广泛性等的追求。② 例如,《聚四氟乙烯粒状模制材料和冲压挤制材料的规范》中详细地规定了"堆积密度"(10.1 以下),并设计了一整套计算"堆积密度"的测试方法,包括测试实验的进行条件、工具准备以及操作流程,其中明确给出了该标准首创的堆积密度计算公式,可见,该公式是标准制定者在底层基础原理中总结得出的。因此,从标准制定方法的科学技术性角度看,正是标准的科学技术性,决定了标准是客观的,绝不是恣意的,即不代表任何主体的主观意志,更不代表标准制定者的主观意志。

综上所述,由于法律以权利义务调整人与人之间的行为关系的规范模式,即"应为"或"不应为",强调的是法律结果主义,但对行为人如何实现法律所追求的行为模式在所不问,尤其是具有科学技术品格的领域,更是属于法律的调整盲区,于是就产生了"法漏洞"。标准的科学性体现在制定专家、制定内容以及制定方法上,依据《1995 年国家技术转让与推动法案》等,美国公法进一步确认了通过具有高度专业性的非政府标准填补法律难以调整的科学技术领域的"法漏洞"。因此,标准就成为了填补"法漏洞"的法外工具,易言之,标准与法律融合模式为标准是填补"法漏洞"的"法之续造方法"。"如果法律需要解决一定的科学技术问题,那么就有必要规定标准。且法律需要解决的科学技术问题对于法律问题的解决越重要,规定标准并赋予其相应的法律地位就越不可或缺。"③我们可以简单地描述这个过程:法律或政府监管采用标准后,借助标准的专业性,法律通过与标准融合的方式将原来难以调整的科学技术领域纳入法治范围,法治充分利用了标准化的资源与成果。由此可见,标准与法律融合的模

---

① 麦绿波:《标准学——标准的科学理论》,科学出版社 2019 年版,第 279～280 页。

② 麦绿波:《标准学——标准的科学理论》,科学出版社 2019 年版,第 280 页。

③ 柳经纬、许林波:《法律中的标准——以法律文本为分析对象》,载《比较法研究》2018 年第 2 期。

式体现了法的变迁与创新。

### 3. 标准与法律的内容呈现形式不同

通常法律语言又称为立法语言,法律原则、法律规则、法律逻辑等法律所要表达的内容都由法律语言承载,因此,为了法律文本的可读性与体系性等原因,法律语言应具有较高的抽象性与简洁性。通常立法语言来自于通俗语言,不存在专用的立法语言以保障法律的准确性,但仅依靠文字表达的法律条文很难做到精确。尤其在制定法国家,法律语言的抽象性与具体案件适用之间的矛盾关系尤为突出,通过法律解释等手段尚不足以突破立法语言表达自身的阻碍。

虽然标准通常也是由文字表达,但是标准也常常涉及科学性与技术性内容,涉及各种不同的学科。这就要求标准内容要有准确性或精确性,从而导致标准内容的呈现方式具有高度的灵活性,促成了标准表达的多样性,也体现了标准表现形式的实用主义,即采用何种呈现形式是基于最佳表达形式原则。标准的内容除了以单调、模糊的文字表达外,还广泛地采用表格、函数、统计图、流程图、设计图、公示、模型甚至是实物标准等多种呈现形式,能够更加直观地表达出标准条款的要求①。例如,美国石油学会(API)制定的《阀门耐火试验标准》(第 4 版)(Standard for Fire Test for Valves)(API 6FA—2018)的内容呈现形式除常规使用文字以外,还大量使用设计图(图 1 建议的阀门耐火试验系统图解、图 2 小规格阀门的热量计位置三视图等)、表格(表 1 耐火试验的 6A 试验压力、表 3 自 6A 阀门试验的阀门规格的鉴定)、流程图(图 A.2 塑料的鉴定步骤)。再如,我国《和田玉实物样品国家标准》(GSB 16-3061—2013)就突破了书面表述的方式,以不同种类的和田玉实物样品定义各种类型的和田玉分类。再如,《聚四氟乙烯粒状模制材料和冲压挤制材料的规范》[Standard Specification for Polytetrafluoroethylene(PTFE)Granular Molding and Ram Extrusion Materials](ASTM D4894—2015)采用了函数坐标模型图(图 10 用于筛分粒度的累计百分比与筛孔尺寸的样本图)以及公式[计算每个筛子上树脂的累计百分比,筛子 Y 上的累计百分比=筛子 Y 和数字小于 Y 的筛子上的净百分比之和、含水量%=(A−C)/(A−B)×100,A=干燥前,树脂、盘子和盖子的总重量 $g$,B=盘子和盖子的重量 $g$,C=干燥后,树脂、盘子和盖子的总重量 $g$]。可见标准的表达形式突破了文字语言的表达形式,采用图表、设计图等方式更加形象、直观与准确。

---

① 柳经纬:《论标准对法律发挥作用的规范基础》,载《行政法学研究》2021 年第 1 期。

囿于立法语言表达的局限性,尤其是在处理科学技术问题的法律规范中这种局限性更为明显,法律具有援引标准的动因;将丰富的标准表达形式引入法律中,可以弥补立法语言表达的局限性,但又不会破坏法律本身的语言表达风格。

总的来说,无论是法律层面的动因还是标准层面的动因,两者都具有相互融合、相互靠近的倾向,这就形成了两者融合的内因。

## (二)标准与法律融合的外因

所谓外因,指从外部因素来看,随着社会经济的发展,法律和标准各自规范的领域都出现了扩张的趋势,形成了标准与法律二者规范领域交错的现象,促进了这些领域里标准与法律的融合。① 外因层面是不同规范范畴之间的交织,从而产生的融合现象。

第一,法律规范领域不断扩大。通常,法律仅规范人们的外部行为以获得其对秩序的追求,即结果主义。例如,《核安全法》第 19 条②,法律提出了核设施营运单位的定期检测的作为义务。核设施营运单位如何进行定期检测或检测方式、检测要求等法律不作详细规范,法律只规定了核设施营运单位的外部性作为义务,这是不足以实现《核安全法》的立法宗旨的,尚需法律对核设施营运单位如何进行监测的内部行为作具体规定,深入核设施营运单位监测的各个环节,才能完整地达成监测目的。这反映了在科学技术高度发达的今日,法律规范领域正在向社会生产的纵深挺进,此种现象还广泛发生在食品安全、药品安全、民航安全、交通运输安全等领域。法律扩展的这些领域,是以科学技术为基础的标准的固有领域,通常都具有较高的科学性与技术性,都以技术要求为调整方式,并不是以权利义务作为调整手段的法律能够规范的。《核安全法》中涉及科学技术问题的,都需要援引标准,例如确保设备的性能满足标准的要求(第17 条)、核设施设计应当符合核安全标准(第 24 条)、放射性水平降低至满足标准的要求(第 30 条)、"未达到国家放射性污染防治标准排放的"(第 80 条),可见,《核安全法》是一部极其依赖标准的法律。在当前我国法律体系中,依赖标准的法律主要涉及环境保护、能源、产品质量、食品安全、药品安全、医疗、交通等领域。当法律所规范的问题具有科学性和技术性时,同样明确规定援引标准。因此,在法律所扩展的领域里,当问题涉及科学技术时,标准与法律就呈现

---

① 柳经纬:《标准与法律的融合》,载《政法论坛》2016 年第 6 期。
② 《核安全法》第 19 条:核设施营运单位应当对核设施周围环境中所含的放射性核素的种类、浓度以及核设施流出物中的放射性核素总量实施监测。

出融合的现象。[①]

第二,标准化的领域不断扩大,标准直接进入法律所固有的领域。[②] 现代的标准化活动起源于 19 世纪中期的欧美国家,最早进行标准化活动的行业是工程技术领域,例如,蒸汽锅炉行业标准化活动、电气行业标准化活动等。随着标准化活动的发展与深入,逐步扩展到服务标准、管理标准,这些标准或多或少都涉及公权力,例如,劳动关系管理、城市建设规划、社会责任等领域,这些领域传统上属于政府公权力领域,但目前都已经或多或少地进入法律领域。自 20 世纪国际标准化组织制定 ISO 9000 质量管理体系标准以来,标准已经逐步进入这些法律的领域。[③] 不仅如此,标准也能够规范政府机构的行为,例如,我国国家标准《党政机关电子公文格式规范 第 1 部分:公文结构》(GB/T 33476.1—2016)、《村级公共服务中心建设与管理规范》(GB/T 38699—2020)。还有规范司法程序的标准,例如,行业标准《全国民事行政法律援助服务规范》(SF/T 0058—2019)。这类标准的标准化对象多属于法律规范的对象,标准的内容大多来自于法律的原则和规范或者体现了法律的要求。[④]

综上,通过分析标准与法律融合的基础与动因,可知标准与法律融合是现代法治中普遍的现象,也是标准与法律自身的需求,这是一种自发的、必然的现象。标准与法律融合是现代法治活动中不可或缺的一部分,是一种新型的社会治理形式,可以说,标准与法律的融合之势,势不可挡。

## 四、标准与法律融合的作用

通过揭示标准与法律融合的基础以及标准与法律融合的动因可知,标准与法律融合对国家治理与法治有重要作用。当前,虽然我国的国家治理方式呈多元化,但"法治仍是国家治理的基本方式"[⑤],法治在国家治理中以及社会运行中占据了主导地位。标准与法律的融合正是体现了:虽然标准与法律属于不同规范体系的规范,但是标准也无法遁逃于法治之外。标准与法律的融合更加表明,标准并非游离于法治体系之外,反而逐渐融入法治体系中,对促进国家法治以及国家治理体系现代化建设发挥着特有的作用;"依法治国与国家治理是相

---

① 柳经纬:《标准与法律的融合》,载《政法论坛》2016 年第 6 期。
② 柳经纬:《标准与法律的融合》,载《政法论坛》2016 年第 6 期。
③ 柳经纬:《标准与法律的融合》,载《政法论坛》2016 年第 6 期。
④ 参见柳经纬:《论标准替代法律的可能及限度》,载《比较法研究》2020 年第 6 期。
⑤ 张文显:《法治与国家治理现代化》,载《中国法学》2014 年第 4 期。

互作用、相辅相成的关系"①。因此，标准与法律融合对法治与国家治理的作用，从法治层面观察，可分为：标准延伸了法治的作用，标准化工作的认证机制有利于增强法律实施的效果，标准对于规范公权力促进依法行政、依法司法具有积极意义，标准对于违法行为的事实认定具有决定性的意义。②

## （一）标准延伸了法律的作用

所谓标准延伸了法律的作用，指的是标准与法律融合以后，法律可以借助标准拓展、深入法律本来不能调整的科学技术领域或解决科学技术层面的法律问题。"法治是推进国家治理体系和治理能力现代化的重要杠杆。"③国家治理体系的法治化对建成法治国家有重要作用，标准对法治的作用主要体现在：通过标准与法律的融合，法律得以深入科学技术领域，调整原来法律难以涉足的科学技术领域的治理，从而实现了在现代国家治理中法律的大面积覆盖，填补了原来法律没有覆盖的领域，促进了法律的科学性与合理性，促进了法律的执行与贯彻，更能体现国家治理体系和治理能力的现代化。法律规则（规范）是法治的基本单元，如上述，通常法律规则（规范）的规范性是通过权利义务关系调整社会关系来实现的，再者，法的规定通常十分抽象，并没有给出具体的处理方式，对于科学技术领域的问题，法律就很难发挥规范作用。例如，酒后驾车的酒精浓度问题，仅依靠法律立法者无从设置一个科学合理的酒精浓度标准定义"酒后驾车"与"醉酒驾车"；该数值除了应当具有科学性测试外，还应当通过"最佳秩序"的检视，即该数值应当恰到好处，对于社会的大部分人来说，该数值是准确的，能够真实反映酒精对人体的抑制作用，因此，法律规则就无法规范之。在法治领域中涉及只有标准能够解决的科学性或技术性问题时，法律就必须与标准融合，如此，便能够延伸法律的作用。例如，法律借助一个科学合理的酒精浓度测试标准，就能够公平、合理、科学地处理酒后驾车问题，延伸了法律对酒后驾车的监管范围。

标准对于法调整社会关系的作用体现在标准为确定当事人的权利和义务的内容提供了依据，为行为人"如何为"提供了指引，从而法律对标准形成了某种依赖。④ 标准与法律的融合是公权力机构利用民间专业性技术的实现方式。公权力机构通过采用、遵循行业最佳实践，将其作为监管要求，减轻了政府机构

---

① 李林：《依法治国与推进国家治理体系现代化》，载《法学研究》2014 年第 5 期。
② 参见柳经纬：《标准与法律的融合》，载《政法论坛》2016 年第 6 期。
③ 卓泽渊：《国家治理现代化的法治解读》，载《现代法学》2020 年第 1 期。
④ 柳经纬：《评标准法律属性论——兼谈区分标准与法律的意义》，载《现代法学》2018 年第 5 期。

的监管负担,降低了执法成本,同时,这也减少了行业惯例与政府监管之间的差异,从而避免了冲突,降低了政府的监管成本。① 因此,在法律中引用标准已然成为立法中的常态,其重要原因就是标准能够延伸法律的作用,能够发挥法治的最佳效果,超越法律或标准单治的实施效果。

一些强调"去监管化"的国家,例如美国,在其国家治理体系中,国家立法以及政府监管日渐式微,非政府标准日渐成为国家治理体系的新工具。由于标准具有规范性基础,因此标准能够成为国家治理的新工具。标准与法律融合恰是标准参与社会治理的方式之一,法律的强制效力能够支撑标准得到更好的贯彻与执行。② 同时,标准的专业性能延伸法律的作用,促进法律的实施效果,提升法治的质量。通过标准与法律融合,法律的效力获得延伸的同时,标准进入法治的领域,获得了强制效力,更好地实现了"标治",实现了标准所追求的某种科学技术领域的社会关系的形成、维系。

美国标准与法律融合模式鼓励了美国民间力量广泛参与到国家治理中,促进了国家公权力运行的转型,当代私人治理模式还能够填补许多公权力治理的漏洞。尽管通过非政府标准实现的私人治理具有悠久的历史,但是在过去的几十年里,自我监管、供应链承包、自愿认证和认证商标等私人监管形式数量不断增长,其强调了政府与私营组织之间的合作。③ 法律纳入私人标准不仅体现了标准与法律融合的最佳形式,还满足了公、私合作治理到私人治理发展的需要。从公共治理到私人治理转变的过程中,私人标准起到了关键作用。私人治理随着高质量私人标准的兴起而兴起,而另一边,政府缺乏某些必要的技术专长、金融资源或灵活迅速地应对更加复杂与紧迫的立法任务的能力④;诚如学者所言,国家在某些方面的立法尝试至今尚未成功过,其规范宜以标准治之,例如,立法

---

① Emily S. Bremer, Incorporation by Reference in an Open-Government Age, 36 *Harv. J. L. & Pub. Pol'y* 131 (2013), p.140.

② Stephen Breyer, *Regulation and Its Reform*, Harvard University Press, 1982, pp.112~114.

③ Lesley K. McAllister, Harnessing Private Regulation, 3 *Mich. J. Envtl. & Admin. L.* 291 (2014), p.291.

④ Tim Büthe, Walter Mattli, *The New Global Rulers: The Privatization of Regulation in the World Economy*, Princeton University Press, 2013, p.5.

规制微观金融领域。① 这就需要以私人标准为手段助力私人治理。② 因此,在美国,非政府标准又被认为是政府未充分发挥管制职能的产物。③ 可见,私人治理是市场主体自我监管的必要路径,也是国家治理能力现代化的重要标志。

法律不是万能的,法律规范被描述为僵化的;执法可能是不可靠的,法律执行机构缺乏相应的指标来评估法律被遵守的情况。④ 因此,法律以及通过法律的监管就需要借助标准的科学技术性获得技术品格,从而法律的效力就能够延伸至科学技术领域,即标准的科学技术品格延伸了法律的调整范围,这尤其体现在网络安全等科学技术性较强的新兴领域。⑤ 例如,法律中提到,产品不应当损害消费者的健康或财产,那么如何实现产品的安全性,民主立法就无法确定了。"标准对于法调整社会关系的作用体现在标准为确定当事人的权利和义务的内容提供了依据,为行为人'如何为'提供了指引,法律对标准形成了某种依赖关系。"⑥因此,尤其在涉及技术的法规,如产品质量安全、环境保护等法规中,法律对标准的依赖作用更加明显。因此,在法律中引用标准已然成为立法中的常态,其重要原因是标准能够延伸法律的作用,能够发挥法治的最佳效果,超越法律单治的治理效果。标准与法律的互补关系可以总结为:"不仅标准的实施有赖于法律,通过法律的规定获得法律上的强制力;而且法律的实施也需要依托标准,通过标准的技术规范或标准化工作机制而获得更佳的效果。"⑦

"在法治活动中充分利用标准化成果具有延伸法律规范的功能作用,使得

---

① Tara S. Nair, Milind Sathye, Muni Perumal, et al., Indian Microfinance and Codes of Conduct Regulation: A Critical Examination, In: Keshab Das (Eds.) *Globalization and Standards*, Springer, 2014, p.105.

② Stefano Ponte, Peter Gibbon, Jokob Vestergaard, Governing through Standards: An Introduction, in: Stefano Ponte, Peter Gibbon, Jokob Vestergaard (Eds.), *Governing through Standards: Origins, Drivers and Limitations*, Palgrave Macmillan (London), 2011, p.3.

③ Stefano Ponte, Perter Gibbon, Jokob Vestergaard, Governing through Standards: An Introduction, in: Stefano Ponte, Perter Gibbon, Jokob Vestergaard (Eds.), *Governing through Standards: Origins, Drivers and Limitations*, Palgrave Macmillan (London), 2011, p.3.

④ Lesley K. McAllister, Harnessing Private Regulation, 3 *Mich. J. Envtl. & Admin. L.* 291 (2014), pp.294~295.

⑤ 常健、叶丹枫:《论网络空间安全保障的战略导向与制度完善》,载《科技与法律》2016 年第 3 期。

⑥ 柳经纬:《评标准法律属性论——兼谈区分标准与法律的意义》,载《现代法学》2018 年第 5 期。

⑦ 柳经纬:《标准与法律的融合》,载《政法论坛》2016 年第 6 期。

以权利义务配置为内容的抽象的法律规范之规范性落实到实处,标准与法律融合对于法治的意义首先就在于这一点。"①

## (二)标准化工作的认证机制有利于增强法律实施的效果

在市场经济体制中,市场是资源配置的主体。购买方希望购买到的产品不仅应当具有高质量以满足购买方需求,还应当以合适的价格出售。因此,在市场经济和现实生活中,需要一种公正的、对在市场中流通的商品和各类服务的质量与安全的保障,从而使市场规范有序地发展,也可便利和促进国内外贸易,真正保护消费者的利益。这一需求使以认证和认可为主要形式的合格评定制度在市场经济发展到一定阶段应运而生。②

所谓认证认可制度,指具有认证认可资质的认证认可机构(通常为第三方公正主体)证明产品、服务、管理体系符合相关执行标准的技术规范、相关标准的强制性技术要求所进行的合格评定活动。产品或服务的质量标准是其内在技术规定,即通过书面的技术方案描述某种产品或服务应达到的技术要求,是否达到这种技术要求由有专业技术的机构认证认可并公之于众。实践中有包括质检部门定期在媒体上发布名录在内的多种方法让消费者知晓某种产品或服务达到技术要求,但最高效、最直接地表达某种产品或服务达到标准的技术要求与通过认证认可的方式是证明商标,如"绿色食品"商标是由中国绿色食品发展中心授权于符合绿色食品相关技术标准要求的企业或食品使用的证明商标,星级饭店图形证明商标是由中国旅游饭店业协会授权于符合相应服务等级评定标准的酒店使用的证明商标。

越来越多的普通消费者要求他们买到的产品或服务是安全、健康、可靠、环保或是可核实原产地的,为满足这一需求,企业正在努力宣传他们的产品或服务,并被"认证"满足这些特点。③ "证明商标的本质特征和基本功能就是证明特定内在品质的商品,即安全和优质两大品质,这两大品质使其在市场效应和市场声誉保护上更具有影响力。"④为保护证明商标的市场影响力与公信力,认证机构或标准制定组织作为证明商标的注册人应在证明商标管理与产品、服务质量上严格把关。通过认证认可制度,弥合企业与消费者之间信息的不对称。

---

① 柳经纬:《标准与法律的融合》,载《政法论坛》2016 年第 6 期。
② 李春田:《标准化概论》,中国人民大学出版社 2014 年第 6 版。
③ B. Brett Heavner, Michael R. Justus, Worldwide Certification-Mark Registration: A Certifiable Nightmare, 2 *Landslide* 21 (2010), p.21.
④ 刘斌斌、杜海洋、兰宝艳:《我国绿色食品证明商标许可的成效与作用》,载《中华商标》2017 年第 10 期。

作为非政府治理的认证认可制度能够延伸政府治理的作用。在标准化体系内,通过认证认可制度完成标准贯彻实施的评估。标准制定者具备相当的专业知识与技术对标准实施效果予以评价,因此,认证认可是由标准制定者负责的。除了标准制定者认证以外,还可以由第三方机构负责。自 20 世纪 80 年代以后,许多国家标准机构、国际标准组织(ISO、ANSI、ASQ 等标准机构)以发展、为标准实施者提供认证认可业务的方式改变其对标准实施的监管方式。认证主体已发展出独立的第三方且更加多样的标准认证组织,它们不再只是标准制定者或认证机构。[①] 认证机构不仅对产品安全,还对其他领域,如排放和检疫、功能安全以及是否符合其他国家的标准进行标识。[②] 认证认可之所以能成为标准实施的保障,是因为认证认可制度在一定程度上满足了市场消费者对商品信息的需求。[③] 在适用自愿性标准体系的国家,虽然标准本身无法律约束力,但是标准的法外约束力促进了标准实施者的合标行为,即市场因素促使标准被贯彻实施,通过产品或服务的认证认可制度检验标准实效。

第三方认证机构具备较高的专业技术知识水平(由行业专家组成)与中立性(既不是产品或服务提供者,也不是标准制定者),因此,在非政府标准体系完善的国家,第三方认证机构对产品或服务形成一种事实上的监管关系,承担了部分公权力对产品或服务质量进行监管的职能,因此,认证认可制度被称为"非政府的行政许可"。"第三方机构比起政府认证具有更强专业性的专家团队、更加丰富的从业经验以及对不断变化市场情况及时反应的市场感知力。第三方认证机构通过构建完备的认证认可制度奠定其在相关领域的权威地位。"[④]

认证认可制度主要是通过构建一种"事前"的防御监督机制,促使产品生产者或服务提供者遵守标准,从而确保标准的有效实施。甚至在某些领域,法律规定必须取得某种认证才能进入市场,以防止不符合标准的产品流入市场,侵害消费者利益,这就更加凸显了认证认可制度的"事前"防御性。在标准与法律融合的问题上,"当标准吸收了法律后,标准得到有效的实施也就意味着法律得

① JoAnne Yates, Craig N. Murphy, *Engineering Rules*: *Global Standard Setting since* 1880, John Hopkins University Press, 2019, pp.300～301.

② Mark R. Barron, Creating Consumer Confidence or Confusion-The Role of Product Certification Marks in the Market Today, 11 *Marq. Intell. Prop. L. Rev.* 413 (2007), p. 418.

③ Michelle B. Smit, (Un)Common Law Protection of Certification Marks, 93 *Notre Dame L. Rev.* 419 (2017), pp.435～436.

④ 张平、马骁:《标准化与知识产权战略》,知识产权出版社 2005 年第 2 版,第 304 页。

到有效实施,标准的实施对于法律的实施就具有直接的意义"。① 认证制度对于法律的实施的特殊意义就在于此。

## (三)标准对于规范公权力促进依法行政、依法司法具有积极意义

现代标准化运动兴起之时,标准化运动的领域仅涉及工业技术,随着标准化活动的深入开展,当前,标准化领域已经扩展延伸至服务业领域、社会管理领域以及行政管理领域等。传统上,规范政府行为、行政管理是法律的固有领域,标准化活动不能涉足该领域。"然而,随着社会经济的发展,法治的全面推进,标准化领域的扩大,标准也逐渐渗入公权力领域,成为公权力运行的重要规范。"②

标准进入政府服务领域。"我国已有 2000 多个政府部门通过 ISO 9000 质量管理体系认证。"③"英国政府将 ISO 9000 质量管理体系推荐为政府部门'提高公共服务质量并达致最佳'可采用的四种质量管理项目之一,20 世纪 90 年代中期,美国有接近一半的政府部门引入了 ISO 9000 质量管理体系标准。"④ISO 9000 质量认证管理体系在提高政府内部组织效率以及行政管理质量方面有积极作用,这有利于行政管理体系运行的整体优化。"政府部门导入 ISO 9000,普遍进行了流程再造,从服务出发,按照便民原则,重新设计办事程序,科学规范各个环节,使岗位明确、职责清晰、有章可循、有规可依。"⑤能否获得 ISO 9000 质量管理体系认证的关键在于政府部门是否遵守 ISO 9000 质量管理的相关标准,实际上,ISO 9000 质量管理体系认证就是政府部门在行政管理活动中遵守 ISO 9000 相关标准的证明。可见,当前公权力的行为也受到标准的规范,标准成为公权力运行、行政管理中的重要规范依据。

"为了规范政府行为,提高政府服务水平,满足公众对公共服务的需求,许多地方政府进行了公共服务标准化的改革和探索,制定了一批公共服务标准。"⑥这类标准例如,我国国家标准《政府热线服务规范》(GB/T 33358—2016)、《公共机构办公区节能运行管理规范》(GB/T 36710—2018)、《政务服务

---

① 柳经纬:《标准与法律的融合》,载《政法论坛》2016 年第 6 期。
② 柳经纬:《标准与法律的融合》,载《政法论坛》2016 年第 6 期。
③ 福建质量技术监督编辑部:《资讯平台》,载《福建质量技术监督》2009 年第 12 期。
④ 卓越、刘洋:《基于公共服务标准化的 ISO 9000 政府质量管理》,载《新视野》2013 年第 4 期。
⑤ 卓越、刘洋:《基于公共服务标准化的 ISO 9000 政府质量管理》,载《新视野》2013 年第 4 期。
⑥ 柳经纬:《标准与法律的融合》,载《政法论坛》2016 年第 6 期。

中心服务现场管理规范》(GB/T 36112—2018)、《政务服务中心服务投诉处置规范》(GB/T 36113—2018)。为了回应公共服务标准化的强烈需求,2018 年中共中央办公厅、国务院办公厅印发了《关于建立健全基本公共服务标准体系的指导意见》。该意见指出,"建立健全基本公共服务标准体系,明确中央与地方提供基本公共服务的质量水平和支出责任,以标准化促进基本公共服务均等化、普惠化、便捷化,是新时代提高保障和改善民生水平、推进国家治理体系和治理能力现代化的必然要求,对于不断满足人民日益增长的美好生活需要、不断促进社会公平正义、不断增进全体人民在共建共享发展中的获得感,具有重要意义"。① 可见,公权力机构的运行及其提供的公共服务,也并非标准化的"化外之境",尤其是政府提供的公共服务的标准化,充分发挥了标准的具体化、可操作化、明确化、统一化的功能,对法律规范政府行为上的诸多不足之处具有补充作用,延伸了法治对政府行为规范的作用,对促进政府服务转型、提高政府服务质量及政府工作效率、方便民众办事、保障政府依法行政、推进法治政府建设具有重要意义。

标准进入司法工作领域。推进司法工作的标准化建设对我国司法工作有重要意义,是我国司法改革中的基础性问题。司法工作标准化有利于完善诉讼活动运行机制、文书样式、司法业务处理细节的统一化。司法标准化工作是促进司法公正、确保司法正义和司法公信力的重要举措。"近年来,最高人民法院高度重视人民法院标准化工作,多次进行专题研究,并专门制定了案号及案件信息业务标准,为构建案件信息新型标准体系奠定了坚实基础。"②

## (四)标准对于违法行为的事实认定具有决定性的意义

对违法行为的制裁是法治的根本底线,也是保障法治的重要手段。标准对违法行为的事实认定的重要意义体现在行政执法、民事诉讼、行政诉讼、刑事诉讼领域,这些法治领域活动都与标准息息相关。例如,在刑事诉讼中,对于"枪支"的认定要依赖于标准,对于"醉酒驾车"的认定也要依赖于标准;在民事诉讼中,产品质量是否符合标准的约定是交付方是否承担违约责任的关键;在行政执法中,排污企业是否超标排放的认定,也需要依赖于标准。上述类型的违法行为都是以违反了相应类型的标准作为事实根据的。在上述这些涉及标准的

---

① 新华社:《中共中央办公厅、国务院办公厅印发〈关于建立健全基本公共服务标准体系的指导意见〉》,http://www.gov.cn/zhengce/2018-12/12/content_5348159.htm,下载日期:2020 年 5 月 4 日。

② 沈德咏:《加快推进人民法院标准化建设 努力服务司法事业科学发展》,载《人民法院报》,2015 年 12 月 7 日第 1 版。

违法行为的法律领域里,"如果离开了标准,行政执法部门或司法机关就无从对违法行为做出认定,标准对于违法行为的事实认定具有决定性的意义"。[①]

## 五、标准与法律融合的模式

"标准作为外在于法律的规范系统,不能当然进入法律领域,标准进入法律领域需要一定的路径"[②],这种路径通常就成为标准与法律融合的模式。标准与法律融合的模式,通常指的是法律援引标准的模式。虽然标准与法律融合的现象是当前世界各国法治中的普遍现象,但标准与法律融合的模式在不同国家、不同的标准化体制中均有不同的表现,进而标准与法律融合的模式也不同,即法律援引标准的形式也不同。

不同的标准化体制决定了标准与法律融合模式的不同。总的来说,当前世界范围内有两种国内标准化管理体系,即政府主导与市场主导。所谓政府主导模式,又被称为分层级的国内标准化体系(hierarchical domestic institutions),这种国内的标准化制定体系呈金字塔结构,在其顶点处是国家体制内机构,是最高层级的标准化实体,处于国家层面标准化活动最重要的位置;往下设置有标准化专门机构,负责具体的标准制定工作;再往下的基层设置就是具体的产业实体,例如企业、专业机构等,所有的下层机构都要服从于顶层机构。所谓市场主导模式,又称为非分层级的国内标准化体系(non-hierarchical domestic institutions),与分层级模式相反,标准组织之间平行存在、相互独立,并且存在竞争关系,标准组织独立经营并依据其自身的规则程序制定标准;同时此种模式拥有一个代表国家的标准化机构,在市场中选用这些标准组织制定的标准。[③]通常政府主导模式采用的是法律模糊援引标准的模式,而市场主导模式采用的是法律具体援引标准的模式。

### (一)法律模糊援引标准模式

政府主导的标准化体系以中国为典型,立法例以上述"例4"为例,即立法中没有明确规定被援引标准的具体信息,仅模糊规定了援引标准的领域。我国标准与法律融合模式的发展历程较为特殊,我国标准与法律融合的模式同样也受到我国标准化体系以及标准化法制的影响。我国标准化体系前期受计划经济

---

① 柳经纬:《标准与法律的融合》,载《政法论坛》2016年第6期。

② 柳经纬:《标准的类型划分及其私法效力》,载《现代法学》2020年第2期。

③ Tim Büthe, Walter Mattli, *The New Global Rulers:The Privatization of Regulation in the World Economy*, Princeton University Press, 2011, pp.50~52.

体制的影响①,当前逐步调整并适应社会主义市场经济体制。由于 20 世纪 80 年代以前,我国实行计划经济,标准化体制受计划经济影响,"行政主导、政府包办"是这一时期我国标准化体制的显著特征,标准依靠国家行政权力,由国家统一制定、颁布和推行。② "经过 20 世纪 50 年代的积极探索,新中国标准化事业在一张白纸上重新发展起来,1961 年《工农业产品和工程建设技术标准管理办法》是新中国的第一份标准化规范性文件,也是新中国成立后颁布的第一部标准化法律。"③这意味着新中国的标准化事业一开始就被纳入法治体系中,作为社会主义法制体系中的重要组成部分。1979 年施行的《中华人民共和国标准化管理条例》规定,"标准一经批准发布,就是技术法规"。在这一特殊的历史时期,我国政府既是标准化工作的管理者,也是制定者与实施者,包办了所有的标准化工作。标准很容易被认为是法律,于是我国并不区分标准与法律,即关涉技术的法律以标准的形式规定,甚至将标准的属性直接定义为法律④。因此,这一时期也无标准与法律融合现象。1988 年《标准化法》实施以后,为了发展社会主义商品经济,顶层设计层面逐渐开始区分标准与法律,并区分了强制性标准与推荐性标准,标准不再是必须执行的技术法规。区分标准与法律,奠定了两者融合的先决条件。2017 年《标准化法》确立了我国由政府标准与市场标准共同组成的标准体系,政府标准为国家标准(强制性、推荐性国家标准)、行业标准、地方标准,市场标准包括团体标准与企业标准。1988 年《标准化法》至 2017 年《标准化法》期间,标准与法律的关系越来越密切,标准与法律呈融合之势。

当前,我国法律充分利用了标准化活动的成果,即越来越多的法律法规援引标准,以延伸法律的规范作用,实现法律法规对科学技术领域的调整。可以说,法律法规中援引标准已经是我国法律法规中普遍的做法,尤其是在食品安全、能源、住建、环境保护、产品责任等领域。我国标准与法律融合模式有以下特点:第一,虽然 2017 年《标准化法》规定了团体标准与企业标准的法律地位,但我国法律仅援引政府主导制定的标准,即强制性国家标准、推荐性国家标准、行业标准、地方标准,暂时没有我国法律援引非政府标准的立法例。第二,我国标准与法律融合方式为法律模糊援引标准,即法律不指明被引用标准的具体信

---

① 参见王忠敏:《标准化改革要去除计划经济阴影》,载《中国标准化》2016 年第 12 期(上)。

② 参见王忠敏:《标准化改革要去除计划经济阴影》,载《中国标准化》2016 年第 12 期(上)。

③ 柳经纬、周宇:《新中国标准化法制建设 70 年》,载《贵州省党校学报》2019 年第 6 期。

④ 参见柳经纬:《评标准法律属性论——兼谈区分标准与法律的意义》,载《现代法学》2018 年第 5 期。

息,如《核安全法》第 45 条①。

## (二)法律具体援引标准模式

市场主导的标准化体系以美国为典型,立法例以上述"例1""例2""例3"为例(后文将详述美国标准与法律融合的方式),即在立法中,法律条文明确规定被援引标准的详细信息(标准名、标准号等具体信息)。美国是当前世界经济实力最强大的国家,工业水平、科技发展水平都遥遥领先于其他国家。美国标准化体系由市场主导,市场主体(私营标准组织,SDO,standards development organization)制定的自愿共识标准(voluntary consensus standards)无论是"质"还是"量"都在美国标准体系中占据绝对优势,也是美国法律援引的主要标准类型。

由于历史原因与现实的需要,1995 年施行的《1995 年国家技术转让与推动法案》以及最高行政部门 1982 年发布、1998 年修订的《联邦参与制定和采用自愿一致标准及合格评定活动》(OMB 通告 A-119)都明确要求美国政府机构不再制定政府标准,而应采用非政府标准,以满足其监管需求。美国国家标准协会承担了美国国家标准化管理的职责,其性质为私营机构,由数百个私营标准组织以及自然人作为会员单位组成。美国国家标准协会负责认证美国国家标准、协调各标准组织之间的关系、认证认可制度、协调各个标准组织制定标准,但美国国家标准协会本身并不制定标准。美国国内施行的标准几乎由美国国家标准协会的私营标准组织制定的自愿共识标准(非政府标准)构成,这些自愿共识标准满足了美国政府机构对标准的需求,成为美国标准与法律融合的"供给侧"。

美国标准与法律融合的特点为:第一,政府不再制定政府专用标准,政府监管或立法中的标准直接采用由私营标准组织制定的自愿共识标准,政府可以依据其职责的需要,自主选择拟采用的非政府标准。第二,标准与法律融合时常发生在能源、消费品安全、建筑建设、食品药品监管、海关、环境保护等领域。第三,美国政府机构与私营标准组织形成了公、私合作的国家治理模式,美国政府机构充分利用了民间标准化的成果,自愿共识标准也借助着法律,在更为广泛的范围内实施推广,实现了公、私双赢的局面。可见,美国标准与法律的融合模式与英国、德国政府授权专门私营标准组织的模式不同,美国模式中,法案不明确要求采用某一具体标准组织制定的标准,而是笼统地规定应采用私营标准组织制定的自愿共识标准,完全实现政府采标工作的市场化转型。该部分仅介

---

① "放射性废物处置单位应当按照国家放射性污染防治标准的要求"。

绍、对比世界范围内各主要国家标准与法律融合现象,本书作为研究美国标准与法律融合的专论,此处无意于赘述美国标准与法律融合现象及其相关问题,容下文分述之。

美国标准化法制体系、标准与法律融合模式都极为特殊,有别于其他国家的标准化法制体系、标准与法律融合模式,其最显著的特点就是美国法律所援引的标准都是由市场主体制定的,绝大部分的标准制定组织是完全独立于美国政府的。因此,美国如此独特的标准与法律融合模式值得进一步研究,以丰富标准与法律融合研究,填补学界空白。

# 第二章

## 美国标准与法律融合形成发展史 ■

　　美国标准化体系是一个庞大的、以私营标准组织为主、实施独立治理的体系,具有悠久的历史。[①] 美国标准化历史学家 Russell 认为:"标准化对历史学家和社会学家如此具有吸引力的原因之一是它的多学科特征,即标准化与政治、商业和经济、科学和技术、劳动以及文化和思想是密不可分的。"[②]本书将美国标准与法律融合的形成史作为研究美国标准与法律融合问题的纵坐标,有助于我们全方位地理解美国标准与法律的融合。"一页历史就抵得上一卷逻辑"[③],从历史透析逻辑,就能更加清晰地呈现美国标准与法律融合产生的原因及其形成史,这是单纯通过逻辑分析无法实现的。

## 一、一战结束前(1918 年以前)

　　自 18 世纪后期以来,美国尚未形成一个中央政府设立的权威机构负责制定和执行标准。[④] 美国标准与法律融合的形成史在这一时期有两条发展线索:标准组织的出现与公众对产品安全的强烈呼声。这一时期组建的标准组织影

　　① Emily S. Bremer, Private Complements to Public Governance, 81 *Mo. L. Rev.* 1115 (2016), p.1120.

　　② Andrew L. Russell, Standardization in History: A Review Essay with an Eye to the Future, http://www.arussell.org/papers/futuregeneration-russell.pdf,下载日期:2019 年 7 月 25 日。

　　③ Benjamin N. Cardozo, *The Nature of the Judicial Process*, Yale University Press, 1921, p.55. 中译本见[美]本杰明·卡多佐:《司法过程的性质》,苏力译,商务印书馆 2000 年版,第 32 页。

　　④ Russell, L. Andrew. The American System: A Schumpeterian History of Standardization. Progress & Freedom Foundation Progress on Point Papers, *SSRN Electronic Journal* (2007).

响至今,公众对产品安全的需求不仅促进了美国安全性标准的制定,也实现了美国政府第一次利用标准实施监管,即美国政府第一次尝试标准与法律的融合。

## (一)标准组织的出现

18世纪末,西方各国政府主导的标准化工作较为迟缓,即使各国政府都清楚地认识到标准化是工业化成功的基石以及标准化对公共利益、健康、安全等有重要作用。事实上,美国政府的标准化意识更晚于其他西方各国政府。1787年宪法授权国会制定基础性标准,华盛顿总统敦促立法应立刻贯彻美国标准化,但直到一个多世纪以后的1901年,美国国家标准局才成立。[1] 直至19世纪结束,美国国内有超过25种不同的长度单位仍然在美国不同地方适用,例如,inches(英寸),feet(英尺),rods(杆)。尽管有些单位定义的长度是相同的,但是却用三种不同单位表示,并且这些不同的单位属于不同的度量体系。[2] 美国官方层面的标准化运动存在政治体制方面的先天性缺陷。这是由于:从美国立国之初的政治体制看,南北战争以前的美国并不是一个强中央的政权体系,美国仅是一个松散的邦联体制,中央政府权力弱小,各州各自为政。由于全国性的标准化推行需要有强大的中央政府,直到今日,美国"弱中央,强地方"的政治体制仍不具有完成统一标准化体系的基础,因此,美国的标准化体制发展迟缓的原因与美国建国初期松散的政治体制有直接关系。随着工业革命的进行,美国北方资本主义的发展促进了大工厂生产,标准在各行业的生产与协调中不可或缺,由于美国中央政府尚未开展有效的统一的标准化活动,生产者以及各行业人士只能自谋出路,依靠行业协会与行业技术组织开展非政府的标准化活动,以满足工业化大规模生产的需要。再者,随着工业革命的深度发展,技术的专业性和产品的复杂性日益增强,产业分工逐渐由企业内部发展到企业外部,不同企业间开始产生货物贸易,形成了供给与需求关系。然而仅依靠个别企业之间制定标准,效率仍然是低下的。"在这种背景下,在某个领域内,以众多企业共同制定和使用专业标准为实名的专业标准组织诞生了。"[3]19世纪结束前,工程机械的发展刺激了美国历史上第一波由工程机械协会开展的呈组织化的非政府标准化运动。

工程协会(Engineering Societies),或称为行业协会,指由各领域工程师自

---

[1] Jo Anne Yates, Craig N. Murphy, Engineering Rules: *Global Standards Setting since* 1880, Johns Hopkins University Press, 2019, p.4.

[2] Robert Tavernor, Smoot's Ear: *The Measure of Humanity*, Yale University Press, 2007, p.56.

[3] 白殿一、王益谊:《标准化基础》,清华大学出版社2019年版,第201页。

发组建的以专业性为核心的社团,区别于国家层面的行业组织化。这一时期,工程师们通过这些行业协会制定了许多旨在促进工业化的自愿性标准(Voluntary Standards),例如,蒸汽锅炉、螺纹钉、火车钢轨等标准。在19世纪末,许多行业协会利用标准化活动往其制定的规则中注入科学技术,以实现行业协会的自治与管理。

如果说20世纪的世界标准化运动潮流是国家主导的,那么整个19世纪的欧美标准化运动潮流是由非政府标准制定组织所主导,非政府标准组织涌现的现象在19世纪的美国尤为突出。美国行业协会组织的先驱是1824年成立的富兰克林学会(Franklin Institute),该学会的专业分类为机械学,研究领域涉及水能与蒸汽引擎,其宗旨是培训普通工人如何将科学技术的研究成果应用到日常生产中。协会发展成了在科学技术方面具有领导地位的综合性组织,是美国在19世纪科学技术的专业化浪潮中的中坚力量,其创办的《富兰克林学会学报》(*Journal of Franklin Institute*)是享誉业界的连续出版物,科学家、工程师、产业家汇聚的集英平台。① 工业革命推进了大工厂生产对技术的需求度日益提升,一线工程师与工人渴望获得专业化的指导以及正确得到机器操作方法。专业性的工程师协会是沟通人文社科(humanities)知识与技术领域的桥梁,也是将人与技术融合的工具,具体来说是过往技术的历史、语言表达科学技术、逻辑哲学、文学、美学等与技术的融合。②

这一时期美国有许多标准化组织成立,横跨了各行业部门,本书重点论述19世纪以及20世纪初最重要的、实力最强的五家非政府标准组织(行业协会):ASME(美国机械工程师协会,American Society of Mechanical Engineers)、AIEE(美国电气工程师协会,American Institute of Electrical Engineers)、AIME(美国矿业工程师协会,American Institute for Mining Engineers)、ASCE(美国土木工程师协会,American Society of Civil Engineers)、ASTM(美国材料实验协会,American Society of Testing Materials),它们至今仍是影响力最大的标准组织,也是当前美国国家标准化管理机构ANSI的发起单位。

成立于1852年的ASCE是全美第一家正式成立且具有章程规范的专业工程师协会。③ 1838年有工程师请愿称:"要求土木工程师应于1839年齐聚巴尔

① JoAnne Yates, Craig N. Murphy, Engineering Rules: *Global Standards Setting since 1880*, Johns Hopkins University Press, 2019, p.26.
② Richard H. McCuen, Edna Z. Ezzell, Melanie K. Wong, Fundamentals of Civil Engineering: *An Introduction to the ASCE Body of Knowledge*, CRC Press, 2011, p.5.
③ Joanne Abel Goldman, Building New York's Sewers: *Developing Mechanisms of Urban Management*, Purdue University Press, 1997, p.112.

第摩市(Baltimore)商讨成立永久性的土木工程师协会。"该会议起草了土木工程师协会章程草案,协会旨在"专业知识的创造与传播,促进机械学的进步、美国土木工程师的地位与职业道德的提高。"[1]成立不久后,ASCE 就开始制定工程方面的特定要求(specific engineering disciplines)。[2]

成立于 1871 年的 AIME 是一个由矿业工程师、冶金工程师以及石油工程师组成的专业团体,是美国最早的工程师协会之一。该组织的宗旨是"促进和传播与矿物、金属、能源和材料的生产和使用有关的工程、艺术和科学知识,以造福人类"。[3]

ASME 成立于 1881 年,是标准制定组织,也是一个国际性组织。"提供大量的包括机械工程、工艺、教育研究信息出版物,每年举办各种有关机械工程科学技术会议和讲座,重视基础性研究,发展与其他协会的合作,开展标准化活动,制定大量的工业和工业制造的规范和标准。"[4]

AIEE 成立于 1884 年,即现在的 IEEE。参加由富兰克林学会赞助的于 1884 年在费城举办的国际电气博览会的美国电气工程师于 1884 年早些时候成立了 AIEE 以获得参加国际电气博览会的资格,于是美国就有一支权威的电气工程专家队伍出席博览会。[5] 该组织致力于电气理论与实践的研究,其专家库有许多发明家,如爱迪生、贝尔等电气、电信、电力专家;以及来自于电力产业的职业经理人。AIEE 通过标准化活动致力为电气产业开发可测量性、兼容性、可评估性标准,并解决产业实践生产中的技术争议。[6] 该协会积极参与电力标准化运动,对美国电气时代的来临以及第二次工业革命的开展起到了决定性作用,奠定了坚实的基础。

"ASTM 成立于 1898 年,是世界上最早、最大的非营利性标准制定组织之一,任务是制定材料、产品、系统和服务的特性和性能标准及促进有关知识的发

[1]　Daniel Hovey Calhoun, *The American Civil Engineer*: *Origins and Conflict*, Harvard University Press,1960,pp.500~502.

[2]　中国国家标准化研究院国家标准馆:《国际标准化资料概览——美国标准化组织篇(一):ANSI 认可的标准制定组织》,中国质检出版社、中国标准出版社 2016 年版,第 114 页。

[3]　AIME, About us, http://www.aimehq.org/about-us,下载日期:2020 年 2 月 14 日。

[4]　中国国家标准化研究院国家标准馆:《国际标准化资料概览——美国标准化组织篇(一):ANSI 认可的标准制定组织》,中国质检出版社、中国标准出版社 2016 年版,第 120 页。

[5]　JoAnne Yates, Craig N. Murphy, *Engineering Rules*: *Global Standards Setting since* 1880, Johns Hopkins University Press,2019,p.27.

[6]　Jo Anne Yates, Craig N. Murphy, *Engineering Rules*: *Global Standards Setting since* 1880, Johns Hopkins University Press,2019,p.37.

展。ASTM 的前身是国际材料实验协会(International Association for Testing Materials, IATM)设置在美国的分会,随后宣告美国分会正式独立。"①19 世纪末,随着钢铁等工程材料大量用于建造桥梁、铁路、楼房,实践派与学院派工程师都发现了缺乏检测材料安全性与质量的统一方法,以解决建设过程中的材料问题。② 协会在早期材料安全性与质量要求方面,起到了关键性作用。"随着业务范围的不断扩大和发展,学会的工作不仅仅是研究和制定材料规范和试验方法标准,还包括各种材料、产品、系统、服务项目的特点和性能标准,以及试验方法、程序等标准。ASTM 标准制定一直采用自愿达成一致意见的制定。"③

迫于第一次世界大战的压力以及各标准组织制定的标准之间相互冲突、违反了反垄断法、技术要求不能满足市场需求等原因,三个政府部门以及一些专业技术工程师协会组成了 AESC。④ 1916 年,AIEE 邀请 ASME、ASCE、AIME、ASTM 共同建立一个公平的全国性机构,以协调标准制定,批准国家共识性标准,解答标准采用者对标准可采性的困惑。上述五个标准组织是联合工程师协会(United Engineering Society)的核心成员,同时也邀请美国陆军、美国海军以及美国商务部共同加入创建全国性的标准机构。1916 年年末,经过五大标准化组织多次会晤,他们组成筹备委员会制定了美国标准组织的章程。终于在 1918 年,五大工程师协会依据章程成立了 AESC(美国工程标准协会,American Engineering Standards Committee),其组织架构与发起方式直接受到英国国家标准化运动以及国际标准化先驱前 IEC 主席勒美斯特(Le Maistre)的影响。⑤ 美国终于成立了全国性的标准组织,开展全国性的标准化活动,并于成立后的第一年通过了美国管道螺纹标准。虽然是全国性的标准化组织,并开展全国性标准化活动,但这一切都是非政府力量自发的,美国联邦政府仍然没有赶

① 中国国家标准化研究院国家标准馆:《国际标准化资料概览——美国标准化组织篇(一):ANSI 认可的标准制定组织》,中国质检出版社、中国标准出版社 2016 年版,第 133 页。

② Steven W. Usselman, *Regulating Railroad Innovation: Business, Technology, and Politics in America*, 1840—1920, Cambridge University Press, 2002, p.215. Amy E. Slaton, *Reinforced Concrete and the Modernization of American Building*, 1900—1930, The Johns Hopkins University Press, 2001, pp.62~71.

③ 中国国家标准化研究院国家标准馆:《国际标准化资料概览——美国标准化组织篇(一):ANSI 认可的标准制定组织》,中国质检出版社、中国标准出版社 2016 年版,第 133 页。

④ Robert W. Hamilton, Role of Nongovernmental Standards in the Development of Mandatory Federal Standards Affecting Safety or Health, 56 *Tex. L. Rev.* 1329 (1978), p.1368.

⑤ JoAnne Yates, Craig N. Murphy, *Engineering Rules: Global Standards Setting since* 1880, Johns Hopkins University Press, 2019, p.75.

上这一波标准化浪潮。

19 世纪中后期以及 20 世纪初标准组织的涌现是该时期的时代特征,各行各业都拥有能够代表该行业最高技术、最高专业水平的行业协会,这些协会都致力于制定行业规范(非政府标准)、推动行业发展、促进技术进步。民间行业自发性、私营性、专业性是以上述五大标准组织为代表的该时期美国标准组织的显著特征。产生这种时代特征的原因有三:

第一,由于大工厂生产以及资本主义的发展,产业界对标准化活动的需求日益高涨。这一期美国资本主义高速发展,工业化水平不断提高,垄断资本主义对利润的追求向生产效率提出了更高的要求。这一时期的美国处于第二次工业革命时期,进入电气时代,科学技术的发展,许多科学家对产品技术进行不断的试验。电器装置通过大量的试验获得的结构、材料、性能关系更为复杂,更需要以标准化的方式固定下来。[1] 电气装置的标准化不仅带来生产的一致性,也保障了电气装置的安全性。只有标准化才能突破当时美国产业界之间的瓶颈。

第二,美国中央政府在当时的标准化活动中失能。这一时期的美国标准化活动均是由民间力量所推动的,政府甚至连配角都谈不上,美国联邦政府极其有限地参与民间主导的标准化活动,不仅没有积极支持民间标准化活动,更没有将来的标准化活动规划。事实上,美国中央政府不主导标准化活动的原因是传统的多重标准体系有利于地方政治家或商人从中获得利益,因此,地方利益集团极力阻挠形成全国统一的标准化活动。[2]

第三,私营标准组织从事标准化活动能力较高。产业界对标准化的需求与标准供给侧的严重缺失,加上政府标准化失能,各行业只能推举代表,形成行业协会,依靠非政府力量构建美国标准化体系,以满足产业界的需求。这一时期私营标准组织在美国标准化活动中的成功最主要因素是标准组织具有较高的标准化能力,这体现在标准组织的参与者大多是具有专业技术知识背景的工程师或从业者,并获得相关领域的高水平教育。

## (二)公众对产品安全的强烈呼声

### 1. 巴尔的摩市(Baltimore)火灾事件
1904 年 2 月 7 日在巴尔的摩市商务区的一场确信由烟蒂引起的火灾,借着

---

① 麦绿波:《标准化学——标准化的科学理论》,科学出版社 2017 年版,第 66 页。

② JoAnne Yates, Craig N. Murphy, *Engineering Rules:Global Standards Setting since* 1880,Johns Hopkins University Press, 2019, p.4.

风势迅速传播,至当天傍晚,巴尔的摩市的大部分城区遭受火灾。[①] 上午11点40分,华盛顿特区消防局局长贝尔特接到巴尔的摩市发来的电报,电报称:"大火,请立即驰援。"一列满载消防员和消防装备的火车于12点06分从华盛顿特区出发,尽管华盛顿特区与巴尔的摩市距离有40英里,但火车仅在12点31分就抵达巴尔的摩市。当华盛顿特区的消防员开始全面投入救火工作时,他们所带的水管与巴尔的摩市的消防栓并不匹配,于是,华盛顿特区带来的所有消防装备没能派上用场。纽约、费城、安娜堡、威明顿等其他城市驰援巴尔的摩市的救援消防队也面临同样的问题,全副武装的消防员们只能傻傻地望着大火的延烧。大火肆虐了近30个小时,摧毁了超过巴尔的摩市市中心的70个街区,甚至40英里以外的华盛顿特区能够清楚地看见大火。[②] 尽管巴尔的摩市火灾发生时,1896年成立的致力于减少火灾与提高防火安全的NFPA(美国消防协会,National Fire Protection Association)已经成立八年,该组织从成立之初就注意到了消防设备应当标准化,尤其是消防软管接口。当时,每个美国城市都有自己的消防装备规格,并都宣称其设备是最好的,因此,全美消防设备的标准化运动一直无法取得任何实质性进展。据统计,当时美国全国各地的消防软管接头尺寸规格与种类多达600种。消防水带制造商通常会为其独特的设计申请专利,以保持所谓的竞争优势,这导致了各社区的设备与其他社区的设备无法匹配使用,给消防安全带来了极大的隐患。1905年,NFPA对此做出了回应,制定了第一版的消防标准,直到今天,这个标准定义了消防栓和软管接头的直径和螺纹规范。[③] 巴尔的摩市大火为全美消防设备标准化运动提供了一个契机,NFPA以此作为论据,说服了华盛顿特区的官员,促使美国城市将消防设备规格标准化,全美的消防栓均能匹配。[④] 二十几年后,马萨诸塞州的福尔里弗(Fall River)得益于消防设备的标准化运动,来自20个邻近社区的消防队员能够迅速赶来救援,避免了如同巴尔的摩那场大火所遭受的大规模破坏。

巴尔的摩大火事件促进了这一时期美国标准化运动的步伐朝着统一化迈

---

① The Great Baltimore Fire begins,https://www.history.com/this-day-in-history/the-great-baltimore-fire-begins,下载日期:2020年2月14日。

② Made Record Run, WASH. POST, Feb. 8, 1904, at 2. 转引自 Tyler R. T. Wolf, Existing in a Legal Limbo: The Precarious Legal Position of Standards-Development Organizations, 65 *Wash. & Lee L. Rev.* 807 (2008), pp.808~809.

③ Emily S. Bremer, On the Cost of Private Standards in Public Law, 63 *U. Kan. L. Rev.* 279 (2015), p.301.

④ For National Fire System, WASH. POST, Apr. 11, 1908, at 16. 转引自 Tyler R. T. Wolf, Existing in a Legal Limbo: The Precarious Legal Position of Standards-Development Organizations, 65 *Wash. & Lee L. Rev.* 807 (2008), p.809.

进。尽管巴尔的摩大火发生时,NFPA 已经成立,但火灾的事前防御机制尚未完善到位,这反映了当时美国贯彻不彻底的标准化程度,消防设备的规格统一性问题被忽略。也正是经历了巴尔的摩大火事件,让公众与政府彻悟标准化的重要性。该事件促进了美国标准化活动中对统一化的追求,消防设施的标准化是继美国铁轨轨距标准化运动后最大的标准化运动之一。

### 2. 蒸汽锅炉(steam boilers)爆炸事故

工程师与技术专家最早且最为人知晓的标准化活动是设置蒸汽锅炉安全标准。标准组织通过提供公众产品安全问题的解决方案,获得了政府的肯认、积累了公众的信任,奠定了全民接受标准的局面。在 19 世纪 30 年代的美国,富兰克林学会通过介入调查美国蒸汽锅炉爆炸事故,其卓越专业性报告获得了广泛的美誉,奠定了公权力机构采用非政府标准的先例。

船载蒸汽锅炉频繁爆炸,导致了严重的船员与乘客伤亡事故,激发了广泛的公共关注。蒸汽锅炉的质量问题给美国人民带来了生命健康与财产的损害。经美国学者 John G. Burke 查证:"1818 年至 1824 年,共发生 15 起蒸汽船爆炸事故造成 47 人死亡;1825 年至 1830 年共发生 42 起蒸汽船爆炸事故造成 273 人死亡,1830 年的 Helen McGregor 号蒸汽船爆炸事故尤其严重,造成 40～50 人死亡。"[1]为了回应公众对蒸汽锅炉事故的舆论压力,美国政府监管部门要求行业协会制定其产品的安全要求,1836 年富兰克林学会为了提升蒸汽锅炉的安全性,提出了蒸汽锅炉的设计、材料、结构以及维护等方面的标准以及法律法规建议。[2] 富兰克林学会调查了 1830 年至 1837 年的蒸汽锅炉事故,并撰写《蒸汽锅炉事故的报告》(General Report on the Explosion of Steam Boilers)。[3] 尽管该报告提供了明确的蒸汽锅炉的安全改进方案,但囿于改进方案的昂贵与严格的安全措施,受到了蒸汽锅炉运营商的抵制。蒸汽锅炉运营商并不能十分明白事故贬损了全行业的美誉,更不想牺牲营收以促进公共安全。[4] 依据国会资料,仅 1838 年共发生 14 起蒸汽船爆炸事故,夺走了 496 条生命。[5] 事实上,美国国

①　John G. Burke, Brusting Boilers and the Federal Power, 1 *Technology and Culture* 7 (1966), pp.6～10.

②　JoAnne Yates, Craig N. Murphy, *Engineering Rules: Global Standards Setting since 1880*, Johns Hopkins University Press, 2019, p.28.

③　Franklin Institute, *General Report on the Explosions of Steam-Boilers*, C. Sherman & Co., Printers, 1836.

④　Andrew L. Russell, *Open Standards and the Digital Age*, Cambridge University Press, 2014, p.43.

⑤　John G. Burke, Brusting Boilers and the Federal Power, 7 *Technology and Culture* 6 (1966), pp. 6～7.

会早在 1838 年就有《蒸汽船法案》(Steamboat Act)的立法草案,有理由相信,该法案正是由于 1838 年的巨大伤亡而起草,但国会却迟迟不予实施。经历史学家 Bruce Sinclair 查证,彼时美国国会尚未有计划接受私营企业的利益应让位于公共安全责任的原则。① 美国国会与联邦政府终于在 14 年后决定采纳富兰克林学会的报告,立法机构于 1852 年立法干预蒸汽锅炉的安全性,大部分有关蒸汽锅炉安全性的条款均采纳了富兰克林学会的研究成果。②《蒸汽船法案》(1852)(Steamboat Act)的出台赋予了《蒸汽船法案》(1838)的法律约束力,使其成为正式的法律,政府机构正式参与规范蒸汽船行业,这也是美国历史上第一次政府机构规范私有企业。不仅富兰克林学会的蒸汽锅炉安全规范获得了法律强制力的背书,还获得了广泛的认可。此后,蒸汽锅炉的安全性获得极大的提升,可见,在国会干预之前,法律监管的缺位是造成蒸汽锅炉爆炸的重要原因。富兰克林学会提交国会的报告是当前文献可考据的美国立法第一次采纳非政府标准(技术规范)的记录,也是有记录以来非政府标准化活动的成果第一次影响国家立法,即美国历史上第一次标准与法律融合,具有划时代意义。

美国联邦立法机构采用非政府标准作为规范蒸汽船舶安全立法的支撑,体现了这一时期标准化活动对产品安全性的追求,发挥了标准化提高产品可靠性的功能,并且美国公权力机构、标准化组织、产业界以及美国民众都认识到较高质量的标准能够提升产品的安全性,也是较低成本提升产品安全性的可靠方法。标准对产品安全性的促进源自于标准制定团队的高度专业性,通过符合科学技术的规律试验得到最合适的产品安全性方案,是标准安全性的基本保障。事实上,这一时期的标准组织已经意识到非政府标准缺乏效力上的约束力,无法如同法律那般具有强制力,阻碍了非政府标准的推广与使用。《蒸汽船法案》作为一个契机,标准组织迫切需要标准与法律的融合,借助法律的普遍约束效力推广标准。美国历史学家 Russell 认为,该事件突出了 19 世纪中后期民间自发的标准化活动因缺乏法律强制力的背书而不能得到很好的贯彻执行。③ 19世纪中后期,富兰克林学会等私营标准组织就认识到了标准与法律融合的重要意义,同时也清楚地认识到非政府标准要获得广泛的采纳不仅要标准本身应具备高度的专业性、先进性、科学性与高质量性,还应当有公权力为标准的传播

① Bruce Sinclair, *Early Research at the Franklin Institute the Investigation into the Causes of Steam Boiler Explosion*, 1830—1837, Franklin Institute, 1966, pp.6~7.

② JoAnne Yates, *Craig N. Murphy*, *Engineering Rules: Global Standards Setting since 1880*, *Johns Hopkins University Press*, 2019, p.29.

③ Andrew L. Russell, *Open Standards and the Digital Age*, Cambridge University Press, 2014, p.43.

背书。

上述两个典型标准化运动中的实例,体现了早期现代标准化探索取得的经验,从中得到了标准最重要的两个功能:统一性与安全性。

## 二、一战结束后至二战结束前(1918—1945 年)

美国标准化体系在这一时期的发展主轴是国家主导下的由私营标准组织制定战时标准。同时,这一时期美国标准组织之间也开始合作整合,形成新的且更有实力的标准组织,扩大非政府标准的影响力。

20 世纪 20 年代,随着商业精英和传统的自由放任思想的复兴,英国和美国都不会完全接受一个合理化、有管理的由政府主导的经济发展模式。然而,从1921 年开始,胡佛(Hoover)在战后共和党执政时期成为一名积极的美国商务部长。胡佛利用商务部在"新联合主义(New Associationalism)"的基础上,在政府和企业之间建立自愿合作伙伴关系,以复兴该国日渐式微的"战时社团主义"。例如,1924 年,胡佛委任助理去解决木材工业存在的"严重标准化问题",其目标是创立一个组织的发展时代,在这个时代,尽管规范都将被内部化,但都将促进制造商、经销商和公众的共同利益。胡佛大大扩展了的商务部在产品安全和产品简化运动(减少"不必要的"产品种类)中帮助了美国的标准化工作者。维布伦(Pace Veblen)认为,工程师发起的工程标准化运动从来就不是针对商业或价格体系的,而是针对工程的各个方面。因此,只有当企业的业务主管能够接受工程师所提供的合理化、效率、标准化和其他东西时,工程领域的标准化活动才能蓬勃发展。欧洲的理性主义者、胡佛的联合主义者以及世界各地的标准化者,更多地以他们所提倡的主义进步来定义自己,他们相信这种进步可以克服工业社会中的分歧。理性主义者和联合主义者都支持企业、政府和劳工之间的直接政治合作,然而政治合作是很难实现的。标准化者提倡的是一种更为温和的做法:通过代表相关方(生产商和用户公司)的技术专家以及代表集体和非商业利益专家通过磋商,形成一致意见,制定自愿性的标准,通过标准来实现国家治理的目标。当理性主义者和联合主义者致力于影响政府的政策时,标准化者则致力于创建新的非政府机构来执行他们所提倡的服务。参与标准化运动的工程师认为,通过包容和平衡的共识程序制定的标准要优于立法机构制定的法定标准,因为民间标准组织的技术委员会拥有立法者所没有的专业知识。共识性标准也优于一家公司制定的企业标准,因为共识标准制定过程要求各制定主体广泛、公平的参与,确保了最终的标准合法性,从而有更大可能性被公众采纳。最后,我们将看到在标准制定中普遍利益超越个人利益。因此,他们相信这种标准化体系将孕育出一个更好的世界。[1] 胡佛参加了 AESC 委员会,这表明 AESC 已经获得了胡佛总统以及部分政府官员的支持。在胡佛总统的自由放任政策下,非政府标准蓬勃发展,公私合作日益密切,联邦政府、联邦立法机构等公权力部门逐渐开始采用非政府标准用以日常监管中。20 世纪 30 年代私营标准组织制定的非政府标准促进了美国职工工作环境的改善、家庭环境和职业安全领域的发展。非政府标准主导的标准化运动已经深入美国普通民众的日常生活。随着电气时代生产力的提高,电器已经进入家庭生活,20 世纪 30 年代的许多非政府标准均与家用电器安全相关,同时也影响了家用电器相关安全立法。贝尔公司通过获得市场垄断地位以推行电信业务的标准化,利用标准化提高了公司的生产效率。

各大标准组织的整合是这一时期美国标准化体系的主要特征。最典型的是 1928 年 AESC 改组为美国标准协会(American Standards Association, ASA)。随着各式各样专业标准化组织的不断增多和标准所涉及范围的不断扩大,产业界意识到标准化是一项需要在国家层面进行统一协调的活动,而实现这一目标的最好办法就是成立国家标准机构。国家标准机构不是与生俱来的,多由具有一定影响力的专业标准化组织演变而来。[2] 1928 年 AESC 的董事们决定执行一项在 AESC 短暂历史中最激进的改革重组方案,重新命名为 ASA,这标志着美国国家层面的标准化机构的正式诞生。Russell 认为,AESC 的改革旨在回应内、外部的三大压力:贸易协会日益增长的影响、产业界人士从标准化活动中获得的利益、AESC 董事们希望在更大范围内制定美国标准。[3] 正是由于各行各业得益于标准化活动,尤其是美国的贸易部门,因此,贸易部门在 AESC 中的影响力越来越大,对标准制定的权力呼声也越来越大。Russell 进一步认为,随着标准化运动的扩大,更多行业的加入,原来支撑 AESC 核心的工程部门已经不再是当时标准化活动的核心,不具有标准化运动中广泛的代表性,当时的标准化运动已经扩展至工程领域以外,于是为了协调 AESC 中各行业标准化工作,AESC 决定删去其名称中的"工程(engineering)",因此,AESC 从一个协调工程标准的委员会向一个更广泛、更全面、更具包容性的 ASA 转变。[4]

[1]　JoAnne Yates, Craig N. Murphy, *Engineering Rules：Global Standards Setting since* 1880, Johns Hopkins University Press, 2019, pp.100～101.

[2]　白殿一、王益谊:《标准化基础》,清华大学出版社 2019 年版,第 202 页。

[3]　Andrew L. Russell, *Open Standards and the Digital Age*, Cambridge University Press, 2014, p.86.

[4]　Andrew L. Russell, *Open Standards and the Digital Age*, Cambridge University Press, 2014, p.87.

自 1928 年 ASA 更名后,正式成为全国性的标准组织,承担了美国国家标准管理工作。实际上,AESC 如同阿尔戈之船,AESC 并没有消亡,只是在 AESC 这艘旧船上招募了许多新水手,水手们共同将旧船改造升级为新船 ASA,从此,AESC 的水手们与新水手们共同将 ASA 这艘新船驶向远方。

更为广泛的领域从业者的加入是 20 世纪 20 年代美国标准化改革运动中取得成功的标准,尽管其他领域的标准化专家加入"迫使"代表着"工程师"的 AESC 改名重组,重组后的 ASA 权力中心已经从工程师、科学家转移至铁路、公用事业公司、工业企业的高管手中,但这恰恰体现了美国标准化体系改革的进步,兼收并蓄,博采众长,不断地焕发生命力。同时,ASA 的改组更加深化了美国民间推动标准化进程的传统,至此,民间标准化力量已经深入美国经济产业的方方面面。ASA 在 30 年代经济大萧条时代保持财务稳定得益于前期实业家、资本家参与标准化活动中,他们不断地向 ASA 注资以确保标准化活动不受经济危机的影响。美国电话电报公司(AT&T)和伯利恒钢铁公司(Bethlehem Steel)牵头全行业筹集资金,仅在 1929 年就为 ASA 增加了 7.4 万美元的年收入,1930 年它们已经找到使 ASA 年收入超过 50 万美元的经营策略了。[①] ASA 在整个 20 世纪 30 年代稳步增长,ASA 在第二次世界大战期间协调动员同盟国军事和美国工业。

二战期间,国际标准化运动陷入混乱为美国标准化发展提供了契机。美国标准化体制向战时标准化运动始于珍珠港事件之前,根据 1941 年 3 月《租借法案》(Lend-Lease Act),美国为英国兵工厂制定了一整套质量控制的应急性标准。1941 年 9 月,ASA 已经开始制定战时标准,尤其是为成本管理办公室(Office of Price Administration)制定国防标准旨在限制家用设备的尺寸以及"牛仔、绒面、高级密织棉布床单"的标准化。许多 ASA 的内部组织,例如,美国电气制造商协会(National Electrical Manufacturers Association),为政府制定上述标准都有反垄断法或反不正当竞争法之担忧,但在接受下一轮政府标准化工作请求前,ASA 的专家通过获得美国司法部长和国防机构的法律意见,平息了 ASA 内部的争议。美国司法部以及国防机构等政府机构显然会为 ASA 开绿灯,政府认为 ASA 制定的标准即便在某种程度上限制了贸易,但 ASA 是为陆军、海军和《租借法案》服务的,因此,ASA 是合法的。从 1931 年到 1939 年的和平时期,ASA 平均每年制定颁布 46 部标准。但在 1941 年战时,ASA 的标准产量几乎是 1940 年制定颁布标准数量的两倍,1942 年 ASA 共制定颁布了 119

---

① Andrew L. Russell, *Open Standards and the Digital Age*, Cambridge University Press, 2014, p.88.

部标准,即便这不是 ASA 最高的年产量,但也是高产的年份。这些标准中有一半以上与战争有关:41 部标准用于"战时制造业",21 部标准用于"军队",只有 5 部标准用于"民事领域"。1942 年,ASA 的标准销售量是以往任何一年的四倍,其中大部分的销量与战争有关。同年,政府为 ASA 标准化工作提供了约协会收入的六分之一的补偿;1943 年,增至大约半成。同时,ASA 运营成本中的薪水支付额也大幅增长,主要是向制定政府战时标准的标准化专家支付酬劳。①

战争促进了美国标准的国际化,美国通过《租借法案》将执行美国标准的产品支援同盟国战区,包括英国、法国、中国、苏联等地。1951 年 ASME 前主席回忆战时美国标准化工作时提到,"尽管战时标准是强制性的,但共识性原则仍然被适用于制定这些标准,战时高效的标准体系促进了美国工业技术与创新能力,对当前标准化工作具有重要意义。"②ASA 的大部分战时产品或流程标准都与和平年代的标准具有显著的区别。可见,战争促进了美国政府大规模地采用非政府标准,赋予通过自愿共识性原则制定的非政府标准强制效力,提高了 ASA 标准制定水平与销量,为 ASA 赢取了标准化领域的美誉。

尽管许多战时标准都是临时的,但这些标准继续沿用至战后,影响了许多出生于战后的美国人生活。例如,包括了抽水马桶标准、木梯子标准、培训焊接工人测试套件、钢铁制建筑物规范要求、电表标准、儿童服装标准等军民两用标准。战时由于各国军队的需求,美国制定的标准遍及全球,战后促进了标准化运动的全球化,为 ISO 的成立奠定基础。

这一时期的美国标准化体系的显著特征是"政府主导、各私营标准化组织参与战时标准化活动"。与其说是政府主导战时标准化活动,倒不如说是政府灵活、充分地利用了私营标准组织的标准化成果,政府仅是起到牵头作用,统一协调私营标准组织制定标准的方向,制定标准等标准化工作实际上仍是私营标准组织完成。战时标准化工作也是政府采用非政府标准的实例,体现了美国标准化活动的公私合作。战时美国政府积极参与标准化活动的公私合作模式为今后美国标准与法律融合体系积累了宝贵的经验,摸索了非政府标准与政府管制职能融合的路径,美国政府也深刻地认识到民间标准化组织的实力以及非政府标准对国家治理的促进作用。美国政府尽管还在制定政府标准,但美国政府已经在客观上开始依赖非政府标准了。

① JoAnne Yates, Craig N. Murphy, *Engineering Rules: Global Standards Setting since* 1880, Johns Hopkins University Press, 2019, pp.138~139.

② JoAnne Yates, Craig N. Murphy, *Engineering Rules: Global Standards Setting since* 1880, Johns Hopkins University Press, 2019, p.139.

# 三、二战结束后至卡特政府执政时期(1945 至 20 世纪 80 年代)

二战以后至 20 世纪 80 年代,世界的标准化运动的思路已经从制定国家标准转向国际标准化运动。随着 ISO 的成立,全球化的标准化运动拉开了帷幕。第二波非政府标准制定制度改革浪潮随之而来,非制度化的非政府标准与法律融合是这一时期的特征,非政府标准与法律之间的关系变得更加微妙。这一时期是美国标准与法律全面融合的前奏。

## (一)从 ASA 到 ANSI

美国在这一时期的标准竞争中虽然全面推动了集装箱标准化运动的成功,直至今日,集装箱仍然采用美国标准。但美国却因为彩色电视标准败给了欧洲,世界范围内的彩色电视机标准采用的是欧洲标准。JoAnne Yates 认为美国在这一期内标准化运动成败的根本原因实际上是美国尚未形成如同欧洲许多国家那般中央政府主导的标准化体系,美国集装箱标准鲸吞垄断集装箱市场,这得益于美国标准市场的竞争,最终使最合适的集装箱标准脱颖而出;而彩色电视标准的失败也正是由于松散的标准化体系,各方利益无法达成共识,分歧巨大,而欧洲标准化部门搁置冲突与利益分配,摒弃国家与地域的区别,因此,欧洲彩色电视标准大获全胜,击败了美国的同行。[1] 由于美国具有巨大的内国市场,当时美国的标准化体系只关注本国市场,对标准的国际化缺乏动力,但相关与全球化密切相关的行业就强力推动美国标准的国际化,力求 ISO 接受美国标准,如航空业、电信业、集装箱产业、影视行业。

欧洲各国加强标准化活动联系,日本与欧洲在同一阵线,美国与欧洲的标准化体系不同,美国尚未发展出中央主导的标准化体系,故国际标准化形势对美国也极为不利。尽管二战期间遗留的经验促进美国国家标准制定与私营标准组织之间的密切合作,但由于美国标准在国际化方面的失败,美国政府以及美国公司担心,占有优势的欧洲标准是否会对美国的国际进出口贸易产生不利影响,使美国遭受贸易歧视与不公平对待,从而丧失优势地位。[2] 战后不久,许多 ASA 委员逐渐认识到美国的问题出在标准化体制的竞争内斗与标准制定的代表性不足上。第一,由于私营标准组织制定的非政府标准占有主导地位,故

---

① JoAnne Yates，Craig N. Murphy，*Engineering Rules：Global Standards Setting since 1880*，Johns Hopkins University Press，2019，p.192.

② JoAnne Yates，Craig N. Murphy，*Engineering Rules：Global Standards Setting since 1880*，Johns Hopkins University Press，2019，p.193.

这些标准的国家属性就弱，标准的推广与采用也无法律约束力保证，影响了美国非政府标准的国际化采用；第二，与欧洲的同行相比，ASA 的国家代表性不足，他们尝试让 ASA 向德国的 DIN、英国的 BSI 以及法国的 AFNOR 看齐，构建与其相似的体系，实现 ASA 标准即是美国国家标准；第三，标准制定过程中尚未融入日益强大的消费者团体的"共识"，这一时期，消费者再也不仅是单一的个人，他们已经组成消费者团体，在市场中已经形成了有力的呼声，成为了美国市场中不可忽视的市场力量。这导致了美国非政府标准的公共代表性不足，私营标准组织制定的标准不能代表公共利益，也就无法实现非政府标准的公共职能。因此，他们认为，ASA 应当进行改革，并且呼吁美国政府应当认识到 ASA 标准的优越性，同时修订了 ASA 章程，强调了 ASA 扮演了相当重要的公共角色。最终，在 ASA 标准化专家的努力下，ASA 于 1966 年再次重组，并重新命名为美国标准研究学会（United States of America Standards Institute，USASI），确定了现代美国标准制定以及批准中的协商一致原则（consensus principle），回应了消费者团体的要求，满足了市场的需求，使自愿共识标准更加契合消费者的要求，同时，USASI 的国家性与公共性，提高了美国在国家标准化运动中的地位。至此，美国国家标准化机构从工程师协会色彩浓厚的 AESC 发展到广泛代表各行业的 ASA，再从 ASA 发展到国际性、公共性与国家性兼具的 USASI。

USASI 专家认为，他们可以在国家力量的支撑下大展宏图，承担一部分政府监管职能，行使标准化领域的公共权力。实际上，USASI 的运营效果并不好，美国标准化体系已经形成了以非政府标准为主导的现实情况，USASI 推行的美国国家标准政策难以动摇非政府标准的根基，因此，USASI 的改革并未获得完全成功。导致 USASI 未能达成目标的原因还可归结于这一时期美国政府的整体意识形态与 USASI 的战略背道而驰，USASI 的目标是要加强美国公共权力的监管，然而，美国政府强调的是放松对市场的管制，即去监管化（deregulation）。正是由于 USASI 在 20 世纪 60、70 年代美国联邦政府的"弱化监管"运动中的挫败，USASI 再次更改组织名称，调整了标准化活动的方案。最终于 1969 年改成了今天所使用的组织名称 ANSI，即美国国家标准学会。从 1918 年 AESC 成立至今的一个多世纪，该组织始终力求成为美国标准化发展的代表组织，成为美国标准化体系的核心。前后四次重组与更名见证了该组织的发展与壮大，每次重组或更名都是该组织的蜕变，当前，ANSI 已经完成该组织在一个世纪以前的目标。ANSI 最终发展成为一个本身不制定标准的标准组织，其作用在于采纳 ANSI 会员标准组织制定的非政府标准为美国国家标准，ANSI 是美国标准与法律融合的核心力量，ANSI 也是美国公权力与私人治理的合作枢纽力量。

## （二）"去监管化"运动推动美国标准与法律融合

20 世纪 60 年代至 70 年代的 20 年间，从尼克松总统、福特总统，到卡特总统，随着美国经济陷入"滞胀"，经济学家提倡应当放松自罗斯福时期对经济的管制，逐步恢复自由经济主义，故美国历届政府实施"deregulation"运动，以调节经济，美国政府放松管制的经济政策为美国联邦政府采用非政府标准提供了契机。

### 1."去监管化"(deregulation)的定义

《布莱克法律词典》(*Black's Law Dictionary*)收录"deregulation"词条，释义为"减少或消除政府对市场控制或管制，准许市场自由与市场竞争"。[1]　"deregulation"一词的中文翻译学界存在争议。"deregulation"的直译应是放松管制，但有学者认为，"deregulation"指取消（removal）经济活动中原有的限制[2]，"deregulation"应采意译，该词是美国人于 20 世纪 60、70 年代针对"regulation"创的词，应译为取消管制，认为"deregulation"的目标是政府从放松管制、直至取消管制，在新自由主义经济理论指导下，实现行业的自由化发展。[3]　"deregulation"译为取消管制虽有几分道理，但在本书语境下，应译为"去监管"、"放松管制"或者"放松监管"。美国标准与法律融合并不是国家立法或行政权力完全取消，一切社会关系交由标准调整，相反，美国标准与法律融合是通过国家立法或行政权力采纳非政府标准，并赋予非政府标准普遍约束力，实现了标准与法律的融合。在美国标准与法律融合问题研究中，"deregulation"一词并不是完全取消公权力的监管相应领域，应当是公权力有限的监管，强调公权力的谦抑性，预留更大的空间给予非政府治理工具，即国家治理利用了标准化的成果。

### 2."去监管化"(deregulation)的目标

1974 年尼克松总统辞职后，"去监管化"运动已经成为自罗斯福新政后受高度监管的美国一个重要政治焦点。尼克松总统的继任者福特总统、卡特总统以

---

① 《布莱克法律词典》明确指出，"deregulation"一词最早出现在英语中的时间是 1963 年。Bryan A. Garner(Eds.)，*Black's Law Dictionary*，Ninth Edition，Thomson Reuters，2009，p.508.

② Kean Fan Lim，Regulation/deregulation，in：Douglas Richardson，Noel Castree，Michael F. Goodchild，Audrey Kobayashi，Weidong Liu，Richard A. Marston(Eds.)，*The International Encyclopedia of Geography*，John Wiley & Sons，Ltd，2016，p.1.

③ 参见刘伟民：《Deregulation 是"放松管制"还是"取消管制"?》，载《国际航空》2009 年第 9 期。

及里根总统都是去监管化运动的忠实执行者。

20世纪60年代美国政府兴起了"去监管化"运动,其时代背景可追溯至30年前罗斯福总统执政时期。罗斯福总统为了应对由于20世纪20年代过度的自由放任主义造成的经济危机,从而实施国家干预的经济政策,大力限制市场自由,国家对经济的干预、排除市场自由是罗斯福政府的主要政策。"在一百多天的罗斯福总统'百日新政'期间,罗斯福拟定并推动国会通过了15项重要法律,在联邦政府的积极干预下,市场秩序得以恢复,经济也缓慢地向好发展。"[①]国会对罗斯福总统的改革几乎没有任何阻挡,也没对总统的职权设限,甚至授予总统立法委托权,以总统为核心的联邦政府权力空前强大,通过《新政机构改组法》进行联邦政府内设机构的整合,职权配置。罗斯福执政期间,颁布了大量法案、美国联邦行政法规,如《国家工业复兴法》《农业调整法》《联邦证券法》《社会保障法》。由于罗斯福总统国家干预政策的实施,美国度过了经济危机,但国家对经济的过度干预不利于美国经济的恢复,极度的国家干预主义是对极度自由放任经济的矫枉过正。政府干预导致了美国联邦政府及其各地方政府行政效率低下以及政府行使权力的灵活性不足,无法因地制宜管理各地事务,给美国行政体系带来了很大的阻碍。这些年间,政府监管的范围是爆炸式的扩大,主管机构预算支出增长三倍以上,《联邦登记》的篇幅几乎增加了两倍,《联邦法规》的篇幅几乎翻倍,过多的监管导致生产力下降、就业机会受到严格的限制、通货膨胀与政府财政赤字加剧。[②] 因此,20世纪60年代的美国政府开始探索放松市场管制的路径,"去监管化"政策就被提出。福特总统决心与恶性通胀斗争,也扭转了"大政府"的趋势,福特总统的政策汇入了"去监管化"的潮流,福特总统成为了"去监管化"的支持者,与此同时,令人惊讶的是,相关的监管机构竟然没有对能够使其消失或至少降低其影响力的"去监管化"政策提出反对,反而加入了支持者行列。[③] 于是,长达数十年、轰轰烈烈的"去监管化"运动就此展开。

Lovell认为,评价"去监管化"(deregulation)成功与否,第一,从形式上看,法规的数量是否减少,法规体系是否简化;第二,是否赋予政府更多的监管灵活

---

① 陈平:《大萧条时期的美国宪法变革》,载《美国研究》2017年第3期。

② James C. Miller Ⅲ, Regulatory Relief under President Reagan, 22 *Jurimetrics J.* 431 (1982), p.432.

③ Charles G. Moerdler, *Deregulation-the United States Experience*, 6 *Hofstra Lab. L. J.* 177 (1989), p.178.

性,更多的监管自主权;第三,是否为利益相关人带来负面影响。[①] 因此,"去监管化"旨在缩减美国法律法规数量实现放松对市场的管制、实现美国行政效率的提高、赋予各地方政府行使权力具有更多的灵活性、最大限度减少给利益相关人带来的负面影响,通过政策的松绑,最终促进美国经济的复苏。

"去监管化"运动本质是一种"逆政府监管"的过程,其实施路径是美国联邦政府、立法机构进一步减少行业监管法规数量,提倡联邦政府行政权力的"谦抑性"。通过监管法规的缩减,各行业市场将获得更大的自由,企业获得更多的经营自由,联邦政府鼓励各行业协会实施行业自治,进而力倡公权力机构与私营部门的合作治理。

### 3."去监管化"(deregulation)到"合作治理"(co-regulation)

不少学者提出疑虑,若政府弱化,甚至是取消监管,将会破坏国家的治理体系,民众的相关权利是否会失去公权力的保护、环境是否会失去公权力的保护等应受到关注。[②] 实施自我规制(self-regulation)能够填补"放松监管"导致的国家监管缺失,是实现"放松监管"政策最好的措施。[③] 自我规制作为新的规制工具是这一时期美国政府与民间力量为因传统规制工具被限制而创新的规制方法。形成了高度自由市场是自我规制的必然结果,造成20世纪30年代的经济危机,也能够产生市场自我调节的机制,例如,保护消费者权益,设置产品安全。因此,"放松监管"应当积极发挥自我规制的调节作用,能够替代公权力平衡利益各方权益。

美国政府放弃公权力监管寻求"合作治理"的原因除了因为"去监管化"带来的法规空白,事实上,深层次原因在于美国政府这一时期实施公权力监管的行政成本较高,例如,政府制定法规成本、执行法规成本。罗纳德·科斯(ronald coase)认为公司内部生产成本低于外部市场交易成本时,公司就具有成立的基础,并且将会自己生产低于外部成本的产品,反之,公司将会直接购买外部产品,从而避免公司内部生产成本。[④] 科斯的理论在政府中也同样适用,法规与公权力监管是政府的产品,当政府生产成本过大时,就会向外部采购低成本产品。1978年增长的通货膨胀率以及经济萧条削弱了美国的经济实力,并威胁了卡特

---

① Lovell, C. H., Deregulation of State and Local Government. 13 *Policy Studies Journal* 607 (1985), p.607.

② Lovell, C. H., Deregulation cf State and Local Government. 13 *Policy Studies Journal* 607 (1985), p.607.

③ Ian Ayres, John Braithwaite, Responsive Regulation: *Transcending the Deregulation Debate*, Oxford University Press, 1992, p.101.

④ R. H. Coase, The Nature of the Firm, 16 *Econonmica* 386 (1937), pp.386~405.

政府的支持度。迫于压力,卡特政府为应对经济的"滞胀"试图在政府监管活动中注入"成本敏感性"(cost sensitivity)。① 因此,转嫁政府监管成本是促使美国政府寻求政府外监管的重要因素,也是"合作治理"的合理性因素。

美国学者认为,"合作治理"之所以能够填补因"去监管化"带来的法规空白,是因为法规与制裁会增加市场主体执行非政府规范的可能性。事实上,国家强制力对市场的作用是有限且间接的。通常国家强制力并不足以对市场主体产生足够的影响力,而达到国家强制力所预期的效果。由于市场主体首当其冲面临的是市场的竞争压力与市场协作分工的压力。这就导致了市场主体在从事某些专业化市场行为时,就会优先考虑执行非政府标准以对抗国家权力的入侵。② 虽然"去监管化"带来的直接结果是国家立法、联邦政府监管权力的限缩,甚至是取消某一领域的公权力监管,但许多领域如产品质量安全、环境保护、能源等领域又不得不监管。因此,政府监管空白时,可以考虑市场中已经存在的规则,填补公权力监管的空白。即市场有市场自身的规则,因此,"去监管化"促使了非政府标准成为"合作治理"的核心,非政府标准成为最佳的市场规则,成为政府实现监管的新工具,私人监管与公权力监管对社会的调控功能殊途同归,都能达到对秩序的追求,只不过是实现路径不同。"去监管化"到"合作治理"形成了公私合作的治理新模式,非政府标准为政府所用,促进了联邦政府监管的执行与贯彻。同时,政府采纳非政府标准能够赋予非政府标准约束力保证,强化非政府标准的执行力。

私人治理(自我规范)结构突出的一个领域是技术标准制定,私人治理机制可以构建法律没有明确限制的活动。③ "去监管化"运动开展以前,非政府标准就已经开始运行自我规范。早在 19 世纪末,私营标准组织在美国就广泛存在,私营组织在政府尚未开始监管某些科学技术领域时,就已经制定了许多行业自治规范,这些自治规范的存在促进了行业有序健康的发展,保证了产品或服务的安全性、可靠性,提升了行业整体效率。近一个世纪以来,经过非政府标准发展流变,其已经在美国各行各业大展身手。非政府标准是"合作治理"最好的工具,由于非政府标准是行业组织达成的共识,能够反映行业内最大的共性,并且,政府采用了非政府标准,代表着政府与行业的合作。联邦立法机构、联邦政

---

① Peter C. Yeager, *The Limits of Law*, Cambridge University Press, 1991, p.313.

② Kenneth W. Abbott, Duncan Snidal, The Governance Triangle: Regulatory Standards Institutions and the Shadow of the state, in: Walter Mattli, Ngaire Woods(Eds.), *The Politics of Global Regulation*, Princeton University Press, 2009, p.86.

③ Jorge L. Contreras, From Private Ordering to Public Law: The Legal Frameworks Governing Standards-Essential Patents, 30 *Harv. J. L. & Tech.* 211 (2017), pp.214~218.

府机构也逐渐开始采用非政府标准,在立法中纳入非政府标准,在行政监管中执行标准。尽管通常政府不直接参与非政府标准的制定,但是政府机构通过采纳非政府标准,政府公权力也能够深入行业,即公权力认可了某种行业规范、行业要求。

政府"去监管化"运动并不意味着政府不监管市场,"合作治理"所确定的监管模式是政府与私营组织共同管理,政府的监管仍然存在。只是监管问题正在寻求更加强调以市场为导向的解决方案。[①] 政府通过确认、采纳非政府标准等民间组织制定的规范,赋予其普遍约束力与强制效力,即尽管这些规范性文件不是政府制定的,但只要市场主体违反这些被公权力采纳的非政府规范,市场主体就会受到公权力的制裁。实际上这种"合作监管"模式是美国联邦立法机构、联邦政府机构通过"去监管化"运动让渡规则制定权于非政府组织,但公权力机构不放弃执法权,通过执法权的行使保障受政府认可的非政府规范得以贯彻执行。美国公权力机构采纳非政府标准实现政府监管手段看似是一种"去监管化"的实现路径,但实际上美国公权力机构却在"掩耳盗铃",即美国公权力机构一方面通过公权力机构主动放弃法规制定权,另一方面,却充分利用民间力量参与政府的监管,因此,公权力的监管从某种意义上观察,其实从未放松过。可以说,这一过程实际上是美国公权力机构充分利用了民间标准化成果。

## (三)制度化非政府标准与法律融合模式的呼声

### 1. 美国公权力机构事实上依赖非政府标准

美国联邦立法机构与联邦政府机构在这一时期的立法中采纳非政府标准的做法备受推崇。《原子能法案》(Atomic Energy Act of 1954)授权国家核能监管委员会(The Nuclear Regulatory Commission)使用私营标准组织制定非政府标准,国家核能监管委员会与许多私营标准组织建立了合作关系,相当程度上美国国家的核能监管工作依赖于私营标准组织制定的非政府标准。ANSI、ASME、IEEE(Institute of Electrical and Electronics Engineers)以及美国核能协会(American Nuclear Society)是美国国内主要制定核能标准的私营标准组织。国家核能监管委员会通常在其《监管指南》(Regulatory Guides)中引用非政府标准,这些标准规范最大的核能安全以及核电站建设标准。[②]《国家交通与

①　Richard E. Wiley, Dennis R. Patrick, Laurence A. Tisch, et al., Broadcast Deregulation: The Reagan Years and Beyond, 40 *Admin. L. Rev.* 345 (1988), p.346.

②　Robert W. Hamilton, Role of Nongovernmental Standards in the Development of Mandatory Federal Standards Affecting Safety or Health, 56 *Tex. L. Rev.* 1329 (1978), pp. 1415～1419.

载具安全法案》(National Traffic and Motor Vehicle Safety Act of 1966)要求所有交通工具产品都应当符合安全标准旨在保护公众免受交通事故的风险,这些标准包括交通工具的设计、结构、运转。该法案也是美国历史上第一次为交通工具设置标准的法案,例如,采纳了《美国国家标准:制造残疾人友好的建筑物与设施》(ANSI A117.1)。① 《美国职业安全与健康法案》(Occupational Safety and Health Act of 1970)采纳了许多非政府的安全标准。在该法案颁布后的不到五个月时间,联邦职业安全与健康监管局(Occupational Safety and Health administration)发布了超过 250 页篇幅的标准,其中包含许多由 ANSI、NFPA 等私营标准组织制定的非政府标准。② 《消费品安全促进法案》(Consumer Product Safety Act of 1972)同样也采用许多非政府标准,旨在保护消费者免受消费品的伤害事故。国家标准局(The National Bureau of Standards)印发了长达 180 页篇幅的《消费品自愿性标准和认证项目列表》(Tabulation of Voluntary Standards and Certification Programs for Consumer Product),纳入了 1000 种产品超过 2000 种非政府标准。③ 再如《联邦能源管理授权法案》④ (Federal Energy Administration Authorization Act of 1977)第 32 条指出,委托机构或联邦贸易委员会(FTC)采用非政府标准前应当考量采用非政府标准对市场竞争的影响,还应当符合相关要求。1970 年以后,国会制定了一系列法律法规中或多或少的都限制联邦政府机构采用非政府标准,由于立法者对许多非政府标准的制定质量仍持怀疑态度以及非政府标准制定程序不够公开与公平而备受诟病。例如,联邦能源管理机构采纳了照明工程师协会(Illuminating Engineering Society)制定的教室、学习大厅、办公室以及图书馆的照明标准被质疑过度照明是有害的。⑤ 尽管这一时期联邦政府机构已经开始较大规模地采用非政府标准,但囿于国会对采用非政府标准的诸多限制与质疑,仍然没有全面开展采纳非政府标准,尚未制度化。学界、业界对公权力机构采用非政府标准的呼声日益升高,同时对非政府标准的制定程序改革的呼声也日益升高。为

---

① 49 CFR Subtitle A § 37.9.

② 36 Fed. Reg. 10466(1971).

③ Robert W. Hamilton, Role of Nongovernmental Standards in the Development of Mandatory Federal Standards Affecting Safety or Health, 56 *Tex. L. Rev.* 1329 (1978), pp. 1399~1400.

④ 12 U.S.C.A. § 788.

⑤ Robert W. Hamilton, Role of Nongovernmental Standards in the Development of Mandatory Federal Standards Affecting Safety or Health, 56 *Tex. L. Rev.* 1329 (1978), p.1374.

了缓解矛盾,标准组织应对标准制定程序进行改革,使其做到公开、透明、公平、公正。

非政府标准之所以受到联邦立法机构、联邦政府机构的不信任是由于所谓共识的代表性不够广泛:第一,消费者、劳动者以及小企业是否充分地参与;第二,当大多数标准制定者代表经济利益时,所达成的共识是否充分考虑了非经济因素,例如,公共利益与国家安全。因此,为了使政府全面采用非政府标准,标准制定程序应当对政府的质疑有所回应。对此,私营标准组织做出了回应:第一,ANSI 与全美小企业协会达成协议,进一步扩大小企业在标准制定过程中的参与度。第二,扩大消费者在标准制定中的参与度,并进行了标准制定中消费者参与制度的创新:(1)建立"消费者之声"委员会,由 ANSI、ASTM、UL、NFPA 等标准组织建立,旨在为消费者提供一个与生产者、销售者沟通的渠道;(2)具有技术资格的消费者可以直接参与标准制定的技术委员会,可以直接参与制定与消费产品有关的标准制定;(3)无技术资格的消费者参与技术委员会参与制定与消费产品有关的标准制定;(4)ANSI 在 1967 年组建了消费者委员会,旨在审查得到 ANSI 批准前的所有与消费者有关的标准;(5)非消费者组织在非政府标准制定过程中可间接代表消费者提出以消费者导向的意见,通常这种模式取得了较大的成功。尽管 ANSI 牵头做了一系列标准制定程序改革,但是还不能取得彻底的成功,甚至标准组织所做的努力根本就不可能取得彻底的成功。[①]

私营标准组织依据联邦政府机构、联邦立法机构的要求,最大努力地整改标准制定程序,即非政府标准的供给侧已经做好了美国标准与法律全面融合的准备,但需求侧方面尚未做好准备,美国联邦政府、美国联邦立法机构尚未做好非政府标准的制度化与常态化准备,即尚未构建一套完整的政府机构、立法机构采纳非政府标准的制度。这一时期美国标准与法律融合的方式、标准进入法治的路径较为混乱。不同机构采用或纳入非政府标准的模式有所不同,有的联邦政府机构将纳入的非政府标准提交至联邦登记,有的联邦政府机构仅由机构发布相关纳入的非政府标准目录。因此,学界与实务界均要求应当制度化联邦机构采纳非政府标准的模式,形成一种统一的标准与法律融合的操作规范体系。

### 2. 制度化公权力机构采用非政府标准的尝试

制定美国联邦统一的采用非政府标准的建议可以追溯到 LaQue 的报告,其

---

① Robert W. Hamilton, Role of Nongovernmental Standards in the Development of Mandatory Federal Standards Affecting Safety or Health, 56 *Tex. L. Rev.* 1329 (1978), pp. 1380~1385.

至可以追溯至 ANSI 的前身成立之初。在此早期,联邦政府并没有广泛参与安全或健康标准的制定工作,也没有处理过与非政府标准相关的工作。尽管 20 世纪 60 年代以及 70 年代早期,美国联邦政府或立法机构均责难非政府标准,但 70 年代中后期,美国联邦政府或立法机构对非政府标准做了较高的正面评价,1977 年美国消费品安全委员会发布政策声明盛赞非政府标准,"自 1970 年以来,非政府标准在提高消费品安全方面做出了较大贡献"。其他机构也同意这一评价,并表示愿意同标准组织合作,并考虑更多地依赖非政府标准,并对联邦政府拟议的制度化标准与法律融合政策表示赞同。[①] 制度化公权力采用非政府标准的建议来自三个方面,美国联邦立法机构、美国联邦政府机构以及学术界。

(1)国会立法草案

1977 年 6 月 30 日由 Paul E. Tsongas 牵头的议案小组于美国第 95 届国会众议院会议向州际、国际商务科学与技术委员会提交《自愿性标准与认证法案》(H.R.8184,Voluntary Standards and Accreditation Act of 1977)议案,该法案旨在规范标准的制定、产品的测试、产品的认证等方面促进市场竞争的有序发展以及保障消费者的权益。该法案第一章是规范标准制定的内容,其中包含标准与法律融合的规定。该法案 Sec.3(4)(5)(6)指出私营标准组织具备高度专业知识制定标准,而政府机构却不具备,因此,联邦政府以及各地方政府在标准化活动中仅扮演了极其有限的作用,并承认了联邦政府以及各地方政府已经对非政府标准的依赖。Sec.3(7)(8)(14)指出当前(20 世纪 70 年代)由于缺乏有效的管理与规制,阻碍了标准的制定、采用与推广,带来了一定的负面影响。Sec.4 是该法案的立法目的,该法案旨在消除国家与私营机构标准化互动过程中不必要的浪费,实现国家标准化活动的高效运行,反标准化垄断等。Sec.105 强化了公权力机构对拟采用非政府标准的审查,尤其审查拟采用非政府标准是否妨害公共利益以及是否符合政府机构的相关规定。Sec.110 是该法案最显著的特色之一,该条规定了政府机构对特定主体参与标准化活动的资助,具体的资助规范由各机构确定之,该法案规定了受资助主体为受 ANSI 认证的非营利性标准组织、确保代表着消费者与小企业利益的充分参与标准制定。Sec.111 对国家公务人员参与私营标准组织标准制定活动的规范,不仅要求参与民间标准化活动应当公平中立,还确认了任何国家公务人员参与民间标准制定不受国家行为影响。Sec.112 要求任何国家公权力机构应当采用现有的非政府标准避

---

[①] Robert W. Hamilton, Role of Nongovernmental Standards in the Development of Mandatory Federal Standards Affecting Safety or Health, 56 *Tex. L. Rev.* 1329 (1978), p.1436.

免重新制定政府标准浪费人力物力。该法案草案第四章建议应当构建国家标准管理委员会(National Standards Management Board)作为联邦行政的独立机构,负责制定必要的规则、程序、政策和准则以管理和协调国家标准制定活动。

尽管该法案草案从立法层面重视美国标准与法律融合的问题,开创性地构建了立法应如何回应美国标准与法律融合的乱象,勾勒了美国标准与法律融合制度化的宏伟蓝图,但还存在缺陷,导致了该法案的实效性较差,最终没有获得通过。一方面,该法案草案仅规定了美国联邦政府机构不再制定政府标准,应当采用非政府标准,但是却没有具体规定美国联邦政府机构如何采用非政府的实践操作,即非政府标准与法律融合的模式、融合程序等。另一方面,该法案草案没有规定联邦政府机构采用非政府标准的公布程序,若没有公布程序,公众将无从知晓,严重侵害到公众的利益。

该法案草案是美国立法机构首次尝试从立法计划上制度化标准与法律的融合,是对美国彼时标准与法律融合乱象的回应。该法案引导甚于监管,旨在实现标准化事业、美国标准与法律融合的有序发展,促进了美国标准与法律融合制度构建,反映了彼时美国"去监管化"运动的基本精神,具有极大的进步意义。同时,尽管该法案草案最终没有通过相关机构审查,但该法案仍然奠定了美国立法机构、行政机构制度化标准与法律融合的基础,积累了宝贵的经验,后续美国相关立法或政策或多或少地均汲取于该法案。

(2)联邦政府机构的制度建议

1976 年白宫下属机构管理与预算办公室(OMB,Office of Management and Budget)通告提出了一项通过参引合并(incorporation by reference)方式纳入非政府标准的初步联邦政府政策。该建议指出由私营组织发展的自愿共识标准体系运转高效,其制定的自愿共识标准广泛代表着他们的专业性与求同存异,并且标准制定具有广泛的采纳基础,能够确保联邦政府采用非政府标准的可行性。该通告发布后,收到了许多来自私营部门的赞同意见,但消极意见却来自于政府机构,政府机构对非政府标准提出责难,大部分政府机构并无意于利用非政府标准进行监管,它们考虑的是非政府标准如何能够满足政府的采购需求,即私营标准组织并不能预先知道政府机构需要什么,否则,美国的采购体系将混乱。总的来说,大部分评论赞同非政府标准与法律应当融合,但是应当谨慎为之。①

---

① Robert W. Hamilton, Role of Nongovernmental Standards in the Development of Mandatory Federal Standards Affecting Safety or Health, 56 *Tex. L. Rev.* 1329 (1978), p.1441.

鉴于联邦政府机构的意见,1977 年 OMB 对通告做了重大修订,并再次征求意见。本次修订沿用前稿采用非政府标准的基本原则,即在可行的情况下,且符合法律和法规的情况下,应当采用非政府标准。本次修订确定了私营标准组织(自愿性标准组织)制定的非政府标准必须满足"正当程序和其他基本要求"作为联邦政府采用非政府标准的先决条件,商务部设立了非政府标准正当程序的监管机构,该机构通过编制和维护一份满足要求的标准组织名单,对私营标准组织提出质询案,还可以要求标准组织优先使用较为灵活的性能标准(性能标准又称为结果标准,即只要结果符合标准的要求,取得结果的过程在所不问),而不是使用固化的设计标准。修订后的 OMB 通告还允许政府部门的官员以平等主体的身份参与标准制定程序,但不得以联邦政府机构对私营标准组织制定标准程序产生不当影响,并且不得参与私营标准组织的管理活动。1977年修订的 OMB 通过在征求意见阶段,收到了来自标准组织大量的负面意见,在一次会议以后,ANSI 于 1978 年 3 月提交了 ANSI 的修订意见,最终导致 OMB 通知征求意见期间延长。① 直至 20 世纪 70 年代结束时,OMB 通告也没能正式颁布。

(3)学院派的制度建议

美国标准与法律融合问题的研究专家 Robert Hamilton 教授认为,美国标准与法律融合制度构建之根本应当放权给美国公权力机构判断或评估是否采用非政府标准,对现有非政府标准的质量以及价值的评估是一个标准的技术性考量与政策考量兼备的过程,重点要考察拟采用的非政府标准是否能够实现公权力机构的目标。Hamilton 教授针对美国标准与法律融合的基本制度构建目标,提出了富有建设性的建议。

第一,重点审查标准的适用性。应当由一名或多名具有专业技术或法律背景的机构工作人员审查标准文本,并初步评估公权力机构采纳非政府标准的潜在实用性。同时,审查人员还应当审查标准是否具有时效性以及标准文本语言的精确性与准确性。

第二,联邦政府机构采纳非政府标准应当有明确的法定授权。联邦政府机构采纳非政府标准并不是恣意的,法定因素是联邦政府机构采用非政府标准的最重要的因素。

第三,联邦政府机构采纳的非政府标准应当依据正当程序所制定。目前,

---

① Robert W. Hamilton, Role of Nongovernmental Standards in the Development of Mandatory Federal Standards Affecting Safety or Health, 56 *Tex. L. Rev.* 1329 (1978), pp. 1441~1444.

唯一审查制定标准是否符合正当程序的机构是 ANSI,即私营标准组织标准制定程序应当受到 ANSI 的监督。重点审查标准制定主体是否代表性广泛,是否妨害公共利益等标准制定过程中的形式要素。

第四,制定标准缺乏"立法史"。20 世纪 70 年代的自愿性标准对政府机构的作用往往很有限,这是由于许多私营标准组织在制定标准时并没有留下制定标准的附属资料,例如,制定标准的背景、所要解决的问题、投票记录、征求意见记录、制定主体的意见等相关附属资料,这些附属资料又被称为标准的"立法史"。标准的"立法史"往往是对确保标准制定程序而建立的,大量描述了标准制定过程中的基础性情况。尽管政府机构不能因为一项高质量的标准缺乏附属资料而彻底拒绝采纳,但政府机构应鼓励私营标准组织编制标准的"立法史"。

第五,政府机构采纳非政府标准可能引发的竞争法问题。标准与竞争法、垄断法密切相关,当政府机构采用非政府标准时不仅要考虑非政府标准的合理性与可适性,还应当避免因采用非政府标准无意间引起的不正当竞争问题。通常标准科学技术问题掩盖了使用标准实施不正当竞争、垄断行为,将不正当竞争手段、垄断行为归于科学技术问题,具有较强的隐蔽性,因此,政府机构在采用非政府标准应当掌握相当程度的科学技术知识,加强审查非政府标准是否潜在包含不正当竞争手段或垄断行为。

第六,政府机构使用非政府标准的模式。20 世纪 70 年代,美国联邦政府机构在采纳非政府标准时有多种选择,政府机构可以通过下列任何一种方式采用标准。A.政府机构可以完全不制定政府标准,完全依赖非政府标准。B.政府机构可以引用现有非政府标准。C.政府机构复抄非政府标准。D.政府机构制定政府标准,但该政府标准反映了现有非政府标准的实质内容,不作重大改变。E.政府机构制定政府标准,但该政府标准采用了现有非政府标准的部分实质内容,并增加或修改其他实质性部分。F.政府机构可以完全拒绝现有的非政府标准,建立自己的标准制定内设机构,从头开始制定政府专用标准。考虑到政府机构亲自制定标准的过程用时较长,因此,在过渡期间可以临时采用相近的非政府标准。G.政府机构发布"指南"推荐使用非政府标准,但不具备强制性。H.政府机构与私营标准组织合作,共同修订现有非政府标准或重新制定标准,最终成为政府机构可使用的标准。可见,政府机构采用标准的方式较多,存在一定的混乱,因此,统一化政府机构采用标准的模式就显得尤为重要。[①]

---

① 　Robert W. Hamilton, Role of Nongovernmental Standards in the Development of Mandatory Federal Standards Affecting Safety or Health, 56 *Tex. L. Rev.* 1329 (1978), pp. 1448～1465.

### （四）奠定了现代美国标准与法律融合模式基础

二战结束以后直至 20 世纪 80 年代是标准与法律融合的蓬勃发展的时期，非政府标准以及私营标准组织正朝着代表广泛公共性方向发展，非政府标准在美国联邦立法机构、美国联邦政府机构的监管活动中扮演着越来越重要的角色。战时标准继续对战后普通民众生活起到重要作用。ASA 通过重组与调整，重新命名为 USASI，旨在能够获得充分的公共代表性，尤其是能够代表消费者群体或较为弱小的标准组织的利益。几年后，为了更进一步的公共代表性以及承担国家标准化管理工作，USASI 再次重组与调整，重新命名为 ANSI。

为了填补"去监管化"带来的法律法规的空白，这一时期，美国公权力机构寻求非政府力量合作监管，形成了"公私合作"监管模式。鉴于标准的规范性等原因，非政府标准已经深入公权力运作中，标准与法律融合进入深水区，成为填补"去监管化"带来的法律法规空白的主力军，许多立法都采用了非政府标准以及联邦政府机构采用非政府标准实现其监管职能。但由于公权力机构多种采用非标准的方式，为实践操作带来了一定的障碍，导致了标准与法律融合模式的混乱，立法机构、行政机构以及学界都尝试制度化标准与法律的融合模式，尽管三个领域的制度构建路径均不相同，但公权力机构应当依赖非政府标准已经成为共识。这一时期为美国标准化法制史起到了承上启下的作用，推动了美国标准与法律融合的全面发展，直接奠定了当前美国标准与法律融合的模式。

## 四、里根政府执政时期至今（20 世纪 80 年代至今）

里根政府执政时期至今这一时期的美国标准与法律融合已经空前成熟，美国标准化体系空前完善，美国联邦政府机构、联邦立法机构均严重依赖非政府标准，与私营标准组织形成了紧密的"公私合作"关系。里根政府以其放松管制而著名①，里根政府继续深化前任政府的"去监管化"政策，更加强调市场力量对国家治理的作用，进一步削弱公权力机构的监管者角色。这一时期，"去监管化"政策在美国标准与法律融合的具体表现为从立法层面制度化公权力机构全面依赖非政府标准。"随着标准在科技和贸易中地位的不断提高，美国政府越来越依赖于这种有价值的私有部门资源，美国政府已成为私有部门标准的最大用户。《国家技术转让与推动法案》（NTTAA）和《联邦参与制定和采用自愿一

---

① Peter L. Strauss，Private Standards Organizations and Public Law，22 *Wm. & Mary Bill Rts. J.* 497（2013），pp.503～504.

致标准及合格评定活动》(OMB 通告 A-119)更是推动政府机构采用自愿性标准的原动力,使得更多的'政府专有标准'被自愿标准所替代,更多的自愿性标准被用于政府采购、法规制定和合格评定中,从而改变了长期以来形成的政府通过采用'政府专有标准'而进行采购的现象,使私有部门制定的自愿性标准贡献于美国的国家竞争、公共卫生、福利和安全等方方面面,是美国政府充分利用了政府以外的专业知识和技术。"①制度化不仅确定了公权力机构依赖非政府标准,还确定了非政府标准进入法治的路径,即标准与法律融合模式的法定化。时至今日,美国有 600 多个私营标准组织制定非政府标准,共制定了大约 93000 个现行的非政府标准。虽然私营标准组织制定的非政府标准是自愿的(Voluntary),但各地方、州和联邦政府将这些标准纳入法律从而获得普遍约束力。②

## (一)里根政府继续推进"去监管化"

1975 年至 1985 年可以称为去监管的十年。在此期间,国会批准了 11 项主要去监管的立法,监管机构发布了 13 项主要决定,各行各业广泛实施"去监管化"政策。到 1985 年,卡车、航空、铁路、银行、经纪、石油、天然气和电话行业已经完全或部分解除管制。③ 1980 年 9 月 19 日国会制定并通过了《弹性管制法案》(Regulatory Flexibility Act of 1980),该法案是"去监管化"运动的直接立法,从规范化层面推进"去监管化"。该法案明确要求联邦政府机构可以采用或适用与其行使职责目标不冲突的其他监管方法,以尽量减少监管对市场主体的监管负担(Sec.2)。该法为里根政府继续推进"去监管化"奠定了坚实的法律基础。

里根总统在回忆录中,他坚持将经济政策纳入总统工作的日常:"除非我们让经济再次健康,否则什么都不可能。"从 20 世纪 60 年代末至 80 年代初,美国经历了 30 年代以来最严重的经济问题,美国经济同时发生通货膨胀和发展停滞,导致了三次经济衰退。到 1980 年年底,美国滞胀的经济问题严重程度到达危机顶点。里根总统认为,造成美国经济滞胀是由于 30 年代的自由国家主义,国家主义让经济背上了重税的负担,以支持庞大的政府赤字。里根总统希望发

---

① 　刘春青:《美国 英国 德国 日本和俄罗斯标准化概论》,中国质检出版社、中国标准出版社 2012 年版,第 1 页。

② 　Tyler R. T. Wolf, Existing in a Legal Limbo: The Precarious Legal Position of Standards-Development Organizations, 65 *Wash. & Lee L. Rev.* 807 (2008), p.812.

③ 　Stephen Brobeck, Economic Deregulation and the Least Affluent: Consumer Protection Strategies, 47 *Journal of Social Issues* 169 (1991), p.169.

展以市场为导向的经济模式,将个人生产力从政府铁腕政策中解放出来。①

里根上任后,趁着卡特政府"弱化监管"的势头,大力推行"弱化监管"政策。② Lovell 认为,美国联邦政府以及美国各州、各地方政府作为公权力代表的角色在 20 世纪 60 年代开始就越来越浓、范围更大、影响更加深远。里根政府"弱化监管"计划的目标是增加各地方政府的灵活性与行政效率。③ 里根总统认为,联邦政府过度干预了私人经济活动,在他第一次就职演说中,他就提到了"弱化监管":政府不是解决市场问题的方法,而政府恰恰是问题所在。随后,里根政府毫不掩饰里根的放松管制经济的政策,对经济过多干预是经济在此期间陷入衰退的主要原因。④ "里根政府认为本届政府的时代任务是缩小政府规模,降低税收,减少政府成本以及重新尊重市场。"⑤

里根政府从一开始就以卡特政府执政方式为基础,与卡特政府不同的是,里根政府在"去监管化"运动中增加白宫的介入以及开始考虑政府监管事务成本。1981 年 2 月发布的里根行政命令 12291 是里根总统最早的实质性法案之一,要求各联邦机构对工业有重大影响的所有法规和立法进行成本效益研究,由 OMB 负责这项研究。与卡特政府不同的是扩大了对联邦政府机构事务的干涉,卡特政府采用的方法是促使联邦政府机构对监管成本的敏感性,即行使权力时应当考虑监管成本,然而里根政府要求联邦政府机构进行明确的成本效益分析,甚至制定了 OMB 的规章制度。总而言之,里根政府对监管法规发起了全面的攻击,大幅削减政府机构的预算,任命坚持"去监管化"理念的官员管理有关监管法规,OMB 常常成功地控制卫生和环境法规,白宫认为这些过度监管的法规对产业界影响巨大,增加了产业界的许多法律或监管方面的负担。⑥

---

① Iwan Morgan, Reaganomics and its Legacy, in: *Cheryl Hudson*, *Gareth Davies* (*Eds.*), *Ronald Reagan and the 1980s*: *Perceptions*, *Policies*, *Legacies*, Palgrave Macmillan, 2008, p.101.

② Michael R. Adamson, Business and Labor, Deregulation and Regulation, in: Andrew L. Johns(Eds.), *A Companion to Ronald Reagan*, First Edition, Wiley Blackwell, 2015, p.161.

③ Lovell, C. H., Deregulation of State and Local Government. 13 *Policy Studies Journal* 607 (1985), p.607.

④ Michael R. Adamson, Business and Labor, Deregulation and Regulation, in: Andrew L. Johns(Eds.), *A Companion to Ronald Reagan*, First Edition, Wiley Blackwell, 2015, p.149.

⑤ Timothy Knight, *Panic*, *Prosperity*, *and Progress*: *Five Centuries of History and the Markets*, 2014, Wiley, p.255.

⑥ Peter C. Yeager, *The Limits of Law*, Cambridge University Press, 1991, p.315.

　　里根政府将"去监管化"运动推向高潮,里根政府的"去监管化"运动在美国标准化法制体系的体现是进一步推进美国标准与法律的融合,推进制度化美国标准与法律的融合模式。尽管里根政府执政以前,前任政府就已经或多或少地鼓励联邦政府机构采用非政府标准,但里根政府执政以后,联邦政府机构仍然制定政府专用标准,这不仅造成了联邦政府机构制定政府专用标准花费了巨大的成本,许多政府专用标准都与非政府标准重复,甚至政府专用标准的质量还不如非政府标准。鉴于里根政府激进地要求联邦政府机构缩减政府机构的成本,在标准与法律融合方面,里根政府正式开启了非政府标准与法律的融合,并坚持将标准与法律融合制度化,进一步减少对政府专用标准的依赖,促进缩减政府制定标准的预算。于是,在里根政府激进的"去监管化"政策指导下,里根政府在执政后没多久,便由 OMB 率先颁行 OMB 通告 A-119 制度化美国联邦机构采用非政府标准的运转模式。在里根政府总体原则的部署下,接下来的继任政府也进一步深化推进标准与法律的融合,将标准与法律融合的模式推向了国会立法的最高潮。

## (二)美国标准与法律融合进入法治化轨道

　　20 世纪 90 年代中期,美国国会和白宫都曾通过立法指示各政府机构在合适的情况下应当适用私营标准组织制定的非政府标准,而不是制定新的"政府独有"标准。[①] 此外,本书其他部分将详细述评《联邦参与制定和采用自愿一致标准及合格评定活动》(OMB 通告 A-119)、《1995 年国家技术转让与推动法案》(NTTAA)、《2004 标准制定组织推动法案》(公法 108-237)(H.R.1086)的具体内容,此处仅以梳理美国标准化法制体系历史进程为必要论及其立法过程,故此处不赘述其具体规范内容。纵观这三部法律文件,三者从不同侧面竭力推动联邦政府机构采用民间组织制定的自愿性标准,保证了美国标准化发展史中这一重大改革政策的实施。[②]

　　1.《联邦参与制定和采用自愿一致标准及合格评定活动》(OMB 通告 A-119)

　　《联邦参与制定和采用自愿一致标准及合格评定活动》(OMB 通告 A-119)在 20 世纪 70 年代末期曾有过几版修订草案,白宫尝试制度化公权力机构采用非政府标准的标准与法律融合模式。OMB 制定正值里根政府的"去监管化",大力倡导放松政府监管,削减政府行政成本,OMB 注意到了公权力机构在联邦

---

　　① 　Nina A. Mendelson, Private Control over Access to the Law: The Perplexing Federal Regulatory Use of Private Standards, 112 *Mich. L. Rev.* 737 (2014), p.749.

　　② 　刘春青:《美国 英国 德国 日本和俄罗斯标准化概论》,中国质检出版社、中国标准出版社 2012 年版,第 7 页。

法规中采用非政府标准符合多种公共利益,较政府制定政府专用标准更具效率以及节约政府成本,政府机构制定政府专用标准通常耗时耗力。直至 1982 年 10 月 26 日,OMB 通告 A-119 才正式颁布,对各联邦政府机构产生约束力,该通告明确指示联邦政府机构在其监管活动中以及政府采购活动中应当基于非政府标准,并且鼓励联邦政府机构以平等主体的身份加入私营标准组织,通过自愿性共识原则制定自愿性共识性标准。自此,公权力机构采用非政府标准已经成为 OMB 通告 A-119 的基本原则,奠定了美国标准与法律融合的基本原则、基本方式。"OMB 通告 A-119 给联邦政府机构提供了实施 NTTAA 并从私有部门获得专业知识的指南,推动了联邦政府机构参与私有部门标准制定的活动,从而保证了私有部门制定的标准能同时满足联邦政府机构的要求。"①在此之前,美国标准与法律融合模式较为混乱,该通告的颁行预示着长达数十年之久的混乱局面的终结,终于将标准与法律融合模式制度化。

在 OMB 通告 A-119 颁行 14 年后的 1996 年,NTTAA 颁布生效。"NTTAA 要求 OMB 在该法实施后的 90 天内提交实施 NTTAA 的计划,并要求 OMB 按年度向议会报告联邦机构实施 NTTAA 的情况。为此,OMB 对通告 A-119 进行修订,旨在有效地实施 NTTAA 的有关要求。"②1998 年 OMB 通告 A-119 修订完成,再次明确地要求联邦政府机构应当使用非政府标准。OMB 通告 A-119 最近的一次修订始于 2012 年,基于 1998 年 OMB 通告 A-119 修订版本的基础上修订,2016 年 1 月 27 日修订完成并颁行,当前实施的是 2016 年版。本次修订是 OMB 为因应 1998 年修订以来在监管、标准以及认证方面客观情况的变化。③

### 2.《1995 年国家技术转让与推动法案》(NTTAA)

美国联邦行政机构早在 20 世纪 80 年代就已经制定了 OMB 通告 A-119,要求美国联邦行政机构在行使公权力时,应当采用非政府标准,以取代政府专用标准。尽管如此,美国联邦立法部门与联邦政府部门仍然还在制定政府专用标准,并且许多政府专用标准都与非政府标准重复。为了彻底解决联邦政府机构与地方各级政府机构执行 OMB 通告 A-119 的混乱情况,美国公权力机构认识到了制定一部高效力层级的国会立法,规范美国标准与法律融合的重要性,旨在有效解决上述问题。1996 年 2 月美国国会批准 NTTAA,同年 3 月,美国

---

① 刘春青:《美国 英国 德国 日本和俄罗斯标准化概论》,中国质检出版社、中国标准出版社 2012 年版,第 2 页。

② 刘春青:《美国 英国 德国 日本和俄罗斯标准化概论》,中国质检出版社、中国标准出版社 2012 年版,第 1 页。

③ Federal Register, vol.81, No.17, Jan.27, 2016, 4673.

总统签署发布,使之成为美国法律。"NTTAA 是在对《Stevenson-Wydler 技术创新法》实施中出现的问题加以总结的基础上,做了较大的修订,强化了对技术创新在推动国家经济发展中重要作用的认识,旨在刺激美国创新技术的发展和传播。"①NTTAA 认识到了标准在提升美国技术国际竞争力、技术创新、产品安全、产品质量等方面的积极作用,因此,NTTAA 中有关标准与法律融合的部分,NTTAA 忠实地反映了 20 世纪 80 年代制定的 OMB 通告 A-119 基本原则以及内在精神②,即坚持美国公权力机构全面采用非政府标准。NTTAA 的颁行回应了各行各业以及私营标准组织对 OMB 通告 A-119 并不会影响联邦政府机构制定政府专用标准习惯的担忧。③

（1）NTTAA 的立法目的

NTTAA 的立法目的在一定程度上能够解释当前美国标准与法律融合模式形成的原因:节约政府标准化成本、美国政府机构充分利用政府外标准化成果、缩减《联邦登记》的篇幅。

第一,节约政府标准化成本。制定标准或研发标准的成本十分高昂。④ 美国学者直言指出,节约政府资源是美国政府机构在其监管活动中采用非政府标准的重要因素。通过杠杆作用,在最小政府机构成本的情况下,最大化监管目标的实现,因此,美国政府在没有高昂成本的情况下采用非政府标准,那么美国政府机构的资源节约将最大化。⑤ 标准制定或研制在整个标准化活动中处于核心地位,是标准化活动开展的基础。美国公权力机构曾经有过制定政府专用标准（Government-unique Standards）的经历,由法律授权政府职能部门具体负责其职责领域的政府专用标准的制定。美国政府专用标准是为满足政府的监管需求而制定,政府专用标准只服务于监管目的。⑥ 美国公权力机构制定政府专

①　刘春青:《美国 英国 德国 日本和俄罗斯标准化概论》,中国质检出版社、中国标准出版社 2012 年版,第 3 页。

②　Jorge L. Contreras, From Private Ordering to Public Law: The Legal Frameworks Governing Standards-Essential Patents, 30 *Harv. J. L. & Tech.* 211 (2017), p.215.

③　Nina A. Mendelson, Private Control over Access to the Law: The Perplexing Federal Regulatory Use of Private Standards, 112 *Mich. L. Rev.* 737 (2014), p.749.

④　Lesley K. McAllister, Harnessing Private Regulation, 3 *Mich. J. Envtl. & Admin. L.* 291 (2014), pp.301~302. Peter L. Strauss, Private Standards Organizations and Public Law, 22 *Wm. & Mary Bill Rts.* J. 497 (2013), p.547.

⑤　Lawrence A. Cunningham, Private Standards in Public Law: Copyright, Lawmaking and the Case of Accounting, 104 *Mich. L. Rev.* 291 (2005), pp.330~331.

⑥　Emily S. Bremer, On the Cost of Private Standards in Public Law, 63 *U. Kan. L. Rev.* 279 (2015), p.295.

用标准不仅用于监管,还用于政府采购。作为标准制定者的美国政府机构实际负责制定标准,因此,就需要投入巨大的成本,包括人力成本、财务成本以及时间成本。标准的制定或标准的研发需要经历漫长的过程以及依赖于技术性研究或知识性研究的成果,这就需要大量的实验、测试等科学工作,需要投入大量科研经费,这对行政经费较为紧张的政府机构来说,确实是不小的负担。在政府作为市场参与者的情况下,政府不应给政府或公众带来与给予公众利益的利益不相称的额外成本。① 因此,美国公权力机构放弃制定政府专用标准,转而采用非政府标准,在成本效益分析层面就具有极强的正当性与合理性。

　　NTTAA 的主要目的是削减政府在技术活动中的成本。② 削减美国政府机构在标准化活动中的成本是 NTTAA 的基本立法精神以及立法原则,其贯穿于NTTAA 始终,旨在通过节省成本获得更大的效益,取得更大的技术进步。1995 年 6 月 29 日由众议院技术委员会、科学委员会举行的 NTTAA 立法听证会,多位发言人均明确地指出,以采用非政府标准替代政府专用标准将大幅降低政府成本以及缓和美国标准体系、合格评定程序中的复杂与重复的问题。美国政策研究员加里·赫夫鲍尔(Gary C. Hufbauer)向美国众议院科学技术委员会提交的陈词指出:"美国的标准化体系(合格评定体系)变得越来越复杂,成本越来越高,国家对该体系也承担了越来越重的负担。联邦、州和各地方政府不必要的重复与复杂导致了美国制造商、采购机构、测试实验室、产品认证机构和消费者的成本。"ANSI 副总裁兼法律顾问马拉斯科女士(Amy A. Marasco)明确指出,公权力机构在与私营标准组织的技术合作中获得巨大的利益,政府机构在更低成本的基础上,政府的行政效率更加高效。优利系统公司(Unisys Corporation)执行官奥卡拉女士(Stephen P. Oksala)代表 Unisys 发言:"非政府标准在降低政府制定标准的成本的同时,还能为政府机构提供更高质量的标准。政府可以通过承认 ANSI 的标准化活动来实现这种目的。"③最能直接体现NTTAA 节约政府成本的条款是 NTTAA 中直接规定美国公权力机构应当采用私营标准组织制定的自愿共识标准(非政府标准)以取代美国公权力机构制

---

① Stacy Baird, The Government at the Standards Bazaar, 18 *Stan. L. & Pol'y Rev.* 35 (2007), p.92.

② Tyler R. T. Wolf, Existing in a Legal Limbo: The Precarious Legal Position of Standards-Development Organizations, 65 *Wash. & Lee L. Rev.* 807 (2008), pp.834~835.

③ Maintaining Our International Competitiveness: The Importance of Standards and Conformity Assessment on Industry, Vol. 12: Hearing Before the Subcommittee on Technology of the Committee on Science, U. S. House of Representatives, One Hundred Fourth Congress, First Session, June 29, 1995, U.S. Government printing office, 1995, p.8,18,55.

定政府专用标准,该条款制度化美国标准与法律融合模式。直至今日,NTTAA所确立的这项基本原则仍然得到美国公权力机构、私营标准组织以及消费者的鼎力支持,各方主体都在不同的方面贯彻该项原则,该法的实施取得了巨大的成效。美国公权力机构大量使用非政府标准相较于政府制定政府专用标准更加节省政府机构的经费,还能够缓解政府制定标准与监管的负担,节省了政府机构执行标准的成本。[1] 当前美国标准与法律融合的模式能够有效减少政府专用标准与非政府标准之间的区别,弥合了标准实施者使用标准的障碍,从而进一步促进标准的贯彻执行以及"合标"生产,鼓励行业自治,构建科学合理的认证认可制度,发挥非政府治理优势,间接减少政府监督成本。私人监管是公共监管之外的另一种选择,私人监管倾向于弥补公共监管的漏洞。因此,制定科学合理的非政府标准以及构建科学合理的认证认可制度是发展私人监管的核心内容。"去监管化"运动进行了近半个世纪,缺少监管法律法规是其最直接的结果,在这种情况下,私人监管便能弥补因缺乏法律法规导致的监管漏洞。美国学者认为,私人监管并非都是补充公共监管的漏洞,尽管公权力监管已经深入到某一领域,该领域的非政府监管力量也可能会发展私人监管,其目的通常在于通过行业自律制度,解决公众对其产品或服务的担忧,尽量避免公权力监管的介入。私人监管领域与本应由公共监管领域交织时,公共监管主体能够从中获益,非政府监管代为履行公权力的监管职责、促进形成多元化的治理模式、更好地代表各方利益、增加公权力机构获得专业的科学技术知识、提升公权力机构的效率、减少公权力机构的官僚主义做派以及削减公权力机构部门的监管成本。[2]

第二,美国法律充分利用政府外标准化的成果。联邦政府机构从事标准化活动能够从私营标准组织专业的技术知识中获益,是形成当前美国标准与法律融合模式的重要因素之一。之所以美国政府机构彻底放弃对政府标准的依赖,是因为私有部门制定的标准已经能够满足政府的需求。[3] 非政府标准满足了政府维护公共利益的需求以及监管的需求,这两种需求的成败均是基于高质量的非政府标准。高质量的非政府标准是源于私营标准组织的专业性以及较高的标准制定能力。

---

[1] Emily S. Bremer, Incorporation by Reference in an Open-Government Age, 36 *Harv. J. L. & Pub. Pol'y* 131 (2013), p.140.

[2] Lesley K. McAllister, Harnessing Private Regulation, 3 *Mich. J. Envtl. & Admin. L.* 291 (2014), pp.293~294.

[3] 参见刘春青、范雪梅:《论 NTTAA 对美国标准化发展的推动作用》,载《标准科学》2010 年第 7 期。

早在 19 世纪末 20 世纪初,美国私营标准组织中负责制定标准的技术专家组成员成分几乎都是工程师、科学家。[①] 当今美国私营标准组织中标准制定人员的组成成分基本由工程师与科学家组成,但增加了一些行政管理工作人员、其他利益相关者代表以及政府机构代表。具有相关领域专业技术知识的专家是最具资格参与标准化活动的群体,他们的专业技术知识决定了标准的形成。通过成立技术委员会或特别工作组是专家参与标准化活动的主要方式,尤其是标准的制定与研制。专业技术知识是高质量标准的基本保证。[②]

政府机构制定政府专用标准并不是政府参与标准化活动的最佳途径。政府制定政府专用标准就必须聘请政府外部的相关领域技术顾问或专家。一方面,政府聘请外部专家参与政府机构标准化活动的费用较高;另一方面,尤其是20 世纪 80 年代以来,随着美国标准与法律融合模式的制度化进程不断推进,各政府机构制定的政府专用标准的越来越少,因此,各政府机构雇用的技术专家也会越来越少,而且专家在制定标准方面的经验也会少于私营部门的专家。[③]政府聘请的独立专家很可能与产业实践脱节,疏于更新产业最新的实践数据。[④]因此,政府聘请独立专家支持政府制定政府专用标准的做法事实上并不是最佳方案,大多数监管机构制定合适的、高质量的标准具有较大的困难[⑤]。再者,美国政府机构大多存在官僚资本主义做派,政府机构内部存在较多繁文缛节,行政程序的繁复也不利于标准的制定,这就造成了"重行政管理、轻专业技术管理"的局面。

私营标准组织制定自愿共识标准是美国标准化活动的最佳途径。一方面,"标准的制定通常被看成标准的编制或标准的编写,由此,人们常常把标准的制定工作理解为文字工作的范畴。实际上,许多标准的形成主要是技术性的研究工作,依赖于技术性研究或知识性研究的成果,而不是依靠总结的文字功夫。

---

① JoAnne Yates, Craig N. Murphy, *Engineering Rules*: *Global Standards Setting since* 1880, Johns Hopkins University Press, 2019, p.10.

② Kristina Tamm Hallström, Organizing the Process of Standardization, in: *Nils Brunsson*, *Bengt Jacobsson*, *and Associates* (*Eds.*), A World of Standards, Oxford University Press, 2000, pp.93~94.

③ Tyler R. T. Wolf, Existing in a Legal Limbo: The Precarious Legal Position of Standards-Development Organizations, 65 *Wash*. & *Lee L. Rev*. 807 (2008), pp.834~835.

④ Stephen Breyer, *Regulation and Its Reform*, Harvard University Press, 1982, p.111.

⑤ William P. Boswell, James P. Cargas, North American Energy Standards Board: Legal and Administrative Underpinnings of a Consensus Based Organization, 27 *Energy L.J.* 147 (2006), p.174.

特别是有些创新性的和技术性强的标准,技术研究工作占据了标准制定的绝大部分工作量和时间。"①因此,私营标准组织制定的自愿共识标准中所包含的专业科学技术知识比政府机构获得的更多。② 另一方面,非政府标准制定者或标准研发者通常需要技术、科学理性以维系稳固的规范体系或正式的规则体系,其原因有二:第一,技术性的专业知识(Technical Expertise)能够为标准制定者或标准研发者的合法性(Legitimacy)提供强有力的支撑,"私营标准的制定仍依循科学证据以作为标准合理性的根据"③;第二,技术性的专业知识能够有效避免私营标准组织陷入政治或经济上的不合法或不受许可的争议,尤其是为民间标准化活动构筑了一道免受国家公权力干预的防线。④ 因此,美国私营标准组织制定或研制的自愿共识标准相较于政府专用标准来说,具有更高的科学技术性,代表了行业最先进、最合理的技术方案,是策略化的科学技术活动中的准则。在标准化活动中拥有重要专业技术知识的资源以及财务方面的资源,预示着私营标准组织在私人治理中能够获得权力与成功。大型企业或大型组织远比普通消费者或小型企业、小型组织拥有更多相关的专业知识技能或技术、物质资源。⑤

第三,缩减《联邦登记》的篇幅。《联邦登记》(The Federal Register)是美国国会建立的一套联邦法规统一发布平台体系,由 1935 年的《联邦登记法》(The Federal Register Act)所确定的法规登记制度是一项重要的行政公开原则,联邦公权力机构必须向公众提供相关的公权力运作的信息,包括监管建议或具有法律约束力的规范性文件。该制度要求所有美国公权力机构的立法都应当在《联邦登记》全文发布以及每年度将其永久性地编入《联邦法规汇编》(Code of Federal Regulation),并由联邦档案库负责保管归档。在《联邦登记》上发布文件具有特定的法律效力,这意味着对文件的存在和内容向外界作了正式的宣告。⑥ 若违反《联邦登记》的相关规则要求,那么相关规则因缺乏适当的公布程

---

① 麦绿波:《标准学——标准的科学理论》,科学出版社 2019 年版,第 275 页。

② Peter L. Strauss, Private Standards Organizations and Public Law, 22 *Wm. & Mary Bill Rts. J*. 497 (2013), p.525.

③ 杨培侃:《从私营标准之发展论 SPS 协定在全球食品安全治理之功能与限制》,载《科技法学评论》2014 年第 1 期(第 11 卷第 1 期)。

④ Tim Büthe, Walter Mattli, *The New Global Rulers*:*The Privatization of Regulation in the World Economy*, Princeton University Press, 2013, p.45.

⑤ Tim Büthe, Walter Mattli, *The New Global Rulers*:*The Privatization of Regulation in the World Economy*, Princeton University Press, 2013, p.47.

⑥ [美]杰弗里·吕贝尔斯:《美国规章制定导论》,江澎涛译,中国法制出版社 2016 年版,第 91 页。

序而自始无效。这一制度旨在向公众公示相关最新法律、公开法律法规的制定过程以及对相关法律法规进行说明。联邦登记办公室和印刷办公室负责《联邦登记》的印刷与发行。《联邦登记》所记载的是所有美国公权力机构的立法,因此,《联邦登记》的篇幅体量无疑是巨大的,增加了《联邦登记》的发行成本,其中包括编辑成本、印刷成本、运输成本等成本,也增加了订阅用户的订阅费用。《联邦登记》全年订阅费用为 929 美元,订阅《联邦法规汇编》花费为 1804 美元,仅印刷成本就占了 50%,还不包括立法成本、人工成本、时间成本以及其他发行成本。[①]

一方面,在某些情况下,被纳入的标准中可能包含图表或示意图,不适合打印在《联邦登记》上,标准文本中包括复杂且技术性很强的内容降低了标准的可读性和打印的清晰度。[②] 对于开本固定的《联邦登记》来说,纳入开本较大的设计图或示意图较不现实,若按比例缩小示意图,则导致示意图细节不清晰、质量低下;若按照原开本纳入,《联邦登记》不得不调整篇幅、排版以及开本,这种文字上的些许改动对于联邦政府的正式法律文件来说,无疑是巨大的。另一方面,通常私人标准篇幅较大,大部分标准篇幅超过百页,《国际财务报告标准》(IFRS,International Financial Reporting Standards)是被纳入法律、共计 2500页的美国会计标准。[③] 而且标准间存在相互引用,相互交织,即某法案纳入 A标准,同时 A 标准又引用 B 标准,B 标准也应被全文纳入法律。《美国消费品安全促进法案》(Consumer Product Safety Improvement Act)是最依赖非政府标准的法案之一,其中纳入了数十种非政府标准,被纳入的非标准又分别引用其他相关的非标准。若依据《联邦登记法》的相关规定应当在《联邦登记》全部发布被纳入的所有非政府标准,以保证法律的完整性,如此《联邦登记》的篇幅难免过于庞大,违背当前《文书削减法》所确定的缩减联邦法规篇幅的立法目标,对法规的可读性也产生消极影响,阻碍不具备法律专业知识的公众查法,间接地侵害公众对法律的可获得性。

(2)NTTAA 的立法进程

"NTTAA 的立法是基于《Stevenson-Wydler 技术创新法》实施中出现的问题加以总结,做了较大的修订,强化了对技术创新在推动国家经济发展中重要

---

① Emily S. Bremer, On the Cost of Private Standards in Public Law, 63 *U. Kan. L. Rev.* 279 (2015), p.289.

② Emily S. Bremer, Incorporation by Reference in an Open-Government Age, 36 *Harv. J. L. & Pub. Pol'y* 131 (2013), p.153.

③ Tim Büthe & Walter Mattli, *The New Global Rulers: The Privatization of Regulation in the World Economy*, Princeton University Press, 2011, pp.1~2.

作用的认识,旨在刺激美国创新技术的发展和传播。"①进一步规范标准与法律融合的模式,在更大范围内推进标准与法律融合,是 NTTAA 在标准化方面的立法目的。

　　美国众议院于 1995 年 6 月 29 日举行 NTTAA 的立法听证会,该法案于 1996 年 3 月 7 日发布生效。技术小组委员会主席莫拉雷(Morella)认为:"标准在我们生活的方方面面都起着至关重要的作用。与大多数其他国家不同,美国的标准化体系是一个非常分散的自愿协商一致标准体系。这一独特标准制度在一百多年来为美国民众提供了良好的服务。这一体系在很大程度上提升了美国的竞争力、提高健康指数、公共福利和促进安全。如何持续实现美国标准的这种作用,其挑战在于如何整合公共部门与私营部门的资源到自愿标准体系中。构建合理的美国自愿性标准体系的关键在于研究新型的公、私关系。"众议院议员与各专家委员会专家均赞同莫拉雷主席的陈述。美国国家研究委员会高级研究员、华盛顿特区国际经济研究所赫夫鲍尔博士(Dr.Hufbauer)在发言中指出:"联邦政府在监管职能和政府采购中使用非政府标准有诸多好处,如降低政府成本、消除私营企业在满足政府监管和市场需求中重复标准的负担。虽然不是所有的公共监管领域的标准都可以通过私营部门的程序来制定,但除了涉及保护公共卫生、安全、环境和国家安全等特殊情况外,政府在所有情况下都应依靠非政府标准组织的标准化活动。国会应立法取代 1980 年由 OMB 通告 A-119,授权国家标准与技术研究院(NIST)作为美国标准的主导机构,确保联邦政府采用非政府标准以满足监管和采购需求。"时任美国国家标准协会(ANSI)副总裁兼法律顾问的马拉斯科女士(Amy A.Marasco)进一步指出:"ANSI 与美国政府保持着良好的公私合作关系,许多政府机构也参与了标准的制定,公共部门和私人部门都可以从彼此的专长中受益。虽然 OMB 通告 A-119 中承认了这些益处,但是我担心的是该通告将经常被忽略,最有效的办法是国会为 OMB 通告 A-119 内容背书,从立法上确保非政府标准进入政府监管与政府采购领域。"②

　　1996 年 2 月美国国会通过了 NTTAA,同年 3 月,美国总统克林顿签署发布,使之成为美国法律,即采用非政府标准对美国政府机构就具有了强制力,所

---

　　①　刘春青:《美国 英国 德国 日本和俄罗斯标准化概论》,中国质检出版社、中国标准出版社 2012 年版,第 3 页。

　　②　Maintaining Our International Competitiveness: The Importance of Standards and Conformity Assessment on Industry, Vol. 12: Hearing Before the Subcommittee on Technology of the Committee on Science, U. S. House of Representatives, *One Hundred Fourth Congress*, First Session, June 29, 1995, U.S. Government printing office, 1995, pp.5~60.

有的联邦机构以及各级政府机构都应当采用非政府标准。

（3）NTTAA 的主要内容

其实，NTTAA 并不是规范美国政府机构援引非政府标准的专门立法（特别法）。标准与法律融合的相关内容集中体现在 NTTAA 的第 12 条"标准的遵守"（Standards Conformity），第 12 条（d）款明确要求联邦政府机构应当使用私营标准组织通过自愿协商一致程序制定的非政府标准，除非使用非政府标准违反法律的强制性规定或不符合实际情况。[①] NTTAA Sec.12（d）（1）中明确规定："所有的联邦机构与部门均应使用自愿共识标准组织制定或采纳的技术标准，并以技术标准作为手段，执行机构和部门确定的政策目标。"标志着美国联邦政府采用非政府标准行使其监管职能与公共采购的做法正式被赋予法律强制力。NTTAA Sec.12（d）（2）中明确规定："（协商）（参与）在执行本条（1）项时，联邦机构与部门应与执行自愿共识原则的私营标准组织协商，当联邦政府机构与各部门参与标准化活动符合公共利益、联邦机构与各部门使命、优先事项、预算规模时，应与私营标准组织一同制定标准。"NTTAA Sec.12（d）（3）为联邦政府机构以及各部门采用非政府标准的例外规定："若依据本条第（1）项采用非政府标准违反法律之规定或不切实际，联邦政府机构或部门可以不采用非政府标准，但联邦政府机构或各部门负责人应当向 OMB 递交具体的原因说明。"

NTTAA 第 12 条规定联邦要实现两个目标，一是贯彻自 20 世纪 80 年代第一版 OMB 通告 A-119 确定的基本原则以及"去监管化"政策，联邦政府必须实现更多地采用自愿共识标准组织制定或采纳的技术标准，扩大非政府标准在联邦政府机构中的比例，促进政府机构的转型。二是通过 NTTAA 的强制性规定减少联邦政府机构对政府专用标准的依赖，最大限度地压缩政府专用标准在公权力机构使用标准中的比例。"联邦政府机构通过参与私营标准组织的标准制定活动，使自愿性标准组织及时了解联邦机构对标准的要求，从而在标准文件的最终文本中会考虑这些需求及其立场。NTTAA 这些条款有助于保证非政府标准能够符合联邦政府机构的法定职责及其采购要求。"[②]

**3.《2004 标准制定组织推动法案》（公法 108-237）（H.R.1086）**

在 NTTAA 颁布 8 年后，《2004 标准制定组织推动法案》颁布，该法案可以认为是 NTTAA 的支撑性法律，也是 NTTAA 体系中的一部分，该法案进一步鼓励政府标准使用私营标准组织在公开、平衡、透明、协商一致和正当程序原则

---

① Emily S. Bremer，Incorporation by Reference in an Open-Government Age，36 *Harv. J. L. & Pub. Pol'y* 131 (2013)，p.147.

② 刘春青：《美国 英国 德国 日本和俄罗斯标准化概论》，中国质检出版社、中国标准出版社 2012 年版，第 3 页。

下制定的协作性、竞争性标准。[①] 该法案旨在强化制度层面对私营标准组织的保护，维护私营标准组织的权利，通过对私营标准组织权利的保护，进一步促进私营标准组织更加高效地制定非政府标准以及鼓励私营标准组织制定高质量的非政府标准，实现联邦政府机构对非政府标准的充分使用。

NTTAA 要求联邦政府机构原则上应当采用非政府标准，如此，可以充分利用政府外的专业性因素实现政府机构的职能，也能够提升政府机构的行政效率，节约政府成本，基本消除政府机构制定政府专用标准的成本。私营标准组织就要满足联邦政府机构对非政府标准的巨大需求，因此，保证私营标准组织的权利以及排除私营标准组织制定非政府标准的困难，消除私营标准组织的后顾之忧就显得尤为重要，关乎到 NTTAA 的实施效果以及美国标准与法律融合的质量。《2004 标准制定组织推动法案》赋予私营标准组织最大的法律优惠就是在一定程度上豁免私营标准组织在反垄断法上的责任，该法案认为，私营标准组织往往会投入巨大的成本与精力避免或处理反垄断讼累，因此，必须给予私营标准组织反垄断法上的政策松绑，才能促进私营标准组织的制定标准活动。

### (三)美国标准与法律融合成效

上述三部标准领域的公法自颁布以来，对美国标准化领域做了极大的贡献，推动了联邦政府机构全面采用非政府标准的进程，并且在"标准供给侧"源源不断地向市场推送具有高度技术含量的非政府标准，这是美国标准化领先于世界的一个重要前提。上述三部公法分别从不同的侧面竭力推动联邦政府机构采用私营组织制定的自愿一致性标准。继三部公法颁布后，美国的标准与法律融合之势便势不可挡，形成了多方位、多层次的标准与法律融合之局面。

自 NTTAA、OMB 通告 A-119 以及《2004 标准制定组织推动法案》(公法108-237)(H.R.1086)实施以来的二十年间，美国联邦立法机构与美国联邦政府机构采用了大量的非政府标准，可以说美国公权力机构全面依赖非政府标准，即形成了美国标准与法律全面融合的现象，反映了 NTTAA 等法律的成效，取得了重大成果。据统计，截至 2012 年 1 月 6 日，国家标准技术研究院(NIST)基准数据库收录美国标准与法律融合的记录达 9475 项。[②] 依据该数据库信息，截

---

① Andrew Russell，The American System：A Schumpeterian History of Standardization，http://ssrn.com/abstract＝975259，下载日期：2020 年 3 月 1 日。

② Emily S. Bremer，Incorporation by Reference in an Open-Government Age，36 *Harv. J. L. & Pub. Pol'y* 131 (2013)，p.150.

至 2016 年 8 月 16 日,共有 23624 项美国标准与法律融合的记录,即公权力机构纳入非政府标准的记录[1],美国标准与法律融合的案例数仅用了 4 年时间就翻倍于先前统计数据,可见美国政府机构对非政府标准的过度依赖。采用非政府标准的法规涵盖的领域几乎囊括会计、消费品安全、能源、政府合同、保险、卫生医药、技术通信、建筑、政府采购等行业。上述数据只是联邦层级的公权力机构,尽管各州以及各地方政府采用非政府标准的数量并不在统计范围内,但可以形成初步概念,具有较高标准制定能力的联邦公权力机构尚且如此依赖非政府标准,那么标准制定能力较低的各州以及各地方政府对非政府标准的依赖程度相较联邦公权力机构应是"有过之而无不及"。

不仅在量化层面突显美国标准与法律融合的迅猛之势,美国公权力机构积极参与私营标准组织的标准化活动也从另一个层面突显了 NTTAA 等法律取得了重大成效。1990 年美国发生与消费品相关的电击致死事件数量有 270 例,CPSC 工作人员几年来一直参与美国保险商实验室(UL)接地故障漏电保护器(GFCIs)的自愿协商一致标准的制定活动,以达到美国国家电工法规的要求,将严重或致命电击危险降到最低。由于采用了民间组织的自愿一致性标准,保证了那些根据标准和法规必须安装 GFCIs 关键位置的电气安全,使美国发生与消费品相关的电击致死事件数量降到 2001 年的 180 例。美国环境保护署(EPA)充分利用协商一致性标准来实现其保护环境的目的。当 EPA 根据法律要求制定法规时,法规撰写人员经常需将技术要求写入测试方法中。NTTAA 促使了 EPA 和私有行业的技术专家有了更好的合作。技术上的专业知识和环境上的专业知识相结合,可以促进可持续性生产和消费,这是一种双赢的局面,使 EPA 开拓了更广泛的自愿。美国其他联邦政府机构在 2008 年采用自愿一致性标准 250 项,2835 位政府官员参与了标准制定组织的标准制定活动,而 2009 年共有 3316 位政府官员参与了标准制定组织的标准制定活动。[2]

NTTAA 等法律的实施成效还体现在联邦立法机构与联邦政府机构的运营成本的降低,即立法成本的降低与行政成本的降低,这不仅是 NTTAA 等法律的立法目的之一,也是"去监管化"运动的目的之一,通过标准与法律的融合达成其两者目的。第一,立法成本的降低,立法通过广泛纳入已经存在的非政

---

① NIST, Regulatory SIBR (P-SIBR) Statistics, Standards Incorporated by Reference (SIBR) Database, https://www.nist.gov/standardsgov/what-we-do/federal-policy-standards/sibr, 下载日期:2020 年 3 月 5 日。该数据库自 2016 年 8 月 16 日起未更新,目前仅提供此前的历史数据,以供参考。

② 刘春青:《美国 英国 德国 日本和俄罗斯标准化概论》,中国质检出版社、中国标准出版社 2012 年版,第 8 页。

府标准作为立法的一部分，立法者不需要亲自制定标准，只需要像消费者在市场上选取商品一样选择合适的标准，因此，立法纳入非政府标准节省了巨大的立法经济成本与时间成本。第二，由于当前联邦政府机构采用非政府标准几乎是以间接引用的方式，间接引用的特点是仅在法律中注明被引用的标准名、标准号以及何处可以获得该标准，被引用标准的具体内容并不具体规定在法律中。因此，间接引用的纳入非政府标准将大大缩减用于公布与汇编美国联邦法律法规的《联邦登记》(Federal Register)的篇幅，节约《联邦登记》的印刷成本，全年《联邦登记》的订阅价格是 929 美元，其印刷成本大约是订阅价格的一半，即 460 美元左右[1]，在全美，《联邦登记》节省的印刷成本是一笔可观的数额。同时，立法通过纳入非政府标准实现缩减《联邦登记》篇幅也能够符合《文书削减法》(Paperwork Reduction Act of 1995)的立法目的，可谓一举多得。

### (四)美国国家标准战略

2005 年 ANSI 发布了美国标准战略(USSS, United States Standards Strategy)，由 2000 年发布的《美国国家标准战略》(NNS)修订而来，2010 年、2015 年再次进行修订，现行 USSS 版本是在 2021 年 1 月修订发布的 2020 版[2]，2020 版 USSS 基本遵循前版 USSS 的体例格式，"基本原则原则和主要内容，通过对具体内容的增补和修改，来反映日新月异的科技进步和不断变化的国际环境。"[3] USSS 是美国标准化的纲领性文件，在当前美国标准化活动中扮演了极其重要的角色，突出了美国当前标准化活动的基本趋向。USSS 提出，美国标准应当适应全球化以及适应于市场的需求，标准的制定应当具有更加灵活的途径与结构。该战略是由政府、工业界、标准制定组织、财团、消费者团体和学术界等相关利益者组成的一个庞大且多样化的委员会，协调各方利益而制定。[4]

在新的时代背景下，USSS 对标准化活动提出了新的认识，现行 USSS 引用了美国商务部分管标准和技术的副部长兼任 NIST 主任的 Willie E. May 最新

① Emily S. Bremer, On the Cost of Private Standards in Public Law, 63 *U. Kan. L. Rev.* 279 (2015), p.289.

② USSS, United States Standards Strategy, https://share. ansi. org/Shared% 20Documents/Standards% 20Activities/NSSC/USSS-2020/USSS-2020-Edition. pdf，访问日期:2021 年 1 月 31 日。

③ 于连超、王益谊:《美国标准战略最新发展及其启示》,载《中国标准化》2016 年第 5 期。

④ USSS, United States Standards Strategy, https://share. ansi. org/Shared% 20Documents/Standards% 20Activities/NSSC/USSS-2020/USSS-2020-Edition. pdf，访问日期:2021 年 1 月 31 日。

观点,在 USSS 中明确地表达了标准对世界发展、美国发展的重要性,即"标准促进跨学科跨国界合作""标准支撑全球经济,并提高生活质量""标准为世界提供通用语言"。① 同时,USSS 也分析了当前形势对标准化活动带来的新挑战,指出"标准化活动需要跨部门的合作、协调和努力,实现公共部门和私有部门,以及大量标准制定组织和论坛的携手合作,不断发展新模式,以满足这些标准新兴领域的需求。"②USSS 中强调了美国标准与法律融合的相关内容,USSS 指出美国政府在标准化活动中的地位以及政府与标准化活动的关系,通过公私伙伴关系加强各级政府参与制定和适用自愿性共识标准,USSS 第 V 章(5)鼓励政府机构采用共同的方法采用自愿协商一致标准作为满足监管需求的工具。USSS 重述了美国政府机构在标准化活动中充当的三个不同的角色,即协调者、参与者和标准采用者。通过参与标准制定过程,协调各方主体的利益,促进各方协商一致,提高标准的制定效率。通过参与,能够表达美国政府机构代表公共利益的立场,使公共利益在标准中充分表达,实现标准的公共性。最重要的是,美国政府机构作为标准采用者,即标准的用户,在行政监管或行使职责中采用标准或在立法中纳入标准,能够有效降低政府制定标准和技术相关的立法成本,提高政府的行政效率,实现政府对科学技术领域的监管目标。USSS 支持美国标准与法律融合的观点与美国立法是一致的,NTTAA 以及 OMB 通告 A-119 均明确指出美国联邦政府机构应当优先采用非政府标准(自愿协商一致标准)以取代制定政府专用标准。可见,美国标准与法律融合已经成为美国公权力机构行使权力的一项基本政策,贯穿于整个美国标准化活动中。

## 五、美国标准与法律融合具有历史性

在萨维尼(Carl F. Savigny)看来,法律与历史的关系是有机的。"历史法学并非将法理解成历史,法学毋宁才是'历史性的';法学的对象已预先被现行法的历史性所决定(而且不是经由理性法的抽象化或启蒙立法者的命令)。"③萨维尼坚持"有机进展的法学",认为研究法学的发展都不能割裂其发展的任何一个历史时期,必须连续地观察,从法学历史徐进的角度观察法学。

---

① USSS, United States Standards Strategy, https://share. ansi. org/Shared% 20Documents/Standards% 20Activities/NSSC/USSS-2020/USSS-2020-Edition. pdf,下载日期:2021 年 1 月 31 日。

② 于连超、王益谊:《美国标准战略最新发展及其启示》,载《中国标准化》2016 年第 5 期。

③ 〔德〕Franz Wieacker:《近代私法史——以德意志的发展为观察重点》,陈爱娥、黄建辉译,五南图书出版公司 2004 年版,第 338 页。

美国标准与法律融合的发展史是萨维尼历史法学派坚持的"法律是自发生长"的实例,因此,借以萨维尼的历史法学派的基本思想以及哈耶克(F. A. Hayek)的自生自发秩序理论,能够从历史角度解释美国标准与法律融合的原因。现代美国标准与法律融合模式实际上并非现代美国政府通过理性构建的,而是从美国建国之初的标准化实践进化而来的。萨维尼的理论创造了现代法律与过去法律的有机联系,现代法律的现象都可以在过去的法律、法律发展的长河中找到答案,并且,法律的发展与民族性是不可分割的,民族性的发展主导了法律的发展。自由主义大师哈耶克的"自生自发秩序"理论(Spontaneous Order)是没通过预先设计的自我组织、自我规制的体系结构。[1] 哈耶克认为,法律是一种演化(Evolutionary)的现象,法律是通过吸取历史的养分茁壮成长的体系。[2] "自生自发秩序"是人类社会的一大特点,社会是演化的而非建制的,逐渐进化的而非建制的,社会秩序应遵循的基本原则,此种演化过程是不断地内部竞争与试错的过程,任何社会中所尊崇的传统和秩序体系都是通过演化的结果。这一点上,哈耶克的理论与萨维尼的理论是一脉相承的,哈耶克称赞萨维尼是19世纪最伟大的法学家之一,认为萨维尼是法律自生自发秩序基本概念的缔造者。[3]

美国公权力机构采用非政府标准,即美国标准与法律融合的历史可追溯至19世纪40年代富兰克林学会调查轮船蒸汽锅炉爆炸事故的事故报告,该报告不仅全面地分析了蒸汽锅炉发生事故的原因,还对蒸汽锅炉的质量提出了相应的要求。不久以后,美国国会就基于该事故调查报告的基本原则立法规制蒸汽锅炉的安全性,尽管本次标准与法律的融合并不是赋予非政府标准(技术要求)以法律普遍约束效力,但立法时大规模参考了非政府标准(技术要求)。这是非政府标准第一次影响了美国的立法,直至20世纪80年代美国标准与法律融合模式的制度化,国会立法大规模参考富兰克林学会事故调查报告事件奠定了今日美国公权力机构采用非政府标准的习惯的基础,是当前制度与过去制度的联结点。

美国公权力机构第二次涌现采用非政府标准的浪潮是二战时期,这一时期由于战争的需要,美国公权力机构采用非政府标准进行政府的武器采购、武器生产以及对战备物资提出技术要求。20世纪40年代,美国已经存在许多具有较强标准制定能力的私营标准组织,基本能够满足美国公权力战时标准的需

---

① John Gray, *Hayek on Liberty*, third edition, Routledge, 1998, p.30.

② John Gray, *Hayek on Liberty*, third edition, Routledge, 1998, p.146.

③ Friedrich A. Hayek, *The Constitution of Liberty*, The University of Chicago Press, 1978, p.148.

求,因此美国公权力机构不需要亲自制定标准,只需要从市场中选取符合其需求的标准,并通过采用、纳入赋予其普遍约束效力。战争的需要刺激了美国公权力机构对非政府标准的需求,促成了美国公权力机构成规模的采用非政府标准,可以说,这是美国公权力机构第一次从较高质量的非政府标准中受益的经验,认识到非政府标准之于实现公共管理、政府监管职能的重要性。

美国公权力机构第三次大规模采用非政府标准的浪潮是在二战以后至20世纪80年代。如果说上一时代是由于政府专用标准跟不上战争的需求而大量采用非政府标准,那么和平年代大量采用非政府标准是由于美国公权力机构从历次采用非政府标准的运动中获得宝贵经验,发现了非政府标准对于和平年代的社会治理的积极作用。这一时期,美国公权力机构已经大量采用非政府标准,例如《原子能法案》《美国职业安全与健康法案》《消费品安全促进法案》等法案都授权某些专业委员会负责采用非政府标准之事宜。对于实践中延续大量采用非政府标准的惯例,学界、公权力机构均提出应当制度化美国标准与法律融合的模式。基于前两次公权力机构大规模采用非政府标准的宝贵经验是本次公权力机构大规模采用非政府标准与前两次的连接点,其推动了美国标准与法律融合制度的发展。

美国公权力机构第四次采用非政府标准的历史时期是20世纪80年代至今的美国标准与法律融合的制度化,全面实现公权力机构采用非政府标准,正式通过国家一系列立法,将美国标准与法律融合的方式制度化,即立法所确立的标准与法律融合模式对公权力机构都具有普遍约束效力。美国标准与法律融合模式的历史轨迹遵循了"自生自发的秩序"的理论模型。

不难发现,之所以当前美国公权力机构全面采用非政府标准作为治理手段的标准与法律融合模式得以形成,是因为美国标准与法律融合模式在其发展的历史轨迹中就已经在不同程度上出现了标准与法律融合的现象,形成了美国公权力机构采用非政府标准的惯例,即标准与法律融合的模式已经形成惯例。当前,美国标准与法律的全面融合只不过是在立法上确认了美国公权力机构在实践中采用非政府标准的普遍做法,是美国标准化发展与法律制度发展的历史性选择。

# 第三章

## 美国标准与法律融合特征及法律依据 ■

### 一、美国标准与法律融合特征

由于美国标准与法律融合是标准化法制中的一种现象,该现象扎根于美国标准化法体系中,因此,在揭示美国标准与法律融合的制度层面问题前,应当先分析美国标准化体系的特征。美国标准与法律融合的模式与美国标准化法制体系是互为表里、相辅相成的关系。

美国的标准化体系是以市场为主导的,美国的大部分标准都由市场主体制定,而美国政府本身不制定标准,但美国政府由于监管的需求等因素,不得不向市场"采购"标准。因此,美国市场主体是标准的供应者,美国政府是标准的采用者,并且美国政府不参与标准化管理,美国标准化活动的管理同样由私营标准组织依据市场规律进行管理。

美国标准化法制体系最显著的特征为:美国的标准化体系是非分层级的国内标准化体系、私营标准组织是美国标准市场的主要供应者、美国政府机构是标准的需求者。

### (一)美国的标准化体系是非分层级国内标准化体系

当前世界范围内的国家标准化体系主要分为两种:分层级的国内标准化体系与非分层级的国内标准化体系。虽然所有的国家标准化体系都在本国界限内担负国家标准化工作,但各种标准化体系的内部机构因每个国家的历史、经济和政治背景的不同而又很大的差异。通常认为,分层级的国内标准化体系是由政府主导的标准化体系,而非分层级的国内标准化体系是由私人(市场)所主导的。在国家标准化管理单位中,大部分国家的国家标准化组织是政府的部门或机关,也有部分国家的国家标准化组织是政府和民间合营的,只有极少数的国家标准化组织是由纯粹私人组织经营的。通常发展中国家在某种程度上更倾向于要求政府经营的组织（或政府与民间合营），与此相比，发达国家对纯粹私人组织经营的国家标准化组织有更多的兴趣。[①] 因此，当前世界范围内各国的标准化体系大致可以分为"国家主导为常态，民间力量主导为非常态"。

美国的标准化体系是最为典型的非分层级的国内标准化体系，同时在同样采用非分层级的国内标准化体系的国家中，美国是将非分层级的标准化体系贯彻执行地最为彻底的国家，即美国的标准化体制完全市场化。美国工业标准化二百年来，美国联邦政府机构层面以及各级地方政府层面在标准化领域始终没有形成统一的、管理全国标准化活动的政府机构，这就导致了政府机构对标准化管理的缺位，进一步说，美国政府机构在美国标准化体系中并非垂直管理者，而是民间标准化活动的参与者。尽管美国政府机构游离于美国标准化体系管理地位之外，但这并不代表美国标准化体系是杂乱无章的或美国的标准化活动如同"脱缰的野马"。实际上，非政府成分主导的、以市场为导向的美国标准化法制体系是井然有序的，并且极具包容性以及生命力。"私营标准组织是美国标准市场的供应者"以及"美国政府机构是标准的需求者"这两点是美国标准化体系的主要特征。一方面，"私营标准组织是美国标准市场的供应者"反映了美国标准化体系的市场化，这意味着私营标准组织制定的标准之间存在竞争关系，适用市场经济原理，供需关系是美国标准化市场的重要决定因素。另一方面，"美国政府机构是标准的需求者"反映了美国政府并非美国标准化活动的管理者，仅是利用了民间标准化活动的成果。

可见，"私营标准组织是美国标准市场的供应者"以及"美国政府机构是标准的需求者"是美国标准化体系的主要特征。

## （二）私营标准组织是美国标准市场主要供应者

标准组织（Standards Organization，Standards Body，Standards Development Organization，Standards Setting Organization），通常简称为 SDO，指以制定、研发、协调、颁布、修订、修正、解释技术标准为主要活动的组织。所谓私营（Private）标准组织强调的是标准组织的私营属性，标准组织与政府的公权力形式保持了一定距离或者说完全绝缘于政府公权力的影响，在标准组织的运营与财务方面保持了相对或绝对的独立性。进一步说，民间力量占主导地位或完全控制地位，私营标准组织的标准化活动以市场规律为主导，以标

---

① ［印］魏尔曼：《标准化是一门新学科》，中国科学技术情报研究所编译，科学技术文献出版社 1980 年版，第 103～104 页。

准采用者以及技术对先进性、安全性的需求为依据。总的来说，无论是公营性质的标准组织，还是私营性质的标准组织，都是标准化活动的核心。标准组织实际上也几乎等同于技术标准联盟，"通过技术标准联盟建立技术标准的模式正在日渐成为主流。技术标准联盟通常很关注标准在市场上的占有率（标准的市场能力），即把相关技术打造成市场的事实或者强制性标准"①。

美国是一个典型的高度以市场为主导的标准化体系，私营标准组织就是美国标准化体系的核心，美国私营标准组织的标准化工作非常发达。由于美国工业起步早、又经过了两百余年的长足发展，至今都多次引领世界工业、科技发展，美国的工业部门体系就十分完整，行业分工就呈现高度的专业化与精细化，并且每个具体的细分领域都有相应的行业团体，所以美国的行业学（协）会之多，其数量居全球首位。美国的标准组织不仅数量庞大，而且分布网络还非常广泛，其从业人员也相当广泛。标准组织由代表许多不同行业和利益的"成员"组成，例如，政府专业人员代表公共利益，公司贸易公司代表产业利益和安全认证组织代表了产品或服务使用者的安全利益。当前 ANSI 认证的标准组织实体有数百个，每个标准组织的成员数量可达数千个，这些成员内部又有许多标准化工作者。这些标准组织对美国的经济与产业产生了巨大的影响，有超过十万个非政府标准在使用，最大的标准组织通过销售培训产品，注释标准和认证获得了数百万美元的收入来源。② 这些行业协会通常又都制定、研发该行业的标准，于是这些行业协会也就基本等同于标准组织，如此，美国的非政府标准的存量就极其庞大。同时，美国的"标准库"不仅数量庞大，分类还相当齐全，因此，美国标准化体系就有一个完整的标准库。美国标准组织制定的标准几乎能够满足绝大部分标准使用者的需求，标准使用者仅需要像在图书馆中选取图书一样选取合适的标准。非政府标准是美国经济的基础，美国标准化体系倡导公共利益，要求标准组织所指定的标准应当符合公共利益的需求，促进美国工业的竞争力，加速美国产生升级与技术创新，并贡献于国际标准化活动。

标准组织的又一特征是应当具有标准制定能力，即专业的科学技术知识。由于标准的本质是科学技术的最佳秩序的表达，因此，制定标准绝不是文字表达，而是经过科学经验的总结得出的最佳方法，是科学技术知识的抽象化与一般化，形成标准的文字规则。鉴此，标准又被称为"储存专业知识的规则"，专业

---

① 李薇:《技术标准联盟的组织与治理》,科学出版社 2016 年版,第 1、5 页。

② James M. Sweeney, Copyrighted Laws: Enabling and Preserving Access to Incorporated Private Standards, 101 *Minn. L. Rev.* 1331（2017），p.1336.

知识又储存于标准组织中。①

私营标准组织不仅是美国标准的供应者,同时也是美国标准化体系中的协调者与促进者。如上述,ANSI(American National Standards Institute)的历史可追溯至 1918 年,历经了百年发展才有今日之样貌,其最大的特点是每次 ANSI 的蜕变都是为因应时代的变化。从最早的 ASME 仅代表工程师团体,随着 AESC 的影响力的扩大,越来越多非工程师团体的加入,为了体现其成员的普遍性,AESC 改名为 ASA;到了 20 世纪 60 年代,为了因应 ASA 所承担的公共角色,改组为 USASI;为了协调与因应 20 世纪 60 年代后期的"去监管化"运动,以及回归强调私营标准组织的属性,促进美国标准化体系的公、私交融,USASI 再次改组,蜕变成今天美国标准化体系中居于核心位置的私营标准组织,即 ANSI。

由于美国政府机构没有成立一个政府机构主导的政府标准化机构,管理、统筹与协调全国的标准化活动。ANSI 是美国标准化组织的"联合会",ANSI 的成员是各标准化组织,可以说 ANSI 是"标准组织的标准组织"②。正是由于 ANSI 代表了广泛的标准化主体的利益,因此,ANSI 虽然是一个私营标准组织,但 ANSI 在美国标准化活动中起到引领作用,承担了美国标准化活动中管理、统筹与协调的作用。同时 ANSI 在管理、协调与促进美国标准化活动中起到独一无二的作用,ANSI 集公共利益与私人利益于一身,将公共、私人利益交叉部分结合到一起,实现了美国标准化活动的公、私融合,是美国标准与法律融合制度的主要践行者。

在美国标准化体系下,ANSI 本身不制定标准,而仅作为标准活动的协调机构和信息交换平台,"ANSI 是美国国家标准的批准机构,也是美国官方认可的民间标准机构的协调中心,与美国商务部及其下属机构有着密切的联系。"③美国国家标准(ANS)由 ANSI 依照 NTTAA 与 OMB 通告 A-119 的要求认可标准制定组织,ANSI 共认可了 243 个标准组织④,作为美国国家标准的制定者,

① Bengt Jacobsson, Standardization and Expert Knowledge, in: Nils Brunsson, Bengt Jacobsson and Associates(Eds.), *A World of Standards*, Oxford University Press, 2000, pp.41~42.

② 杨正宇:《美国国家标准学会专利许可政策演进考察》,载《知识产权》2018 年第 3 期。

③ 张明兰、蔡冠华:《美国标准体系及其对公共管理的支撑》,载《质量与标准化》2012 年第 3 期。

④ 参见中国标准化研究院国家标准馆编著:《国际标准化资料概览——美国标准化组织篇(一):ANSI 认可的标准制定组织》,中国质检出版社、中国标准出版社 2016 年版,第 27~433 页。

其制定的标准是美国国家标准的候选标准,最终能否成为美国国家标准应由ANSI 认可。

美国私营标准组织是美国标准的主要供应者,这一传统可追溯至 19 世纪 60 年代,美国的工业协会、专业团体、专业协会等民间私营组织的标准化活动在美国标准化工作中的作用是很重要的和很突出的,满足了美国各行各业对标准的需求。尽管美国私营标准组织制定的非政府标准(自愿共识标准)没有法律强制效力,但这些标准的遵守率几乎是 100%。[①] 在这百年间,美国政府也或多或少地制定了许多政府专用标准,但私营标准组织制定的自愿共识标准仍然是美国标准市场的主力军。直至 20 世纪 80 年代以后,美国政府机构有意地减少制定政府专用标准,而改用私营标准组织制定的自愿共识标准。随着 20 世纪 90 年代中后期 NTTAA 的立法及其支撑法律的颁布实施,美国政府机构已经几乎不再制定标准或进行标准化活动了,美国政府机构如同采购者一般,在市场中选购非政府标准,以满足其监管需要。因此,时至今日,可以说美国私营标准组织是美国标准的主要供应者,占据了美国标准市场的主导地位。

### (三)美国政府机构是美国标准市场主要需求者

自 18 世纪后期以来,美国尚未形成一个中央政府设立的权威机构负责制定和执行标准。[②] 美国过去的一个世纪是政府标准或非政府标准逐渐演变的过程。与大多数工业化国家的情况不同,美国的标准化过程是独立于联邦政府发展的,至今一直保持着独立性。虽然商务部(Department of Commerce)的国家标准局(National Bureau of Standards)在标准化活动中拥有最为广泛的经验,但它主要是美国标准化百年发展过程的观察者,国家标准局在一定程度上参与了这一过程,但并不主导或管理这一过程。[③] 可见,美国政府机构错过了现代标准化活动的最高潮,虽然说美国在 1901 年成立的国家标准局可以成为美国政府介入民间标准化活动的桥梁或成为以行政手段主导美国标准化活动的管理机构,但是囿于美国政府坚持经济自由放任,因此,美国尚未形成一个中央政府设立的权威机构管理美国的标准化活动。尽管如此,但这并不意味着美国政府

---

[①]　Robert W. Hamilton, Prospects for the Nongovernmental Development of Regulatory Standards, 32 *Am. U. L. Rev.* 455 (1983), p.460.

[②]　Russell, L. Andrew. The American System: A Schumpeterian History of Standardization. Progress & Freedom Foundation Progress on Point Papers, *SSRN Electronic Journal* (2007).

[③]　Robert W. Hamilton, Prospects for the Nongovernmental Development of Regulatory Standards, 32 *Am. U. L. Rev.* 455 (1983), p.460.

机构不进行标准化活动,美国政府机构也在不同程度上制定监管标准、采购标准以及合格评定。

在第一次世界大战之前,私营标准化机构的标准化活动几乎不受联邦政府指导或政府支持。迫于第一次世界大战的压力以及各标准组织制定的标准之间相互冲突、违反了反垄断法、技术要求不能满足要求等原因,三个政府部门以及一些专业技术工程师协会组成了 AESC。① 这预示着美国政府机构正式涉足标准化活动。美国政府从事标准化活动途径有两种,第一种是美国政府机构成立了许多隶属于政府机构的标准化委员会从事政府标准化活动,尤其是消费品安全领域、职业安全领域、环境领域、国防军事领域等;第二种是成立独立机构制定具体行业标准,到目前为止,PCAOB(上市公司会计监督委员会,Public Company Accounting Oversight Board)似乎是唯一由国会指定的、不在联邦政府行政编制内的政府标准制定机构。②

尽管政府是标准的制定者之一,但美国政府机构及其附属机构、附随组织制定的标准仍然不是美国标准化体系的主流,尚未得到市场的广泛推广实施,仅能满足美国政府机构的自给自足的需求,但尚不足以满足政府机构较高的标准化需求,从美国标准化活动的历史来看,民间标准化活动是美国标准化活动的主流。

政府从事标准化活动主要是为了实现政府的监管职能与政府采购需求,但美国的标准化活动的供给主体历来以私人标准化活动为主,大部分的标准化活动资源都掌握在民间标准化组织手上,进一步说,标准化活动的资源由市场配置,因此,美国政府常常面临政府标准化的失灵与弊端。美国政府机构的标准化活动需要专业知识的支撑,但美国政府内部的专业技术官僚较少,需要聘请政府外部的标准化专业技术专家以实现专业技术知识对政府标准化活动的支撑。"虽然美国行政机构会从外部邀请专业技术专家建立专家咨询委员会,但此种程序不仅可能降低公共决策的效率,造成资源浪费,而且行政机构也会通过专家意见来逃避相应的责任与监督,并且专家咨询制度对政府经费来说是不小的负担,可操作性较弱,也有违减少对咨询委员会依赖的趋势。"③再者,政府

---

① Robert W. Hamilton, Role of Nongovernmental Standards in the Development of Mandatory Federal Standards Affecting Safety or Health, 56 *Tex. L. Rev.* 1329 (1978), p.1368.

② Lawrence A. Cunningham, Private Standards in Public Law: Copyright, Lawmaking and the Case of Accounting, 104 *Mich. L. Rev.* 291 (2005), p.333.

③ 王锡锌:《我国公共决策专家咨询制度的悖论及其克服——以美国〈联邦咨询委员会法〉为借鉴》,载《法商研究》2007 年第 2 期。

制定的标准实施效果不如非政府标准好,虽然政府机构制定了一些促进健康和公共安全的标准,但市场参与者在私营标准组织的自愿体系中制定了大多数技术操作性标准获得了广泛的推广适用。① 专家成本与标准质量问题只是美国政府机构从事标准化活动中较为典型的问题。因此,到了 20 世纪 70 年代末,由于政府制定政府标准程序的拖沓、烦琐以及"坏"的规则引发了标准使用者的不满,人们开始关注政府标准的替代方案。②

　　然而,这种以市场标准替代政府标准的方案却遭到了政府机构以及官僚体系的强烈抵触。1976 年和 1977 年 Hamilton 教授采访联邦机构的官员,官员们得知可能使用私营标准组织制定的非政府标准作为具有法律普遍约束力与强制约束力的监管标准(Regulatory standards),他们的普遍反映是从怀疑到敌视,只有少数官员持相反观点,即支持私营标准组织制定的非政府标准成为监管标准。具体来说,例如,政府机构的官僚们认为非政府标准适合建造和测试一个可接受的车速表(汽车仪表盘),即产品的设计或性能标准,但官僚们却认为关于决定汽车行驶的速度限制应该是每小时 55 英里还是 60 英里是政府固有的行为以及属于政府的监管职权范围。尽管政府官员们对非政府标准进入监管领域持否定态度,但官员们对政府适用非政府标准的范围基本达成普遍共识,即在政府采购中应更广泛地使用非政府标准,因为政府对各种商品和服务的需求通常与私营部门的需求没有太大区别,均属于普通的民事行为,与监管行为并无太大关系。③ 可见,美国政府机构在早期初接触非政府标准与法律融合的概念时是持反对与抵触的观点,或者说至少是不支持非政府标准与法律的融合。对此,Hamilton 教授进一步分析美国政府机构官僚的这种态度是基于对私营部门如何制定标准的缺乏了解,政府官员的普遍认识是非政府标准等同于"行业"标准或"最小公分母"(Lowest Common Denominator)。政府机构的官员们认为,为了实现政府公权力机构的监管目的而使用非政府标准,这无异于被监管的自我监管,即自己制定规则,监管自己,既是游戏规则的制定者,又是游戏的参与者,政府机构只不过是一个忠实执行游戏规则的执行者。还有的官员们认为,政府机构的监管代表了公共利益,而非政府标准不仅常常囿于商业利益等非公共利益而损害公共利益,而且非政府标准的制定过程中消费者等

　　① Jorge L. Contreras, From Private Ordering to Public Law: The Legal Frameworks Governing Standards-Essential Patents, 30 *Harv. J. L. &* Tech. 211 (2017), pp.214～215.

　　② Robert W. Hamilton, Prospects for the Nongovernmental Development of Regulatory Standards, 32 *Am. U. L. Rev.* 455 (1983), p.459.

　　③ Robert W. Hamilton, Prospects for the Nongovernmental Development of Regulatory Standards, 32 *Am. U. L. Rev.* 455 (1983), p.466.

公共利益代表性不足。① 可见,这一时期的政府官员们并没有跟上里根政府"去监管化"的脚步,其思维模式仍然停留在 20 世纪 30 年代的大监管时代。尽管 20 世纪 80 年代初的 OMB 通告 A-119 已经要求联邦政府机构应当采用非政府标准作为其监管依据,但私营标准组织的工作人员指出,政府官员对非政府标准的质疑(Skepticism)仍然是司空见惯的。②

美国政府机构接受非政府标准进入监管领域或立法采纳非政府标准不仅是一个漫长的过程,也是一个自上而下的过程。20 世纪 80 年代初的 OMB 通告 A-119 的颁行意味着美国政府高层以及决策层都已经达成公权力机构应使用非政府标准的共识,但政府机构的中下层官员对公权力机构使用非政府标准尚未形成共识。美国政府机构从上到下的推动实施新政策的例子在 20 世纪 70、80 年代的行政管理中并不少见,尤其是创造了许多政府机构与私营标准组织之间互动合作的机会,增进彼此的了解。例如,隶属于美国政府的消费品安全委员会(CPSC)采取了一项政策,鼓励委员会组成多样化促进了消费品安全委员会和自愿标准组织之间的广泛合作,包括财政援助。消费品安全委员会在与这些组织合作制定消费品可接受标准的过程中,消费品安全委员会还鼓励扩大成员范围,包括纳入更多的消费者代表。③ 政府机构通过与私营标准组织的正式或非正式接触,可见最终形成的美国公权力机构依赖非政府标准的现象是自上而下推动的。

虽然在 OMB 通告 A-119 颁行之前,毫无疑问有政府官员参与制定非政府标准,但政府参与非政府标准活动的明确政策的颁行和演进为政府参与非政府的标准化活动背书,其满足了政府的需要。它为工作提供了一定程度的专业知识和资源,而这些知识和资源有时是不可用的,它通过与行业专家交流知识和经验,为政府提供了进一步的好处。④ 政府机构采用非政府标准的制度被逐渐推广开以后,许多政府机构及其官员均在采用非政府标准中利用了民间标准化的成果,尤其是民间标准化活动的高质量、高技术性以及节省了政府机构标准化活动的成本。政府机构及其官员就像在市场采购商品一样,根据不同的监管

---

① Robert W. Hamilton, *Prospects for the Nongovernmental Development of Regulatory Standards*, 32 Am. U. L. Rev. 455 (1983), p.466.

② Robert W. Hamilton, Prospects for the Nongovernmental Development of Regulatory Standards, 32 *Am. U. L. Rev.* 455 (1983), p.466.

③ Robert W. Hamilton, Prospects for the Nongovernmental Development of Regulatory Standards, 32 *Am. U. L. Rev.* 455 (1983), p.467.

④ Owen R. Greulich, Maan H. Jawad, *Primer on Engineering Standards*, ASME Press, 2018, p.25.

或采购需求选取适合的标准,由于非政府标准的技术要求的多样性,实现了政府机构不同层级的监管需求,实现了政府机构灵活地应用监管手段。政府及其官员在与民间标准化机构的互动过程中逐渐形成的良好合作模式与相互之间的信任产生了"公、私合作"的良性循环。在这个过程中,政府高层通过一系列措施促进政府机构逐渐接受了非政府标准,完成了政府标准化体制的改革。

当前,美国政府机构及其官员严格遵守 NTTAA 以及 OMB 通告 A-119 等相关法律的规定,不仅严格采用非政府标准,而放弃制定与使用政府专用标准,而且政府机构还全力支持非政府标准化活动,例如,以平等主体的身份参与标准制定、豁免了标准制定组织的某些法律责任等。

可见,美国政府机构不再制定政府专用标准意味着美国政府机构已经从标准的供应者成为非政府市场标准的主要采用者。这是由于美国政府机构及其官员在最高行政机构、最高立法机构采用非政府标准命令的指导下以及国内标准化体系的共同作用下,政府机构不再制定政府专用标准。政府机构对标准又具有极大的需求,即政府不因为放弃制定政府专用标准而消除对标准的需求,从而导致政府大量的标准缺口。因此,这些缺口由私营标准组织制定的非政府标准予以填补,私营标准组织就成为美国标准市场的供应者,美国政府机构与其他市场主体一样,就成为美国标准市场的需求者,形成了标准市场的供需关系,这也是美国标准体系市场化的一大特征。

## 二、美国标准与法律融合法律依据

美国政府机构开始零星采用非政府标准以实现其监管后的近半个世纪,美国最高行政机构以及立法部门对民间标准化活动并不积极,仍然花费大成本制定政府专用标准。直到 20 世纪 80 年代,美国最高行政机构才开始逐渐重视民间标准化活动的作用,先行制定了 OMB 通告 A-119 以引导美国政府机构采用非政府标准;20 世纪 90 年代中后期,美国立法机构发布了 NTTAA 以及最高行政机构修订了 OMB 通告 A-119,这标志着美国标准与法律的融合上升到了正式的法制层面;新世纪伊始,立法机构颁布了《2004 标准制定组织推动法案》,为更好地实现美国标准与法律融合制度扫清了障碍;《美国联邦法规》第 51 部分是美国标准与法律融合技术操作层面的指引规范,使美国标准与法律融合成为可能,打通了美国法律法规援引非政府标准的通路。NTTAA、OMB 通告 A-119、《2004 标准制定组织推动法案》以及《美国联邦法规》第 51 部分共同组成了美国标准化法制体系的核心法律规范,是美国标准与法律融合的主要法律文件与依据,奠定了美国标准与法律融合制度,实现了美国标准与法律融合现象的制度化,保障了美国标准与法律融合制度的运行。

## (一)NTTAA

《1995 年国家技术转让与推动法案》是美国标准与法律融合制度中最重要的法律依据,也是法律层级最高的法律依据,即由国会立法以法案的形式实证化美国行政管理中由来已久的美国标准与法律融合的实践操作。NTTAA 于1996 年 3 月正式实施。

NTTAA 第十二章"标准的遵守"(Standards Conformity)集中规范了 NTTAA 有关美国标准与法律融合,即 NTTAA Sec.12(a)到(d),其中以 NTTAA Sec.12(d)为美国标准与法律融合的核心法律依据,其标题为"联邦政府机构利用共识性标准"(Utilization of Consensus Technical Standards by Federal Agencies)。NTTAA Sec.12(d)(1)中明确规定:"所有的联邦机构与部门均应使用自愿共识标准组织制定或采纳的技术标准,并以技术标准作为手段,执行机构和部门确定的政策目标。"NTTAA Sec.12(d)(2)中明确规定:"(咨询)(参与)在执行本条(1)项时,联邦机构与部门应与执行自愿共识原则的私营标准组织协商,当联邦政府机构与各部门参与标准化活动符合公共利益、联邦机构与各部门使命、优先事项、预算规模时,应与私营标准组织一同制定标准。"NTTAA Sec.12(d)(3)为联邦政府机构以及各部门采用非政府标准的例外规定:"若依据本条第(1)款采用非政府标准违反法律之规定或不切实际,联邦政府机构或部门可以不采用非政府标准,但联邦政府机构或各部门负责人应当向 OMB 递交具体的原因说明。"虽然只有三个条款规定了美国标准与法律的融合,但正是这三个条文,不仅实证化了美国标准与法律的融合制度,更是奠定了美国标准与法律融合的根基。NTTAA 颁布后,NTTAA 就成了美国国内的标准与法律融合现象的法律依据,几乎所有的标准与法律融合现象都无法绕过 NTTAA 的规范。

NTTAA 中有关于标准与法律融合制度的原则直接来自于 OMB 通告 A-119,即联邦政府部门应当采用非政府标准,以此降低联邦政府机构的监管成本、制定标准的成本。尽管 OMB 通告 A-119 先于 NTTAA 实施,并且推动美国联邦政府机构采用非政府标准,从而以取代政府专用标准,但是,在 NTTAA 正式实施的期间内,美国政府制定了大量的政府专用标准,大部分的政府专用标准与私营标准组织制定的非政府标准重复或类似,导致标准化活动效率不高,浪费了大量的标准化经费。对美国政府来说,在标准市场购买一个非政府标准以实现其监管目的,这比政府亲自制定标准更为省事、省时、节省政府成本。① 鉴此,美国政府迫切地想要贯彻执行 OMB 通告 A-119 所确定的原则,因此,美国立法机构颁布了 NTTAA,旨在解决美国标准化体系中的重复冗余现象,实现美国标准化体系中公、私标准的协调。② 通过高效力层级的法律固定 OMB 通告 A-119 所确认的原则实际上是为低效力层级的规范性文件背书,使低效力层级的规范性文件所确定的原则能够获得更为有力、更为广泛实施的贯彻执行,赋予了 OMB 通告 A-119 更高的法定效力③。美国国会批准 NTTAA 的主要目的旨在提高私有部门与联邦政府部门在有助于国家经济发展和国家贸易的标准制定中的相互作用,并未实现国家经济、环境和社会目标而加强合作,实现推动技术创新的目标。④

NTTAA 颁布后,美国政府对民间标准化活动的态度有所转变,原来美国政府完全不参与私营标准组织的民间标准化活动,即不主导、不推广、不控制以及不提供资金。事实上,NTTAA 所倡导政府的有限度加入民间标准化活动中,以不同于其他国家政府在标准化活动中所扮演的角色的方式参与美国民间标准化活动,对民间标准化活动施加必要的影响。依据 NTTAA Sec.12(d)(2)之规定,联邦政府机构可以咨询、参与的方式加入私营标准组织标准的制定过程中,以确保民间标准化能够符合公共利益、政府机构的监管需求。具体来说,"政府机构参与民间标准化活动的方式主要表现在:第一,ANSI 和 ASTM 成员中,20%左右为政府成员,政府成员通过参与标准化活动,及时了解所在组织的标准化工作现状,参与有关方案的讨论与表决,在这个过程中将联邦政府的思想、意图等传达给标准化组织,从而对民间标准组织施加有限的影响;第二,政府机构通过采纳、审查自愿性标准实现引导和规范自愿性标准的发展,政府机构的采纳是对标准组织的动力,而这一动力必须建立在为政府提供有效、对路服务的基础上,而这一动力的主动权在政府手上,从而使政府的引导和规范作用被放大;第三,委托 ANSI 对国家标准进行管理协调。"⑤

① Tyler R. T. Wolf, Existing in a Legal Limbo: The Precarious Legal Position of Standards-Development Organizations, 65 *Wash. & Lee L. Rev.* 807 (2008), p.817.

② 刘春青等:《美国 英国 德国 日本和俄罗斯标准化概论》,中国质检出版社、中国标准出版社 2012 年版,第 2 页。

③ Peter L. Strauss, Private Standards Organizations and Public Law, 22 *Wm. & Mary Bill Rts. J.* 497 (2013), p.504.

④ 刘春青等:《美国 英国 德国 日本和俄罗斯标准化概论》,中国质检出版社、中国标准出版社 2012 年版,第 3 页。

⑤ 参见刘春青、范春梅:《论 NTTAA 对美国标准化发展的推动作用》,载《标准科学》2010 年第 7 期。

自 1995 年 NTTAA 实施至今取得了较好的实施效果,不仅支撑了美国政府机构对标准的需求,还节约了美国政府机构的成本。一方面,支撑了美国政府机构的标准化需求。美国政府机构的标准化活动系统性地依赖 NTTAA。① 美国学者对法规引用标准数量进行统计,截至 2012 年 1 月 6 日,国家标准技术研究院(NIST)基准数据库收录标准 9475 项。② 但笔者通过该数据库查询,截至 2016 年 8 月 16 日,共有 23624 项法规纳入标准的记录③,仅用了 4 年时间就翻倍于先前统计数据,可见美国政府机构对非政府标准的过度依赖,以及美国标准与法律融合现象的普遍。采用非政府标准的法规涵盖的领域几乎囊括会计、消费品安全、能源、政府合同、保险、卫生医药、技术通信、建筑、政府采购等行业。另一方面,实施 NTTAA 取得了较好的实效。美国国防部是 NTTAA 中采用非政府标准的受益者,依据 ASTM 的数据,美国国防部在使用非政府标准中节省了可观的人力、物力、财力。20 世纪 80 年代 ASTM 制定了一种新的管道连接(MAF)标准,实现了灵活的兼容性、高可靠性以及低运营成本。美国海军海上指挥部装备司(Naval Sea Systems Command's Auxiliary Equipment Division)十分重视该标准,旨在减少海军舰艇管道更换的成本和提高管道性能,因此,装备司采用该标准,作为美国海军舰艇管道连接的标准。事实上,美国海军每年在整舰维护与新舰建造中有 40000 套 MAF 的需求,美国海军采用 ASTM 制定的 MAF 标准为海军节省了大量的成本,每艘舰艇的管道安装费用等一过性成本节约 100 万美元,预计十年的维护成本将节省 5780 万美元,包括人工费、配件费用、安装费等后期费用。④ 再如,美国内政部也是 NTTAA 中采用非政府标准的受益者。"隶属于美国内政部的美国矿业管理局(MMS)同美国石油学会(API)共同制定了近海作业的安全与环境管理方案(SEMP)。按照 API 的统计,SEMP 标准使石油业节省了大约 2 亿美元的成本。"⑤

---

① James M. Sweeney, Copyrighted Laws: Enabling and Preserving Access to Incorporated Private Standards, 101 *Minn. L. Rev.* 1331 (2017), p.1333.

② Emily S. Bremer, Incorporation by Reference in an Open-Government Age, 36 *Harv. J. L. & Pub. Pol'y* 131 (2013), p.150.

③ NIST, Regulatory SIBR (P-SIBR) Statistics, Standards Incorporated by Reference (SIBR) Database, https://www.nist.gov/standardsgov/what-we-do/federal-policy-standards/sibr, 下载日期:2020 年 6 月 11 日。该数据库自 2016 年 8 月 16 日起未更新,目前仅提供此前的历史数据,以供参考。

④ ASTM NEWS, More Cost-Effective Pipe Fabrication Through Standardization, https://www.astm.org/SNEWS/NOVEMBER_2001/case_nov01.html,下载日期:2020 年 6 月 11 日。

⑤ 刘春青:《实施 NTTAA 产生的经济效益实例分析》,载《标准化研究》2007 年第 1 期。

NTTAA 实施近 30 年来为美国政府机构节省了大量的标准化成本,美国政府机构也获得了民间标准化活动支撑,奠定与推动了美国标准与法律融合制度的发展。尽管 NTTAA 取得了较好的实效性,但是 NTTAA 本身只是从原则上抽象地规定了美国标准与法律融合制度,其类似于大陆法系国家的法律原则,仅停留在概念层面、构想层面,如何落地实施美国标准与法律的融合,NTTAA 尚未给出具体的细化规定与实施方案,因此,NTTAA 的可操作性较弱。鉴此,NTTAA 实施后,美国政府机构与立法部门又陆续颁布、修订了 NTTAA 的配套实施法律法规,细化 NTTAA 的实施,形成了以 NTTAA 为核心的美国标准与法律融合的法律体系,为美国标准与法律融合的实践操作提供具体的规范指南。

## (二)OMB 通告 A-119

NTTAA 与 OMB 通告 A-119 的规定实现了在全国范围内以参引合并方式采用非政府标准。[①] OMB 通告 A-119 作为 NTTAA 的支撑法规,旨在补充与保证 NTTAA 的充分实施,更好地促进实现 NTTAA 的立法目的。

OMB 通告 A-119 是由美国总统府管理与预算办公室(OMB,也译为美国行政管理与预算局)制定的行政法规,美国总统府管理与预算办公室直接向总统负责,是美国总统的办事机构之一,是保障美国总统对政府财政计划控制的机关。管理与预算办公室和总统的关系具有制度上的客观性,它服务的对象是总统职位,不是总统本人。[②] 因此,从政务官与事务官的分类上看,管理与预算办公室的职员属于技术性的常任文官,即属于事务官员。OMB 的职责是监督总统政策贯彻执行,以行政效能监察部门促进(督促)整个行政体系能够忠实地执行总统的愿景。"主要协助总统监督联邦预算的编制以及联邦政府执行系统各机构的管理与协调工作;负责评估机构项目、政策和程序的有效性,权衡机构之间的经费需要,设定经费划拨重点;保证机构的报告、规则、证词和建议立法与总统预算和政府政策相一致。"[③]

OMB 通告 A-119 是 OMB 制定的行政法规,从 OMB 职能看,OMB 通告 A-119 的规定内容应是美国政府运行中的预算、行政管理问题。自 1980 年以

---

[①]　William P. Boswell & James P. Cargas, North American Energy Standards Board: Legal and Administrative Underpinnings of a Consensus Based Organization, 27 *Energy L.J.* 147 (2006), p.164.

[②]　王名扬:《美国行政法》(下),北京大学出版社 2016 年版,第 647 页。

[③]　孙迎春:《从"政府停摆"透视美国联邦政府治理体系和治理能力》,载《行政管理改革》2019 年第 3 期。

来,美国联邦政府机构在可能的情况下开始采用私营标准组织制定的"自愿共识标准(非政府标准)",这种要求美国联邦政府机构采用非政府标准的做法已经在 OMB 通告 A-119 中予以规定。① OMB 通告 A-119 制定计划启动于 1977年,最初的版本于 1980 年由 OMB 制定并颁布,起到了如下作用,第一,旨在因应美国联邦政府机构以及美国各级政府机构自二战以后越来越频繁地在行政管理活动中使用非政府标准的行为,将这种行为初步制度化,成为一种实证化的美国行政法制度;第二,美国政府有意减少其使用政府专用标准,削减政府从事标准化工作的开支,达到节约政府成本的目的;第三,更重要的是,这种行为是为了配合自 60 年代以来美国历任总统所大力开展的"去监管化"运动,充分保障市场的自由发展,减少政府干预。

OMB 通告 A-119 为因应时代的变化,至今经过多次修订,于 1982 年第一次修订,而后依次历经 1993 年、1998 年、2016 年修订。每一次 OMB 通告 A-119 的修订都使得 OMB 通告 A-119 的方向变得更加明确,规范范围也有所扩大。虽然 OMB 通告 A-119 最初是美国总统为了对行政机关内部作出行政指示而颁布的,但 NTTAA 采纳了 OMB 通告 A-119 的"要求行政部门使用非政府标准以替代政府专用标准"基本原则。② 为了配合 NTTAA 的实施,OMB 通告 A-119 也进行了较大的修订,即 1998 年修订,也是 OMB 通告 A-119 最大的一次修订,特别是增加规定了合格评定程序。1998 年修订是为了配合 NTTAA 的实施,成为 NTTAA 的重要支撑文件,同时,OMB 通告 A-119 也通过此次修订使其符合 NTTAA 的立法精神。除了上述三点作用以外,经过历次修订,OMB 通告 A-119 的作用也逐渐发生了变化,第一,制定了完善美国政府在合格评定和使用标准中的行政部门内部管理的政策;第二,要求美国各政府机构遵守美国贸易法规和贸易协定的相关规定;第三,为政府机构参与私营标准组织标准化工作提供指南和指导,详细描述各政府机构满足实现 NTTAA 要求的程序;第四,为建立服务于国家需要的标准体系,提供激励和创造机会,实现美国企业效益的长足增长,促进效率、经济竞争和贸易;第五,加强公、私在标准化方面的合作。③

OMB 通告 A-119 最近的一次修订始于 2012 年,基于 1998 年 OMB 通告

① Jorge L. Contreras, From Private Ordering to Public Law: The Legal Frameworks Governing Standards-Essential Patents, 30 *Harv. J. L. & Tech.* 211 (2017), pp.214~215.

② Owen R. Greulich, Maan H. Jawad, *Primer on Engineering Standards*, ASME Press, 2018, p.22.

③ Owen R. Greulich, Maan H. Jawad, *Primer on Engineering Standards*, ASME Press, 2018, pp.22~23.

A-119 修订版本的基础上修订,2016 年 1 月 27 日修订完成并颁行,当前实施的是 2016 年版。本次修订是 OMB 为因应 1998 年修订以来在监管、标准以及认证方面客观情况的变化。[1] 经过最新修订的 OMB 通告 A-119 成为 NTTAA 的实施细则,在目的部分(Purpose of this Circular)明确指出:"本公告 NTTAA 的第 12(d)节和美国政府的行政命令,指示各机构使用自愿协商一致标准机构而非政府制定,除非该标准与适用法不一致或者不切实际。""旨在减少政府的监管负担、监管成本、减少各政府机构之间监管职能的冲突。"再者,"OMB 通告 A-119 在立法语言的表达上通俗易懂,较其他立法文本简单明快,采用了较为灵活的立法语言表达。整个结构由 18 个问答式的段落组成,问题不分大小,详尽阐明,让人一目了然。"[2]例如,"本公告的目的是什么?""标准是什么?""什么是合格评定(Conformity Assessment)?""这项政策适用于谁?""联邦使用标准的政策是什么?"等,尤其在"政府机构应该考虑哪些因素以确定标准在监管或非监管背景下是否合理可用"部分,对考虑因素做了详细的规定,具有极强的指导性,旨在促进美国政府机构更好地适用非政府标准进行监管活动,政府机构的工作人员能够在短时间内找到相关法律规定并理解其规范内容。

以 OMB 通告 A-119 的主要部分为例,进一步说明 OMB 通告 A-119 对美国标准与法律融合制度的作用。

OMB 通告 A-119 的前三节规定了基本问题,例如,立法目的、定义(标准与合格评定)。第四节开始是 OMB 通告 A-119 的主要部分,即政策部分(Policy)。

第四节规定了 OMB 通告 A-119 的适用主体(To Whom Does This Policy Apply?),明确指出,"本公告适用于使用标准或合格评定和/或参与标准制定的所有政府机构和政府机构代表。"政府机构(Agency)是指所有执行部门,独立委员会,董事会,局,办公室,政府所有或控制的公司,或联邦政府的其他机构。它还包括任何依据美国公法成立的监管委员会或董事会,但独立监管委员会除外,因为它们受制于使用自愿协商一致标准的单独法规要求。此处的机构也不包括联邦政府的立法或司法部门。

第五节规定了 OMB 通告 A-119 的联邦使用标准的政策是什么(What is the Policy for Federal Use of Standards?)。依据 OMB 通告 A-119 的规定,联邦机构使用标准的基本政策如 NTTAA 第 12(d)(1)节的规定,所有联邦机构

---

① Federal Register,vol.81,No.17,Jan.27,2016,p.4673.

② 刘春青等:《美国 英国 德国 日本和俄罗斯标准化概论》,中国质检出版社、中国标准出版社 2012 年版,第 4 页。

必须在其采购和监管活动中使用自愿共识标准代替政府专用标准,除非在违反法律或者不实际(Impractical)的情况下,除非依据第 9—11 节,机构必须提交一份报告,说明其使用政府专用标准代替自愿共识标准的原因。第五节对NTTAA 所规定的不实际(Impractical)作了细化规定,具有较强的指导性,不可行之情形包括使用该标准无法满足机构的监管,采购或计划需求的情况;或者不可行;与机构的任务或使用自愿共识标准的目标不一致、无效、效率低;与法律规定不一致;或者带来更多负担,或者与使用另一种标准相比是无用的。第五节在基本原则之下,又对联邦政府机构使用非政府标准的政策进行细化规定。联邦政府机构使用非政府标准的考量因素为:第一,标准是否符合机构的法定职责;第二,标准是否满足公共健康、福利、安全和环境或提供预期保护的需求;第三,拟采用标准的表达语言是否精确和详尽;第四,符合政府机构成本和收益;第五,拟采用标准在国内和国际市场上普及程度,是否有利于推广;第六,标准制定或最后修订以来标准所解决的问题以及知识和技术状况的变化,是否能够应付当下的问题;第七,建议使用性能标准(Performance Standards),以免对生产造成过多的阻碍;第八,中小型企业(SMEs, small-and medium-sized enterprises)具有遵守该标准的能力;第九,提请采纳拟采用标准的政府机构应具有监督标准实施的能力以及执法能力;第十,标准的国际化程度、标准的制定程度是否合法;第十一,拟采用标准是否存在影响中小企业、公共利益团体利益的行为,并且是否阻碍公众参与、对成员资格和参与标准制定过程;第十二,还应当考虑标准的"合理可获得性(Reasonably available)",本节(f)对此作了详细的规定,例如,利益相关方获取被纳入材料的成本、标准制定者是否愿意在立法阶段免费发布文本以供公众参与立法等;第十三,在法律允许的范围内,机构应考虑使用该标准对经济的影响,以及可适用的联邦法律和政策,包括与反垄断、国家安全、小企业、产品安全、环境、公制化、技术开发、国际贸易、知识产权和著作权、隐私、安全以及利益冲突有关的法律和法规;第十四,政府机构应考虑标准制定者的知识产权政策(IPR Policy),如标准必要专利问题、标准著作权问题。第五节规定了无非政府标准适用的兜底情形,政府机构可以自行制定政府专用标准,也可以委托私营标准组织制定相关标准。最后,采用非政府标准的实现路径,依据本节规定,准用"《美国联邦法规》第 51 部分——参引合并"(CFR part 51-Incorporation by Reference)之规定。

第六节规定的是联邦参与私营标准组织的政策(What is the Policy for Federal Participation in Standards Bodies?)。OMB 通告 A-119 强烈鼓励美国政府机构参与私营标准组织的标准化活动,因此,美国政府机构并非完全绝缘于标准制定工作,常常美国政府机构会代表了公共利益或政府采购的需求,作为标准组织成员参与标准制定工作,积极参与标准制定的讨论以及技术论证,促进制定的标准不仅能够满足政府机构监管的需求,也能够最大限度地符合公共利益。尽管美国政府机构作为标准组织的一员参与标准制定工作,但是美国政府机构在标准组织中参与的标准化活动权利义务与其他成员完全相同,即作为平等主体身份参与,不得干预标准组织的日常运行,不得对标准组织的标准化活动施加行政压力等,同时还应当获得授权,符合法律法规的规定。美国政府机构是美国私营标准化运动的最大受益者,因此,反过来,美国政府机构也会向私营标准组织提供支持,例如,资金上的支持、日常事务性工作的支持、技术支持、合作规划标准化活动等。

### (三)《2004 标准制定组织推动法案》

《2004 标准制定组织推动法案》(Standards Development Organization Advancement Act of 2004)(Public Law 108-237)(H.R.1086)是在 NTTAA 发布实施 8 年后的 2004 年 6 月发布的,从 NTTAA 开始,美国政府依循 NTTAA 的基本原则修订了 OMB 通告 A-119,反映了非政府标准在美国国民经济运行中的重要性,该法案的制定旨在支撑 NTTAA 的实施,继续深化 20 世纪 60 年代开始的"去监管化"运动,同时丰富完善了美国标准化法律体系。简而言之,《2004 标准制定组织推动法案》允许标准制定组织向联邦贸易委员会和司法部门备案它们的标准化活动,作为交换,标准制定组织将在任何公开的标准化活动引起的诉讼中减少"三倍惩罚性赔偿的损失"。[①]

该法案明确指出当时美国标准化活动所面临的问题,政府制定的政府专用标准一般来说不会受到反垄断法的责难,而私营标准组织制定的标准不同于政府专用标准豁免于反垄断法,非政府标准常常面临被科以反垄断法律责任,陷入讼累[②]。如此私营标准组织便可能为了避免反垄断法律责任而减少标准化活动,从而造成标准的供给不足,影响美国政府机构对非政府标准的需求,进而阻碍了 NTTAA、OMB 通告 A-119 的贯彻实施,给政府机构和国民经济造成巨大的损失。这在《2004 标准制定组织推动法案》的立法过程中已被广泛讨论,2003年 4 月 9 日众议院司法干预反垄断工作委员会(Committee on the Judiciary Antitrust Task Force)的听证会中委员会主席 Hon. J. Randy Forbes 指出,标

---

① Matthew Topic, The Standards Development Organization Advancement Act of 2004: A Victory for Consumer Choice, 12 *J. Tech. L. & Pol'y* 45 (2007), p.47.

② Allied Tube & Conduit Corporation v. Indian Head Inc. 108 S.Ct.1931 (1988). ASME v. Hydrolevel. 102 S.Ct.1935 (1982). Consolidated Metal Product, Inc. v. American Petroleum Institute. 846 F. 2d 284 (5th Cir.1988).

准是产品竞争的基础,美国的私营标准组织总是能够走在技术发展的最前沿,尽管1996年NTTAA要求政府机构应当采用非政府标准,但这也给非政府标准的制定者带来反垄断法上的风险,因此,就应当通过《标准制定组织推动法案》赋予私营标准组织更多的空间抵御反垄断责任。① 因此,该法案的立法意旨是通过对标准制定组织的权利保护促进标准制定组织更好地制定标准,减少了一些来自政府层面的阻碍,促进政府机构更加充分地采用非政府标准,进一步支持、鼓励标准组织制定高质量标准。该法案开篇处开宗明义地指出该法案的立法目的为:本法案为了鼓励自愿共识标准的制定与颁布,将在反垄断法层面为标准组织的标准化活动争取到一些豁免,这些标准化活动包括制定标准以及为其他目标而从事的标准化活动。如此,便奠定了《2004标准制定组织推动法案》对私营标准化组织从事标准化活动的作用。

《2004标准制定组织推动法案》第106条修改了《国家合作研究与生产法案》(National Cooperative Research and Production Act of 1993)第五章关于反垄断的规定,明确指出,符合条件的直接参与标准化活动的主体可以获得反垄断法的豁免,尽管存在反垄断法上的违法行为。第107条要求标准组织向公众披露其标准化活动。同时,第221条明确了符合条件的标准制定行为因为符合了公共利益,因此可以获得反垄断法上的豁免。可见,标准化活动成为《2004标准制定组织推动法案》的关键定义,是决定标准组织行为能否获得反垄断法豁免的核心。《2004标准制定组织推动法案》定义部分明确指出,"标准开发活动"是标准组织为开发、发布、修订、修改、重新发布、解释或以其他方式维护自愿共识标准而采取的任何行动,或在认证认可活动中使用其制定标准。同时明确指出,"标准开发活动"不包括"成本、销售、盈利能力、价格、营销或分销"信息的交换,这些信息不是开发、发布或认证认可制度的合理要求;还涉及了市场配置以及操纵价格。

《2004标准制定组织推动法案》指出,"该法只保护标准制定组织","对于参与标准制定活动的主体,该法的颁布不会影响他们在反垄断法中的地位,他们的地位没有任何变化。"②标准制定组织本质上是一个社会团体,其社团成员包括自然人、法人或非法人组织,其中还包括政府机构,作为整体上的标准制定组

---

① Standards Development Organization Advancement Act of 2003: hearing before the Task Force on Antitrust of the Committee on the Judiciary, House of Representatives, One Hundred Eighth Congress, first session, on H.R. 1086. , U.S. Government Printing Office, 2003, p.1.

② 刘春青等:《美国 英国 德国 日本和俄罗斯标准化概论》,中国质检出版社、中国标准出版社2012年版,第6页。

织不承担反垄断责任,但是标准制定组织内部的社团成员如果利用标准组织的标准化活动进行垄断行为,就不能受到《2004 标准制定组织推动法案》的豁免。由于自愿性与共识性是自愿共识标准的本质特征,所谓共识性原则体现了参与标准制定各方主体的普遍同意,进一步说是该行业的普遍共识,即使整个行业的共识具有违反反垄断法、反不正当竞争法的相关规定,也难谓整个行业的垄断、不正当竞争。究其原因,是由于标准制定的标准通常是符合了公共利益以及科学技术的先进性。尽管在《2004 标准制定组织推动法案》中尚无利益相关主体(interested party)的规定,但实际上在《2004 标准制定组织推动法案》立法进程中以及管理和预算办公室都支持利益相关主体作为标准制定的核心要素,国会也曾考虑将利益相关主体作为标准制定的核心予以规定。因此,从历史角度看,所谓共识应当具有普遍性,即应当充分考虑了各方利益主体的意见。否则,标准制定程序就具有瑕疵,也就不能获得豁免。[1] 通常标准制定组织不仅有生产者、服务提供者,还有消费者团体、劳工团体参加标准制定,如此便能够促进标准制定的公共利益性,符合广大利益群体的利益,即保证了标准的合理性;标准组织成员还包括技术专家、科学家等专业技术人士,保证了标准制定的科学性与先进性。因此,标准制定组织在标准化活动中,尤其是标准制定的活动中,尽管标准组织的标准化活动中有违反反垄断法、反不正当竞争法的相关规定,但由于其能够遵循市场规律、平衡各方利益以及符合了科学性、先进性的要求,因此,法律应当给予标准组织的标准化活动在反垄断法、反不正当竞争法上的豁免,对标准组织的标准化活动更进一步的"去监管化"。可见,反垄断法的豁免仅限于标准组织的标准化活动,例如,由于某商品尚未达到标准组织制定的标准要求,不予认证该商品,此种情况虽然可能违反了反垄断法的相关规定,但由于认证制度属于标准化活动,因此,依据《2004 标准制定组织推动法案》可获得反垄断法的豁免;然而,标准组织驱逐某些成员,或者无正当理由不同意相关利益主体加入标准组织,由于这些活动均不属于标准化活动,因此,便无法获得反垄断法的豁免,应当承担反垄断法律责任。[2]

## (四)《美国联邦法规》第 51 部分—参引合并(CFR part 51-Incorporation by Reference)

1966 年,国会在《信息自由法》(FOIA)中加入了一项条款,允许联邦登记部门负责人批准政府机构在监管职能中"参照"在其他地方发布的材料编入监管

---

① Matthew Topic, The Standards Development Organization Advancement Act of 2004: A Victory for Consumer Choice, 12 *J. Tech. L. & Pol'y* 45 (2007), p.62.

② Matthew Topic, The Standards Development Organization Advancement Act of 2004: A Victory for Consumer Choice, 12 *J. Tech. L. & Pol'y* 45 (2007), p.56.

文本,而无须在《联邦公报》中重印该材料。①

CFR part 51-Incorporation by Reference 译为《美国联邦法规》第 51 部分——参引合并,《美国联邦法规》该部分规定的是参引合并(Incorporation by Reference)的程序性问题以及适用问题,因此,该规定本质上说属于立法法,即参引合并立法技术的实施操作指引。"参引合并(Incorporation by Reference)指在制定法律时,用参引的方式而并非以明示包含或重复的方式将原法律中的章节或更大部分并入后来的法律。"②从 1910 年第 2 版《布莱克法律词典》至2009 年第 9 版《布莱克法律词典》均收入了参引合并(Incorporation by Reference)词条,一个世纪以来,各版《布莱克法律词典》对参引合并(Incorporation by Reference)的释义几乎没有改变,本书以第 9 版的释义为例:"一种使辅助文件正式成为主文件一部分的立法技术,具体表现形式是在主文件中发布一种有关辅助文件的声明,即可视为辅助文件包含在主文档中。"③由于采用参引合并的立法技术引用辅助文件进入正式文件中,但在正式文件中并没有直接体现辅助文件的具体文本内容,可见,通过参引合并方式纳入某种辅助文件至正式文件中,采用的是一种间接引用的方式。相对地,若主文件将辅助文件的内容以逐字逐句纳入的方式呈现,我们可以称其为直接引用。合同与立法十分依赖参引合并的方法,纳入相关辅助文件。

参引合并是美国标准与法律融合的实现方式,也可以认为是美国标准与法律融合的实现技术。在美国各州政府、各郡县政府机构立法、联邦政府机构立法以及联邦立法中,有许多法律④中或多或少以直接引用或间接引用的方式纳入标准,甚至法律制定机关以现有标准为基础躬亲制定标准以满足其监管之需要。一些通过参引合并方式并入法律的标准可能被俗称为"技术"。因此,CFR Part 51 是美国标准与法律融合的程序性操作规范。

CFR part 51-Incorporation by Reference 共分为六个部分,第一部分为51.1"政策(Policy)",该部分旨在规定参引合并程序的目的、范围、著作权问题

---

① Nina A. Mendelson,Taking Public Access to the Law Seriously: The Problem of Private Control over the Availability of Federal Standards,45 *Envtl. L. Rep. News* & Analysis 10776 (2015),p.10777.

② 薛波主编,潘汉典总审定:元照英美法词典(缩印版),北京大学出版社 2013 年版,第 679 页。

③ Bryan A. Garner(Eds.),*Black's Law Dictionary*,*ninth edition*,Thomson Reuters West,2009,pp.834~835.

④ 由于纳入标准的法规范不仅包含联邦法案,也包括联邦机构所指定的法规等,故若无特别指明,本书所称之法律,指广义上的法律,包括法案、规章、法规等具有普遍约束效力的文件。

等一般性问题;第二部分为 51.3"联邦登记部门主任(Director)何时批准发布",该部分旨在规范联邦登记部门主任批准参引合并的时点;第三部分为 51.5"政府机构如何申请批准",该部分旨在规范政府机构提请联邦登记部门审核相关被纳入材料的请求的相关程序性事项;第四部分为 51.7"哪些材料是合格的公布材料",该部分旨在规范能够作为参引合并纳入法律法规的材料范围,即为适格材料划定范围;第五部分为 51.9"什么是参引合并的合适表述",该部分旨在规范参引合并在立法中的语言表述问题,如何规范地在立法中表达参引合并;第六部分 51.11"政府机构如何修改或撤销参引合并",该部分旨在规范政府机构对已经纳入法律的参引合并材料进行修改或撤销的问题。

通过参引合并的立法技术实现的美国标准与法律融合的操作程序如下。

## 1. 第一部分:政策

该部分为 CFR part 51 的总则部分,规定了 CFR part 51 的基本问题,包括参引合并的效力、法律根据、负责机构、联办登记部门及其主任的权限等基本问题。《美国法典》(United States Code)第 5 编第 522 条 a 节规定,经联邦登记部门主任批准,相关材料参引合并纳入联邦登记时,且利益相关人员对相关事项知道或者应当知道的,即视为相关纳入的材料已在联邦登记册中公布,完成参引合并程序,具有法律效力。联邦登记部门主任应当公平合理地执行 CFR part 51 的规定,履行参引合并的职责。联邦登部门主任是参引合并的直接责任人,联邦政府机构以及受影响的各阶层主体都将从参引合并中受惠。尚需说明的是,CFR part 51 51.1(f)明确指出,通过参引合并纳入法律法规的法外材料,仅限于联邦登记部门主任批准的版本,这意味着未来的修订或修改版本并不自动地替换当前已经通过参引合并方式纳入法律法规的材料。

## 2. 第二部分:联邦登记部门主任批准时点

实际上,本部分的规范内容为联邦登记部门主任对各政府机构提请的参引合并申请件的处理,包括批准的条件、驳回的条件。CFR part 51 51.3(a)规定的是联办登记部门主任批准参引合并申请的形式要件,CFR part 51 51.3(a)(1)规定了当各政府机构提请的参引合并申请件符合 CFR part 51 51.5(a)规定时,联办登记部门主任应当受理机构的申请;CFR part 51 51.3(a)(2)规定了当各政府机构提请的参引合并申请件若不符合 CFR part 51 51.5(a)规定时,联办登记部门主任应当驳回该机构的申请。CFR part 51 51.3(b)规定的是参引合并申请的实质要件,CFR part 51 51.3(b)规定的是联办登记部门主任批准各政府机构提请的参引合并申请件的要件:(1)被引用材料应当适格,即符合 CFR part 51 51.7 之规定;(2)符合上一部分"政策"的规定;(3)参引合并的立法语言应符合 CFR part 51 51.9 之规定;(4)被引用的材料档案已经在联办登记部门备案或存档；(5)联办登记部门主任已经收到申请参引合并的政府机构的书面申请。若符合上述实质要件，联邦登记部门负责人应当通过政府机构的申请。CFR part 51 51.3(c)规定了联办登记部门主任应在提请参引合并申请的机构符合条件(参见 CFR part 51 51.5)之日起 20 个工作日内作出是否批准参引合并申请的决定，并应当知会相关政府机构。

### 3. 第三部分：政府机构如何申请批准

本部分的规范内容是各政府机构提请的参引合并申请件的相关内容，政府机构的申请可以分为两种类型，即拟议申请与正式申请。第一种类型为拟议申请，或称为"假申请"，旨在为正式申请做准备。尽管此种申请机构不要求正式批准，但拟议申请仍需要遵循参引合并申请的条件，第一，申请机构应在拟议参引合并规则的序言(前言)部分，向利害关系人明确指出，以参引合并方式纳入法律法规的材料的合理可获得方式，或者如何实现被纳入材料对利害关系人可以合理获得；第二，在序言部分，概述拟议引用的材料。

拟议申请在通过联邦登记部门的审核以后，提请申请的政府机构应当提出正式申请，请求联邦登记部门正式批准，正式申请应当在政府机构提交最终规则之前至少 20 个工作日，以书面方式提出申请。同拟议申请一样，正式申请也应当在序言部分明确指出通过参引合并方式引用的材料对利害关系方(公众)的合理可获得方式，以及利害关系方(公众)如何可以获得这些材料。在正式申请的序言部分中，还应当总结法律法规所引用的材料，即列明引用材料的清单。正式申请还要求政府机构提交一份被纳入材料的副本供联办登记部门审核，最后，应将被纳入材料提交至联办登记部门存档。CFR part 51 指出，各政府机构可以在任何时候向联邦登记部门提出参引合并申请。

### 4. 第四部分：适格(eligible)的纳入材料

本部分的规范内容是美国参引合并制度的核心，甚至说是奠定美国标准与法律融合制度的"根本"。所谓适格(eligible)材料指的是能够通过参引合并的立法技术被纳入法律法规中的材料，即哪些材料具有参引合并的资格。

依据 CFR part 51 51.7 之规定，适格材料应当具备如下要件：

第一，应当符合 CFR part 51 51.1(政策)部分的规定。

第二，CFR part 51 51.7(a)(2)通过以列举概括式的立法技术规定了公开出版的数据(published date)、准则(criteria)、标准(standards)、规格(specifications)、技术方法(techniques)、图表(illustrations)等典型化的适格材料以及与上述典型化的材料相似的其他材料类型；同时，该条还指出，参引合并的材料不得阻碍《联邦登记》的实施，即实效性。参引合并制度最重要的是利害关系方(公众)对被纳入法律法规材料的获得是否方便、合理，对此，联邦登记部门主任应当重点审查拟纳入材料的完整性、是否易于操作、是否具有规范性以及编号等具体问题。

第三,CFR part 51 51.7(b)(c)规定了被纳入材料的消极要件。如果政府机构提请通过参引合并方式纳入的材料是该政府机构制定的,联邦登记部门主任原则上驳回申请。如果拟纳入材料已经在《联邦登记》(Federal Register)或《美国法典》(United States Code)上全文发布,不得再通过参引合并将其纳入法律法规,可见,可以说参引合并的材料适格的一般要件应为"法外材料"。

### 5. 第五部分:参引合并的立法表达

该部分旨在规范法律法规中的参引合并条款的立法表达,即如何在法律法规中表述参引合并。依据 CFR part 51 51.9(a)之规定,法律法规中载有引用材料的表述必须精确、完整和清楚地向公众说明,本条文所规定的具体内容是引用法外的材料,其内容为条文中所记载的材料内容所确定,即应当明确地告知法条的读者本法条采用了参引合并的立法技术,并且引用了法外材料。(b)款对于(a)款中规定的"精确、完整和清楚地立法表达"作了较为详细的规定,应当在法条中明确使用"参引合并(Incorporation by Reference)"等文字;说明出版物的名称、日期、版本、作者、出版者、标识号;应在法条中告知利益相关人,本法条所纳入的材料将会直接影响其利益;还应当作出正式声明,提示利益相关人可在何处及如何查阅以最方便的方式随时取得被纳入法律法规的材料,凸显该材料事实上是可获得的(fact available)。

### 6. 第六部分:参引合并的修改或撤销

该部分旨在规范政府机构如何修改或撤销此前已经完成的参引合并,CFR part 51 51.11 规定了政府机构如何变更此前已经完成并生效的参引合并。所有关于参引合并的变更应在《联邦登记》(Federal Register)上发布变更通知,同时应修改《联邦法规汇编》(Code of Federal Regulations)中相应的条款。如果政府机构修改或修订参引合并,应将修改或修订的材料的副本交由联办登记部门存档。提请变更参引合并内容的政府机构应以书面形式向联办登记部门主任提出申请。

## (五)美国标准与法律融合法律依据特点

### 1. 尚未形成一部专门的法律规范标准化活动

从美国标准化法制立法的体系层面看,美国标准化法制体系并没有形成一部如同我国《标准化法》,即标准化领域的基本法统领与规范标准化领域的基本法,并且由《标准化法实施条例》《团体标准管理规定》等配套实施规范共同组成的"一元多层级"的标准化法制体系。相反,美国标准化法制体系的最大特点是尚未制定出一部统一的、专门的法律规范标准化活动,而是通过上到国会立法、下到各地方政府共同制定的呈碎片化的标准化法律规范实现美国标准化活动的法治化,美国坚持标准化法制的单行法立法思路造就了碎片化立法的局面,也就造成了尚未形成一部统一的法律规范美国标准与法律融合制度。

所谓标准化领域的专门法律指的是成体系性、全局性、协调性的标准化法律规范。上文提到的三大规范美国标准与法律融合的公法都是碎片化立法,均掌管美国标准与法律融合的某一个面向。例如,NTTAA 关注的是以高效力等级的国会法案的某个章节,从原则上规定美国标准与法律融合的模式为美国政府机构应采用非政府标准,但囿于 NTTAA 还需规范其他问题,因此,NTTAA 较为原则、抽象地规定标准与法律的融合,并不具有实践操作方面的可行性,难以落地贯彻;OMB 通告 A-119 承担了美国标准与法律融合的具体指引规范,类似于 NTTAA 的实施细则,成为美国政府机构纳入非政府标准的行为指南;《2004 标准制定组织推动法案》豁免了标准组织的某些涉嫌违反反垄断法、反不正当竞争法的相关行为,通过法律责任的优惠支持美国私营标准组织的发展;虽然 CFR part 51-Incorporation by Reference 并非美国标准与法律融合的专门立法,而是一部关于法律如何引用法外材料进入法律内部的操作规范,即属于行政法规范畴。但实际上,当前参引合并的立法技术使用频度最高的就是标准与法律融合,参引合并的立法技术已经充分承担了美国标准与法律融合的实现手段。

再者,美国标准化法制体系中的标准与法律融合的法律规范通常以需求立法,即以标准化活动的实践需求为导向的立法。这主要表现在 NTTAA、OMB 通告 A-119 等一系列公法的制定只是为了确认已经广泛存在的美国标准与法律融合的现象,对美国政府机构采用非政府标准的行为做立法上的认可,使其制度化,在法律的框架下运行,而非通过立法活动塑造美国标准化法制体系以及美国标准化活动。美国作为标准化先发国家,标准化活动的兴盛远早于标准化法制活动,即标准化活动推动标准化法制进程,法律只需客观地记叙标准化活动中已经形成共识的标准化活动秩序或通行做法,这也难以实现国家通过统一法律规范标准化活动。这与大部分标准化法制后发国家的情况不同,标准化法制后发国家的标准化法制体系通常具有先验性以及富含理性主义色彩,以形成一部统一的标准化管理法律规范、引导、塑造国内的标准化活动,旨在实现标准化活动后发国家的标准化活动能够遵循立法者的意志发展。因此,美国标准化法制体系是实践推动立法、实践先于立法以及立法确认标准化实践,具有后验性。

**2. 政府机构选取非政府标准入法具有自由裁量权**

尽管从立法文本或政府机构的行政行为看,美国立法机构与政府机构在法律法规中大量引用非政府标准,看似美国政府几乎完全依赖非政府标准。但事实上,美国非政府标准的采用与否、采用何种标准等非政府标准准入法律领域的"开关"仍由美国立法机构或政府机构控制,即美国公权力机构对美国标准与法律融合具有极大的主导权。

美国标准与法律融合之前的权力。美国私营标准组织数量巨大,其中ANSI 认可了近 300 个私营标准组织,各个私营标准组织又制定了成百上千的非政府标准,甚至对同一产品或服务制定不同技术要求的情况十分常见,非政府标准之间相互交织。仅 ANSI、ASTM、NFPA 三个组织总共制定了大约11712 个现行标准。[①] 美国公权力机构采用非政府标准只能采用其中一种或有区分层级的,有限地采用多种非政府标准,这是基于主客观方面的共同考量,即美国公权力机构更愿意统一技术要求,或将技术要求的差异控制在小范围内。然而各私营标准组织都十分明白,非政府标准被赋予了法律效力是标准实施的最有力手段,因此,各个非政府标准之间存在激烈竞争关系。可见,美国公权力机构应在成百上千的非政府标准中选取一种或少数几种标准作为法定的技术要求,那么这种权力的行使对美国标准与法律融合制度至关重要。上述三大管理美国标准与法律融合的公法均承认美国立法机构与政府机构可以依据其监管目的、职责、使命等考量因素决定是否采用非政府标准、采用何种非政府标准、部分采用还是全文采用非政府标准。在立法没有具体规定美国立法机构与政府机构采用非政府标准的必要条件的情况下,美国立法机构与政府机构对采用非政府标准具有很大的"自由裁量权"。

OMB 通告 A-119 第五条(What is the Policy for Federal Use of Standards?)明确规定了联邦政府机构采用非政府标准的政策,该条是 NTTAA 12(d)(1)的支撑条款(具体如何实现政府机构在原则上采用非政府标准),该条 a(i)部分从大方向上规定了美国政府机构应在何种情况下使用标准,即使用非政府标准应评估的因素,即标准是否有效,是否可以满足政府机构的监管、采购或者政策的需求,以及是否合适为政府机构所用,对此,OMB 通告 A-119 进一步指出:

第一,拟采用或待采用的非政府标准的"立标目的"是否与提请采用非政府标准的政府机构的法定职责、法定任务具有一致性。实际上,非政府标准是美国政府机构行使公权力的工具,美国政府机构借助非政府标准实现其监管职能、法定职责。

第二,就政府机构引用的标准本身要件看,这些标准应当为公共健康、福

---

① 　Tyler R. T. Wolf, Existing in a Legal Limbo: The Precarious Legal Position of Standards-Development Organizations, 65 *Wash. & Lee L. Rev.* 807 (2008), p.813.

利、安全和环境提供保护或预期保护。即标准本身不能具有缺陷而致人身、财产利益的损害,强调了标准的安全性、可靠性。

第三,标准应当具有简洁、易懂、清晰的表达,并且还应当包含恰到好处的细节描述,避免标准对细节的描述过于抽象导致标准实施性受挫或过于精细导致标准的实施程序过于繁杂。

第四,采用非政府标准能够满足政府机构对降低政府标准化成本的需求。

第五,在国内和国际市场适用拟采用标准的普遍程度。该因素主要在于考量社会公众对拟采用的标准的实施成本,如果拟采用标准已经在美国国内或者国际获得较为广泛的采用、实施,那么社会公众对拟采用标准的实施成本就较低,接受程度就较高,有利于相关法律法规的贯彻;如果拟采用的标准并非当前美国国内与国际较为广泛采用的标准,那么这无疑会增加公众放弃采用普遍标准,而转化使用拟采用标准,导致增加社会公众转化使用新标准的成本,增加纳入新标准的法律法规实施的阻力(成本)。

第六,自标准制定或最后修订以来标准所解决的问题以及知识和技术状况的变化。这旨在检查标准是否能够解决当前的问题,标准是否已经过时。

第七,中小型企业(SME,Small- and medium-sized enterprises)遵守该标准的能力。所谓遵守标准的能力,实际上就是指中小型企业对标准实施能力的问题,即法律法规采纳的非政府标准不能是与中小型企业标准实施能力脱节的标准,从而侵害了中小型企业的利益,否则,政府机构就会间接成为大型企业垄断的"帮凶"。该考量因素是为了避免大企业、大组织通过利用标准实施垄断行为或不正当竞争行为,从而侵害中小型企业的合法权益。美国学者认为,私营标准组织制定的非政府标准被政府机构纳入法律法规,获得了法律效力,这种情况实际上是不恰当地将公权力授予私人,即"公权私授"。在反托拉斯法中,私营标准组织的地位有别于普通的商业机构,从而豁免了私营标准组织的反垄断责任(《2004 标准制定组织推动法案》也有相同规定)。[①] 再者,美国的私营标准组织通常都由大企业、大公司或在行业中具有相当影响力的实体组成。因此,拟纳入的标准对中小型企业的友好程度应是政府机构纳入非政府标准的考虑因素之一。能够在一定程度上防止标准化垄断行为或标准化不正当竞争行为。

第八,政府机构在其监管流程中使用并强制遵守该标准的能力。

第九,在法律允许的范围内,政府机构应考虑使用该非政府标准对经济的影响,以及可适用的联邦法律和政策,包括与反垄断,国家安全,小企业,产品安

---

① Tyler R. T. Wolf, Existing in a Legal Limbo: The Precarious Legal Position of Standards-Development Organizations, 65 *Wash. & Lee L. Rev.* 807 (2008), pp.810~811.

全,环境,公制化,技术开发,国际贸易,知识产权和著作权,隐私和安全以及利益冲突有关的法律和法规。可见,拟采用的标准与其他制度的相互协调、不违反其他法律法规以及对标准本身的保护,是政府机构选取非政府标准时应当考虑的因素。

通过对 OMB 通告 A-119 第五条政府机构采用政府标准条件中重点因素的解释,这些必要要件在一定程度上限制了美国政府机构采用非政府标准的"自由裁量权",为美国政府机构采用非政府标准划定了范围以及必要的考虑因素,而非政府机构恣意选择拟采用的非政府标准。美国标准化政策以及相关标准化法律法规在标准化活动中保持了相对清晰的公、私界限,为私营标准组织和政府监管机构保留了相互独立和各自权威的领域。[1] 美国公权力机构对采用非政府标准进行必要的审核进一步体现了美国公、私合作的标准化体系,代表公共利益的政府与私营标准组织相互制衡、相互合作。对此,有学者指出私营标准组织对政府管制之担忧(Fear of Government Domination),政府机构在甄别拟采用的非政府标准时,可能会对私营标准组织施加过多的管控,在一定程度上限制了私营标准组织的标准表达自由。[2] 非政府标准的制定首先是为了满足非政府目的的市场需求或技术需求[3],但在政府机构过度地干预下,私营标准组织可能为了迎合政府机构的需求,制定出许多与市场情况、技术情况相脱节的非政府标准,忽视了制定标准应有的先进性、技术性以及解决现实技术问题、共同协商等根本要件。从美国标准化法制体系的发展历程看,美国标准化法制体系的根基是私营标准组织(民间技术组织)通过技术创新、革新制定了先进于政府专用标准的非政府标准。如果政府机构过度地以采纳为导向干预私营标准组织制定标准的目标,那么将可能抵消政府机构采用私营标准组织制定的高质量标准为政府机构带来的积极作用,甚至让私营标准组织成为美国政府机构的附庸或附随组织。[4] 美国的私营标准组织是独立于政府机构的纯粹私营组织,与政府机构之间无资助关系。[5]

---

[1]　Emily S. Bremer, American and European Perspectives on Private Standards in Public Law, 91 *Tul. L. Rev.* 325 (2016), p.357.

[2]　Tyler R. T. Wolf, Existing in a Legal Limbo: The Precarious Legal Position of Standards-Development Organizations, 65 *Wash. & Lee L. Rev.* 807 (2008), pp.818~819.

[3]　Emily S. Bremer, American and European Perspectives on Private Standards in Public Law, 91 *Tul. L. Rev.* 325 (2016), p.328.

[4]　Tyler R. T. Wolf, Existing in a Legal Limbo: The Precarious Legal Position of Standards-Development Organizations, 65 *Wash. & Lee L. Rev.* 807 (2008), pp.818~819.

[5]　James M. Sweeney, Copyrighted Laws: Enabling and Preserving Access to Incorporated Private Standards, 101 *Minn. L. Rev.* 1331 (2017), p.1368.

# 第四章

## 美国标准与法律融合立法例、实现方式及实例 ■

### 一、美国标准与法律融合立法例

美国联邦公权力机构采用非政府标准支撑联邦法律的内容是一种常见的法律现象，所涉及的法律规范领域非常广泛，贯穿于全行业，从玩具等消费品安全到医疗保险处方药配方的要求再到核电厂运营的准则。[①] 其中，最依赖标准的最典型、最具代表性的法律领域是消费品安全、职业安全等工业品质量安全领域的法案、法规，这是由于这些领域对安全要求与质量要求（技术规格要求）等要求与需求高于其他行业领域，实质上是这些领域对科学性与技术性的需求高于其他行业，即这些领域的许多法律问题必须要通过标准才能解决，需要标准辅助判断是否合法，这就决定了这些领域就必须进行标准与法律的融合，即这些领域法律法规必须援引标准。

我国法律中涉及"标准与法律融合"的法律条文，既无具体标准的名称，也无标准编号，并未指明具体的标准，即模糊援引的模式。"在操作层面上，必须根据法律的规定和具体情况才能确定所指向的特定标准。"[②]我国标准与法律融合的方式有利于保持我国法律体系的稳定性不因标准的变动而受到影响，同时也不会妨碍法律指向的标准随着科学技术的发展而完善，进而实现了标准对法律调整社会关系时的"与时俱进"。随着产品技术的发展，标准也在不断地修订，由于我国模式并未指向具体的某一标准，在实践适用层面上，指向的标准就不限于法律制定或修订时制定或修订的标准，而应指向法律制定或修订以后制

---

① Nina A. Mendelson, Private Control over Access to the Law: The Perplexing Federal Regulatory Use of Private Standards, 112 *Mich. L. Rev.* 737 (2014), p.740.

② 柳经纬、许林波:《法律中的标准——以法律文本为分析对象》,载《比较法研究》2018 年第 2 期。

定或修订的标准。可见,我国标准与法律融合模式具有一定的模糊性基础上,又兼顾了确定性。同时,我国模式也存在不足之处,由于法律尚未明确指向具体的标准,因此当同类产品存在不同的标准时,法律指向何种标准、引用何种标准就会引发不确定性争议。

美国法律援引标准的方式与我国法律援引标准的方式有所不同,美国标准与法律融合的模式主要是通过具体引用而实现法律援引标准,即美国法律援引某种标准时会明确地指出该标准的名称、标准号等标准的具体信息。"美国政府采用的大部分标准是由私营标准组织制定的非政府标准,非政府标准实效性是通过市场竞争机制而非国家强制力来实现的;之后,随着非政府规制实效性的增强,公权力机构通过与私营标准组织之间的协议或引用的形式逐渐开始在法律法规、行政行为中明确采用非政府标准,尤其在环境、健康、安全和产品领域。"[1]

美国法律援引标准的方式主为间接引用。所谓间接引用形式,是美国法律援引标准的主要形式,即在立法中不直接体现标准的具体内容,仅在法律条文中指明此处引用了标准,并且应当载明标准名、标准号等具体信息。而间接引用又可以分为完全引用、局部引用某些章、节、条的规定以及附加条件引用。经过对比与筛选,选取以下几种最具代表性的美国法律引用标准的立法例作为美国标准与法律融合的实例素材,从微观层面研究分析美国标准与法律融合制度。

美国 2008 年《消费品安全促进法案》(Consumer Product Safety Improvement Act of 2008)[2] 第 42 条(a)款规定了有关"全地形车(All-Terrain-Vehicle)"的相关标准。该法案以参引合并的方式将"全地形车"适用的标准纳入本法案中成为强制性标准(Mandatory Standard)。[3] 该强制性标准来自于美国特种车辆学会(Specialty Vehicle Institute of America)制定的"四轮全地形车配置重构以及性能要求"[4],制定之初为非政府标准(团体标准、市场标准),但后经 ANSI 认证成为美国国家标准[5],并被纳入法律中,具有了法律的强制约束力与普遍约束效力。第 42 条(b)款第(1)项则强调了若 ANSI 在本法公布之日

---

① 宋华琳:《当代中国技术标准法律制度的确立与演进》,载《学习与探索》2009 年第5 期。

② PUBLIC LAW 110-314-AUG.14,2008.

③ 15 U.S. Code § 2089.

④ Four Wheel All-Terrain Vehicles Equipment Configuration,and Performance Requirements.

⑤ American National Standard ANSI/SVIA-1-2007.

起,以自愿协商一致程序修订了上述由本法案参引合并的标准,那么 ANSI 应当将修订行为通知消费品安全委员会(CPSC, Consumer Product Safety Commission)以便重新纳入新版本 ANSI 标准,以保证纳入的是最新版本的标准。该标准的最近一次修订是 2017 年,2018 年 2 月 27 日,该委员会通过联邦法规备案机构(Code of Federal Register)将最新版本的"四轮全地形车配置重构以及性能要求"(American National Standard ANSI/SVIA-1-2017)纳入了《消费品安全促进法案》[①]于 2019 年 1 月 1 日生效。自 2008 年首次通过参引合并"ANSI/SVIA-1-2007"纳入该法案,随后纳入"ANSI/SVIA-1-2010"[②],直到今日纳入"ANSI/SVIA-1-2017"。委员会认为,2017 年版本相对于 2010 年版本对全地形车的安全性能有更合理的表现,尤其是:其一,所有成人及过渡组别的沙滩车,以及所有配备头灯或超亮灯的青少年沙滩车,依据新版标准,均须安装刹车灯或组合尾灯;其二,所有类别的全地形车都必须安装反射灯。通过这两种新要求,可能会增加全地形车的安全性。

《消费品安全促进法案》第 104 条是美国联邦法案通过参引合并的立法技术纳入非政府标准的又一典型立法例,该条规定了有关便携式床导轨[③](Portable Bed Rails)(ASTM F2085-12)的安全标准,该标准由 ASTM 制定,性质上也是属于非政府标准。2012 年 2 月 29 日,消费品安全委员会依据相关参引合并法律法规的要求申请并获同意将相关便携式床导轨的标准纳入法案中,美国联邦法规备案机构将由 ASTM 制定的"便携式床导轨的标准消费者安全规格"[④]纳入《消费品安全促进法案》。[⑤] 消费品安全委员会引用该标准纳入法规旨在建立由美国生产的,或进口的便携式床导轨的消费品安全标准,于是每一件便携式床相关产品都应当遵照 ASTM/F2085-12 这一非政府标准中所有条款的要求。消费品安全委员会的立法理由书解释如是说:"这种床导轨是保护儿童(尤其不适合使用婴儿床 2—5 岁的儿童)免受从床铺跌落之危险,故其

---

① 16 CFR Part § 1420(2018).

② 16 CFR Part § 1420(2012).

③ ASTM F2085-12, and its predecessor ASTM F2085-10a define "portable railing installed on the side of an adult bed and/or on the mattress surface which is intended to keep a child from falling out of bed."依据相关标准对便携式导轨的定义可知,这是一种安装在成人床沿以防儿童从床上滚落的护栏安装导轨。

④ Standard Consumer Safety Specification for Portable Bed Rails,ASTM/F2085-12.

⑤ 16 CFR Part § 1224.2(2012).

安全性尤为重要。应当统一化其规格、材质、耐久性等安全参数。"①该立法例中,消费品安全委员会在《消费品安全促进法案》第 104 条中以全文间接引用的方式纳入该标准,使该标准成为《消费品安全促进法案》的一部分,获得法律强制约束力与普遍约束效力。

职业安全与健康标准(Occupational Safety Health Standards)是由美国《职业安全与健康法案(1970)》②(OSHA,Occupational Safety Health Act of 1970)授权隶属于美国劳工部的职业安全与健康管理局(OSHA,Occupational Safety Health Administration)在设计劳动场所安全等领域所主导制定或引用的一系列标准。在《联邦法规登记》中,已有近 900 页的内容有关职业安全与健康标准的篇幅③,可见,职业安全与健康领域是联邦政府最依赖非政府标准的领域之一,也是最需要技术性与科学性的标准解决法律问题的法律部门。《职业安全与健康法案》本体中并不直接参引合并标准,而是通过《联邦法规登记》以参引合并方式引用,即《联邦法规登记》相当于是该法案的被纳入标准清单一样。虽然不如同《消费品安全促进法案》那样直接在法案本体中参引合并,但是诚如美国学者所述之:"在《联邦登记》上发布文件具有特定的法律效力,这意味着对文件的存在和内容向外界做了正式宣告"④,因此,在法律效力上,《联邦法规登记》中参引合并与在《职业安全与健康法案》本体中直接参引合并无区别,也不妨碍这些后续纳入的标准正式成为《职业安全与健康法案》的一部分。职业安全与健康法案第 3 条(8)规定了有关职业安全与健康标准之定义⑤,该法案设专章"职业安全与健康标准"(第 5 条起至第 6 条),授权职业安全与健康管理管理该法案中涉及标准之事项,主要为纳入标准的程序性规定。据笔者不完全统计,在联邦法规备案中,职业安全与健康标准§1910.6 中罗列了近 300 种以参引合并方式纳入的非政府标准组织制定的标准,这些非政府标准组织主要为 ANSI、ASTM、API、ASME、NFPA 等数十家主要标准组织制定的非政府标准。

例如,通过《联邦法规登记》以参引合并的方式纳入"喷涂使用的可燃、易燃

① Consumer Product Safety Commission,The Office of the General Counsel is providing for Commission consideration the attached draft final rule on a safety standard for portable bed rails,Feb.1,2012,https://www.cpsc.gov/s3fs-public/pdfs/blk_pdf_bedrails1.pdf,下载日期:2020 年 5 月 8 日。

② PUBLIC LAW 51-596.

③ 29 CFR §1910(2013).

④ [美]杰佛里·吕贝尔斯:《美国规章制定导论》,江澎涛译,中国法制出版社 2016 年版,第 91 页。

⑤ 本法规所指之标准是为提供职业和职业场所安全或健康,需要条件或采用或使用一种或多种合理必要或适当的实践、手段、方法、操作或过程的标准。

材料标准"①(NFPA/33—1969)以确保从事喷涂可燃、易燃材料作业过程中的防火安全性,从而保障从业人员的生命安全。§1910.94(c)(2)中并没有具体规定如何进行作业,而是原则性地强调:"作业的位置和操作。应使用隔间或喷漆室来封闭或限制所有操作。喷涂作业应按照《喷涂使用的可燃、易燃材料标准》(NFPA/33—1969)第201至206节的规定进行作业。"可见,该条采用了间接地部分引用方式纳入非政府标准,使之成为《职业安全与健康法案》的一部分,对相关作业操作过程具有普遍的约束效力。

再如,§1910.68(b)(4)和§1910.261(a)(3)(ix)、(b)(1)、(c)(9)、(f)(4)、(j)(5)(iv)、(k)(12)和(l)(3)以参引合并的方式将 ANSI 制定的非政府标准"机械传动装置安全规程"(Safety Code for Mechanical Power Transmission Apparatus,ANSI b15.1-53(R58))纳入《职业安全与健康法案》。例如,§1910.68(b)(4)的立法原文表述为:"(4)该部分的其他标准与子节适用本条之规定:机械传动装置安全规程;固定式梯子安全规程;以及本部分之 D、O 以及 S 项,上述 ANSI 标准是根据§1910.6的规定通过参引合并而纳入本法。"②至此,我们可以认为《职业安全与健康法案》是极其依赖非政府标准的一部法案,甚至可以说该法案除了程序性的规定以外,几乎90%以上的实体性规范均是直接、间接引用自非政府标准,或以非政府标准为原材料而经过相关政府机构的修订以满足相关政府机构管理的需要。

非政府标准不仅可以对美国国内产生法律效力,还可通过参引合并的立法技术纳入国际贸易规则中,还可以成为美国国际贸易中的技术壁垒,即美国的非政府标准对外产生的效力。美国商务部于2020年1月30日发布了一项《中华人民共和国制造的若干结构钢:以低于公平价格销售的最终维持裁定》③其中对中国出口美国的结构钢原材料输入美国后的用途做了详尽的技术检视。如果中国结构钢原材料用以制造输电线杆,那么这些钢材原材料将符合 ASCE/SEI 48 中有关钢制电线杆的技术要求,或应符合美国农业部 RUS 公告 1724E-214指南中的技术要求。若作为钢制变电所电杆或电杆的一部分,则应当满足 ASCE 第113号工程操作手册和报告中的要求。若用以交通信号灯杆、路灯或其部分,原材料的技术指标应满足美国国家高速公路运输协会(AASHTO)的技术规格,以及满足《美国高速公路及其范围内照明设备的国家标准》(ANSI

---

① 29 CFR §1910.94(c)(2)(2013).

② 本书所涉及的相关美国立法例,若无特别注明,均为笔者自译。

③ Certain Fabricated Structural Steel From the People's Republic of China:Final Affirmative Determination of Sales at Less Than Fair Value,FR Doc.2020-01720 Filed 1-29-20.

C136)的具体技术要求。若原材料钢被用作钢制天线塔,必须满足电信行业协会(TIA)《钢制天线塔和天线支撑结构标准》(ANSI/TIA-222)的技术要求。可见,美国联邦政府不仅在对内行使监管权力时依赖非政府标准,在对外事务上也依赖非政府标准,充分体现了美国政府作为非政府标准的使用者对非政府标准的依赖。与立法纳入非政府标准不同的是,非政府标准在为美国商务部提供行政监管依据的同时,美国商务部直接引用非政府标准作为其行使监管职能的手段(或可称为设置贸易壁垒的手段)。从美国政府层面来说,这直接避免了使用非政府标准的繁杂程序,可以绕过参引合并程序,从而非政府标准也起到了行政监管的作用。与立法纳入非政府标准相同的是,其一,政府本身不指定具体标准,依赖非政府标准;其二,政府机构仅列明引用标准的名称与标准号,并不提供标准文本全文。

美国 1974 年颁布的《国家工业房屋建筑和安全标准法案》①(The National Manufactured Housing Construction and Safety Standards Act of 1974)授权美国住房与城市发展部(HUD,Department of Housing and Urban Development)建立联邦工业房屋建筑和安全标准。② 依据该法案成立了工业房屋共识委员会(Manufactured Housing Consensus Committee),该委员会负责向美国住房与城市发展部提供接受某种标准的建议、修订或解释建筑与安全标准。其中一项纳入非政府标准的行为是缘于该委员会提出一项修订建筑标准的提案,以减少监管负担,即建造方不再需要制就某些建筑事项获得美国住房与城市发展部的特别批准。美国住房与城市发展部审议了该委员会的建议并补充了一些修改建议。本次监管修订内容包括了增加商业用房的一氧化碳侦测器(Carbon Monoxide Detectors)、附属车库、附属车棚、建筑物框架要求、隔热层、管道系统、加热系统、燃烧系统、电力系统等建筑物主体或附属部分。为了明确上述部分的技术规格以及质量要求,本次修订将纳入五项有关工业房屋建筑和安全的非政府标准。第一,纳入《底层建筑的通风和合适的室内空气质量》(ANSI/ASHRAE 62.2—2010),该标准规定了机械或自然通风系统的作用和最低技术要求以及为低层住宅提供可接受的室内空气的建筑外墙。第二,《单体或复合的一氧化碳警报器标准》(ANSI/UL 2034—2008),该标准对一氧化碳警报器在一氧化碳浓度敏感性、使用寿命方面作了详尽的规定。第三,《建筑结构和材料防火试验以及试验方法的标准》(ASTM E 119,2005),该标准用于测试和描述材料、产品或组建在受控条件下对热和火焰的响应。第四,《国家电力规范典》

① 42 U.S. Code 5401-5426.
② 24 CFR § 3280,3282,3285(2020).

(NFPA No.70—2005)第550.17条,该条规定了建筑物内部的导线、设备、电力连接线、设备的安装、灯具以及停车场内的电气装置有关的附件。第五,《一氧化碳侦测与警报设备的安装标准》(NFPA 720),本标准主要涉及生命安全,而非财产保护,旨在为人提供必要的保护,免于处在过高浓度的一氧化碳环境中,其规定了建筑物中一氧化碳侦测和报警设备的选型、涉及、应用、安装、位置、性能、侦测、测试以及保养维护。

综上可见,在美国法律中,标准与法律融合的模式在美国法律体系中十分普遍,横跨了许多领域,参引合并的立法技术是标准与法律融合的基本工具。美国标准与法律融合缘起于当前科学技术的发展,传统法律以权利义务关系为调整方式的规范手段已经不能够胜任解决法律问题中的科学技术问题,因此,法律就对标准产生了依赖,可以说在当前时代,法律不能没有标准。

## 二、美国标准与法律融合实现方式:以《消费品安全促进法案》第 104 条为例

本部分选取《消费品安全促进法案》纳入 ASTM 制定的《婴儿车安全标准》(Safety Standard for Carriages and Strollers)①(ASTM F833-13)为例,具体揭示美国标准与法律融合实现方式的程序,即揭示法律是如何与标准融合的。②2014 年 3 月 10 日发布的第 79 卷第 46 号联邦登记公报(Federal Register)记载了消费品安全委员会提请纳入婴儿车标准的公布文件,该文件中载明了提请纳入《婴儿车安全标准》(ASTM F833-13)的政府机构、相关政府机构的监管需求(纳入标准的必要性)、标准的基本情况、相关政府机构的纳入建议(标准对法律的作用)、征求意见、纳入决定以及获取标准的方法等《婴儿车安全标准》(ASTM F833-13)与法律融合的详细过程记载。《消费品安全促进法案》104 条"耐用看护用品的标准与技术要求"是《消费品安全促进法案》集中规定儿童相关产品的安全要求的部分,即《丹尼卡什儿童产品安全通告法案》(Danny Keysar Child Product Safety Notification Act)。《消费品安全促进法案》104 条(b)款规定了儿童相关耐用消费品的安全标准的纳入问题,旨在进一步降低与

---

① 依据《婴儿车安全标准》(ASTM 833-13)的定义,Carriages 与 Strollers 都是可折叠的人力推行婴儿车,其两者区别仅在于婴儿车在运输婴儿时,婴儿在车内的姿势,Strollers 通常适用于 3 周岁的婴幼儿,采用的坐(sitting up)或半躺(semi-reclined)的姿势;而 Carriages 仅适用于婴儿,婴儿在车内的姿势只能是躺姿(lying down)。因此,本书不做区分,统称为"婴儿车"。

② 16 CFR Parts 1112 and 1227(2014).

婴幼儿产品相关的致害风险。《消费品安全促进法案》104条(b)款保留了消费品安全委员会决定采用具体标准的权力,即《消费品安全促进法案》中不具体规定儿童产品的安全标准,而是通过消费品安全委员会依据其监管需求,从而采用参引合并决定采用何种标准。消费品委员会可以与消费者代表、行业集团、第三方工程师和专家共同检视和评估任何耐用婴幼儿产品自愿性标准的有效性,以满足其监管需求。

### (一)美国标准与法律融合立法技术

参引合并是美国标准与法律融合的立法技术,也可以认为是美国标准与法律融合的实现方式。在美国各州政府、各郡县政府机构立法、联邦政府机构立法以及联邦立法中,有许多法律[1]中或多或少以参引合并的方式纳入标准。美国标准与法律融合的立法技术指的是标准与法律融合实现的立法技术。美国标准与法律融合模式是美国公权力机构通过采用非政府标准作为行政监管的治理工具或国会立法、联邦政府机构制定行政规章中纳入非政府标准作为具有普遍约束效力的正式法源。决定纳入非政府标准的政府公权力机构只需要将被纳入的非政府标准的标准号、标准名称等信息在相关法律法规中明示即可,不需要如同传统立法模式那般采用政府专用标准,并将被采用标准全文记载于《联邦登记》中。这一参考引用非政府标准的立法技术被称为"参引合并",其特点就是不直接在立法中直接体现被引用材料,但又能赋予被引用材料公法上的普遍约束效力。当前,美国政府机构几乎都是通过"参引合并(Incorporation by Reference)"的立法技术实现美国标准与法律的融合。

"参引合并"作为一种立法技术被美国学者比喻为"透镜法(Looking-glass Law)"[2]。事实上,《联邦登记》以不纳入被法律法规引用的非政府标准全文的初衷是拟通过允许政府机构合并其他公开材料来减少《联邦登记》的篇幅,可实现节约印刷成本。[3] 间接采用非政府标准的标准与法律融合模式相较于传统的全文纳入标准的标准与法律融合模式能够大规模地缩减《联邦登记》的篇幅,但又不至于违反联邦立法机构法律公开以及联邦政府机构行政公开的基本要求,

---

[1]　由于纳入标准的法规范不仅包含联邦法案,也包括联邦机构、地方政府机构所指定的法规等,故若无特别指明,本书所称之法律,指广义上的法律,包括法案、规章、法规等具有普遍约束效力的文件。

[2]　F. Scott Boyd, Looking Glass Law: Legislation by Reference in the States,68 *Louisiana law review* 1201 (2008), p.1201.

[3]　Nina A. Mendelson, Private Control over Access to the Law: The Perplexing Federal Regulatory Use of Private Standards, 112 *Mich. L. Rev.* 737 (2014), p.742.

并且能够达到《文书削减法》的目的，以减少《联邦登记》篇幅为基础，从而减少了发行《联邦登记》的成本以及《联邦登记》的订阅费用。在减少《联邦登记》篇幅的同时，美国标准与法律融合模式还增强了《联邦登记》的可读性，扩大了《联邦登记》所记载的信息量，通过巧妙地应用立法技术延展了法律的效力范围。如此，《联邦登记》就像"企业黄页"一样提供索引，仅列明被纳入标准的名称等相关信息的立法技术促进了《联邦登记》的公布法律法规平台的功能向法律法规索引目录转变，满足了法律工作者等读者的找法需求，提高了法律工作者等读者的找法效率。

## （二）美国自愿共识标准制定

制定高质量的标准是实现标准与法律融合的决定因素，因此，标准的制定是美国标准与法律融合实现过程中的核心问题之一。"作为完善的市场经济国家，在标准的制定与实施方面也体现了规范化，在标准制定过程中的程序至上和标准实施中的充分自愿。"[①]OMB通告A-119的第五节明确指出，政府机构应考虑标准制定主体阻碍公众参与、参与制定的成员是否适格或标准制定程序是否合规等问题，因此，美国政府机构通常仅采用通过自愿共识程序制定的标准。本例中涉及的《婴儿车安全标准》（ASTM F833-13）同样也是经过自愿共识程序制定的标准。何为自愿共识标准就是美国标准与法律融合程序中的关键问题。

在美国，非政府标准（Non-governmental Standards）的范围其实大于自愿共识标准（Voluntary Consensus Standards），即自愿共识标准是非政府标准的下位概念，自愿共识标准为非政府标准的一种。[②] 美国标准的来源主要有三个：政府、产业协会以及竞争市场中的企业，后两者是由私人主体制定的标准，故称为私人标准，或非政府标准。[③] "私人主体制定的标准主要有三种：第一，企业为了自己的产品或者原料而形成的标准，称为专有标准（proprietary standard），企业发展的标准属于单边性的标准，适用于企业自身，但是容易形成自然垄断。

---

① 刘春青等：《美国 英国 德国 日本和俄罗斯标准化概论》，中国质检出版社、中国标准出版社2012年版，第36页。

② 正是由于自愿共识性标准已经成为当前美国国内最重要的标准类型，在所有标准类型中存量比例极大，同样作为非政府标准的企业专有标准、产业标准、专业标准只占非政府标准中很小的比例。再者，企业专有标准仅在企业内部使用，推广范围有限，甚至不具有推广性。因此，非政府标准几乎可以与自愿共识性标准画等号，几乎等同于自愿共识性标准，在本书语境下，若无特别注明，非政府标准就是自愿共识标准。

③ 高秦伟：《私人主体与食品安全标准制定》，载《中外法学》2012年第4期。

第二,行业协会为其成员实践、系统、流程、加工、生产所提供的标准,有时在供应商或其他利益方的同意下,称为产业或专业标准(industry or professional standard)。第三,具有多种利害关系的人有机会参与制定,并就所建议的标准的可取性达成实质性共识所形成的标准,称为合意标准(consensus standard),也被称为共识标准或由共识过程产生的标准。"①还有一些标准来自非商业性的草根主体,但这些标准对美国标准市场几乎没有影响,因此,不在本书讨论范围。② 自愿共识标准是迄今为止最重要的标准类型,因为它们经过了最大的协调、考虑兼顾了各方利益并得到最广泛的尊重和实施。然而,虽然有一些没有通过协商一致程序制定的标准得到了广泛的尊重和实施,但是在自愿性标准盛行的时代里是极少数的特例。从历史上看,许多共识标准最初是专有标准或行业标准,而后经过修订成为自愿共识标准。此外,一些协助制定共识标准的协会也制定专用标准、产业标准。随着协商一致程序的推广,产业标准、专用标准和共识标准之间的差异趋于减小。③

美国作为市场化程度高、技术水平先进的国家,其标准化管理体制和运行模式遵循了标准化的自身规律,能够快速响应不断变化的市场需求、政府监管的需要,同时又能支持技术创新,促进经济、贸易发展,提升美国的产业竞争力。自愿标准由私营标准组织制定,绝大多数情况下,又由私营标准组织内部的技术委员会制定,这些委员会是由私营标准组织的各种标准编写部门组成的。④"美国国家标准是自愿性的,并且由美国国家标准学会认可的标准制定组织制定。"⑤ANSI是一个非营利的私人组织,致力于管理、核定美国自愿性标准以及确定评估标准的机制。⑥ ANSI承担了美国国家最高标准化管理机构的职能。

① Michael S. Baram, *Alternatives to Regulation : Managing Risks to Health, Safety and the Environment*, LexingtonBooks,1982,p.54.

② Brad Biddle, Frank X. Curci, Timothy F. Haslach, et al., The Expanding Role and Importance of Standards in the Information and Communications Technology Industry, 52 *Jurimetrics* 177 (2012), p.191.

③ Robert W. Hamilton, Role of Nongovernmental Standards in the Development of Mandatory Federal Standards Affecting Safety or Health, 56 *Tex. L. Rev.* 1329 (1978), p.1338.

④ Michael S. Baram, *Alternatives to Regulation : Managing Risks to Health, Safety and the Environment*, LexingtonBooks,1982,p.53.

⑤ 付强、张敬娟、王丽君:《ANSI认可标准制定组织以及美国国家标准批准程序》,载《标准科学》2014年第7期。

⑥ OMB: ANSI Response to Request for Comments Federal Participation in the Development and Use of Voluntary Consensus Standards and in Conformity Assessment Actives.

就现有的资料看,"截至 2015 年 6 月,美国国家标准学会所认可的标准制定组织共有 242 个,横跨交通、人力资源、电气、物理、生物、医学、机械、食品、劳动等数十个行业。"①每一个标准组织都是一个独立的标准制定的单元。ANSI 本身不负责标准的制定,与其说它是标准组织,倒不如说 ANSI 是一个标准服务机构(协调、监督、发布、维护职能)。

美国是一个市场导向且高度分工化的工业社会,美国的标准制定的主要依据是"市场所驱使的(市场需求)",由市场关系所决定(如供求关系),因此,美国的标准就具有一定的客观性,能够满足市场的需求,真实地反映市场关系与市场规律。若产品业者依标准行事,就可节省大量的日常市场调查成本。正如美国国家标准战略(United States Standards Strategy)所指出:美国的国家标准应当符合市场的规律,产品或服务应当被所有的市场所接受。体现了美国标准制定的实用主义精神,完全遵从、服务于市场。

美国私营标准组织,尤其是 ANSI 认可的标准制定组织,制定自愿共识标准的程序应当遵守《ANSI 基本要求之美国国家标准制定的程序要求》(2020)。② "ANSI 认为,一个科学的、协商一致的、自愿性标准体系取决于一个科学的、能体现协商一致原则的标准制定程序。ANSI 认可国家标准制定组织的首要条件,就是必须按照统一的要求和公正程序来制定标准。换言之,某一团体是否被认可为国家标准制定组织,ANSI 并不特别关注其标准的技术价值,而是其是否能够遵循统一的制定程序。"③为了实现美国标准领先于世界的地位,能够贴近行业的实际情况,服务于各利益团体的利益,并且能够更好地为国民经济服务,更为顺利地纳入法律且被执行,制定自愿共识标准的基本原则正如《ANSI 基本要求之美国国家标准制定的程序要求》(2020)第 1 条所指出的以下十项具体内容:

1. 公开(Openness)。所有直接受到实质性影响的主体均可参加自愿共识标准的制定。制定标准的牵头组织不得对参与制定标准设置不合理的财务障碍。协商一致表决权的取得不得以加入任何组织的成员资格为条件,也不得不

---

① 中国标准化研究院国家标准馆:《国际标准化资料概览——美国标准化组织篇(一):ANSI 认可的标准制定组织》,中国质检出版社、中国标准出版社 2016 年版,第 14 页。

② ANSI, ANSI Essential Requirements:Due process requirements for American National Standards, https://share.ansi.org/Shared％20Documents/Standards％20Activities/American％20National％20Standards/Procedures,％20Guides,％20and％20Forms/2020_ANSI_Essential_Requirements.pdf,下载日期:2020 年 8 月 19 日。

③ 刘春青等:《美国 英国 德国 日本和俄罗斯标准化概论》,中国质检出版社、中国标准出版社 2012 年版,第 36 页。

合理地以技术资格或其他此类要求为限制条件。

2. 去支配（Lack of dominance）。标准制定过程不应受任何单一利益集团、个人或组织的支配。支配地位是指一个地位或行使支配权威、领导或影响，形成支配的原因是充足的生产资料、实力或地位，排斥以公平公正地考虑其他观点。

3. 平衡（Balance）。标准制定过程应该平衡各方利益。标准制定者代表着不同的利益，应当努力在这些不同利益代表中寻求达到平衡。如果一个共识机构缺乏与历史平衡标准相一致的平衡，并且 ANSI 标准执行理事会（ANSI Executive Standards Council）没有批准具体的可选择的平衡方案，应扩大标准制定中利益代表的范围，直到实现历史平衡标准相似的平衡。

4. 协调与融洽（Coordination and harmonization）。应努力解决标准之间存在的潜在冲突问题，实现标准之间相互协调与融洽。

5. 制定标准的公示（Notification of standards development）。标准的制定活动应在适当的媒体上公示，旨在向所有直接和实质性受影响的主体公告，告知这些主体都有机会参加标准的制定。

6. 考虑观点与反对意见（Consideration of views and objections）。考虑观点和反对意见指应迅速考虑所有与会者的书面意见和反对意见，包括公告的建议或标准制定过程中列出的公众意见。

7. 协商表决（Consensus vote）。应记录符合这些要求和标准制定者认可程序的共识证据。

8. 申诉（Appeals）。ANSI 认证标准制定者（ASD）的书面程序应包含一个可识别的、可实现的、随时可用的申诉机制，以公正地处理有关任何作为或不作为的程序性申诉。程序性上诉包括是否为技术问题提供了正当程序。

9. 档案程序（Written procedures）。任何自愿共识标准的制定应适用档案程序，应提供给任何利益相关者随时查阅。

10. 遵守具有规范性的美国国家标准政策和行政程序（Compliance with normative American National Standards policies and administrative procedures）。所有经 ANSI 认证的标准制定主体（ASD）必须遵守由 ANSI 执行标准委员会（ANSI Executive Standards Council）或其指定主体制定的规范性政策和管理程序。

ANSI 确信，只要自愿共识标准的制定符合了上述十项基本要求，那么制定出来的标准就具有先进性、技术性，也就获得了成为美国国家标准的资格。尽管 ANSI 并没有要求所有的私营标准组织制定标准都要遵循该规定，但私营标准组织为了使其标准被纳入法律法规而获得广泛实施，几乎都会依据该规定制定标准。无论各私营标准组织制定标准程序的不同,向利益相关人提供高度的正当程序保护是美国自愿共识标准制定的根本原则。① 因此,ANSI 的制定与批准程序不对具体标准的技术价值进行评估,仅对制定标准的程序进行评估。ANSI 认为,"只要采用了合理的程序,那么其结果会自然而然成为最合适市场的标准。"②ANSI 的此种认识也获得判例的背书,Noblecraft Industries, Inc. v. Secretary of Labor 一案指出,制定协商一致标准的程序为整个行业的达成普遍共识提供了充分的程序保障与实质保证。③

如何理解标准制定程序中的"自愿共识",可以与立法中的共识对比。美国立法机构是美国国会,由参议院与众议院组成,两院各自独立运作,尽管在立法程序上有所差异,但基本相同。"一件法案由提交到批准成为法律,大体要经过三个阶段:一是各院的审议和通过,二是两院之间的协商和通过,三是总统批准。具体而言,美国国会立法程序包括法案的提交、审议、听证、辩论、表决、两院的协商、批准公布等方面。"④如此看来,美国国会立法程序与私营标准组织制定自愿共识标准的程序有几分相似之处,但美国私营标准组织制定自愿共识标准的程序相较于国会立法程序更加注重"协商性",即平衡、协调各方利益主体的利益,从而达到最大共识。在美国民主立法精神主导下,美国国会立法程序旨在实现民意,直至全民公投;在标准先进性、科学性与技术性制定精神主导下,私营标准组织制定标准注重标准制定的程序问题,私营标准组织坚信,只要程序符合自愿共识原则,那么依据这种程序制定出来的标准就能够做到先进性、科学性与技术性,就能够兼顾各方利益、平衡各方利益以及代表最广泛利益相关方利益。因此,在立法与"立标"动机上看,标准与法律基本相同。

从程序表面上看,立法法案的提交阶段程序对应的是自愿共识标准的立项;立法程序中的审议、听证、辩论、两院协商类似于自愿共识标准制定程序中的破除支配、平衡、协商与融洽、考虑观点与反对意见;立法程序中的协商表决类似于自愿共识标准制定程序中的协商表决。但从实质层面来看,立法程序与制定标准程序有很大的不同。

ANSI 委员会委员 Andrew S. Updegrove 在与笔者的邮件访谈中指出,立法程序与制定自愿共识标准程序最大的区别在两者的表决方式的不同。美国

---

① Michael S. Baram, *Alternatives to Regulation: Managing Risks to Health*, Safety and the Environment, LexingtonBooks, 1982, pp.53~54.

② 刘春青等:《美国 英国 德国 日本和俄罗斯标准化概论》,中国质检出版社、中国标准出版社 2012 年版,第 36 页。

③ Noblecraft Industries, Inc. v. Secretary of Labor. 614 F.2d 199 (1980).

④ 一文:《当代美国国会立法程序简述》,载《中国人大》2000 年第 7 期。

国会的立法程序经过了审议、听证、辩论、协商等环节，但表决阶段是单一的投票表决，即简单的少数服从多数原则（过半数议员表决同意）。尽管在某些情况，一项法案的赞成票为51％，也符合过半数原则，这项49％反对票的法案也最终能够通过生效。这一点在美国最高法院九名大法官表决中就能看出，许多案件中的表决比为5:4，这意味着有九名法官内部对案件裁判结果的分歧仍然较大。在一定程度上，通过简单的多数决投票立法很可能产生社会的撕裂，导致"良法不善治"或"恶法恶治"，影响了法律的实效性。正因此，美国学者威廉·J·基夫与莫里斯·S·奥古尔犀利地指出，议会不足以有效回应选民或者其内部的多数偏好。[①] 反观私营标准组织的自愿共识标准制定程序，其开放性远超过立法程序。第一，"公开"是《ANSI基本要求之美国国家标准制定的程序要求》（2020）的首要条件，这意味着标准制定的情况对所有潜在的利益相关人都是公开的。从理论上说，任何人都可以加入私营标准组织的标准制定程序中，这就形成了自愿共识标准广泛性基础。在主体广泛性基础上，"破除支配"的基本要求旨在实现各标准制定参与者都能够平等地参与标准制定程序，能够实现各主体之间的平衡、协调与融洽。这就保证了广泛的利益相关方都能够平等地参与自愿共识标准制定程序。而美国的国会或州议会的立法程序通常相对封闭，普通美国民众或中小型企业代表无法直接加入美国的立法程序，参与立法人员通常仅限于两院议员、各立法专家委员会专家、法学学者以及游说集团的利益相关方代表（非游说集团的中小企业代表很难在立法程序中表达有效意见）。这正是美国代议制民主政治的体现，也是美国立法程序饱受代表性与广泛性不足诟病之处。[②] 第二，无论是自愿共识标准还是国家立法，都需要经过"协商"程序，但两者的"协商"具有本质的不同。私营标准组织制定自愿共识标准的"协商"内涵是真正的协商，而立法程序中"协商"内涵是"妥协"[③]。所谓妥协指的是对立的双方，彼此退让部分意见、原则等，以消除争端，谋求融洽的行为，强调的是双方存在矛盾，通过"讨价还价式的退让"以消除争端；而协商指的是共同商量以便取得一致意见，强调的是商量，凸显的是合作，而非对立。

　　尽管美国立法程序中要求两院之间协商或委员会、议员、听证会等看起来都像是在为立法而"协商"，在"协商"中通过表决，但实际上，美国立法程序是

---

　　① ［美］威廉·J.基夫、莫里斯·S.奥古尔：《美国立法过程——从国会到州议会》（第十版），王保民、姚志奋译，北京大学出版社2019年版，第5页。

　　② ［美］威廉·J.基夫、莫里斯·S.奥古尔：《美国立法过程——从国会到州议会》（第十版），王保民、姚志奋译，北京大学出版社2019年版，第5页。

　　③ ［美］威廉·J.基夫、莫里斯·S.奥古尔：《美国立法过程——从国会到州议会》（第十版），王保民、姚志奋译，北京大学出版社2019年版，第27页。

"真妥协,伪协商"。筛选分类提案的过程也是寻求妥协的过程。在党团会议中、在委员会中、在与行政机关的协商过程中、在与利益集团的交锋中,这种妥协时时处处都在发生。妥协和适应在稳定地发挥作用,这或许导致产生了一些自相矛盾的条款,其中许多是作为向潜在支持者妥协的条款而纳入法案的。因此,最终的法案尽管没有人会特别满意,但它可能是在特定条件下的最佳结果,也可能是通过机会较小的法案。因此,可以说立法的显著特征或许不在于计算投票而在与投票背后的协定和承诺(妥协)。①

而标准是在表决中协商、协商中表决,在于寻找标准制定方的普遍共识(Common Consensus),所有的关切问题以及考虑事项都已经获得足够的讨论与关注,尽管是投票也是绝对多数决。自愿共识标准制定中的协商原则也可称为"一致同意原则"。"标准为了指导商业和工业,并在国民生计和国际贸易中,构成一支经济力量,这种权威使非强制性标准成为有效的工具。这主要是由于在制定标准时,遵循一致同意的原则来实现的。"②这意味着自愿共识标准根据一致同意原则在与所有实施标准的利益相关人(生产者、使用者、商人和技术人员)之间,取得最大可能的协议,在协商中取得一致同意意见,达成共识。协商一致表决不是要求全体一致通过,而是指通过听取并对伴随有关意见的反对票作出适当的反馈以寻求最大可能形成的一致意见的过程③,还包括解决有关各方的反对意见④。当所有利益相关人取得一致意见(达成共识),并且该标准能够代表各方主体的共同立场,即利益的最大公约数,那么该标准就能取得权威,就能获得各利益相关方的自愿、普遍遵守。相较于51%多数赞成票的立法来说,通过一致同意原则成立的标准效力更大,更具权威性与"民意基础",立法通过国家的强制力执行,对于另外49%的反对立法的人们来说是额外的义务,而标准基于各方达成普遍承认的共识供人们自愿实施。非政府标准在很大程度上是由技术委员会制定的,这些委员会是私营部门各种标准编写组织的组成部分。委员会致力于协调被提议的标准特别通知或受其影响的利益团体之间达成一定程度的共识,以便新颁布的(或修订的)标准能更好地在行业内获得自愿

---

① 〔美〕威廉·J.基夫、莫里斯·S.奥古尔:《美国立法过程——从国会到州议会》(第十版),王保民、姚志奋译,北京大学出版社 2019 年版,第 27～28 页。

② 〔印〕魏尔曼:《标准化是一门新学科》,中国科学技术情报研究所编译,科学技术文献出版社 1980 年版,第 19～20 页。

③ Lesley K. McAllister, Harnessing Private Regulation, 3 *Mich. J. Envtl. & Admin. L.* 291 (2014), p.303.

④ Nina A. Mendelson, Private Control over Access to the Law: The Perplexing Federal Regulatory Use of Private Standards, 112 *Mich. L. Rev.* 737 (2014), p.754.

接受。这种共识的建立对于特定标准融入民事合同、政府采购规范、市政建筑法规和政府监管项目也至关重要。[①]　因此,标准制定程序中的"协商"实质上在寻找各方普遍同意的平衡点,即形成一致同意达成共识,实现各方主体自愿遵守标准。这也就能够解释自愿共识标准与法律的融合能够提高法治的质量。

因此,美国立法程序的关键词为"妥协"[②],而私营标准组织制定自愿共识标准程序的关键词为"协商"与"共识"。美国自愿共识标准严格的制定程序以及制定过程"寻找"共识的精神是美国自愿共识标准能够为立法所用之根本基石,代表了行业或相关利益主体的普遍意愿,不仅能够更好地执行法律所追求的秩序,更能够保障、提升法治的整体质量,从而进一步提升产品的安全性与适配性,最大地追求市场效率。

## (三)美国标准与法律融合立法程序

参引合并的立法技术与制定了高质量的待引用标准虽是美国标准与法律融合程序中必不可少的程序,但属于立法外的程序,尚不能够正式形成标准与法律融合。立法层面的美国标准与法律融合程序始于有关政府部门正式考虑在其行政管理职责或立法中采用标准。消费品安全委员会撰写了类似立法理由书的"制定规则的通知(Notice of Proposed Rulemaking)",其中详细论证了《消费品安全促进法案》104 条与《婴儿车安全标准》(ASTM F833-13)融合的相关问题。

第一,法律授权相关政府机构援引自愿性标准,消费品安全委员会牵头纳入婴儿车安全标准于法有据。依据《消费品安全促进法案》104 条(f)款的规定,耐用婴幼儿产品指适用于五岁以下婴幼儿的产品,通常包括婴儿床、婴儿椅、洗浴座椅、婴幼儿围栏、游玩场地、固定活动中心、婴儿车、走步车、摇篮等。可见,婴儿车属于《消费品安全促进法案》104 条(b)款规定的耐用婴幼儿产品,但现行法尚未规定具体的婴儿车安全的技术要求。《消费品安全促进法案》104 条(b)款保留了消费品安全委员会有决定纳入自愿性标准的权力,因此,依据该条款,消费品安全委员会是完成美国标准与法律融合的适格主体,提请纳入婴儿车安全标准于法有据。

第二,在纳入相关标准之前,消费品安全委员会应当先检视《婴儿车安全标准》(ASTM 833-13)中规范的婴儿车与《消费品安全促进法案》104 条规定的婴

---

①　Michael S. Baram, *Alternatives to Regulation: Managing Risks to Health, Safety and the Environment*, LexingtonBooks, 1982, p.53.

②　[美]威廉·J.基夫、莫里斯·S.奥古尔:《美国立法过程——从国会到州议会》(第十版),王保民、姚志奋译,北京大学出版社 2019 年版,第 27 页。

儿车是否具有同一性,易言之,依据标准与法律融合的基本理论来看,实际上就是检视两者是否具有融合的基础,即《消费品安全促进法案》与《婴儿车安全标准》(ASTM F833-13)是否有对相同秩序的追求。《婴儿车安全标准》(ASTM F833-13)将婴儿车定义为一种以人力推行为动力的运载婴幼儿的可折叠的轮式车辆。Strollers 通常运载小于 3 周岁的婴幼儿,该种婴儿车通常以坐或半躺姿势运载儿童。而 Carriages 虽然也是一种运载婴幼儿的轮式车辆,但其运载婴幼儿的方式通常是卧姿。因此,两者并没有本质区别,区别仅在于运载婴幼儿的位置不同。① 依据《消费品安全促进法案》104 条(f)款的规定,耐用婴幼儿产品指适用于五岁以下婴幼儿的产品,(f)(2)(H)(I)中规定的婴儿车用词分别是 Carriers 与 Strollers,因此,从语义的通常理解方面看以及法案的规范目的方面看,《消费品安全促进法案》中所规定的婴儿车可认为就是《婴儿车安全标准》(ASTM F833-13)中规范的婴儿车,属于《婴儿车安全标准》(ASTM F833-13)的调整范围。可见,《消费品安全促进法案》第 104 条(b)与《婴儿车安全标准》(ASTM F833-13)具有相同的规范目的,即均旨在追求提高相关婴儿车产品的安全性,两者追求相同的秩序,因此,《消费品安全促进法案》第 104 条(b)与《婴儿车安全标准》(ASTM F833-13)具有融合基础。

第三,必要的行业领域调查。一旦标准与法律融合完成,标准就具有了法律效力,即具有了普遍约束力与强制约束力,这将影响相关利益主体的权利义务关系。为了明确《消费品安全促进法案》纳入《婴儿车安全标准》(ASTM F833-13)对市场的影响、标准的实施阻碍最小化以及后续能够准确征求利益相关主体的意见,消费品安全委员会在提请纳入自愿共识标准之前,做了必要的市场调查。联邦登记此部分对标准的检视正是回应了 OMB 通告 A-119 的第五节的相关要求,即拟采用的标准是否有利于推广、中小企业遵守该标准的能力以及执行该标准的成本效益分析。立法时年(2014)美国国内相关婴儿车供应商或生产商共有 85 家,34 家为国内制造商,36 家为国内进口商,4 家是供应来源不明的国内供应商,此外,还有 10 家为外国公司向美国市场供应婴儿车,7 家外国制造商等。同时,美国婴儿组织 2005 年的一项调查指出几乎所有的新妈妈(99%)都拥有至少一辆婴儿车,2005 年美国市场消费了近 400 万辆婴儿车。② 由此可见,婴儿车已经成为了生活必需品,因此,十分有必要有相关的技术要求能够规范婴儿车,但时年美国的法律体系中并没有相应的婴儿车技术要求规范婴儿车,就需要把目光投向相关自愿性标准,通过将法律规范体系外的

---

① 16 CFR Parts 1112 and 1227(2014).

② 16 CFR Parts 1112 and 1227(2014).

自愿性标准引入,做到婴儿车安全规范有法可依,从而实现有关领域的执法具有法律依据。

第四,与婴儿车有关的婴幼儿致害事故(纳入该标准的必要性问题)。如上述,美国标准与法律融合是缘起于早年美国蒸汽船锅炉爆炸事故,为了保障乘客、船员的生命安全,美国国会采用了富兰克林学会的研究成果,其中明确指出蒸汽船锅炉的安全技术要求。同样地,正是因为与婴儿车有关的安全事故频发,甚至引发了致死安全事故,从而引起了消费品安全委员会的注意,因此,采用科学合理的技术要求规范婴儿车的安全问题、保护相关人员的生命健康,就成为美国消费品安全委员会首要考虑的问题。"制定规则的通知(Notice of Proposed Rulemaking)"开篇序言即指出,美国流行病学管理局确认了2008年1月1日至2012年12月31日涉及的婴儿车事件共1203起非致命事件,其中359起事件导致受伤事故,此外,共有4起与婴儿车有关的致命事故。"制定规则的通知(Notice of Proposed Rulemaking)"中确认的致害风险因素包括车轮、驻车制动器、锁紧机构、约束装置、铰链、结构完整性、稳定性/倾翻、间隙、汽车座椅附件、雨篷、把手、座椅、尖锐点或边缘、托盘以及未指明或其他问题。自"制定规则的通知(Notice of Proposed Rulemaking)"发布以来,2013年1月1日至2013年6月30日期间,消费品安全委员会报告了90起与婴儿车相关的新事件,其中32起为非致命的受伤事件。从2008年1月1日到2013年6月30日,报告的事故总数增加到1297起,其中4人死亡,391人受伤。2013年1月1日至2013年6月30日期间90起新发事件中危害模式与"制定规则的通知(Notice of Proposed Rulemaking)"中发现的相似,其中车轮问题占25起,造成6人受伤;门锁机械故障导致11起事故,造成5人受伤;稳定问题造成10起事件,造成3人受伤;约束装置与2起伤害和8起非伤害事件有关。在90起新事件中,有4起需要住院治疗,2起事故导致手指截肢,一起是由于儿童的手指被折叠铰链夹住,另一起发生在婴儿车倒塌时;第3起住院事件治疗涉及一名儿童解开约束装置,试图离开婴儿车,并被用于锁定折叠婴儿车的延长铆钉卡住,这起事件导致胯部区域撕裂;第4起住院事件是因为一辆婴儿车从火车站台上滚下来,落在轨道上,孩子坐在婴儿车里,导致孩子额头被划伤。此外,"制定规则的通知(Notice of Proposed Rulemaking)"还指出78起婴儿车事故中的受害者涉及4岁以上的儿童和成人,其中72起涉及17至64岁的受害者,受害者并非只是缺乏自我保护能力的婴幼儿,几乎所有的事故(74起)都造成了受害人受伤的结果,手指是78起事故中最主要的受伤部位。2013年1月1日至6月30日期间,新增报告6起新事件,共计84起婴儿车事件,所有6起新发生的事件都涉及 4 岁以上的儿童或成年人，这 6 起事件均导致手指受伤。<sup>①</sup> 高发且严重的婴儿车事故激发了消费品安全委员会对婴儿车安全问题的关注，因此，在立法层面就急需统一、有效的婴儿车安全标准以满足实践的需要，有鉴于此，消费品安全委员会在"制定规则的通知（Notice of Proposed Rulemaking）"中建议纳入 ASTM 制定的《婴儿车安全标准》（ASTM F833-13）以满足消费品安全监管的需要。

第五，消费品安全委员会对《婴儿车安全标准》（ASTM F833-13）内容的陈述，该部分旨在检视《婴儿车安全标准》（ASTM F833-13）的技术要求是否满足《消费品安全促进法案》以及消费品安全委员会的监管需求，总的来说，监管需求旨在减少婴儿车相关的致害事故以及可量化的婴儿车技术要求。联邦登记此部分对标准的检视正式回应了 OMB 通告 A-119 的第五节的相关要求，即政府机构采用非政府标准时，应当考量其标准是否在其法定职责范围内、是否能够满足公共健康、福利、安全等需要、标准是否能够应付当下急需解决的技术问题等方面的因素。消费品安全委员会在"制定规则的通知（Notice of Proposed Rulemaking）"中指出，"早在 1983 年 ASTM 就制定了《婴儿车安全标准》（ASTM F833），其中包括安全性能要求、试验方法和标签要求，旨在减少婴儿车对婴幼儿的危害。至今（2014），该标准修订 20 多次，现行的《婴儿车安全标准》（ASTM F833-13）于 2013 年修订完成。"<sup>②</sup>消费品安全委员会建议纳入《婴儿车安全标准》（ASTM F833-13）作为《消费品安全促进法案》有关婴儿车安全的技术要求。消费品安全委员会进一步指出，该标准除了满足了婴儿车安全要求的基本要求以外，还解决了许多婴儿车的致害风险问题，例如，改进了婴儿车停车制动器技术要求的测试方法、提出新的技术要求以解决与婴儿车相关的汽车座椅的头部夹压风险、提出新的技术要求和试验方法，以解决约束带系统搭扣的问题，并简化搭扣关闭系统、提出新的技术要求和试验方法，以解决铰链问题、通过考虑多个面向的座椅（如旋转座椅）来解决稳定性问题等，同时该标准还规定了婴儿车警示标签问题。可见，该标准与现行其他标准相比具有技术上的先进性，不仅能够满足婴儿车基本安全性能的监管要求，还能够在此基础上进一步提升婴儿车的安全系数，从而减少婴儿车致害事件的发生。"制定规则的通知（Notice of Proposed Rulemaking）"进一步指出，大部分的致害事故都与铰链相关，因此，《婴儿车安全标准》（ASTM F833-13）中有关铰链安全的技术规范与测试方法能够满足委员会对铰链安全的监管需求。值得一提的是，政府机

---

① 16 CFR Parts 1112 and 1227(2014).

② 16 CFR Parts 1112 and 1227(2014).

构对标准并不是全盘接受的:消费品安全委员会仔细研究与测试了《婴儿车安全标准》(ASTM F833-13)中有关 2D 折叠婴儿车的性能要求与测试方法,但没能满足其安全监管需求,因此,ASTM 于 2013 年 9 月 15 日颁布的《婴儿车安全标准》(ASTM F833-13a)修订了 2D 折叠婴儿车的性能要求与测试方法,但仍然没有满足消费品安全委员会的安全监管要求,ASTM 于 2013 年 11 月 1 日进一步修订《婴儿车安全标准》,批准发布了《婴儿车安全标准》(ASTM F833-13b),该版标准进一步改进了 2D 折叠婴儿车的性能要求和测试方法,并修改剪切力、挤压力等作用力对婴儿车的适用寿命影响的计算方式。最终,消费品安全委员会比较了相关的计算测试方法,并使用了市场上的婴儿车(包括事故婴儿车)做了测试,消费品安全委员会认为 ASTM 修订后的《婴儿车安全标准》(ASTM F833-13b)相关测试方法更易于操作,能够满足消费品安全委员会的要求,并将《婴儿车安全标准》(ASTM F833-13b)采纳之。[1] 消费品安全委员会在联邦登记中的立法理由能够满足 OMB 通告 A-119 的第五节中纳入标准的相关法定要求。

第六,征求相关利益主体意见。OMB 通告 A-119 的第五节明确指出,政府机构应考虑拟采用的标准是否存在影响中小企业、公共利益团体利益以及标准制定主体是否阻碍公众参与、成员是否适格或标准制定程序是否合规等问题。为了满足相关标准与法律融合的法律规定,消费品安全委员会对纳入《婴儿车安全标准》(ASTM F833-13)问题向相关利益主体征求意见。消费品安全委员会共收到来自制造商、消费者权益团体和行业协会的六条意见,意见均支持在立法中规定婴儿车安全标准,使自愿性标准成为具有法律效力的强制性标准,消费品安全委员会就意见逐一进行了详尽的回复,并记录在案。第一条意见来自婴儿车制造商,制造商认为应简化婴儿车耐受度的试验方法,对此,消费品安全委员会采纳了该意见,并与 ASTM 修订了此前版本的《婴儿车安全标准》(ASTM F833-13),并发布了《婴儿车安全标准》(ASTM F833-13b)。第四条意见由两位技术专家提出,认为婴儿车测试应在不规则表面进行,以此评估婴儿车的使用寿命,对此,消费品安全委员会没有采纳,并提出不规则表面进行的使用寿命测试结果与其他较极端情况的测试结果基本相似,且成本高昂与耗时,因此,消费品安全委员会将不会在不规则平面上测试婴儿车的使用寿命。还有一条意见指出,标准中的警示用语措辞还应当进一步斟酌,消费品安全委员会认为,此建议将会在后续的会议上进一步审查与讨论,并不是当下急需解决的问题。值得一提的是,这六条建议中均涉及《婴儿车安全标准》(ASTM F833-

---

[1]　16 CFR Parts 1112 and 1227(2014).

13)的生效时间问题,有的专家认为 18 个月、有的专家认为 12 个月,还有的专家认为应尽快生效。消费品安全委员会仔细考量了生效时间,并认为在联邦登记发布之日起的 18 个月以后生效较为合适,这主要考虑到了 ASTM 与消费品安全委员会对《婴儿车安全标准》(ASTM F833-13)做了较大的修订,因此,为了让制造商有足够的时间为执行新标准做充分准备,消费品安全委员会决定采用 18 个月的生效期;消费品安全委员会进一步认为,18 个月是一个合理期间,18 个月生效期能够最大限度减少对生产者或经销商的影响,制造商在此期间有足够的时间重新设计产品、测试新的原型产品以及调整生产工艺,以满足《婴儿车安全标准》(ASTM F833-13)与《婴儿车安全标准》(ASTM F833-13b)的技术要求。① 18 个月的生效期体现了消费品安全委员会充分考虑了 OMB 通告 A-119 的第五节规定的拟采用的标准对影响中小企业的影响。其他意见均对婴儿车的设计提出安全要求,例如是采用五点式安全约束带还是三点式安全约束带等问题,消费品安全委员会认为,这些问题都会在 ASTM 小组会议上被进一步讨论,以供后期修订标准。②

第七,消费品安全委员会提请参引合并《婴儿车安全标准》(ASTM 833-13)的最终规则。"制定规则的通知(Notice of Proposed Rulemaking)"中提请纳入《婴儿车安全标准》(ASTM 833-13)的法律依据检视、现实背景概述、必要性以及征求意见等论述程序都是旨在从实质上满足 OMB 通告 A-119 中有关政府机构纳入非政府标准的法定要求。"制定规则的通知(Notice of Proposed Rule-making)"指出消费品安全委员会的纳入程序符合 OMB 通告 A-119 的规定,因此,消费品安全委员会向联邦登记部门正式提出以参引合并的立法技术纳入《婴儿车安全标准》(ASTM 833-13b)。《消费品安全促进法案》纳入《婴儿车安全标准》(ASTM 833-13)的生效日期为 18 个月以后。联邦登记公报指出,《行政程序法》(APA)一般要求规则的生效日期至少为最终规则公布后 30 天。《婴儿车安全标准》(ASTM 833-13)将在《联邦登记》上公布最终规则在 18 个月后生效。《婴儿车安全标准》(ASTM 833-13)最终规则在《联邦登记》上公布的时间为 2014 年 3 月 10 日,因此,其生效时间应是 2015 年 9 月 11 日。至此,《消费品安全促进法案》与《婴儿车安全标准》(ASTM 833-13)融合的立法程序已经完成,《婴儿车安全标准》(ASTM 833-13)具有了法律效力。《联邦登记》指出,《丹尼卡什儿童产品安全通告法案》第 104 条(《消费品安全促进法案》第 104 条)要

---

① 消费品安全委员会对中小企业的影响问题做了详尽的分析,具体分析报告参见 16 CFR Parts 1112 and 1227(2014)(I)(4).

② 16 CFR Parts 1112 and 1227(2014).

求消费品安全委员会颁布耐用婴幼儿产品的安全标准,其技术要求应当不低于自愿性标准,即可以相同于自愿性标准也可以严格于自愿性标准。消费品安全委员会与 ASTM 的技术专家在《婴儿车安全标准》(ASTM 833-13)基础上修订了技术要求更为严格的《婴儿车安全标准》(ASTM 833-13b),构成了《丹尼卡什儿童产品安全通告法案》第 104 条项下所规定的强制性标准。

第八,提请联邦登记部门审核是否符合参引合并的法定(CFR part 51-Incorporation by Reference)要求。在联邦登记公报的最后一部分,消费品安全委员会依据"CFR part 51-Incorporation by Reference"第三部分之法定要求[1],明确指出了纳入标准的标准名、标准号、制定者等具体信息,对利害关系人事实上是可获得的(Fact Available),并指出了可以从 ASTM 的官方网站获得该标准的副本,也可以从位于马里兰州的美国消费品安全委员会秘书办公室查阅该标准,或可以从国家档案管理局查阅该标准的副本。[2] "制定规则的通知(Notice of Proposed Rulemaking)"中纳入的标准是由 ASTM(私营标准组织)依据自愿共识程序制定的自愿共识标准,属于"法外材料",且形式上符合法律的规定,因此,本造申请之材料为 CFR part 51 51.7(a)(2)规定的适格材料。联邦登记公报的最终规则部分以简洁用语表述了《丹尼卡什儿童产品安全通告法案》第 104 条(《消费品安全促进法案》第 104 条)纳入《婴儿车安全标准》(ASTM 833-13),符合"CFR part 51 51.9(a)"之规定。最终,消费品安全委员会提请纳入的自愿共识标准(非政府标准)《婴儿车安全标准》(ASTM F833-13b)获得联邦登记部门主任批准,并于 2015 年 9 月 10 日起,《婴儿车安全标准》(ASTM F833-13b)正式纳入《消费品安全促进法案》,同时产生法律效力,完成纳入的立法程序,并发布了联邦登记公告(Federal Register/Vol.49,No.46/13208)。

第九,消费品安全委员会提请修订《消费品安全促进法案》纳入最新版《婴儿车安全标准》(ASTM F833)。消费品安全委员会的修订依据是 CFR part51 51.11(即依据"CFR part 51-Incorporation by Reference"第六部分),该部分规定了政府机构如何变更此前已经完成并生效的参引合并材料,即所有关于参引合并的变更应在《联邦登记》(Federal Register)上发布变更通知,同时应修改《联邦法规汇编》(Code of Federal Regulations)中相应的条款。2019 年消费品安全委员会因 ASTM 修订了《婴儿车安全标准》(ASTM F833)标准而向联邦登记部门提请重新纳入《婴儿车安全标准》(ASTM F833-19),即最新版标准的修正案。自 2014 第一次纳入 ASTM 制定的《婴儿车安全标准》后,ASTM 随后对

---

[1]　被纳入的材料应当合理可获得且应明确指出获得方式,以及概述被引用的材料。

[2]　16 CFR Parts 1227(2014).

该标准进行了两次修订（通常依据 ANSI 发布的美国制定标准程序的相关要求，标准应定期维护），消费品安全委员会直接采用了最新版本的标准作为美国婴儿车强制性标准。消费品安全委员会同样发布了"制定规则的通知（Notice of Proposed Rulemaking）"，在该通知中详细地阐述了 ASTM 对《婴儿车安全标准》（ASTM F833）的两次修订，并指出新的技术要求的先进性以及更好地保护婴儿车的消费者，更指出了纳入最新标准的必要性。同时，消费品安全委员会向联邦登记部门提交了纳入的最新版本《婴儿车安全标准》（ASTM F833-19）作为存档，并指出获得该标准的方法，以保障利益相关主体能够普遍获得该标准的文本。此番纳入修订版《婴儿车安全标准》（ASTM F833）经联邦登记部门负责人审核通过，并于 2019 年 8 月 2 日发布联邦登记公报，《婴儿车安全标准》（ASTM F833-19）正式取代《婴儿车安全标准》（ASTM F833）先前纳入的版本成为《消费品安全促进法案》中有关婴儿车的强制性标准。消费品安全委员会指出，出于保护中小企业的利益，在联邦登记公报公布之日起 180 天后，新纳入的标准正式生效。[①]

## 三、美国标准与法律融合实例分析

如上述立法例，作为公权力机构的美国消费品安全委员会采用了私营标准组织制定的《婴儿车安全标准》（ASTM F833），这说明了私营标准组织制定的《婴儿车安全标准》（ASTM F833）满足了公权力机构监管的需要。虽然作为技术规范的《婴儿车安全标准》（ASTM F833）调整对象是人与技术的关系，规定了人们如何利用自然力、生产工具、科学技术等，以更有效地利用技术生产出更安全、合理的婴儿车，保障婴儿车用户群体的生命财产安全，同时还能够节省社会成本，最终实现最佳秩序。然而，《婴儿车安全标准》（ASTM F833）是自愿性标准，没有强制执行的效力，随着婴儿车事故的频发，危及了用户群体的生命健康安全，触及了法律规范的领域，因此，监管部门意识到了统一婴儿车安全标准的必要性，必须要求婴儿车供应商遵守相关婴儿车安全标准，于是，《消费品安全促进法案》纳入《婴儿车安全标准》（ASTM F833）。如此，技术规范就成为社会规范，其规定的技术秩序获得了国家机关的认可，从而能够规范人们的行为，违反技术规范的后果不再只是危及生产秩序或者产品质量低下，而是需要承担相应的法律责任。

从《消费品安全促进法案》与《婴儿车安全标准》（ASTM F833）的实例，我

---

① 　16 CFR Parts 1227（2019）.

们可以看出在微观层面上，美国标准与法律融合反映了两个深层次的原理：美国法律充分利用了标准化的成果、促进了公私共治治理模式的形成。

## （一）美国法律充分利用了标准化成果

美国标准与法律融合从标准化与法律关系来看，实际上法律充分利用了标准化的成果。

### 1. 标准化成果

所谓标准化成果是指，通常来说，也就是标准化为人类带来的效益，即标准化活动能够产生巨大的效益：改进产品、过程或服务预期目的的适用性，促进贸易，交流以及技术合作[①]，在"自给自足"的标准化领域中，通过科学实验、技术测试、建模、计算、技术经验总结等专业性方法所获得的"最佳秩序"。如上述，《婴儿车安全标准》（ASTM F833）是私营标准组织 ASTM 至今修订了十几次的自愿共识标准，其中详细规定了婴儿车的安全性能、安全测试方法、设计方案等技术要求，这些技术要求并非凭空产生的，而是技术专家通过实验、测试、计算、经验总结的方法所获得的"最佳秩序"，这种最佳秩序可以表达为：依据此标准能够在保障供应商经济利益与生产效率的情况下制造出符合安全标准的婴儿车。鉴此，标准化成果也可以理解为标准化成果是通过"协商一致"程序，在科学技术的基础上平衡了各方利益所得到的成果。由于法律是平衡各方利益的规范，但立法无法深入标准规范的领域平衡利益（发挥作用），因此，标准化成果能够在一定程度上达到与法治相同的治理效果。随着标准化事业的发展以及法治建设的深入，标准与法律的关系也日益密切，几乎在所有的法律领域里都能看到标准的存在，标准对法治的作用日益凸显。[②] 从法律角度看这个现象，也可以理解为法律利用了标准，也即法律利用了标准化的成果。

标准化成果可以总结为以下三点：

第一，标准化有助于实现有序化。"促进共同效益"是人类从事标准化活动的根本目的，通过标准化的作用，人类利用标准化的成果，获得普遍的共同效益。标准化的"有序化原理"可以表述为：标准化活动确立并应用了工人的技术规则，建立了人类活动的最佳技术秩序，包括了"概念秩序、行为秩序、结果秩序"，达到了人类行为及行为结果的有序化，从而促进了人类的共同效益。[③] 如果没有标准化活动，那么人类活动及其活动的结果将会彼此不同，不仅降低了

---

① 白殿一、王益谊：《标准化基础》，清华大学出版社 2019 年版，第 31 页。

② 参见柳经纬：《论标准替代法律的可能及限度》，载《比较法研究》2020 年第 6 期。

③ 白殿一、王益谊：《标准化基础》，清华大学出版社 2019 年版，第 32 页。

个体效率,也影响了人们之间的交流与协作,人类活动及其结果的自由发展,必然造成概念、过程、产品或服务多样性暴增,导致无序和混乱局面的出现。[1] 标准化活动可以为人们运用一系列方法确立一系列技术规则,在众多的技术规则中,减少多样性,通过规则的确立,选出或组合重构适合的技术方案。只有通过应用确立的技术规则,才能从无序到有序,建立起秩序。[2]

第二,确立公认的技术规则,有利于技术规则的推广实施。标准是一种技术规则,通过标准文件将技术规则确定下来,只有严格执行标准中的技术要求,才能保证最佳秩序的实现。如上述,标准与法律相互区分,属于不同的规范体系,标准并不具有法律效力(普遍约束效力与强制执行力),事实上,标准是一种自愿性文件,这就导致了标准的实施受到阻碍。因此,"只有通过好的制度设计形成最佳秩序,才能使标准成为公认的技术规则,成为技术制度的重要组成部分,各有关方面才会自愿应用标准,标准得以自愿应用,需要符合两个条件:标准中的技术规则的适用性要好,以及形成的标准要被各利益相关方认同。"[3]正是因为标准这种好的制度设计,才能够充分反映相关领域内技术的先进性,也是代表了利益各方的共识。美国学者指出,尽管美国私营标准组织制定的自愿共识标准没有法律强制效力,但正是由于标准是"公认的技术规则",这些标准的遵守率几乎是 100%。[4] 因此,法律就更愿意利用这种标准化的成果,一方面,这种标准化成果代表着先进、合理的技术规则,能够满足相关政府机构的监管需求,进入法律后,能够借助法律的强制力实现标准所追求的秩序,进一步提升法治的质量;另一方面,"最佳秩序"也是相关领域内的普遍共识,科学、合理的技术规则大部分主体都愿意遵守实施,因此,法律利用在行业内已经获得普遍共识的标准化成果,不仅能够降低相关主体守法的成本,更能够节约司法、执法的成本,形成了相关行业领域内自觉遵守法律的健康法治局面,提高法律的实效性。

第三,建立秩序,获得效益。标准是一种技术规范,规范性是其本质属性,且规范性的目的是形成技术秩序(概念秩序、行为秩序、结果秩序),由各标准共同组成的技术规则体系规范着人类活动,通过遵守标准、实施标准以形成标准所追求的技术秩序。遵守标准建立"最佳秩序"将产生巨大的效益,这也是标准化最直接的成果,即便利交流、改进标准化对象的适用性、促进贸易、消除壁垒、

---

[1]　参见白殿一、王益谊:《标准化基础》,清华大学出版社 2019 年版,第 32 页。

[2]　参见白殿一、王益谊:《标准化基础》,清华大学出版社 2019 年版,第 33 页。

[3]　参见白殿一、王益谊:《标准化基础》,清华大学出版社 2019 年版,第 33 页。

[4]　Robert W. Hamilton, Prospects for the Nongovernmental Development of Regulatory Standards, 32 *Am. U. L. Rev.* 455 (1983), p.460.

便利技术合作、提供创新平台、提高效率。①

因此,可以说,法律利用标准化成果就可以促进法治实现上述三项巨大的效益,即为法治中注入标准化成果,实现有序化、确立公认的技术规则,有利于技术规则的推广实施、建立秩序、获得效益,这也正是法律利用标准化成果的基本原因,也是法律利用标准化成果为法律带来的积极效果。

### 2. 美国法律充分利用标准化成果的积极效果

除了上述法律利用标准化成果的一般性积极效果,美国法律充分利用标准化成果还有两项积极结果,弥补美国公权力机构标准化能力不足的弊端,以及减少《联邦登记》的篇幅。

第一,标准的专业性能够弥补公权力机构缺乏专业性的漏洞。《消费品安全促进法案》104 条(f)款仅规定了耐用婴幼儿产品指适用于五岁以下婴幼儿的产品,而婴儿车属于《消费品安全促进法案》104 条(b)款规定的耐用婴幼儿产品,但现行法尚未规定具体的婴儿车安全的技术要求,如此就存在立法漏洞。实际上,这种立法漏洞是立法者有意而为之,即立法者本来就是预先安排在此处援引标准。一方面,囿于《消费品安全促进法案》的篇幅限制以及法律体系的封闭,为了法律文本的简洁与法律体系的协调等问题,客观上也不允许在《消费品安全促进法案》正文中完整地规定有关婴儿车的安全标准,因此,只能通过援引法外规范,作为《消费品安全促进法案》的一部分,如此既可以实现相对明确的安全规范指引,又能够维持法律条文之间的整体协调。另一方面,《消费品安全促进法案》的立法者并不是技术专家,标准研制、制定工作是科学技术的产物,需要大量的科学实验、技术测验、计算、经验总结等专业技术的方法,需要专业人士才能够获得"最佳秩序",以支持立法,美国消费品安全委员会与 ASTM 反复磋商修改标准就能看出这一点,即政府机构提出需求,私营标准组织满足相关监管需求。这也恰恰说明了,标准与法律的专业知识的互补是标准与法律融合的原因之一。

第二,减少《联邦登记》的篇幅。缩减《联邦登记》的篇幅以及减少美国政府行政成本是美国标准与法律融合的原因之一。从美国标准与法律融合的实例,可以清楚地、直观地发现,标准与法律融合是如何通过参引合并的立法技术缩减美国法律法规的篇幅的,即只需要发布一个立法通告,就能够将上百页的标准纳入单一法条中。虽然美国信息自由法案(Freedom of Information Act, FOIA)要求《联邦登记》应当公布"实质性规则以供法律的普遍适用",参引合并情形例外,通过参引合并纳入标准以替代全文发布,就视为标准的全文已经在

---

① 参见白殿一、王益谊:《标准化基础》,清华大学出版社 2019 年版,第 36～40 页。

《联邦登记》上发布。参引合并例外旨在允许政府机构合并法外材料来减少《联邦登记》的篇幅,以节约政府印刷法规的成本。① 如上述立法例中,《联邦登记》仅罗列相关被纳入标准的名称、标准号、标准制定者、版本号等相关信息,或直接在条文中列明在某个地点可以全文获得被纳入材料的立法技术。减少《联邦登记》篇幅的同时,还增强了《联邦登记》的可读性,扩大了联邦法规的信息量,在立法技术上扩展了法律的效力。在《联邦登记》如同"黄页"那般仅列明被纳入标准的名称等相关信息实现了《联邦登记》的功能向"法规引索"转变,更方便了法律专业人士的找法需求,提高了找法的效率。

### 3. 美国法律如何充分利用标准化成果

充分利用标准的法律规范领域主要涉及公共安全、公共卫生领域以及产品质量等专业化领域。这些领域的法律规范的特点在于高度的专业化,这种专业化又通过法律的技术品格而体现,促进法律对市场实际情况的真实反映。也正是因为这种专业性与科学技术性,使非政府标准的制定并非如民主立法,易言之,民主立法不能解决科学技术领域事项,而是应当依靠科学试验、测试等科学方法获得最佳秩序,例如,符合食品安全要求的饮用水中有害物质控制在什么范围内对人体无害,这应当是具备专业科学技术的专业人员通过许多实验报告、数据而决定,并非通过投票决定。非政府标准的目的是旨在促进行业与贸易的安全性、可预测性以及统一性。② 正是由于非政府标准的专业性与科学技术性,美国公权力机构的专业知识常常无法支撑立法中对科学技术知识的需求,故需要引用私人专业化组织制定的标准纳入立法以实现国家机构监管需要。尽管非政府标准本身并不具有法律的约束效力,但标准制定的过程反映了传统的立法。标准制定组织成员参与了一个复杂的标准制定过程,包括了立项、起草、征求意见以及采用等过程,有时候需要花五年时间。参与制定标准的人员通常具备专业技术,并且标准组织也会严格地审查参与制定标准人员的资质。完备严谨的标准制定程序与富有资质的人事力量充分保证了标准组织能够制定出高质量的标准。③ 非政府标准的制定并非是为了满足政府监管或行业监管的需求,而是先达到行业或贸易的安全性、可预测性以及统一性以满足市场需求,通过完善标准供给侧制度以满足标准需求侧对高质量标准的市场

---

① Nina A. Mendelson, Private Control over Access to the Law: The Perplexing Federal Regulatory Use of Private Standards, 112 *Mich. L. Rev.* 737 (2014), p.742.

② James M. Sweeney, Copyrighted Laws: Enabling and Preserving Access to Incorporated Private Standards, 101 *Minn.L.Rev.*1331(2017), p.1335.

③ James M. Sweeney, Copyrighted Laws: Enabling and Preserving Access to Incorporated Private Standards, 101 *Minn.L.Rev.*1331(2017), p.1337.

需求。

有关产品或服务安全性、质量的新兴法律部门对标准的依赖大大超越了传统法领域。民法、刑法等传统法律部门对标准的依赖程度较低,例如,民法体系中有关标准之领域少量见于合同法中关于标的物质量的规定①以及侵权法中有时对标准的援引,刑法中见于环境污染犯罪等个别犯罪规定,标准在传统法领域的角色通常被认定为证据或事实②。传统法律部门与《消费品安全促进法案》《职业安全与健康法案》等新兴法律部门严重依赖非政府标准相比,传统法律部门对标准的依赖可谓是"不成气候"。新兴法律部门对标准的严重依赖,立法中大量引用非政府标准,可谓是当代美国法律体系中的一朵"奇葩"。之所以如同《消费品安全促进法案》《职业安全与健康法案》等新兴法律部门大量依赖标准,其原因在于近一个世纪科学技术的爆炸式发展,给人类带来机遇、便利、文明的同时,也给人类带来灾难,当前社会向风险社会发展,环境问题、食品安全问题、核能安全问题、产品质量安全等与技术息息相关的问题时刻蛰伏在人类身边。使人类越来越意识到应当反过来通过科学技术的手段保护人类自身的安全,将能够保障人类安全、提高人类社会效率的科学技术予以制度化从而实现推广,实现良性循环。因此,新兴领域的法律部门对技术标准的依赖正是体现了人类将能够保护自身安全的科学技术予以制度化的过程。

## (二)美国标准与法律融合模式促进了公私共治的形成

标准与法律融合扩展了公权力的能力范围,尤其是进入了科学技术领域,究其根本原因是由于逐渐形成的公、私合作治理。在新兴领域,例如,气候环境问题、食品安全等,传统公权力逐渐被碎片化、重新整合以及分散到新部门。③传统理论认为,政府几乎承担社会治理与监管的所有职责,尽管有非政府力量参与社会治理与监管,也仅仅是游离于主流,游走于边缘处。然而,代表私权治理的标准进入公权力监管领域是当前公权治理与私权治理融合共治的最好例证。

当代社会治理理念已经从政府管制到放松管制再到公、私共治,美国标准与法律融合顺应了"共治"理念的趋势。代表私人治理的非政府标准与代表公

---

① 参见柳经纬:《合同中的标准问题》,载《法商研究》2018 年第 1 期。

② Kyra A. Goidich, The Role of Voluntary Safety Standards in Product Liability Litigation: Evidence of Cause in Fact, 49 *Ins. Counsel J.* 320 (1982).

③ Stefano Ponte, Perter Gibbon, Jokob Vestergaard: Governing through Standards: An Introduction, in: Stefano Ponte, Perter Gibbon, Jokob Vestergaard(Eds.), *Governing through Standards: Origins Drivers and Limitations*, Palgrave Macmillan, 2011, p.3.

共治理的法律法规相互融合、相互汲取形成"共治"。技术标准的制定虽然主要是通过私人组织进行的,但它具有许多公共功能的属性。[①] 美国标准与法律融合实际上就是美国的公共治理以"共治"的手段充分利用了非政府标准的成果,借以"共治"的优势满足其监管职能,降低遵从成本[②],提高法治效率。

如上文所述,标准具有规范性,能够调整科学技术领域的社会关系,正因此,标准也具有社会治理的功能,从而公权力有强烈的欲望实现与标准的互补关系。一方面,标准调整科学技术领域的社会关系延伸了法律调整范围,是法律充分利用标准化成果的体现;另一方面,标准本身也是社会治理工具,不仅在行业自律管理中扮演了重要角色,也作为公共治理的重要补充,尤其是私营标准组织制定的非政府(自愿共识标准)进入公共治理领域后,实现公共治理、私人治理的合作治理模式,也成为"混合行政"(Mixed Administration)[③]。在此,有必要指出,"共治"所确定的监管模式是政府与私营组织共同管理,政府的监管仍然存在。只是监管问题正在寻求更加强调以市场为导向的解决方案。[④]

治理区别于"统治",现代社会发展可以说是传统统治走向现代社会的治理,尤其是提倡社会治理多元化。治理是"去中心化的",当前政府没有垄断社会治理,它可以发生在和其他社会角色之间,而排除政府的参与。[⑤]"治理是实现一定的社会政治与经济发展目标的手段,相对于国家的统治体制而言,治理体制是一种工具理性。治理是一个过程,不是一整套规则或一种活动;治理的基础是协调,而不是控制;治理既涉及公共机构,也涉及私部门;治理是一种持续的互动,而不是一种正式的制度。"[⑥]可见,在治理体系现代化以及治理工作多元化的建设过程中,标准已然成为治理现代化背景下的新兴治理工具,这是由于标准本身具有的规范性与追求秩序的属性。当前,各主要发达国家政府已经开始熟练地采用标准作为社会治理的工具。

私人治理并不是一个新的概念,远在中世纪时期,商人们就已经开始根据

---

① Jorge L. Contreras, From Private Ordering to Public Law: The Legal Frameworks Governing Standards-Essential Patents, 30 *Harv. J. L. & Tech.* 211 (2017), p.231.

② 高秦伟:《私人主体与食品安全标准制定》,载《中外法学》2012 年第 4 期。

③ [美]乔迪·弗里曼:《私人团体、公共职能与新行政法》,载《北大法律评论》(第 5 卷·第 2 辑),法律出版社 2003 年版。

④ Richard E. Wiley, Dennis R. Patrick, Laurence A. Tisch, et al., Broadcast Deregulation: The Reagan Years and Beyond, 40 *Admin. L. Rev.* 345 (1988), p.346.

⑤ Lesley K. McAllister, Harnessing Private Regulation, 3 Mich. *J. Envtl. & Admin. L.* 291 (2014), p.299.

⑥ 于连超:《作为治理工具的自愿性标准:理论、现状与未来》,载《宏观治理研究》2015 年第 4 期。

他们的贸易惯例来管理商事交易,形成了一种自治的法律体系,并通过商人协会的制裁与商人"法庭"以强制执行。① 相关行业进行私人治理的直接动机是避免政府直接治理或过多的干预。② 私人治理(Private Governance)由两部分组成,"私人"与"治理",这两者都凸显了私人治理的要素,但仍有准确、详细定义私人治理之必要。首先,私人治理必须是私人的,这是私人治理最根本的要素,即私人治理的主体必须是非政府主体,包括个人、组织或机构等。其次,私人治理必须是治理,广义上说,"治理"为追求传统政府目标的行为,包括保护公共秩序、提供公共物品,以及有益于整个社会的规范社会行为。③

### 1. 作为私人治理的标准进入公共治理领域

在美国,私营监管组织被称为政府的第五个部门。④ 与其他公权力机构一样,私营监管组织本质上是"制定规则并依据其规则处理争议"。一个世纪以来,ASTM 与 ASCE 这种私营标准组织在安全监管领域制定了许多安全标准。20 世纪 20 年代初,保险商实验室(UL)已成为消防安全的主要监管机构,拥有世界上最大的火灾测试实验室,每年认证超过 5 亿件产品并贴上 UL 标签。东正教会在 20 世纪 50 年代和 60 年代建立了严格的洁食认证体系,到 1970 年,它雇用了 750 多名质量监督员,为 475 家公司认证了 2500 多种产品。⑤ 虽然私营监管组织的监管方式五花八门,但私营监管组织制定标准实现监管目的是最普遍的方式,通过这些标准规范自身行为或相关主体的行为。私人监管组织除了通过制定标准来实现监管职能,实际上,私人监管组织还通过认证认可制度执行其制定的标准,以证明产品或服务的质量或性能符合其标准。

公共监管是指行使公共权力来制定、实施和执行规则⑥,公共治理的权威性来自于国家,通过国家强制力实现对社会的有效管控,例如,通过刑罚惩治矫正

---

① 　Juana Coetzee, Private Regulation in the Context of International Sales Contracts, 24 *Law democracy & dev.* 27 (2020), pp.28~29.

② 　Robert Gellman, Pam Dixon, Failures of Privacy Self-Regulation in the United States, in: David Wright, Paul De Hert(Eds.), *Enforcing Privacy: Regulatory, Legal and Technological Approaches*, Springer, 2016, p.54.

③ 　Emily S. Bremer, Private Complements to Public Governance, 81 *Mo. L. Rev.* 1115 (2016), p.1116.

④ 　Lesley K. McAllister, Harnessing Private Regulation, 3 *Mich. J. Envtl. & Admin. L.* 291 (2014), pp.300~301.

⑤ 　Lesley K. McAllister, Harnessing Private Regulation, 3 *Mich. J. Envtl. & Admin. L.* 291 (2014), pp.300~301.

⑥ 　Lesley K. McAllister, Harnessing Private Regulation, 3 *Mich. J. Envtl. & Admin. L.* 291 (2014), p.300.

违反公共监管的不法行为。尽管公共监管是各种监管方式中最有效的,但是公共监管并非是万能的,也会产生"政府监管失灵"的问题。"失灵"传统上与市场相联结,即"市场失灵",市场无法起到资源的最优配置作用,市场的配置功能失灵。同样地,政府监管也会在某些领域"失灵",这意味政府监管无法在相关领域起到资源的最优配置作用。私人监管作为公共监管之外的另一种选择,倾向于向公共监管漏洞处发展,私人监管(私人治理)填补了政府监管(政府治理)的空白。①

私人治理可以为传统的公权力治理提供如下补充:

第一,私人治理可以弥补立法滞后。科学技术的发展带来经济社会的快速变革,尤其是互联网领域,依据摩尔定律,互联网产品的更新换代周期为 2 年。②立法机构的立法程序通常十分繁杂与耗时,甚至还涉及许多利益集团之间尖锐的利益冲突问题。因此,在社会经济情况快速变革的时候,立法往往是滞后于社会实际情况的,无法调整处于时代前列的新问题。然而,尤其以自愿共识标准为主要治理手段的私人治理可以弥补公权力立法的滞后问题,诚如学者所言:"在美国,法律越存在漏洞、体系越不健全之处,私人治理就越蓬勃发展。"③

与美国拖沓的立法程序相比,私营标准组织对技术、行业实践或其他市场情况的变化能够作出更灵活、更有效和更经济的回应。并且严格的立法程序、行政程序并不像约束公权力机构那样约束私营标准组织,这给私营标准组织预留了更为广阔的空间与市场反应时间。再者,立法过程中某些争议较大的问题可能会遗留到立法以后,有不利于法律实施之虞。然而借以非政府标准的私人治理完全反映了自愿性,即制定的自愿性与实施的自愿性,市场主体基于自身现实利益的考量实施或接受私人监管。私人治理基于自愿与普遍共识,实际上这对标准的执行与贯彻可能会更加容易。④ 私营标准组织实质上是行业的联合组织,由对制定标准感兴趣的主体组成的组织,私营标准组织服务于各具体成员的共同利益。正因此,私营标准组织满足了各具体成员的标准化需求,所指定的自愿共识标准能够反映组织成员的普遍共识,这是私营标准组织高效制定

---

① Emily S. Bremer, Private Complements to Public Governance, 81 *Mo. L. Rev.* 1115 (2016), p.1121.

② 吴志攀:《"互联网+"的兴起与法律的滞后性》,载《国家行政学院学报》2015 年第 3 期。

③ Lesley K. McAllister, Harnessing Private Regulation, 3 *Mich. J. Envtl. & Admin. L.* 291 (2014), pp.293~294.

④ Emily S. Bremer, Private Complements to Public Governance, 81 *Mo. L. Rev.* 1115 (2016), p.1123.

标准的基本保障。① 技术标准变化较快,政府的制定程序较为冗长复杂,因此政府倾向于利用私人主体的快速反应。② 这正是凸显了制定法的滞后性,NTTAA 只不过是确认民间已经广泛采用与承认的较高质量的非政府标准,促进国家整体产品、服务的质量提升。③

第二,经济全球化是私人治理的重要推动力,因为政府行为者缺乏足够的权力来管制国际经济活动。④ 许多私人监管的倡导者和评论家认为,全球化正在削弱国家的法律权力,私人监管在此背景下应当替代法律。⑤ 经济全球化带来的直接结果就是生产、市场早已突破原有的国界,此国与彼国的产品实现互通,产品的互通又是基于产品或服务执行同一标准。尤其是许多大型的跨国公司,无论是其产品质量要求以及内部管理制度(包括职业场所的安全要求、劳工的福利待遇要求等)都与母公司相同或者母公司所在的联盟相同(此处联盟即为私营标准组织),母公司或联盟通过制定标准等自我规范来实现。假如母公司或联盟所在国政府等公权力机构通过这些跨国企业要求海外分支机构应当遵守所在国相关法律,那么这种“长臂管辖”不仅难以推行,还可能构成干涉他国内政之嫌,引起国际政治争端⑥。尤其是美国政府,在国际活动种更应当采用或支持非政府标准,尽量避免向他国政府以及企业等主体施加以美国强大军事实力背书的公权力规范。因此,通过企业或企业联盟推广或执行相关“游离于政治之外”⑦的标准,其他国家的相关主体自愿采用实施,这将减少产品质量要求以及内部管理制度贯彻实施的许多阻力,也避免很多不必要的国际政治争端,更能以柔性的方式促进国际合作。美国学者指出,正是由于传统政府治理

---

① Stacy Baird, The Government at the Standards Bazaar, 18 *Stan. L. & Pol'y Rev.* 35 (2007), p.42.

② 高秦伟:《私人主体与食品安全标准制定》,载《中外法学》2012 年第 4 期。

③ Jane K. Winn, Globalization and Standards: the Logic of Two-Level Games, 5 *ISJLP* 185 (2009), p.185.

④ Tim Büthe & Walter Mattli, *The New Global Rulers: The Privatization of Regulation in the World Economy*, Princeton University Press, 2011, p.5.

⑤ Joel Bakan, The Invisisble Hand of Law: Private Regulation and the Rule of Law, 48 *CORNELL INT'l L.J.* 279 (2015), p.280.

⑥ Adam I. Muchmore, Private Regulation and Foreign Conduct, 47 *San DIEGO L. REV.* 371 (2010), p.404.

⑦ John Hasnas, Defending Private Safety Regulation, 43 Regulation 40 (2020), p.40. Brad Biddle, Frank X. Curci, Timothy F. Haslach, et al., The Expanding Role and Importance of Standards in the Information and Communications Technology Industry, 52 *Jurimetrics* 177 (2012), p.178.

缺乏精湛的专业技术、雄厚的资本、足够灵活且迅速地应对日益复杂且紧迫的治理任务,因此,治理的私人化、国际化备受推崇。公司或其他的私人主体更加乐意采用相较于公权力规范更加低成本、高效率的私人治理规范。① 国际会计准则委员会(IASB,International Accounting Standards Board)制定的国际会计准则(IAS,International Accounting Standards)、国际财务报告准则(IFRS,International Financial Reporting Standards)共同组成了国际会计财务标准(准则)体系的主体。对于民主派学者来说,立法的"权威性(Legitimacy)"来自于民主,但国际金融软法的"权威性"与传统的国内民主立法不同,国际金融软法的"权威性"来自于其是否具有高质量的制度、能够增进行业的共同福祉或者是否能够解决现实问题,那么在这种情况下,"权威性"来源就有别于国内民主立法。② 可见,在全球化日益深入的当今社会,以自愿共识标准作为"无政治化"的国际治理工具能够进一步促进全球化,强化多边主义。③

第三,私人治理能够增强治理的专业知识。公权力机构在某些需要监管科学技术等专业领域问题时,可能需要寻求政府以外的专门经验或知识以满足其监管需求,这主要是由于政府机构的官僚们(即便是技术官僚)并不能掌握相关的专业知识。制定技术标准通常需要尖端的工程或技术知识和经验,标准是凝固了的科学技术,因此,制定技术标准区别于公权力机构制定的政策或规范人们行为或社会关系的规则。再者,专业技术人员通常是专职从事科学技术研究的,任职于私营研究机构,与政府机构并没有隶属关系。拥有专业技术的行业专家自愿投入时间参与技术标准的制定形成了私人治理的根基。④ 因此,政府机构欲要监管科学技术等专业领域问题时,不得不与这些政府外的专业人员合作,如此便能够增强治理的专业知识。利用企业、行业协会和公众的知识和资源,以最有效的方式来应对复杂的、非结构化的、快速变迁的问题。⑤ 这在互联网治理方面尤为凸显,互联网依靠私营标准组织制定的非政府标准作为自我监管的手段,引起广泛的关注和审查,因为非政府标准参与治理是法律或行政法

---

① Tim Büthe & Walter Mattli, *The New Global Rulers: The Privatization of Regulation in the World Economy*, Princeton University Press,2011,p.5.

② Chris Brummer, *Soft Law and the Global Financial System*, Second Edition, Cambridge University Press,2015,pp.185~186.

③ Randall S. Kroszner, The Role of Private Regulation in Maintaining Global Financial Stability,18 *CATO J*. 355 (1999),p.360.

④ Emily S. Bremer, Private Complements to Public Governance,81 *Mo. L. Rev.* 1115 (2016),p.1123.

⑤ 宋华琳:《论政府规制中的合作治理》,载《政治与法律》2016 年第 8 期。

规的重要替代。[1]　可见,私人治理实际上就是"精英治理"。

### 2. 公共治理为私人治理提供了支撑

美国行政法学者 Freeman 指出,美国的私人治理与公共治理之间的关系并不是"零和博弈",似乎一方扩张就必然会消减另一方。两者的关系更像是共生关系。[2]　事实上,无论是公权力一方,或是私主体一方,都致力于实现公共治理与私人治理的共治。就市场一方来看,公共治理与私人治理的共治是在更广范围内推行私人治理的最佳手段;就政府一方来看,公共治理与私人治理的共治是促进私营、非国家形式的市场监管往往是政府推行的更好监管计划的一部分。[3]　尽管私人治理能够补充公共治理的不足之处,但这并不意味着私人治理能够完全取代公共治理,在美国标准与法律融合领域,该议题就转化为私营标准组织制定的非政府标准是不能取代法律法规的,而是形成了标准与法律的融合,因此,标准与法律的融合是公共治理与私人治理的共治的一个面向,是公共治理与私人治理合流的焦点。进一步说,公共治理与私人治理的共治是公共治理与私人治理相互利用成果的必然结果。

所谓公共治理反哺私人治理指的是私人治理在补充公共治理的同时,公共治理也在填补私人治理的短板。尤其在私人治理过于追求商业利益、行业利益等自身利益时,尚需公共治理的矫正。虽然说公共利益由具体的私人利益组成,但不同的私人利益之间存在利益冲突,往往实力较为强大的那一部分私人利益代表主体就会侵害实力较为单薄的那一部分私人利益代表主体。这主要是由于私人治理的主体由各市场主体所组成,在许多私营组织中,行业代表往往主导决策,而制定的标准往往反映了参与者所在公司的自身利益。[4]　这凸显了强烈的市场性,从而导致逐利性,因而忽视了公共利益,即私人治理过度关注自身利益,忽视了承担某些方面的社会责任。私人治理侵害公共利益的情况也时常发生,成为了多方主体关注的焦点。

当前美国国内的公共治理与私人治理的共治在一定程度上填补了私人治理的短板,矫正了私人治理忽视公共利益的局限性。公共治理以法律制度的形

---

① Philip J. Weiser, Internet Governance, Standard Setting, and Self-Regulation, 28 *N. KY. L. REV.* 822 (2001), p.846.

② Jody Freeman, The Private Role in the Public Governance, 75 *N.Y.U. L. REV.* 543 (2000), p.547.

③ Paul Verbruggen, Private Regulation in EU Better Regulation, 19 *EUR. J.L. RE-FORM* 121 (2017), p.121.

④ Tyler R. T. Wolf, Existing in a Legal Limbo: The Precarious Legal Position of Standards-Development Organizations, 65 *Wash. & Lee L. Rev.* 807 (2008), p.823.

式坚持理想主义（Ideal Notions）保护公共利益免受来自某些经济参与者的侵害。[①] 因此，在私人治理中融入公共治理，既能够兼顾到私人主体的商业利益、行业利益，同时又能兼顾到公共利益。公权力机构以公共利益代表的身份介入私人治理，通过协商达成普遍共识，形成私人治理与公共治理的共治。在自愿共识标准制定实践操作中，美国政府机构鼓励政府人员参与自愿性标准的制修订工作[②]，政府机构通过以标准制定主体平等参与标准制定程序就反映了这种共治的思路。在标准制定程序中，美国政府机构代表与该标准相关的公共利益与其他主体协商技术要求等标准内容，旨在实现自愿共识标准充分地反映了这种公共利益。

此外，尚需指出的是，私人治理表面上看起来是保护了公共利益，私人治理中反映公共利益的动机在一定程度上并不是这些私营主体出于行业道德为了保护公共利益而为之，例如，提高食品生产成本控制农药残留量、减少添加剂等有毒有害物质以确保人们的食品安全、耗费大量成本与技术安装排污净化装置或减少排放以保护环境、加大成本投资设计或研发更具安全性的产品等，这些都反映了私人治理向公共利益主动靠拢的倾向。但实际上，私营标准组织制定符合公共利益的非政府标准以及这些标准获得普遍的遵守与推广只不过是这些非政府标准恰好与公共利益相符，其首要考量的是其成员的商业利益，并非私营标准组织为了公共利益而制定这些符合公共利益的非政府标准。道理也很简单，随着消费等级的升级，普通消费者更愿意选择有利于健康的食品、购买有品质保障的产品，以及更加关注节能减排的生产方式，甚至在一些情况下，消费者更愿意选择高职工福利企业生产的产品，以及以更加人道方式获取的动物肉类，存在较大的市场需求，从而促进生产者或服务提供者进行产业升级。因此，私人治理的主导者就会依据市场偏好及时地调整自身的生产经营策略。易言之，之所以私人治理与公共治理的共治得以形成，是因为代表了公共利益的市场需求向私人治理的主体施加重视公共利益的压力。可见，美国标准与法律融合不仅体现了共治，还体现了美国市场主导的标准化体系。

再者，强制执行力是私人治理推广与贯彻的阻碍。私人治理是非政府主体的治理行为，强调的是"自愿性"，即规则制定的自愿性以及规则执行（实施）的自愿性。只要相关主体尚未通过意思表示的方式接受某种私人规制，那么该种

---

① Joel Bakan, The Invisible Hand of Law: Private Regulation and the Rule of Law, 48 *CORNELL INT'l L.J.* 279 (2015), p.288.

② 刘春青：《技术法规与自愿性标准的融合——美国政府高度重视利用标准化成果的启示》，载《世界标准化与质量管理》2008 年第 10 期。

私人规制就无法对该主体产生任何效力。即便是通过意思表示接受私人治理规制的主体,私人治理的强制力仍然不足。私人治理的"合法性"或"权威性"来源于市场的普遍承认,当大企业或国际贸易采用私人治理的规则并被订入合同中时,私人治理就具有了私法上的法律效力,即仍然依据相关当事人意思表示而进入法律领域。"私人治理规则的执行在于市场主体之间自行签订的合同条款,如果违反私主体间签订的条款,可通过合同约定的惩罚措施加以惩戒,也可诉诸行业协会的自我规制机制,该机制可包含从警告到罚款的一系列惩罚措施,针对最严重的行为,还可以将违规者从相应行业协会中除名。"[1]当前,私人治理的常用手段仍然没有跳脱出"私人"手段。对此,公共治理可以为私人治理提供强制力的支撑。当私人治理满足了公共治理的监管需求时,公权力机构就会认可这种私人治理,以强制执行力支撑私人治理的执行。例如,公权力机构为监管目的采纳非政府标准,此刻,非政府标准即具有法律效力,即普遍约束效力与强制执行力。

私人治理形成过程中各利益代表方无法达成最大共识或意见分歧较大时,会使私人治理陷入僵局。在此种情况下,由公共机构来管理可能更合适,即需要国家的强制性权力来决定行动方针和执行或强制选择的解决办法。[2]政府适度干预私人治理往往能够促进私人治理,正确地引导私人治理。

---

[1]　Colin Scott:《作为规制与治理工具的行政许可》,载《法学研究》2014 年第 2 期。

[2]　Emily S. Bremer, Private Complements to Public Governance, 81 *Mo. L. Rev.* 1115 (2016), p.1124.

# 第五章

## 美国标准与法律融合带来的挑战 ■

美国标准与法律融合是美国法律体系中的新事物,虽然非政府标准与法律融合能够带来许多积极作用,但仍然还会对当前旧有的美国法律体系提出挑战。标准与法律的融合通常会带来的挑战为标准与知识产权、利用标准而为的垄断行为以及不正当竞争行为、公共利益、公权私授等问题。本章重点讨论美国标准与法律融合引发的著作权之争、利用标准而为的垄断行为与不正当竞争行为、公权私授问题、公共利益问题。此外,尚需指出的是,标准必要专利引发的反垄断问题并非直接由法律法规援引非政府标准引起,标准必要专利更多的是标准组织与专利权人之间的关系,而非与立法机构的问题,因此,标准必要专利以及 FRAND 承诺不在本章讨论范围内。

## 一、美国标准与法律融合引发著作权之争

### (一)标准应受著作权保护

标准是否为著作权的保护对象在美国现代标准化运动(19 世纪中叶)起步以后相当一段时间内几乎未受到任何质疑,也未见学者集中讨论,由私营标准组织编写的技术规范、技术要求显然受著作权保护。追溯至 19 世纪 40 年代,富兰克林学会撰写的《蒸汽锅炉事故的报告》(General Report on the Explosion of Steam Boilers)详尽地分析了蒸汽锅炉事故发生的原因以及明确地从设计、材料、结构以及维护等方面提出了蒸汽锅炉的安全性改进方案。显然,富兰克林学会的《蒸汽锅炉事故的报告》受著作权保护,甚至可以说,该报告的撰写是基于富兰克林学会的研究,从本质上说是一部学术作品。鉴于美国不断地发生蒸汽船锅炉爆炸事故,美国立法机构于 1852 年决定立法干预蒸汽锅炉的安全

性,该法案中大部分有关蒸汽锅炉安全性的条款均采纳了富兰克林学会的研究成果。① 《蒸汽锅炉事故的报告》是美国现代标准化活动中第一部带有标准色彩(含有技术要求的操作规范)的文件,也是第一部受著作权保护的带有标准色彩的文件,更是有记录以来第一部被立法采用的带有标准色彩的文件。在这一时期,私营标准组织制定的标准无论是否被纳入法律,均无标准著作权之争议。

随着私营标准组织的发展,越来越多高质量的非政府标准开始提出技术要求,规范科学技术领域,公权力部门也逐渐开始采用非政府标准以满足其监管需求。直到 1980 年以后,美国公权力部门全面采用非政府标准。学界对标准著作权的讨论也随之兴起,赞同论者与反对论者均大有人在。

赞同论者认为,标准本身就是一种作品,受著作权法保护,并且私营标准组织制定标准付出了智慧的努力,从其智慧财产中获取利益可以进一步激励再创作②,这某种程度上也是符合公共利益的③。反对论者认为,基于公众对标准需求、法律政策考量、著作权法对制度的排除等综合因素的考量,标准不受著作权法保护。④ 还有观点有限承认标准著作权,尽管在当前著作权保护的政策下,标准原则上适用《美国著作权法》⑤第 203 条,即著作权的保护范围,但若标准被法律法规引用涉及公共利益需求等情况下,标准就不再受著作权保护。该观点进一步呼吁美国国会修订《美国著作权法》并明确技术标准不为该法第 203 条的保护对象。⑥

不仅美国学界对标准著作权问题争论不休,美国法院对该问题也做出了截然不同的判例,裁判观点反复。2002 年 Veeck 诉 Southern Building Code Congress International Inc.一案中,美国联邦第五巡回上诉法院否定了被纳入法律法规的标准受著作权保护,法庭的主要裁判理由为:第一,私人治理规范(包括

---

① JoAnne Yates, Craig N. Murphy, *Engineering Rules: Global Standards Setting since* 1880, Johns Hopkins University Press, 2019, p.29.

② Peter L. Strauss, Private Standards Organizations and Public Law, 22 *Wm. & Mary Bill Rts. J.* 497 (2013), p.528.

③ James M. Sweeney, Copyrighted Laws: Enabling and Preserving Access to Incorporated Private Standards, 101 *Minn. L. Rev.* 1331 (2017), p.1342.

④ Pamela Sameulson, Questioning Copyrights in Standards, 48 *B.C. L. REV.* 193 (2007), p.193.

⑤ 笔者注:本书所指的《美国著作权法》是美国著作权法网站(https://www.copyright.gov)2020 年 6 月发布的 Copyright Law of the United States and Related Laws Contained in Title 17 of the United States Code。

⑥ Jorge L. Contreras & Andrew T. Hernacki, Copyright Termination and Technical Standards, 43 *U. BALT. L. REV.* 221 (2014), pp.221~222.

标准等规范性文件）一旦成为法律，即进入公共领域，不再受著作权保护，由于公民依法享有的阅读法律的权利不受私人著作权人的支配；第二，法律采用私人治理规范以后，其表达方式是以"事实"呈现，但随即与"法律"相融合，因此不再为著作权法的保护范围。① 美国法院裁判案例中也不乏支持论者，2015 年 American Soc. For Testing 诉 Public.Resource.Org 一案中，美国哥伦比亚特区联邦地方法院支持了 ASTM 的诉讼请求，即确认了被法律法规纳入的标准受著作权法保护，并要求 Public.Resource.Org 应立即停止侵权。② 然而，2018 年该案的上诉判决却彻底翻盘，美国联邦第三巡回上诉法院否定了被纳入法律法规的技术标准受著作权法保护，驳回原判决的理由与 Veeck 案基本相似，但判决进一步指出，在没有原告（即私营标准组织）的许可情况下，公众将并不知晓法律是什么，将使公众面临禁令、保全、损害赔偿、律师费，甚至可能承担刑事责任的被动境地。因此，任何人接触法律都不需要经过任何私人主体的同意为条件。③ 该案的争议焦点是标准入法后，是否不再是标准，性质是否必然转化为法律。

从实践层面看，标准受著作权保护在实践操作层面获得了广泛支持，世界各大标准组织均制定了标准著作权政策文件。例如，欧洲标准化组织 2015 年发布的《欧洲标准化组织指南 10》（2017 年修订版）（CEN/CENELEC GUIDE 10）④，美国各大标准也均有各自的著作权政策文件、国际标准化组织（ISO）2017 年修订了《ISO 出版物发行、销售、复制及 ISO 版权保护政策》⑤。尤其是美国各大私营标准组织均认可即便其制定的非政府标准被纳入法律法规，其仍受到著作权的保护，任何人不得非法侵犯其标准著作权，这几乎成为美国各大标准组织的基本原则。尽管学者、公众等质疑参引合并标准的著作权，但 OMB 通告 A-119 明确要求各政府机构应尊重被纳入的非政府标准的著作权。⑥

可见，学术观点、裁判观点以及实务观点对标准著作权的争议较大，各种观点针锋相对，意见较为极端，难以形成统一意见，呈现出此消彼长的态势。但仔

---

① Veeck v. Southern Bldg. *Code Congress Intern*. 293 F.3d 791 (5th Cir. 2002).

② American Soc. For Testing v. Public.Resource.Org. 78 F.Supp.3d 534（D.D.C. 2015）.

③ American Soc. For Testing v. Public.Resource.Org. 896 F.3d 437（D.C. Cir. 2018）.

④ 周宇：《知识产权与标准的交织》，载《电子知识产权》2020 年第 1 期。

⑤ ISO：《ISO POCPSA 2017——ISO 出版物发行、销售、复制及 ISO 版权保护政策》，国家标准版权保护工作组办公室译，中国标准出版社 2018 年版，第 1～38 页。

⑥ Emily S. Bremer, Incorporation by Reference in an Open-Government Age, 36 *Harv. J. L. & Pub. Pol'y* 131 (2013), pp.154～155.

细观察便发现,学界关于标准著作权之争议焦点实际上并不是在标准本身是否具有著作权,各界对标准本身具有著作权争议不大,只有极个别学者否认标准具有著作权;各界争议点是在非政府标准被纳入法律法规后标准著作权与公众对法律可获得性之间的矛盾,裁判与学界通常观点认为在这种情况下,标准著作权应让位于公共利益,此观点又称为"泛法律普遍可获得主义"。

本部分拟从两个层次论述此问题,第一,标准是否为著作权保护的客体;第二,若标准为著作权保护的客体,那么非政府标准入法后,是否继续受著作权保护。

标准为《美国著作权法》保护范围的观点受广泛质疑,该观点来自于《美国著作权法》102(b)。[①] 而标准的表现形式通常就是程序、过程、操作方法等,因此,许多学者就以该条作为有力的论据质疑标准著作权。

"著作权法上的作品指文学、文艺和科学领域内具有独创性,并能以某种有形形式复制的智力创造成果。"[②]首先,私营标准组织制定的标准并非美国政府作品(U.S. Government Works)。所谓美国政府作品指的是由美国政府官员或雇员作为工作职责完成的作品。[③] 由于私营标准组织是独立运营的私营性质的民间非政府组织,无论是在隶属关系抑或是资助方面,均与政府无关,尽管有些时候政府工作人员代表公共利益参加私营标准组织的标准制定程序,但并不干涉私营标准组织的运营,对标准制定程序也无法起到决定性的影响。因此,私营标准组织制定标准的行为完全是非政府的、民间主导的,于是也就排除了私营标准组织制定的标准为美国政府作品的可能性,进而《美国著作权法》105条排除政府作品著作权条款不能适用于私营标准组织制定的标准。其次,一个世纪以来,美国法院致力于审查与政府有关的各种作品是否属于政府作品而不受著作权法保护,创作动机一直以来都是分析该问题的重要因素。政府雇员或公务员作为政府作品的创作人已经取得了政府的工资,作为对其创作的直接激励,保证了立法者、法官、监管人员为提出意见和制定法律文件的积极性,其创作的动机就是为了其监管目的;非政府标准的制定在行业标准化、质量控制和

---

① 该条明确指出"在任何情况下,对原创作品的保护均不得延伸至思想、程序、过程、系统、操作方法、概念、原则或发现……"Pamela Sameulson, Questioning Copyrights in Standards,48 *B.C. L. Rev.* 193（2007）,p.196.

② 吴汉东:《知识产权法》,法律出版社 2014 年第 5 版,第 48 页。

③ Craig Joyce, *Marshall Leaffer*, *Peter Jaszi*, *Tyler Ochoa*, *Michael Carroll*, Copyright Law Ninth Edition, LexisNexis, 2013, pp.135～136.

行业自律监管等方面也有巨大的积极作用。[1] 从创作的动机层面看，非政府标准的创作动机在于实现私人目的，即与公共监管无关，因此，非政府作品应受著作权保护，而排除适用《美国著作权法》105条政府作品的规定。再次，从标准本身属性以及著作权法的原理看，私营标准组织制定的自愿共识标准是具有著作权的。自愿共识标准符合著作权保护的法定要求，不仅具有独创性，也是对安全规范的一种表达。[2] 著作权的核心即是作者的思想表达，因此，检视标准是否具有著作权，实际上就是检视标准是否为作者的思想表达。著作权法奉行"思想—表达"二分法的基本原则，著作权只保护表达，而不保护思想。[3] 从本质上说，标准就是标准制定者技术思想的表达。通过解释《美国著作权法》102（b）可知，该条排除的作品形式均是较为唯一的、难以存在其他表达方式的，即类似于事实，因此，这类作品就缺乏"独创性"与"思想的表达"。其实，标准制定者将其欲要表达的技术要求、技术秩序、实施标准的经济合理性等通过标准文本表达，即标准文本是标准制定者思想表达的载体；并且技术要求等并非唯一选项，不同的标准组织可以根据不同的需求制定不同的技术要求。标准是智力劳动的成果，标准制定者将技术要求、技术秩序等内容通过一定的逻辑关系、表现形式予以呈现。[4] 这些技术要求也是通过标准制定者严谨的试验得出的科学结果，严格意义上讲，是属于学术成果。例如，不同的标准组织对螺帽的规格要求不同、水管的口径要求也不同，甚至不同的铁路公司对铁路的轨距要求也不同，因此，标准的表达并非唯一，也就排除了标准的事实属性。

可见，无论依据著作权法的相关理论，还是解释《美国著作权法》有关著作权保护作品范围的条款，都可以清晰地呈现"标准具有著作权，并受著作权法保护"这一结论。

那么，既然非政府标准是著作权保护的客体，若法律法规纳入非政府标准以后，非政府标准是否仍为著作权保护的客体，论述的核心在于，入法是否涤除非政府著作权。对此，美国学者认为由私人主体制定的规范是否为美国政府作品以及是否受著作权保护的情况引起了更多的争议。[5] 法律法规纳入非政府标

---

[1]　Nick Martini，Veeck v. Southern Building Code Congress International，Inc.，18 *Berkeley Tech. L.J.* 93（2003），p.110.

[2]　James M. Sweeney，Copyrighted Laws：Enabling and Preserving Access to Incorporated Private Standards，101 *Minn. L. Rev.* 1331（2017），pp.1343～1344.

[3]　王坤：《论著作权保护的范围》，载《知识产权》2013年第8期。

[4]　周宇：《知识产权与标准的交织》，载《电子知识产权》2020年第1期。

[5]　Craig Joyce，Marshall Leaffer，Peter Jaszi，Tyler Ochoa，Michael Carroll，*Copyright Law Ninth Edition*，LexisNexis，2013，p.137.

准并不会涤除其著作权,其实道理很简单,由于非政府标准入法前就已经是著作权保护的客体,法律法规纳入非政府标准涤除其著作权于法无据,即"入法并不当然涤除著作权",因此,非政府标准入法后,仍为著作权保护的客体(《美国著作权法》第 106 条)。[①] 此观点成为"泛著作权保护主义"。另外,依据《美国著作权法》第 105 条,美国政府作品不受著作权保护,可见,纳入标准的法律法规不受著作权保护,但被纳入的标准并非政府作品,因此受著作权保护。

### (二)标准与著作权交织原因

所谓标准与著作权产生交织指的是标准与著作权形成的法律关系。标准与著作权交织的原因有二(即标准与著作权形成两种法律关系):标准的本体受著作权保护(标准为著作权保护的客体)以及标准被纳入法律以后引发的著作权与法律可获得性之间的紧张关系。因此,标准与著作权形成的法律关系也就有两种,即标准的著作权以及标准著作权法律关系与法律可获得性之间的法律关系。

第一,基于上述"标准应受著作权法的保护,标准本身具有著作权"的基本认识,标准与著作权产生交织的原因是由于标准的本体受著作权保护,标准获得与一般作品的著作权内容同等保护,即著作人身权与著作署名权,包括标准制定者的署名权、标准的公开、标准不受歪曲、标准的完整性、标准的翻译、标准的信息网络传播、标准的复制、标准的出版等著作权内容。[②]

第二,标准的著作权保护与民众对法律的普遍获得性之间的矛盾关系。由于私营标准组织制定的自愿共识标准被公权力部门依据参引合并纳入法律法规中,从而引发标准著作权与民众对法律的普遍获得性之间的紧张关系。

所谓民众对法律的普遍获得性指的是在当代民主国家中,任何公民对国家正式颁布的法律应有权随时查阅,并应当知晓法律具体规定的内容,国家法律法规应对任何公民开放,从而有助于民众对自己的行为有所安排,最大限度发挥法律的指引功能,保障法律的可预测性。然而,当代美国公权力机构惯用参引合并的立法技术破坏了法律的完整性,进而影响了民众对法律的普遍获得性,尤其是公权力机构通过参引合并的立法技术大量纳入私营标准组织制定的非政府标准。

非政府标准通过参引合并纳入法律法规后具有如下特点:其一,大量节省

---

① James M. Sweeney, Copyrighted Laws: Enabling and Preserving Access to Incorporated Private Standards, 101 *Minn. L. Rev.* 1331 (2017), pp.1343～1344.

② 周宇:《知识产权与标准的交织》,载《电子知识产权》2020 年第 1 期。

《联邦法规汇编》的篇幅。美国学者认为,最初立法机构采用参引合并旨在缩减《联邦登记》《联邦法规汇编》的篇幅,以增强其可读性。① 因参引合并仅需列明被纳入非政府标准的名称,并不需要全文罗列,所以《联邦法规汇编》篇幅就能够大幅缩减。其二,参引合并必然的结果是,被纳入法律法规的材料无论其先前是否有规范效力,抑或是被废除等,经参引合并就能具有法律效力。② 其三,被纳入法律法规的非政府标准与法律法规具有同等的法律效力,即普遍适用效力与强制效力。即使非政府标准由私营标准组织所制定。其四,非政府标准被纳入法律法规之前就受著作权保护,那么被纳入法律法规以后,其仍受著作权保护(《美国著作权法》第 106 条)。③ 其五,被纳入法律法规的非政府标准不体现在法律法规中,法律法规仅指出被纳入标准的相关检索信息,公众仅能水中望月般看到这些标准规范,美国学者将这种现象隐喻为"透镜中的法"④。公众若想获得这些非政府标准的全文,依据相关的规定公众可在联邦登记办公室的档案部门免费查阅,也可向私营标准组织购买相关标准。

标准的著作权保护与民众对法律的普遍获得性之间的矛盾关系具体表现为:

第一,因参引合并导致的法律不完整直接影响利益受影响者对法律的可获得性。美国标准与法律融合的最显著的特征是公权力部门制定的法律文件中仅罗列公布被纳入法律的非政府标准的名称等检索信息,而不公布实际引用内容。由于非政府标准受著作权保护,全文公开被引用标准不仅侵害了标准著作权,也增加了政府部门编制《联邦法规汇编》的负担,因此,这就必然引发标准著作权与法律可获得性之间冲突。当前美国政府越来越多地通过纳入私营标准组织颁布和受著作权保护的标准来发挥其监管职能。若公众违反这些标准将受到刑事、民事和行政制裁,但著作权人能够通过著作权的保护从而控制、限制这些标准的使用。⑤ 事实上,这些对利益相关者影响甚巨的法律法规的不完整并非真正的不完整,而是由于"法律"处于私人(著作权人)控制下,并非真正的

① Emily S. Bremer, Incorporation by Reference in an Open-Government Age, 36 *Harv. J. L. & Pub. Pol'y* 131 (2013), p.134.

② Stewart Chaplin, Incorporation by Reference, 2 *Colum. L. Rev.* 148 (1902), p.148.

③ James M. Sweeney, Copyrighted Laws: Enabling and Preserving Access to Incorporated Private Standards, 101 *Minn. L. Rev.* 1331 (2017), pp.1343~1344.

④ F. Scott Boyd, Looking Glass Law: Legislation by Reference in the States, 68 *Louisiana law review* 1201 (2008), p.1201.

⑤ Lawrence A. Cunningham, Private Standards in Public Law: Copyright, Lawmaking and the Case of Accounting, 104 *Mich. L. Rev.* 291 (2005), p.292.

"秘密"或"不完整",但公众欲要获得完整的法律内容,只需购买或者前往特定地点查阅即可。由于公众获得法律较为困难且成本较大,因此,客观上就造成了法律的"秘密"。这种矛盾关系对现代民主法治提出诘问,法律是否应当被公众以便捷的方式获得?① 法律最基本的正义要求是受法律约束之人必须能够知晓约束他的法律规定。② 古罗马暴君卡里古拉(Caligula)统治期间,他虽然公布法律,但以极小的字体将这些法律悬挂于高墙之上。罗马公民不但无法企及还常常莫名地遭受处罚。③ 在暴君专制时代,法律以极其不恰当的形式公布,那么在强调民主法治精神的现代,法律的公布方式理应更加合理,公众对法律获取就应更加便捷。

第二,利益受影响者免费获得法律的难度很大,影响了法律的可获得性。美国联邦登记部门其实也充分知晓参引合并私营标准组织制定的标准带来的价格垄断问题,以及出于立法档案完整性的要求(依据 CFR part 51,提请参引合并的政府机构完成参引合并的申请程序后,应将被纳入材料提交至联办登记部门存档)。但囿于著作权问题,仅在美国首都华盛顿特区的联邦登记部门的档案室可以查阅相关被纳入法律法规的非政府标准等材料,但不提供复印,且必须在办公时间。查阅者必须支付前往华盛顿特区的差旅费,通常来说,差旅费也足够向私营标准组织购买标准文本。虽然这种查阅制度在形式上保障了公众对法律的可获得性,但实践运行中对公众来说阻碍重重,免费查阅制度几乎没有产生多大的实质作用。④

第三,私营标准组织的价格垄断。虽然美国标准与法律的融合模式直接节约了政府制定政府专用标准的成本,但这是以转嫁成本于利益受影响公众为代价来实现的。⑤ 向私营标准组织购买标准产生的财务成本对于大多数利益相关的公众来说是不能接受的。一位建筑师写信给联邦登记部门,建筑设计应遵守

---

① Nina A. Mendelson, Private Control over Access to the Law: The Perplexing Federal Regulatory Use of Private Standards, 112 *Mich. L. Rev.* 737 (2014), p.737.

② Antonin Scalia, The Rule of Law as a Law of Rules, 56 *U. Chi. L. Rev.* 1175 (1989), p.1179.

③ Suetonius, *Lives of the Caesars*, *Catharine Edwards* (*Trans.*), Oxford University Press, 2008, p.157.

④ Emily S. Bremer, Incorporation by Reference in an Open-Government Age, 36 *Harv. J. L. & Pub. Pol'y* 131 (2013), p.145.

⑤ Nina A. Mendelson, Private Control over Access to the Law: The Perplexing Federal Regulatory Use of Private Standards, 112 *Mich. L. Rev.* 737 (2014), p.746. Emily S. Bremer, On the Cost of Private Standards in Public Law, 63 *U. Kan. L. Rev.* 279 (2015), p.279.

美国残疾人法案及其实施条例，其中包括一些被纳入法律的标准，但获取所有标准的成本十分高昂，以至于标准被认为是"不可合理的获得"；一位房主在公开评论中指出，房主可以在不雇用专业人员的情况下对自己的房屋进行维修和翻新，但为了适用喷水灭火系统，他必须花费82美元的"高昂"成本购买相关标准，旨在使其符合相关消防法规。① 甚至有的私营标准组织借以其制定的标准入法形成的有利地位，形成著作权垄断，不仅严重侵害了利益相关者对法律的可获得性，还有反垄断法的违法之嫌疑。② 《草药商业》是美国草药产品协会（AHPA）制定对的草药命名标准，含有草药产品的所有常见和学名都由此确定。美国食品药品监督管理局（FDA）将1992年AHPA出版的《草药商业》第一版作为规定膳食补充剂成分的法定命名准则的组成部分，《草药商业》通过参引合并纳入相关法律法规中。为了获取《草药商业》，利益相关者就必须向AHPA购买《草药商业》全文，而AHPA在其网站上以250美元的高昂价格销售该标准，并且附有著作权保护条件，即"只提供PDF版本，不得印刷、转让、销售"。《草药商业》于2000年发布修订第二版，更新了2048项具体的条目，虽然从标准的先进性、实效性与技术性较初版更具价值，依据市场原理，修订二版较初版也更具有商业价值，但由于参引合并并不当然自动合并后续版本，且FDA也尚未将修订二版纳入相关法律法规，于是AHPA在其网站的同一网页上以99.99美元的价格且无附加著作权条款销售《草药商业》修订二版。学者指出，两版价值不同的《草药商业》违反市场规律的定价，实际上是以著作权垄断而形成的优势地位为定价依据，根本违背了市场价格规律。过时的第一版《草药商业》仍享有高昂定价的根据仅因为其是FDA认可的法律，所有的相关制造商必须遵守。③ 非政府标准因被纳入法律法规而形成的著作权垄断（价格垄断），不仅侵害了公众对法律的可获得性，尤其在食药监领域，因相关法律不完整，产品或服务制造人很可能铤而走险，不执行相关法律法规纳入的标准，这给公共安全带来了巨大的潜在风险。

虽然美国标准与法律的融合借以参引合并的立法技术得以实现，节省了政府机构标进行标准化活动的成本、缩减了《联邦法规汇编》的篇幅增强其可读性、充分利用了政府外部的专业资源、促进了公共治理与私人治理的共治，但很

---

① Nina A. Mendelson, Private Control over Access to the Law: The Perplexing Federal Regulatory Use of Private Standards, 112 *Mich. L. Rev.* 737 (2014), p.752.

② James M. Sweeney, Copyrighted Laws: Enabling and Preserving Access to Incorporated Private Standards, 101 *Minn. L. Rev.* 1331 (2017), p.1371.

③ Peter L. Strauss, Private Standards Organizations and Public Law, 22 *Wm. & Mary Bill Rts. J.* 497 (2013), pp.509~510.

明显，政府在美国标准与法律融合中受益是以利益相关者的利益受到损害为代价的，尤其是利益相关者必须额外支付高昂的价格获得"法律"，政府节省的成本由利益相关者承担。

不过，美国标准与法律融合制度在法律获得性方面仍具有一定的合理性。一般来说，美国立法经费与公权力运行的经费主要来自于美国公众的税收以及公众、企业的捐助，因此，美国政府提供的服务或立法应是面向全体纳税人的，例如，基础建设、旨在实现美国全民医保经费、国防军费、教育经费等。但公权力机构纳入非政府标准涉及领域较为专业，受其规范的利益相关人较为固定，实际上并不会辐射至全民，其代表的公共利益属于较为特定的、范围较小的公共利益，因此，这些领域的立法经费与政府运行经费不宜由全民税收支付。事实上，当前采取的经费填补方式是"谁采用、谁支付"的原则，在一定程度上也算公平正义。具体来说，某消费品生产者生产某种产品应符合消费品安全法案纳入的非标准的技术要求，生产商购买标准的支出属于合理的经营成本，这种成本不宜转嫁由全体纳税人支付。若国家买断标准著作权或涤除私营标准组织的著作权，这无疑是全体纳税人或私营标准组织为生产商等具体的利益相关人支付标准化成本，显然存在不公平之处。从这个角度看，当前美国标准与法律融合制度确实具有一定的公平性。但无论如何，美国学界、民间认为该制度不合理且要求改进的呼声越来越大，对此，学界也提出了两套方案处理标准著作权与法律可获得性之间的紧张关系。

## （三）现有处理标准著作权与法律可获得性之间紧张关系的方案

法律法规纳入受著作权保护的非政府标准导致了著作权保护与公众对法律可获得性之间的对立。欲根本解除该对立关系，法律弃用非政府标准即可，但当前美国标准与法律早已"难舍难分"，融合已呈必然之势，能为政府监管以及法治带来促进作用，美国政府已经无法如此激进地放弃当前标准与法律的融合模式。既然无法放弃，美国学界就在标准著作权角度探索了其他出路。

### 1. 为保证法律的完整性，应明确地全文引用法律纳入的标准

尽管当前制定法与实践操作层面盛行的泛著作权主义可以为著作权提供较为全面的保护，但直接侵害了公民对法律的可获得权利。这主要体现在：首先，私营组织制定的标准入法以后的定价过于恣意，标准定价的决定权仅由私营标准组织控制，而利益相关者或政府机构无法参与标准定价的协商。其次，私营标准组织的标准价格垄断就是基于这种决定的定价权，由于标准被法律法规采用后，利益相关者就必须使用该标准，而使其陷入无其他选项的无奈境地。最后，无论是标准昂贵的定价，抑或是公众前往华盛顿查阅标准文本，都阻碍了

公众对法律的知晓。可见,当前盛行的泛著作权保护主义应得到修正,此方案是泛著作权保护主义的改良。

虽然明确地全文引用被法律采用的非政府标准可彻底地解决公众可获得性的问题,但是恐将造成新的问题。一方面,非政府标准的文本篇幅体量通常较大,大部分私营标准组织制定的标准篇幅都超过百页,例如,IFRS(International Financial Reporting Standards)是一项被纳入法律的美国会计标准,篇幅更是多达 2500 页。① 在实践中,不同标准之间也常常相互引用,即标准中的某一项技术要求引用其他标准的技术要求,形成了纵横交错的动态标准体系。这就导致了一个很现实的问题,若将某一标准被引用部分全文纳入法律,不仅是纳入该标准的问题,还将会涉及该标准引用的其他标准,甚至一部法规中也不只引用一种标准,这就为静态的法律体系带来了挑战。如果将非政府标准全文引用纳入法律法规,这无疑导致法律的篇幅体量过于庞大,与缩减法律法规篇幅的根本目标相违背。同时,体量过于庞大且体系过于复杂的法律文本对法律可读性产生了消极影响,在一定程度上阻碍了不具备法律专业知识的公众查法、找法、用法。进一步,间接地侵害公众对法律的可获得性。② 尽管全文纳入看似解决了法律的完整性问题,但实际上对公众用法是不友好的,因此,将引用受著作权保护的外来材料,逐字打印在《联邦法规汇编》中根本不是一个可行方案。③

另一方面,明确地全文引用被法律采用的非政府标准实际上侵害了著作权人的利益,是一种著作权侵权行为。法律全文纳入非政府标准是一种复制行为,如此公众就可免费通过立法的复制获得非政府标准的全文,这无疑严重侵害到了著作权人的著作权。虽然一次性买断或征收私营标准组织的著作权在理论上或法律层面是美国公权力机构不错的选择,但在实际操作中,政府机构与私营标准组织的谈判很容易破裂或陷入僵局。若私营标准组织的著作权征收补偿费(买断费用)开价过高,这就违背了政府机构采用非政府标准节约成本的根本目的,政府机构很可能亲自制定政府标准,制定标准产生的成本将由全体纳税人承担,或者政府机构继续沿用当前的标准与法律融合的方式;若政府的著作权征收补偿费太低,私营标准组织将拒绝政府机构采用全文纳入的方式引用标准,或者继续沿用当前的标准与法律融合的方式。

---

① Tim Büthe & Walter Mattli, *The New Global Rulers: The Privatization of Regulation in the World Economy*, Princeton University Press, 2011, pp.1～2.

② 周宇:《知识产权与标准的交织》,载《电子知识产权》2020 年第 1 期。

③ Emily S. Bremer, Incorporation by Reference in an Open-Government Age, 36 *Harv. J. L. & Pub. Pol'y* 131 (2013), pp.153～154.

很显然,此种方案是基于泛著作权保护主义提出的,兼顾到了法律的普遍可获得性。但是,此种方案过于理想主义,实践操作情况很可能效果不佳、谈判效率低下,此种方案在私营标准组织与公众之间两边都不讨好。

### 2. 涤除标准著作权

涤除著作权是泛法律普遍获得主义的必然结果。泛法律普遍获得主义是泛著作权保护主义的修正,但有矫枉过正之嫌。所谓泛法律普遍获得主义指当法律法规通过参引合并的立法技术纳入任何非政府标准材料时(无论这些非政府材料是否受著作权保护),都应当无条件向任何公众公开,并且还应当为公众获得法律扫清障碍,公众可以通过便捷的方式获得且知晓其内容。该说的理论基础来自于标准与法律融合后的公共性的转化,美国学者认为,虽然技术标准为《美国著作权法》之保护对象,但基于技术标准的公共属性,应涤除标准著作权,尤其是通过参引合并被法律采用以后,涉及了公众对法律的普遍可获得性问题,因此,《美国著作权法》应排除技术标准的著作权。[1] 还有的学者认为,从著作权政策以及立法政策考量,标准不是《美国著作权法》的保护对象。[2] 还有的学者认为,非政府标准入法后取得了法律效力,也就是法律的一种形式,由于任何形式的法律都不受著作权法的保护,因此,入法后的非政府标准不受著作权法的保护。[3]

该路径虽然能够继续以参引合并的方式保持现有《联邦法规汇编》的体量,也能够使政府机构免于与私营标准组织旷日持久的著作权征收谈判,也能保留一切现有美国标准与法律融合的积极因素。但该路径是一个解决法律可获得性的糟糕方案。[4] 人们已经对标准著作权与法律的普遍可获得性问题之争形成了一种刻板印象,即著作权等于付费,通过付费获得法律有损害于公共利益,然而,主张通过涤除技术标准著作权以解决法律可获得性的观点同样不能苟同,这种观点严重忽视了著作权的保护同样也蕴含着公共利益。[5] 此处蕴含的公共利益就是指以经济利益激励著作权人不断地创作,取得更多高质量的成果造福

---

[1]　Jorge L. Contreras, Andrew T. Hernacki, Copyright Termination and Technical Standards, 43 *U. Balt. L. Rev.* 221 (2014), p.221.

[2]　Pamela Sameulson, Questioning Copyrights in Standards, 48 *B.C. L. Rev.* 193 (2007), p.193.

[3]　Daniel J. Russell, Veeck v. Southern Building Code Congress International, Inc.: Invalidating the Copyright of Model Codes upon Their Enactment into Law, 5 *Tul. j. tech. & intell. prop.* 131 (2003), p.139.

[4]　周宇:《知识产权与标准的交织》,载《电子知识产权》2020 年第 1 期。

[5]　Emily S. Bremer, On the Cost of Private Standards in Public Law, 63 *U. Kan. L. Rev.* 279 (2015), p.294.

于社会,若毫无经济利益的激励,或者说剥夺著作权,这样就没人愿意去创造新的著作权,社会创作将会停滞不前,从而带来新的公共危机,同样损害了公共利益。著作权法努力在提供生产激励与传播思想这一更重要的目标之间取得平衡。因此,保护著作权的目标同样是维护公共利益,并非指向著作权人的利益。[①] "著作权的经济激励机制并不是一个鼓励自私的制度,与其说激励机制是著作权产业投资者发扬的结果,不如说它是一个促进信息生产与传播,并保证著作权制度及时适应未来的基本要件。"[②]对著作权的激励历来都是著作权法的立法根本[③],因此,著作权人出售其作品以换取经济利益在著作权法上具有不容置疑的正当性。若《美国著作权法》接受了涤除标准著作权的立法方案,这将从根本上否定了私营标准组织能够从标准中获取任何经济利益的机会,必将对私营标准组织进一步制定高质量标准的积极性产生消极影响。假如私营标准组织因此不再从事标准制定工作,公权力机构以及公众对标准化又有需求,那么政府就不得不亲自制定标准,投入巨大的人力物力财力成本重新摸索标准制定工作,最后,这些巨额成本仍以税收的形式由全民负担。在实践中,许多私营标准组织是非商业的非营利性组织,其标准化经费不受政府机构的资助,只能自筹标准化经费,因此,私营标准组织的营收通常通过会员费收取与销售标准获取运营经费,经济的独立从而保证了标准组织的运营独立性与非隶属性,尤其是保障了标准化活动不受资助其他主体的不当干扰。标准组织的独立性保证了私营标准组织能够制定出符合公众利益的高质量标准,可见,通过售卖标准获得经费,也是保证标准质量、维持私营标准组织运营的重要手段。[④]

如上述,泛著作权主义下的法律法规全文引用标准的路径以及泛法律普遍获得主义下的涤除标准著作权的路径,经过上文分析,不仅不能缓和现有问题,甚至还会造成新的问题。因此,有必要考虑新思路。

## (四)新路径:FRAND 承诺的扩张可缓和两者紧张关系

"由于知识产权的基本特点是独占性或垄断性,而反垄断法的基本使命就是反垄断,保护自有公平的竞争。"[⑤]尤其是知识产权与标准交织的场合,这种垄

---

① Lawrence A. Cunningham, Private Standards in Public Law: Copyright, Lawmaking and the Case of Accounting, 104 *Mich. L. Rev.* 291 (2005), pp.309~310.

② 熊琦:《著作权激励机制的法律构造》,中国人民大学出版社 2011 年版,第 238 页。

③ Stephen M. Mcjohn, *Intellectual Property*, Sixth Edition, Wolters Kluwer, 2019, p.11.

④ 周宇:《知识产权与标准的交织》,载《电子知识产权》2020 年第 1 期。

⑤ 丁道勤:《专利标准化的法律规制研究》,中国法制出版社 2017 年版,第 210 页。

断现象就越来越明显,当前学界更多关注的是标准与专利的交织产生的垄断关系,实际上,著作权与标准交织也会产生垄断关系。许多私营标准组织出台了知识产权政策规制标准必要专利权人集中扰乱市场秩序,FRAND 正是其中之一。[1] FRAND 承诺(Fair, Reasonable, and Non-Discriminatory)是标准必要专利权人向私营标准组织所做的承诺,该承诺的内涵为:"标准化组织在其知识产权政策中要求标准必要专利权人作出不可撤回地以公平、合理、无歧视许可条件授权现实或潜在的所有标准实施者实施其专利发明的承诺。"[2] 可见,FRAND 承诺是私营标准组织拟将专利纳入标准中,为了维持市场竞争、实现标准广泛适用以及促进技术进步,要求标准必要专利权人事前做出的自我约束行为(Selbestverpflichtung)[3]。

从两者基本面看,其基本面具有高度的相似之处,即具有扩展适用的基础:其一,两者都是技术标准与知识产权的融合现象对公共利益产生影响的问题;其二,知识产权人在上述两种情况中均处于优势地位,往往能够形成垄断地位限制竞争或侵害公共利益;其三,矛盾焦点都在于如何使与标准融合的知识产权为公众更容易、更便捷地获得;其四,问题的根源均源自于知识产权的许可费,主要是知识产权人与相对人关于许可费的高低、附加条件等引发的争议。[4] 因此,两者基本面相似,著作权垄断的情境可以参考适用源于专利垄断的FRAND 承诺。

从制度功能看,FRAND 承诺可以适用于标准著作权与法律普遍可获得性之间的矛盾关系。首先应当先厘清的是 FRAND 承诺的制度精神。FRAND 承诺是一个世纪以来,从美国专利反垄断诉讼中逐渐发展而来的,从其制度演变史中,不难发现,阻碍被许可人获得专利许可的是专利权人的利用专利被纳入标准而形成标准必要专利的优势地位而为的垄断行为。[5] FRAND 承诺的立法精神应是反垄断,即反对专利权人利用优势地位,行使的各种侵害市场竞争的行为,包括专利许可费堆叠、专利劫持、高昂专利许可费、不合理的许可条件以

---

① Jorge L. Contreras, Fixing Frand: A Pseudo-Pool Approach to Standards-Based Patent Licensing, 79 *Antitrust L.J.*47 (2013), p.50.

② 李扬:《FRAND 承诺的法律性质及其法律效果》,载《知识产权》2018 年第 11 期。

③ Fabio Babey, Salim Rizvi, *Die Frand-Selbestpflichtung: Fair, Reasonable and Non-Discrimnatory term*(*FRAND*)*im Lichte des Kartellrechts*, Wirtschaft und Wettbewerb, 09/2012, 808—810, S.808.

④ 周宇:《知识产权与标准的交织》,载《电子知识产权》2020 年第 1 期。

⑤ 关于 FRAND 承诺的发展历史及其发现过程,参见 Contreras, Jorge L., A Brief History of Frand: Analyzing Current Debates in Standard Setting and Antitrust through a Historical Lens, 80 *Antitrust L.J.*39 (2015), pp.39～120.

及恶意磋商等行为,维护市场政策的竞争秩序。透过 FRAND 声明之自我约束,可以确保受法律保护之技术,得在公平合理且无歧视的条件下被利用。① 非政府标准纳入法律所产生的直接问题虽然是法律可获得性,但由于非政府标准被纳入法律意味着非政府标准对公众产生了强制约束效力,且此时非政府标准具有不可替代性,此刻非政府标准以及私营标准组织就形成了市场优势地位,乃至于优势地位,基于这种不可替代性而为的侵害市场利益的行为本质上属于垄断行为。因此,知识产权反垄断的 FRAND 承诺,是可以适用于公众对法律可获得性与非政府标准著作权保护之间形成的著作权反垄断情形。

从制度内容看,FRAND 承诺同样可以适用于标准著作权与法律普遍可获得性之间的矛盾关系。FRAND 承诺在标准必要专利权领域的内涵是"以公平、合理、无歧视的条件与标准使用者签订专利许可合同",那么延伸至标准著作权领域,是否可以赋予相同的内涵呢? 即"以公平、合理、无歧视的条件与利益相关方签订著作权许可合同"。私营标准组织均认为其制定的标准受著作权保护,该观点并获大部分判例支持。私营标准组织制定的私人标准的著作权会延续至其被纳入法律后,故法律不受著作权保护原则不影响私人标准的受著作权保护。若 A 组织的私人标准被纳入法律,就意味着获得了独一无二的规范性,即便 B 组织具有相似的、可替代的私人标准,此时也不会对 A 组织的标准产生竞争。因此,A 组织形成了垄断,存在侵害公众的潜在可能,为了最大限度抵消这种侵害的可能,若政府机构欲在立法中纳入 A 组织标准(尤其是涉及公众健康、安全的标准),应要求 A 机构做出 FRAND 承诺。那么,A 组织做出 FRAND 承诺是否能够缓和上述之矛盾呢? 在标准必要专利中,FRAND 承诺正是因为其含义模糊而受争议。故应厘清 FRAND 承诺在著作权领域的含义,才能发挥其制度功能。实际上,FRAND 承诺在著作权领域的内涵大致与标准必要专利领域相同。

FRAND 承诺适用标准著作权与法律普遍可获得性之间的矛盾关系应有如下内涵:

第一,公平。在著作权领域中 FRAND 承诺的"公平"从两方面内容呈现。一方面,任何非政府标准不得由于通过参引合并进入法律而形成不公平的涨价,即非政府标准入法前后的售价应相同,市场因素应是非政府标准售价的决定因素,且不得附加著作权使用限制条件。在实际情况中,私营标准组织可能会在某一版本的标准被纳入法律后,对该版本标准坐地起价,甚至在公众购买标准时附加了许多使用限制。即便私营标准组织随后修订了更高质量的新版

---

① 杨宏晖:《论 FRAND 授权声明之意义与性质》,载《月旦民商法杂志》2015 年第 12 期。

本标准,但只因新版本没被纳入法律未获无强制约束力而低价售卖且无著作权使用限制。因此,私营标准组织的这种行为明显违背了市场经济的规律,是典型的对公众获取标准不公平之表现。另一方面,任何公众都应以相同的价格、相同的著作权使用条件获得非政府标准(容无歧视部分详述之)。

第二,合理。在著作权领域中 FRAND 承诺的"合理"从两方面内容呈现。一方面,非政府标准的售价应合理,即大多数利益受影响者对非政府标准的售价是可以负担的,并不会因为高昂的标准售价而影响正常生产,所谓"合理价格",应是制定该非政府标准的成本价,以补偿私营标准组织制定标准的必要支出,不提倡从中获得利润,如此不仅保障公众对法律的知情权,也兼顾了私营标准组织的运营经费,对私营标准组织也具有一定的经济激励作用,继续制定质量更好的标准。另一方面,非政府标准著作权的附加使用条件应具有合理性。私营标准组织对售卖的标准附加一些使用限制,其目的是保护著作权,将私营标准组织利益最大化。例如,对于数字载体的标准,私营标准组织往往只提供受保护的在线浏览模式,不提供下载、复制、截屏等功能;对于纸质载体的,在版权页言明禁止任何形式的复制、传播等使用限制。因此,在许多情况下,私营标准组织在其非政府标准的使用条款中附加了许多对公众来说不合理的使用限制,公众对法律的可获得性受到损害。总的来说,此处所述的私营标准组织设置合理附加使用限制条件的含义应是只允许其不严苛于著作权法最低限度的保护,即不得附加较著作权法更严苛的使用限制条件。

第三,无歧视。FRAND 承诺中无歧视指标准必要专利的许可条件应对潜在的或现实的标准使用人是相同的。[①] 但在著作权领域无歧视的含义应进一步具体化。首先,对任何公众的无歧视。由于政府机构采用参引合并的立法技术将非政府材料(主要是非政府标准)纳入美国的制定法中,成为制定法的组成部分,这些被纳入的非政府材料与制定法具有同等效力,即法律的普遍适用效力、强制效力。在此种情况下,普遍适用效力是针对任何人的,因此,在著作权领域无歧视的对象应当指对任何受法律影响的公民,无歧视之范围要远远大于标准必要专利之情形。其次,非政府标准的著作权使用条件的无歧视。在同等条件下(最基本获知法律内容之情形),著作权人不得因受影响主体之不同,而设置不同的使用条件或附加使用条件。[②]

第四,非政府标准应持续供应,保证非政府标准的供给,不得故意制造市场

---

① Robert D. Keeler, Why Can't We Be (F)rands: The Effect of Reasonable and Non-Discriminatory Commitments on Standard-Essential Patent Licensing, 32 *Cardozo Arts & Ent. L. J.* 317 (2013), p.326.

② 周宇:《知识产权与标准的交织》,载《电子知识产权》2020 年第 1 期。

供求危机。私营标准组织应当确保被纳入法律的标准持续出版,不至于因正版标准文本的缺货(绝版、印数少等情况)导致公众无法获得标准文本,而侵害公众对法律的可获得性。私营标准组织应当持续出版被纳入法律的标准,此为FRAND承诺在著作权领域的特殊性而区别于标准必要专利之情形。

第五,在初步描绘了著作权领域的 FRAND 承诺框架后,著作权人应当对何主体做出 FRAND 承诺、何时做出 FRAND 承诺以及违反 FRAND 承诺的后果?

由于政府机构的立法需要而将受著作权保护的非政府标准纳入法律中,应当由政府机构要求著作权人向其做出 FRAND 承诺。

做出 FRAND 承诺时间节点应当是政府机构正式将私人标准纳入法律前,如此,若著作权人拒绝承诺或其他情形导致承诺无法做出的,政府机构可以有回旋余地采取补救措施,制定政府标准、以合理的价格征收著作权或采用其他组织标准。但若某一非政府标准是符合政府机构要求的产品质量安全或公众健康的唯一标准(技术要求),此种特殊情况下,政府机构可以考虑以维护公共利益采取强制许可(征收)。

若著作权人违反 FRAND 承诺,即私营标准组织实施了侵害市场竞争或公众对法律的可获得性之情形,私营标准组织应当对政府机构承当相应的民事责任,还应当承担相应的反垄断、反不正当竞争责任,并且应当对相关的利益受害主体承担一定的责任。

此外,在标准必要专利之情形下,许多私营标准组织的知识产权政策均鼓励私营标准组织制定标准时尽量避免涉及知识产权问题。政府机构在制定公共安全、健康等涉及重大公共利益的法律时,除非必要,否则也应将尽量避免使用受著作权保护的材料,以免产生著作权与公众对法律的可获得性冲突的问题。

## 二、美国标准与法律融合模式下私营标准组织的灰色地位及公共利益问题

### (一)私营标准组织性质

标准制定组织(Standard-setting organization)为某一特定领域或行业的参与者制定、描述或记录统一操作、技术或其他规范的机构。[①] 标准制定既有隶属

---

① Bryan A. Garner(Eds.), *Black's Law Dictionary*, *Ninth Edition*, Thomson Reuters, 2009, p.1535.

于政府机构的，即公营标准组织，也有游离于政府体系外的私营标准组织。

"民间标准制定团体为数众多是美国标准化的显著特点。"①同时，私营标准组织在美国标准化活动中的力量相对于政府标准机构具有绝对的压倒优势，可以说，美国的标准化活动就是美国私营标准组织的标准化活动。回顾美国私营标准组织的形成历史，不难发现，私营标准组织在美国现代标准化运动开始时就已经初具雏形，以民间的工程技术人员组成的行业协会为主，同时还出现了一些独立的非营利性的科学技术实体，例如，富兰克林学会。当前，"美国私营标准组织大致可以分为四类：第一，科学和专业协学会，例如 ASME，这类专业协会学会开展标准制定活动的目的就是推动和促进本协会和本专业领域的工作；第二，贸易协会，如电信工业协会（TIA）等，这类协会的目的是制定产品标准或特定工业领域使用的产品标准，其宗旨是关注特定工业领域并促进产品或服务；第三，专业学协会，如 ASTM，其主要工作就是开展标准化活动；第四，测试和认证组织，如美国保险商实验室（UL），这些民间组织在美国的标准化中发挥重要作用。"②可见，美国私营标准组织的性质最显著的特点是非政府性，美国私营标准组织是民间自发的标准化活动团体，独立于政府机构独立运营的、并且具有高度的专业性、技术性和知识性的非政府组织。进一步说，私营标准组织是依据私法而设立的组织，并不承担公法上的职责。

私人主导历来是美国标准化活动的传统，私人标准化力量抢占了美国标准化体系的先机，后来的美国政府不仅没有建立制度化的政府标准化力量，更没有取代民间标准化力量，因此，美国政府机构的标准化活动一直以来都不是标准化活动的中心。美国政府也并非都没有进行过标准化尝试，只不过实效性较差，最终，美国政府机构几乎放弃了政府机构的标准化活动，直接充分利用民间标准化成果，这也是美国标准与法律融合的直接原因。进而，私营标准组织承担了某些政府机构的职能，因此，学者将私营标准组织的法律地位定义为"灰色（Limbo）"，即是一种介于"公共监管机构未满、超越私人组织"的中间形态。③

## （二）私营标准组织形成灰色法律地位成因

一方面，在美国标准与法律融合模式下，私营标准组织以及其他的一些工

---

① 刘春青等：《美国 英国 德国 日本和俄罗斯标准化概论》，中国质检出版社、中国标准出版社 2012 年版，第 13 页。

② 刘春青等：《美国 英国 德国 日本和俄罗斯标准化概论》，中国质检出版社、中国标准出版社 2012 年版，第 13 页。

③ Tyler R. T. Wolf, Existing in a Legal Limbo: The Precarious Legal Position of Standards-Development Organizations, 65 *Wash. & Lee L. Rev.* 807 (2008), p.807.

程技术机构实际上行使了公权力。这是由于美国政府机构过度依赖私营标准组织。所谓过度依赖私营标准组织，指的是美国政府机构对标准的过度依赖，即政府行使职能离不开标准，尤其在药品监管、食品监管、产品质量安全监管等方面。由于历史原因、政府成本控制、私营标准组织标准化水平高等因素，并且美国政府机构已经不再制定标准，为了满足政府对标准化活动的需求，只能充分利用民间高质量的标准化成果，形成了标准与法律的融合。同时，美国政府机构通过法律赋予非政府标准法律效力，非政府标准获得了法律普遍约束效力与强制约束力。美国标准与法律的融合模式实际上使私营标准组织成为"私营"立法机构，在某些情况下，私营标准组织或第三方认证机构被赋予监督标准执行情况，行使了执法权，甚至还以"认证认可制度"设立了"私人"行政许可。

另一方面，尽管私营标准组织行使了公权力，在某些方面替代了公共机构的职能，但是这仍然无法改变私营标准组织的民间组织属性，仍然独立于政府机构，不是政府机构的附随组织，也不隶属于任何政府机构。

## （三）私营标准组织的灰色法律地位带来的挑战

私营标准组织的灰色法律地位与当前的法律体系存在紧张关系。20 世纪80 年代 OMB 通告 A-119 的通过以及美国国会通过 NTTAA，再到 2004 年的《美国标准制定推动法案》，这三部美国公法创造了一些组织，它们一方面可以不受宪法对行使国家公权力主体的监管，另一方面又可以获得反垄断法、反不正当竞争法的豁免，这些组织通过三部公法与国家权力紧密结合，私营标准组织处于法律上的灰色地带，借以法律的漏洞游离于规范市场主体（私主体）与规范政府机构（公主体）的法律之外。① 因此，私营标准组织很容易滥用这三部公法赋予的权力。

### 1. 美国标准与法律的融合模式不能改变私营标准组织的性质

如果私营标准组织因美国标准与法律的融合模式转变了其非政府性质，成为政府组织，那么就应当符合政府组织的特点。判断私营标准组织是否为政府组织的关键在于私营标准组织的标准化行为是否为行政行为。实际上，私营标准组织制定标准等标准化行为并不是行政行为，这是由于美国标准与法律的融合的最终决定权在相关政府机构，提请参引合并的政府机构应当对拟引用的标准进行审核，并且依据参引合并的相关规定完成。在美国标准与法律融合模式下，作出非政府标准入法并使其具有法律效力的主体是行政机构，私营标准组

---

① Tyler R. T. Wolf, Existing in a Legal Limbo: The Precarious Legal Position of Standards-Development Organizations, 65 *Wash. & Lee L. Rev.* 807 (2008), pp.809~810.

织并没有直接行使公权力,因此,私营标准组织制定标准的行为并不会因非政府标准与法律的融合而改变。

**2. 标准因缺乏广泛代表性而引起的反垄断问题**

所谓标准的广泛代表性问题,指的是标准组织制定的标准是否充分考虑到各方的利益,即是否遵循了自愿共识原则。如上述,私营标准组织制定自愿共识标准应当依据一整套严格的程序,对各方的意见都应当充分地考虑,以期自愿共识标准能够形成普遍共识,代表各方利益。然而,现实情况中,存在一些私营标准组织制定自愿共识标准没能充分反映公共利益的问题。进而在某些情况下,因标准制定程序中不能充分反映各方利益而被利用成为垄断行为与排除竞争行为的"利器"。这是由于:一方面,通常来说,美国的私营标准组织因其具有高度的专业知识性而具有权威性,其制定的标准也因此具有毋庸置疑的"正当性",市场主体会毫不犹豫地相信这是一种成功典范,能够提高品质与效率,而不再去开发新的技术革新;另一方面,即便有新技术的产生,通常仅在小范围内试验,囿于当前标准的"权威性",新技术很难获得推广或者认证上市,甚至是违法的。如此,"技术标准一旦被实践和理论证明是'最优'而固定下来,容易使企业产生获得'护身符'的心理,因为它不必担心消费者怀疑其产品质量而排斥对其的选择。"[1]这是由于市场消费者不具备专业知识,无法理解标准的内涵,因此,存在信息不对称,即使有技术上更先进的产品,也难以获得市场的青睐,或者即使设计并不会危害人身、财产安全,只因为不符合主流的标准设计,也难以获得市场的青睐。"现实中有某些私营标准组织的成员正是利用了此局限性,标准就沦为垄断行为的工具。"[2]进一步说,如果非政府标准沦为排除竞争、垄断的工具,又被法律法规援引,这就相当于利用国家权力达到谋图私利,即恶意排除竞争、垄断的目的,严重扰乱市场秩序与安定,因此,标准反垄断问题值得注意。

私营标准组织显性地排除个别规模较小、实力较弱的利益相关主体。这种情况指的实力较强的私营标准组织成员直接忽视或未充分考虑个别规模较小、实力较弱的利益相关主体的意见,从而利用与操控标准排除或限制竞争,形成垄断。现实中显性地排除其他利益相关主体的情况是现实存在的。美国司法机关也受理过与标准有关的反垄断案件,比较有名的是 ASME 与 Hydrolevel 一案以及 Consolidated Metal Products, Inc. 与 American Petroleum Institute 一案,两个案例虽然都是与标准有关的反垄断案件,但裁判结果却不同。Allied

---

① 吴太轩:《技术标准化的反垄断法规制》,法律出版社 2011 年版,第 31 页。

② 鲁篱:《标准化与反垄断问题研究》,载《中国法学》2003 年第 1 期。

Tube & Conduit Corporation v. Indian Head Inc.一案同样是与标准有关的反托拉斯案例,三级法院的裁判存在反复,最高法院法官之间存在意见分歧。

ASME 与 Hydrolevel 之间有关锅炉产品的争议,最终上诉至最高法院,该案法案确认了私营标准组织的反垄断行为。ASME 制定了《锅炉和压力容器标准》(Boiler and Pressure Vessel Code),美国的 46 个州与除一个省以外的其他加拿大地区都采用了该标准。McDonnell & Miller, Inc.几乎控制了低水燃料切断器的市场,但 Hydrolevel 的产品采用与 McDonnell & Miller, Inc.不同的设计,具有一定的技术革新性,不少 McDonnell & Miller, Inc.的客户选择了 Hydrolevel 的设计,McDonnell & Miller, Inc.寻求免受进一步丢失市场份额,保护自己的商业利益的方法。McDonnell & Miller, Inc.一位副总裁担任了《锅炉和压力容器标准》起草委员会的副主席,负责起草、修订、解释《锅炉和压力容器标准》。最终《锅炉和压力容器标准》认定 Hydrolevel 的设计是不安全的,没有采用 Hydrolevel 的设计,而采用了 McDonnell & Miller, Inc.的设计。进而 McDonnell & Miller, Inc.利用这一消息作为宣传,打击 Hydrolevel 的市场份额,Hydrolevel 在发现 ASME 滥用权力前的几年内遭受了巨大的市场阻力,遂诉诸司法途径维护自己的正当权益,指控 ASME 违反了谢尔曼法。[①] 初审法院认为,ASME 应当对其内部成员 McDonnell & Miller, Inc.的违反谢尔曼法的行为负责,但最终最高法院认定,ASME 并非 Hydrolevel 的竞争对手,其竞争对手是 McDonnell & Miller, Inc.,McDonnell & Miller, Inc.操控 ASME 作出欺诈性决定,欺诈的目的是使其竞争对手处于不利的地位。尽管 ASME 是非营利组织,但这也丝毫没有影响 ASME 的反垄断能力。ASME 在国家经济中有巨大的权力,当 ASME 为内部成员披上权威的外衣时,ASME 就应当对其内部成员的行为负责,因此,ASME 应对 McDonnell & Miller, Inc.破坏市场竞争的行为负责,应对 Hydrolevel 承担因违反反垄断法的民事赔偿责任。[②] 但也有学者对该案的裁判结果表示担忧,其认为,自此,私营标准组织对其组织成员的过错而都承担反垄断法上的责任,那么私营标准组织的经营,甚至是存续都成问题了。[③]

而 Consolidated Metal Products, Inc.与 American Petroleum Institute 一

---

① Tyler R. T. Wolf, Existing in a Legal Limbo: The Precarious Legal Position of Standards-Development Organizations, 65 *Wash. & Lee L. Rev.* 807 (2008), p.823.

② ASME v. Hydrolevel. 102 S.Ct.1935 (1982).

③ Susan L. Cook, Compliance with Due Process: A Solution to Strict Liability for Private Standard-Setting Organizations under A.S.M.E. v. Hydrolevel, 48 *ALB. L. REV.* 146 (1983), p.148.

案的生效判决由美国联邦第五巡回上诉法院作出,法院认为,私营标准组织在进行标准化活动时,即正常的标准化业务活动,只要程序正当合法,即使有可能给相关产业内主体带来损失,也不宜认定为是垄断行为,即不违反谢尔曼法。主审法官 Wisdom 认为,在没有强制他人遵守的情况下,行业协会对产品的评估并就此提出意见形成的标准规范并不违反谢尔曼法。Wisdom 法官进一步指出,判断私营标准组织利用标准的垄断应当从全行业来看,而不是个别的具体应用。并且联邦法院不应成为行业协会标准委员会、产品测试服务的审查委员会,这不仅削弱了法院的能力,而且市场主体对三倍赔偿的恐惧以及对司法的质疑会阻碍具有先进性、革新性的高质量标准产生,如此,联邦法院与反垄断法的过度干预,会扼杀市场的竞争与创新。① 该案与前案最大的区别在于,本案中即使客观上有垄断行为或排除竞争等侵害特定主体的行为,但制定标准的程序合法合理,并且该标准也并非由私营标准组织强制执行的,再者,在认定垄断主体的问题上,私营标准组织通常不被认定为是竞争主体。因此,两案的裁判产生了截然不同的结果。相似的裁判结果形成了《美国标准制定推动法案》中私营标准组织反垄断责任豁免制度的稳固基石。

　　Allied Tube & Conduit Corporation v. Indian Head Inc.一案是标准反垄断案例中又一经典案例。两级法院作出了完全相反的判决,最高法院更改了美国联邦第二巡回上诉法院作出的判决,其争议焦点在于私营标准组织是否使用 Noerr-Pennington 豁免原则(Noerr-Pennington Immunity Doctrine)。所谓 Noerr-Pennington 豁免原则由 Noerr 案与 Pennington 案等反不正当竞争、反垄断案例确定的反不正当竞争、反垄断责任豁免制度,具体来说,在反托拉斯法下,如果私营实体试图影响法律的通过或执行,即使私营实体所倡导的法律会产生反竞争、垄断的客观效果,但也可以如同国家公权力机构那样获得法律责任的豁免。② Allied Tube & Conduit Corporation v. Indian Head Inc.的基本案件事实是,Allied Tube & Conduit Corporation 是全美最大的钢铁导管的制造商,与其他一些钢铁产业的成员聚合,Allied Tube & Conduit Corporation 及其拥趸们参加了 1980 年的 NFPA 年会,该年会以 394 票赞成、390 反对通过一项排除塑料导管的标准,而 Indian Head Inc.主要业务就是生产塑料导管产品。Indian Head Inc.将 Allied Tube & Conduit Corporation 告上法院,并指控其违反谢尔曼法,以不合理的手段限制了电力导管市场的竞争。美国联邦纽约南区

---

① Consolidated Metal Products,Inc. v. American Petroleum Institute. 846 F.2d 284 (5th Cir.1988).

② Kurt J. Lindower,Noerr-Pennington Antitrust Immunity and Private Standard-Setting,58 *U. Cin. L. Rev.* 341 (1989),pp.344~347.

地方法院的裁判支持了钢制导管制造商,即 Noerr-Pennington 豁免原则适用于该案,即私营标准组织的标准化行为可获得反垄断责任的豁免。塑料导管制造商遂上诉至美国联邦第二巡回上诉法院。在上诉程序中,Allied Tube & Conduit Corporation 认为其标准建议并不会引起不合理的市场限制结果,一方面,之所以选择钢质导管也是出于安全的考量,依据 NFPA 的程序,也是反对排除竞争的;另一方面,虽然法官是法律的专家,但是他们在实践层面却缺乏专业知识,尤其是标准适用的层面。然而,经查明,Allied Tube & Conduit Corporation 在该案中,确实违反了 NFPA 的程序。陪审团指出,虽然看似 Allied Tube & Conduit Corporation 遵守了 NFPA 的程序,但得到的标准确是颠覆性的排除了塑料导管,并且 Allied Tube & Conduit Corporation 也承认了可能存在潜在的权力滥用,从其制定记录中可看出,也尚未形成"共识"。因此,陪审团认为该案并不是适用私营标准组织的豁免原则,即 Noerr-Pennington 豁免原则,应当承当相应的反不正当竞争法、反垄断法责任。遂美国联邦第二巡回上诉法院裁决,支持陪审团的意见,并撤销原判发回重审。[①] 虽然美国联邦最高法院维持了美国联邦第二巡回上诉法院的裁决,即 Noerr 反托拉斯豁免并不适用于本案上诉人(Allied Tube & Conduit Corporation),但怀特(White)法官持反对意见,奥康纳(O'Connor)法官也持相同反对意见。反对意见认为,若科以私营标准组织反垄断责任或反不正当竞争责任,不仅会打击其制定标准的积极性,进而影响到政府机构对非政府标准化成果的利用以及破坏经济秩序,还会削弱这些组织在产品安全、质量要求等方面的作用,进而损害到公共利益。[②] 尽管在本案中多数意见认为应科予 Allied Tube & Conduit Corporation 责任,但少数反对意见促进了《美国标准制定推动法案》立法,由该法案一脉相承,在多年以后,少数已经成为多数意见。

　　私营标准组织隐性地排除个别规模较小、实力较弱的利益相关主体。通常隐性的手段较为隐秘,较为容易被人忽视,并且常常披着合法的"外衣"。标准制定过程中,私营标准组织中较具实力的标准制定参与者通常具有充足的时间与经费和人力资源参加私营标准组织在全美各地的各种标准制定会议,能够在这些会议上充分地表达其意见,在最终形成的共识中占据重要地位。然而,规模较小、实力较弱的标准制定参与者就没有时间、经费和人力方面的优势,不仅由于规模较小,其意见分量不足以引起重视,还可能由于客观物质方面的限制,

---

① Allied Tube & Conduit Corporation v. Indian Head Inc. 817 F.2d 938 (2nd Cir. 1987).

② Allied Tube & Conduit Corporation v. Indian Head Inc. 108 S. Ct. 1931 (1988).

导致其不能充分地表达其意见。美国学者指出,NFPA 在 2007 年 2 月举行了 13 次分别在 12 个不同的城市的委员会会议,包括凤凰城、圣安东尼奥、拉斯韦加斯、小石城、堪萨斯城、奥兰多、亚特兰大和密歇根州,会议地点几乎遍布全美。[①] 对于一个来自阿拉斯加州、夏威夷州或西海岸地区的小商人来说,耗费人力物力财力去参与其中一次会议都是很困难的。若因客观情况局限而不能出席会议充分发表意见,便会被私营标准组织理解为放弃出席会议,从形式上看,这样的标准制定程序也是符合"协商一致"原则的。因此,这些仅针对规模较小、实力较弱的利益相关主体有影响隐性的壁垒,增加了实力较强成员操控私营标准组织标准制定程序,私营标准组织也很可能沦为个别主体利用标准排除竞争对手的工具,丧失了标准的功能。

虽然"自愿协商一致"原则是私营标准组织制定自愿共识标准的最基本要求,但在实践操作中,实力较强的私营标准组织成员有充分的动机滥用权力,操控标准的制定程序,扰乱市场秩序,以悖俗的方法排除竞争、限制竞争。因此,尽管《美国标准制定推动法案》豁免了标准制定组织的某些反垄断法上的责任,但相关反垄断调查机构仍应具体情况具体分析,不能拘泥于法律条文,严厉打击利用标准制定为掩护的垄断行为。此外,反垄断调查机构应明确区分技术要求的淘汰与以技术要求为掩护的垄断行为。通常产品或服务的技术性能或质量的提升以技术要求的形式呈现,例如,随着人们环保意识的提高,超过一定量排放标准或能耗效率的汽车发动机不得生产,这将排除一大批旧技术要求的生产商,相关标准组织作出此种技术要求的目的并不是限制竞争,而是为了技术的革新、产业升级与环境保护。随着生产力的发展,科学技术应是不断地提高与发展,技术要求是不断提升的,如果不能明确区分,将扰乱正常的科学技术的发展与进步,阻碍创新[②],这也是《美国标准制定推动法案》豁免标准组织反垄断责任的主要考量焦点,可以认为 Allied Tube & Conduit Corporation v. Indian Head Inc. 一案中,两位法官的相反意见促进了《美国标准制定推动法案》立法。

"最终决定市场影响力的主要是行业协会的规模及其市场权力。"[③]在市场竞争中标准化是一把双刃剑,具有善与恶的两面性[④]。善用标准化,能够甄别淘汰产品质量低下、不符合市场需求、危害人身财产安全的产品,起到市场资源配

---

[①] Tyler R. T. Wolf, Existing in a Legal Limbo: The Precarious Legal Position of Standards-Development Organizations, 65 *Wash. & Lee L. Rev.* 807 (2008), pp.821~822.

[②] 鲁篱:《标准化与反垄断问题研究》,载《中国法学》2003 年第 1 期。

[③] 鲁篱:《标准化与反垄断问题研究》,载《中国法学》2003 年第 1 期。

[④] 参见孔晓邦:《标准的"良"与"恶"——以国家治理体系和治理能力建设为视角》,载《电子知识产权》2019 年第 10 期。

置作用,活跃市场竞争。"滥用标准化,其一,以标准化为借口,拒绝给符合标准的产品的竞争对手的革新产品认证而阻碍市场竞争的激烈度;其二,通过设置标准而建立了市场壁垒,不适当地提高了市场新进入者的竞争成本,不利于中小企业的生存与发展。"①

### 3. 公权私授问题

英国启蒙思想家约翰洛克(John Locke)于 1690 年就揭示了禁止立法权授权原则的道理,由于立法机构的权力是人民委托的权力,拥有它的人是不能移交给别人的,因此,立法机构不能把制定法律的权力转让给其他任何人。② "在 19 世纪大部分时期和 20 世纪之初,禁止授权(Non-Delegation)被当作遏制政府扩张的有力工具。继而在新政时期,联邦最高法院对这一原则加以严格限缩,从而为现代行政国家的兴起扫清了障碍。"③所谓公权私授问题(禁止立法权授权原则)指的是美国公权力机构将本属于公权力机构的公共管理职能授权于私营组织,由私营组织行使公共管理职能,由此产生的法律问题,这里的公权主要指的是立法权。在美国法上有禁止公权私授原则(Doctrine Non-Delegation),明确何为禁止公权私授原则之前,应先明确"公权公授"(Doctrine Delegation),"公权公授"是宪法上的概念,旨在限制国会向另一个政府部门(特别是行政部门)委托立法权原则(基于分权制衡原则),除非当国会明确授权执行机构制定政策。④ 那么禁止公权私授原则也就是指禁止国会向其他政府部门委托立法权,依据举轻以明重原理,既然同为公权力机构的行政机构都受到禁止公权私授原则的限制,那么私营主体更应当为禁止公权私授原则所限制。但国会囿于时间成本与技术因素,国会暂不考虑制定立法的详细实施条例,若需要进一步的实施细则的规定,则由国会在法案中授予行政机构。⑤ 禁止公权私授原则能够保障法治。⑥

---

① 鲁篱:《标准化与反垄断问题研究》,载《中国法学》2003 年第 1 期。

② John Locke,*Second Treatise of Civil Government*,Originally published in 1690,C. B. Macpherson(Eds.),Hackett Publishing Company,Inc.,1980,pp.74～75.

③ [美]Keith E. Whittington,Jason Iuliano:《禁止授权原则的迷思》,宋华琳、李美郡译,载章剑生:《公法研究》(第 19 卷),浙江大学出版社 2019 年版。

④ Bryan A. Garner(Eds.),*Black's Law Dictionary*,*Ninth Edition*,Thomson Reuters,2009,p.491.

⑤ Enrique M. Fernando,Administrative Agencies and Non-Delegation of Legislative Power,24 *Phil. L.J.* 341 (1949),p.341.

⑥ Eoin Carolan,Democratic Accountability and the Non-Delegation Doctrine,33 *Dublin U. L.J.* 220 (2011),p.226.

美国判例并非完全否定授权原则,而是有限地承认。[①] 禁止公权私授原则由美国最高法院判例 J. W. Hampton. Jr. v. United States[②] 一案所确立,该案是禁止公权私授原则的里程碑式的案例。该案裁判认为,基于三权分立原则,立法权属于国会(立法机关),不得由行政机关行使立法权,然而国会可以通过授予立法权的形式,向行政机关授予立法权,但是国会应当提供明确的立法权行使原则指导被授权机关立法。A. L. A. Schechter Poultry Corporation v. United States[③] 一案认为罗斯福总统新政中总统过多的立法不仅僭越了立法权,也是违宪的,即违反了公权私授原则。该案确认了立法权可以在有必要的情况下授予行政机构,但囿于市场利益等因素,立法权授予贸易与产业团体与协会是不被允许的。美国最高法院判例指出公权私授问题中最令人感到不适的(obnoxious)一种形式是将立法权委托给私人主体,这些私人利益通常不利于同一行业的其他人的利益。[④]

尽管禁止授权原则(禁止公权私授原则)是美国宪法的一个基本制度,但实际治理中以及判例中,人们更加关心的似乎是授权程度,而非是否允许授权。[⑤] 美国学者认为,如果通过参引合并的方式引用政府内部或政府制定的材料,就不涉及禁止授权原则。如果依据美国标准与法律融合的形式,采纳的是由私营标准组织制定的非政府标准,这将产生违反宪法的授权问题。[⑥] 事实上,美国法律法规中援引非政府标准的标准与法律融合模式能够通过禁止公权私授原则的检视,相反,当前美国标准与法律融合模式违反宪法或公权私授的风险非常小[⑦]。一方面,由于 NTTAA 是国会立法,该法案已经明确授权在政府机构的职权范围内采用非政府标准;另一方面,依据 J. W. Hampton. Jr., v. United States 所确立的明确指导原则,当前美国政府机构采用非政府标准应当遵从一整套严格的纳入程序,即参引合并程序,不仅从纳入的实体性问题进行审查,还要审查程序性问题,例如,CFR part 51。因此,无论是从国会层面的授权看,还

① John F. Manning, Matthew C. Stephenson, *Legislation and Regulation*, Foundation Press, 2010, p.384.

② J. W. Hampton. Jr., v. United States. 276 U.S. 394 (1928).

③ A. L. A. Schechter Poultry Corporation v. United States. 295 U. S. 495 (1935).

④ Carter v. Carter Coal Co. 56 S. Ct. 855 (1936).

⑤ F. Scott Boyd, Looking Glass Law: Legislation by Reference in the States, 68 *Louisiana law review* 1201 (2008), p.1252.

⑥ F. Scott Boyd, Looking Glass Law: Legislation by Reference in the States, 68 *Louisiana law review* 1201 (2008), pp.1252~1257.

⑦ Tyler R. T. Wolf, Existing in a Legal Limbo: The Precarious Legal Position of Standards-Development Organizations, 65 *Wash. & Lee L. Rev.* 807 (2008), p.834.

是明确的授权指导看，当前美国法律法规援引非政府标准的标准与法律融合模式无违宪之虞，亦无公权私授之虞。

然而，引发学界与实务界质疑的根源实际上并不是来自于参引合并是否符合宪法，而是由于非政府标准的制定程序与实质内容完全由私营标准组织掌控，从而产生的监督问题。"在美国，因为禁止授权原则，授予私人团体制定标准的权力问题成堆，私人裁量权几乎不受监督和程序性的约束限制。"①"私人主体还相对不受立法、行政和司法的监督。在私人主体不断行使传统的公共职能，却又摆脱了通常与公权力行使相伴的严格审查的情况下，私人的参与的确会引起对责任问题的关注，而使不受制约的行政裁量相形见绌。"②公权力的立法需要经过严格、公开、征求意见等程序，然而同样发生法律效力的非标准的制定程序，却显得恣意许多。粗略地通过和评论程序之后，行政机关通过采纳私人制定的标准，间接、不十分明显地将标准制定权授出。③ 实际上，引发质疑的焦点也不是在制度层面，而是实践操作层面，由于相关法律法规指出，政府机构选择非政府标准时应当进行实质性审查，即技术要求是否能够满足政府的监管，是否损害公共利益，是否有涉嫌垄断、不正当竞争之虞等问题。再者，美国法律法规援引非政府标准更加倾向于结果主义，即更多地关注拟纳入的标准是否能够满足政府机构的监管需求，如同消费者在自由市场中选购商品一样选择标准，对如何形成共识，或具体程序为何，政府机构似乎不太关注。因此，只要相关政府机构在纳入前仔细审查、严格审查，是可以避免许多公众质疑的。美国的相关判例支撑上述认识，法院指出，只要 ANSI 制定了一项标准且得到了职业安全与卫生管理局局长的批准，那么就可以认为该标准满足了职业安全与卫生管理局的监管目的，就能够成为适格的国家自愿共识标准。④ 如前文所述，私营标准组织制定标准的程序强调的是"普遍共识"，与立法强调的"多数决"不同，在各方遵守相关准则规范的情况下，"普遍共识"无论是在效率或是普遍性方面，均优于立法的"多数决"。可见，只要行政机构在采用非政府标准之前尽到审查职责，将很大程度上弥补法律法规采用非政府标准监督权制度不足的问题。相关行政机构还可以定期审查非政府标准是否符合当下的监管目的，若不

---

① ［美］乔迪·弗里曼：《私人团体、公共职能与新行政法》，载《北大法律评论》（第 5 卷·第 2 辑），法律出版社 2003 年版。

② ［美］乔迪·弗里曼：《私人团体、公共职能与新行政法》，载《北大法律评论》（第 5 卷·第 2 辑），法律出版社 2003 年版。

③ ［美］乔迪·弗里曼：《私人团体、公共职能与新行政法》，载《北大法律评论》（第 5 卷·第 2 辑），法律出版社 2003 年版。

④ Noblecraft Industries，Inc. v. Secretary of Labor. 614 F.2d 199 (1980).

符合,行政机构将另行采用合适的标准或纳入该标准的最新版本。同时,除提请纳入标准的行政机构严格行使审查权外,从制度层面看,美国立法机构或最高行政机构应进一步制定相关监督规范以回应公众的质疑问题。

此外,应当指出的是,应严格区分政府机构对标准制定程序的监督与法律法规援引标准的监督。只有当非政府标准被适用于法律的时候,才需要考虑公共利益与监督问题。[①] 因此,标准制定程序应属于标准组织内部的活动,不应受到政府部门过多的管制;而法律法规援引标准的情况涉及公共利益,需要依法对标准进行严格的审查。

之所以要进行这种严格的区分,是由于如果监督对象产生错误,对标准组织制定标准程序进行过度监督,将对美国标准化体制产生消极影响。美国学者指出,私营标准组织对政府管制存在担忧(Fear of Government Domination),政府可能向私营标准组织施加太多的控制,如此,限制了私营标准组织的独立性,便抵消了私营标准组织参与国家标准化活动的积极作用。[②] 只有涉及公共利益与公共监管或政府职能时,才有必要公权力介入监督。在高度市场化的美国标准化体系中,私营标准组织的标准化活动应遵循市场规律,这就说明了,如果私营标准组织制定的标准与公共利益相背而行,最终会受到市场的淘汰,市场会通过市场配置作用对其进行淘汰。也就是说,通过其他的"压力"对标准组织进行监督。

**4. 私营标准组织追求其成员的商业利益而忽视公共利益**

参与制定标准的产业代表忽视公共利益之担忧(Fear of Industry Representatives Ignoring the Public Interest in Favor of Industry Interests),在制定标准时,私营标准组织中的行业代表可能会为了行业利益而忽视公众利益。[③] 虽然上文所提到的与标准有关的垄断行为或不正当竞争行为都有损害公共利益之可能,或者说侵害到某些行业内的主体利益,但是,本点所述的与标准相关的公共利益问题与前者有所区别,此处指的是行业利用了其在私营标准组织中的地位,利用标准损害公共利益的情况。通常来说,虽然私营标准组织是营利性质的组织,但是其成员大多数是来自产业界的代表,这些代表共同主导标准的制定,如此制定出来的标准往往满足了参与制定者的需求,而不是公共利益

① Jorge L. Contreras, From Private Ordering to Public Law: The Legal Frameworks Governing Standards-Essential Patents, 30 *Harv. J. L. & Tech.* 211 (2017), p.231.

② Tyler R. T. Wolf, Existing in a Legal Limbo: The Precarious Legal Position of Standards-Development Organizations, 65 *Wash. & Lee L. Rev.* 807 (2008), p.819.

③ Tyler R. T. Wolf, Existing in a Legal Limbo: The Precarious Legal Position of Standards-Development Organizations, 65 *Wash. & Lee L. Rev.* 807 (2008), pp.818~819.

或市场对技术要求、产品质量、安全的实际需求。一位不愿透露姓名的消息人士指出,《职业安全与健康法案》采用的一些非政府标准在很多情况下仅为职工提供了很有限的保护,这是因为主导行业标准制定的委员会比《职业安全与健康法案》更不愿意将一种物质定义为致癌物,比起发表的科研成果,委员会似乎更倾向于采用行业提供的信息。① 这是由于如果将职场中的某种物质定义为致癌物或者职场的设施不利于职工安全,企业将花费成本去升级职场,这对于企业来说是一笔不小的成本,因此,产业的商业利益是产业制定相关标准所考量的重要因素。似乎在标准制定中增加劳工代表的表决权就能解决该问题,但现实情况是,劳工或者消费者在私营标准组织制定标准程序中通常缺乏适当的代表。② 缺乏消费者代表或劳工代表等公共代表的标准制定程序虽然能够在产业界取得"普遍共识",但是,显然其制定出来的标准缺乏广泛的多样性。

对公共利益具有消极影响的私营标准组织可能会侵害相关主体的生命健康权与财产权,对此,除政府机构工作人员代表公共利益参与标准制定,还应当扩大消费者、劳工等"弱势群体"代表直接参与标准制定,并应当增加"弱势群体"的意见影响力。这样便有利于提高私营标准组织制定的标准的公共利益代表性,更容易为市场接受。在市场化主导的标准化体系下,消费者等弱势群体的利益最大化实际上是由这些群体控制的,其实道理很简单,之所以自由市场经济能够获得繁荣,是因为它满足了市场的需求。从这个角度看,虽然制定标准是一个复杂的技术性工作,但标准不仅是科学技术技术的论证,经济因素通常也是标准制定中的论争主要焦点。③ 因此,市场的配置作用在标准与公共利益关系中也扮演了极其重要的角色。

① Tyler R. T. Wolf, Existing in a Legal Limbo: The Precarious Legal Position of Standards-Development Organizations, 65 *Wash. & Lee L. Rev.* 807 (2008), pp.823～824.

② Robert W. Hamilton, Role of Nongovernmental Standards in the Development of Mandatory Federal Standards Affecting Safety or Health, 56 *Tex. L. Rev.* 1329 (1978), p.1353.

③ Matthew Topic, The Standards Development Organization Advancement Act of 2004: A Victory for Consumer Choice, 12 J. *Tech. L. & Pol'y* 45 (2007), pp.68～69.

# 第六章

## 中国、美国标准与法律融合研究与启示 ■

德国著名比较法学家茨威格特指出最好的比较法研究范式为："作者首先在各国报告中说明外国法的主要资料，然后用这些资料作为研究的真正核心继续进行深入的比较，最后作为此种比较的结果，进行批判性的法律政策的考察或者得出关于本国法律的解释的结论。"[①]因此，研究外国法最现实的意义是为本国法提供借鉴，为完善本国法律制度提供新的思路。鉴此，前文已经重点围绕美国标准与法律融合制度展开研究，从宏观到微观、从理论研究到实例研究、从制度的积极研究到制度的消极研究揭示了美国标准与法律融合的总体样貌。本部分主要是围绕中国与美国标准化体系、标准化法制体系以及标准与法律融合的比较研究，具体从美国制度中借鉴到：中国与美国标准化制度的基本面比较研究，即美国制度本土化的基础、中国借鉴美国标准与法律融合模式的原因、我国推动区域标准的制定促进"一带一路"建设、我国法律应充分利用非政府标准化成果、从美国标准化法制中借鉴经验以促进解决我国标准的反垄断、反不正当竞争问题。

### 一、中国、美国标准与法律融合模式基本面比较

#### （一）垂直标准化管理体系与横向标准化管理体系

国内标准化管理体系与一国的标准与法律融合密切相关，当前在世界范围内，国内标准化管理体系分为两种，政府主导模式与市场主导模式。所谓政府主导模式，又被称为分层级的国内标准化体系（Hierarchical Domestic Institu-

---

① ［德］茨威格特·克茨：《比较法总论》（上），潘汉典、米健、高鸿钧等译，中国法制出版社 2017 年版，第 10 页。

tions），这种国内的标准化制定体系呈"金字塔"结构，在其顶点处是国家体制内机构，是最高层级的标准化实体，处于国家层面标准化活动最重要的位置，往下设置有标准化专门机构，专门机构负责具体的标准制定工作，再往下的基层设置就是具体的产业实体，例如，企业、专业机构等，所有的下层机构都要服从于顶层机构。所谓市场主导模式，又称为非分层级的国内标准化体系（Non-Hierarchical Domestic Institutions），与分层级模式相反，标准组织之间平行存在、相互独立，并且存在竞争关系。标准组织独立经营并依据其自身的规则程序制定标准；同时此种模式拥有一个代表国家的标准化机构，在市场中选用这些标准组织制定的标准。① 通常来说，欧美发达国家的国内标准化管理体系为市场主导模式，呈市场化特点；而标准化后发国家（大多数的发展中国家以及个别发达国家，如日本）的国内标准化管理体系为政府主导模式，呈行政管理化特点。欧美发达国家如英国、美国、德国等国的民间标准化活动起步较早，而政府处于后发状态，标准化活动的秩序或规则自然由民间标准化活动所确定；标准化后发国家由于标准化活动起步晚，与欧美发达国家的标准化活动差距较大，通过国家层面的标准化活动，进一步统筹配置标准化资源，旨在缩小标准化方面的差距。总体来说，两种国内标准化管理体系的差别泾渭分明，但随着标准化后发国家的标准化体系基本建成，以政府主导的标准化体系也逐渐开始松动，借鉴欧美发达国家的标准化体系，尝试利用民间标准化成果，例如日本②。如上述介绍美国标准化法制历史中可知，标准化活动实际上就是民间自发的经济活动，尽管没有政府参与，民间标准化活动也能发展得很好。可见，国内标准化管理体系的选择是受国内标准化活动的发展水平而决定的，国内标准化活动的发展水平低，就需要政府主导发展，若国内标准化活动水平较高，反而政府主导模式会在某些情况下阻碍标准化活动的进一步发展；相反，若民间标准化活动太过自由，就需要政府的干预与调整。

依据上述国内标准化管理体系的分类，我国国内标准化管理体系为政府主导、垂直的标准化管理体系。"国家层次上的标准化机构是国务院标准化行政主管部门，行业层次上的标准化机构是国务院有关行政主管部门，地方层次上的标准化机构是各省、自治区、直辖市有关行政主管部门，市、县标准化行政主管部门和有关行政主管部门。"③我国国家层次上负责标准化活动的机构为国务院标准化行政主管部门，即国家市场监督管理总局、国家标准化管理委员会，全

---

① Tim Büthe & Walter Mattli, *The New Global Rulers: The Privatization of Regulation in the World Economy*, Princeton University Press, 2011, pp.50~52.

② 苏永钦：《何时上修立法标准？》，载《法令月刊》2017 年第 12 期。

③ 白殿一、王益谊：《标准化基础》，清华大学出版社 2019 年版，第 166 页。

面管理我国标准化活动,承担了批准、发布国家标准,审议并发布标准化政策、管理制度、规划、公告等重要文件,协调、指导和监督行业、地方、团体、企业标准工作,代表国家参加国际标准化组织等职责。"行业层次上的标准化活动的机构是国务院有关行政主管部门,分工管理本部门、本行业的标准化工作,相关行政主管部门共 38 个"[①],例如,电力、能源、地质矿产等行业标准由中华人民共和国自然资源部负责;劳动和劳动安全标准由中华人民共和国人力资源和社会保障部负责。各地方标准化工作由省、自治区、直辖市以及下属的市、县标准化行政主管部门和有关行政主管部门负责。可见,我国标准化管理体系的最大特点就是体系化、垂直关系化以及行业分类管理化,并且我国政府标准化实力相较于民间标准化实力呈压倒性优势。我国的民间标准化活动为企业标准化活动与团体标准化活动,团体标准是团体标准化活动的核心,我国团体标准化事业起步晚,直至 2018 年实施的新《标准化法》才将团体标准实证化,虽然目前我国团体标准数量呈爆炸式增长,但仍然没有产生较大的影响,即团体标准的实施与推广是当前我国团体标准面临的主要问题。企业标准化活动虽然起步早,但是企业标准"走不出"企业,尚不足以产生较大的影响力。因此,政府标准是我国当前阶段标准化工作的核心,这种政府主导标准化工作的现象不仅由我国标准化管理体系所决定,也与我国标准化机构的公属性直接相关。

美国的标准化管理体系与我国恰恰相反,美国采用的是非分层级的标准化管理体系,非政府标准化机构主导与市场化是美国标准化管理体系最大的特点。一方面,ANSI 是美国国家标准化机构,同时也是一家非政府的私营标准组织。如上文所述,ANSI 最初由五家私营的标准化组织组成,随后不断地改组与吸纳新成员,才发展成今日之样貌。与我国标准化机构以及世界上绝大多数国家的标准化机构不同的是,ANSI 虽然为国家标准化机构,但其本身不直接指定美国国家标准,而是通过制定美国国家标准的认可文件以及程序性文件将其会员单位(各专业性私营标准组织)制定的符合条件的标准认可为美国国家标准。可见,美国国家标准是民间标准化活动的产物。另一方面,如上述,依据 NTTAA 等法律,美国法律法规纳入以及政府机构履行职责时都应当采用非政府标准,因此,非政府标准贯穿于美国公权力机构运行的方方面面,而这些非政府标准的制定受市场配置作用的影响。

我国标准化管理体系与美国标准化管理体系呈现重大差异的根本原因并非由于我国是社会主义制度与美国是资本主义制度差异引起的。实际上,标准化工作与资本主义国家或社会主义国家并没有必然的联系,实行资本主义的日

---

① 　白殿一、王益谊:《标准化基础》,清华大学出版社 2019 年版,第 168 页。

本的标准化管理体系与我国相同,即政府主导模式。因此,一国的标准化管理体系"既不姓社,也不姓资",只与国家的标准化工作目标以及标准化工作实际情况直接相关,具体来说,根本原因应是一国标准化的发展水平决定了一国的标准化管理体系。

以美国为首的欧美发达国家属于标准化先行国家,这种先行体现于两个层面,第一层面体现在标准化管理相较于其他国家先进,第二层面是民间标准化活动先行于国家层面的标准化管理活动。以美国为例,美国现代标准化活动至今已有近 200 年的历史,这 200 年间只有不到一半的时间存在国家层面的标准化活动(即 ANSI 前身 AESC 于 1918 年成立起算),并且这种国家层面的标准化活动是民间主导的,政府机构尚未对标准化领域形成有力的掌控;超过一半的时间(1918 年以前)的标准化活动完全由私营标准组织管理。以美国为代表的欧美发达国家民间标准化活动先于政府,这是由于民间标准化活动实力较强,完全超越了政府的标准化能力,大部分的标准化资源都由民间标准化组织掌握,若政府独立从事标准化工作不仅耗费大量的政府成本,并且政府标准化工作的质量较低,其标准化管理体系已经十分成熟,市场因素在其间起到绝对的配置作用,因此,不需要政府对其引导与掌控。反观中国等标准化后发国家,这些标准化后发国家的工业化建设起步较晚,民间工业技术水平较弱,尚不足以支撑国家范围内的标准化活动,因此,这些国家的标准化管理体系的选择更加倾向于以国家主导(引导)的标准化管理体系,旨在通过国家的全面统筹配置与管控国内的标准化资源,加速实现现代标准化转型,引导民间标准化力量更为广泛地加入标准化活动。当前我国的标准化事业的现状正体现了这种趋向,30 多年前的 1988 年《标准化法》的颁行标志着我国真正开始建立现代标准化管理体系,逐渐去除计划经济对标准化活动的影响。尽管我国现代标准化转型较晚,但我国以政府主导的标准化事业发展迅猛,形成了具有中国特色的标准化管理体系。

## (二)中国与美国标准化法制体系比较

"法制体系,也称法律体系,是指由一国现行的全部法律规范按照不同的法律部门分类组合而形成的一个体系化的有机联系的统一整体。"[①]标准化法制体系,是法制体系的下位概念,是指一国现行所有调整标准化法律关系的法律规范所形成的一个体系化的有机联系的统一整体。所谓标准化法律关系指的是

---

① 张文显:《法理学》,高等教育出版社 2011 年第 4 版,第 78 页。

标准化活动中所形成的应由法律调整的社会关系,这就说明了并不是所有的标准化活动中形成的关系都应由法律调整。"随着标准化活动的产生和发展,在标准化过程中所引发的社会关系日益复杂,甚至产生了一系列的利益冲突和矛盾,这就从客观上需要要有特定的法律制度来对其予以调整和规范,于是标准化法律制度应运而生了。"①由于中国与美国采用的是不同的标准化管理体系以及法律传统的不同,中国与美国的标准化法制体系存在较大的差别。

美国的标准化法制体系的特征为碎片化。如上文所述,美国的现行调整标准化法律关系的法律规范主要是 NTTAA、OMB 通告 A-119、《2004 标准制定组织推动法案》等公法规范,三部公法均在宏观层面指导美国法律法规援引非政府标准,但侧重点各不相同。NTTAA 为国会立法,法律效力层级最高,规定美国公权力部门应当原则上采用非政府标准以实现公权力部门的职责;OMB 通告 A-119 是行政法规,是美国总统府的行政命令,旨在促进与支撑 NTTAA 的实现,进一步指导各政府机构应如何采用非政府标准,凸显了 OMB 通告 A-119 的指南性;《2004 标准制定组织推动法案》旨在豁免私营标准组织从事正当标准化活动中的反垄断责任与反不正当竞争责任。可见,美国标准化法制体系首先由三部各司其职的公法组成,但这三部公法从法律体系上并没有形成逻辑体系,实际上,更像是美国相关部门为了解决美国法律法规援引标准面临的实际问题而为的应急性立法,即问题导向十分明确,并非旨在塑造某种法律制度,或者说通过立法引导民众接受美国标准与法律的融合,而是在确认美国标准化活动中既存的现象,将早已广泛存在的美国公权力机构充分利用民间标准化成果的现象实证化、制度化,并且针对实践操作中存在的问题予以规定与漏洞填补。此外,美国标准化法制体系的外延十分模糊,还包括判例法、法律法规中有关于标准化的规定,这些共同构成了美国标准化法制体系的外延部分。这是由于美国的法律体系十分庞杂,判例法中采用某种非政府标准,那么该非政府标准就具有法律拘束力;法律法规(国会立法或行政法规)援引了非政府标准,以及各州、各地方的法律法规援引了非政府标准。例如,美国环境保护法中引用非政府标准,《消费品安全促进法案》中引用的非政府标准等法律法规引用非政府标准的情况。

标准化法法律体系是中国特色社会主义法律体系的重要组成部分。新中国成立以来,伴随着标准化事业的发展和国家法治的进步,标准化法制建设取

---

① 杨秀英:《标准化法教程》,厦门大学出版社 2011 年版,第 36 页。

得了重大的成就,新中国标准化法制建设经历了四个阶段①,形成了较为完备的标准化法律体系,为推进标准化事业发展提供了有力的法制保障。当前中国的标准化法制体系确立于1988年《中华人民共和国标准化法》[下称《标准化法》(1988)]的颁行,2018年施行《中华人民共和国标准化法》[下称《标准化法》(2018)]遵循了此体系,"一元多层级"是我国标准化法制体系的最大特征。"标准化法律体系不仅包括以标准化法命名的法律,还包括其他法律以及法规、规章关于标准化活动的规定。"②我国的标准化法制体系以《标准化法》为基本法,作为我国标准化法治的核心,即"一元";《中华人民共和国标准化法实施条例》(1990)为《标准化法》的配套实施规范,即"多层级"中的行政法规;《团体标准管理规定》《强制性国家标准管理办法》《地方标准管理办法》《商务领域标准化管理办法(试行)》等部门规章作为标准化法的实施贯彻规范,即"多层级"中的第三级;《湖北省地方标准管理办法》《广东省地方标准管理办法》《广东省标准化条例(草案修改稿征求意见稿)》《山东省标准化条例》等地方性法规或地方政府规章为"多层级"中的第四级。另外,我国特别法中也大量存在标准化活动的规定,在我国现行法中,有多达40余部法律不同程度地规定了标准化活动,内容包括标准体系、标准的制定与实施,如《环境保护法》及有关环境污染防治法(如《水污染防治法》《土壤污染防治法》等)、《药品管理法》《食品安全法》《农产品质量安全法》《核安全法》《安全生产法》等。这些法律中有关标准化活动的条文规定构成了《标准化法》的特别法。"这些特别法是我国标准化法制体系的重要组成部分。"③

"虽然《标准化法》(1988)颁行以前,新中国也有标准化法制的尝试,但在计划经济年代,标准是国家组织生产的重要手段,具有强制效力。"④"我国的标准化体制是沿袭苏联的标准化模式"⑤,政府的标准化活动与市场的标准化活动是两道平行线,政府在我国标准化体制中为绝对主导地位,在标准化活动中起到了核心作用。新中国面对帝国主义敌对势力的围堵,不仅要安排工业、农业产品生产,也要安排供应和采购,一切实行分配和调拨,个人消费品凭票供应,没有商品的概念,也没有质量的意识,更不存在竞争,所有经济活动都是为了保障

---

① 参见柳经纬、周宇:《新中国标准化法制建设70年》,载《贵州省党校学报》2019年第6期。

② 柳经纬、周宇:《新中国标准化法制建设70年》,载《贵州省党校学报》2019年第6期。

③ 柳经纬、周宇:《新中国标准化法制建设70年》,载《贵州省党校学报》2019年第6期。

④ 柳经纬、周宇:《新中国标准化法制建设70年》,载《贵州省党校学报》2019年第6期。

⑤ 王忠敏:《标准化改革要去除计划经济的影响》,载《中国标准化》2016年第12期(上)。

前线的胜利和红色政权的巩固。"1979 年颁布的《中华人民共和国标准化管理条例》明确规定，'标准一经批准发布，就是技术法规'，对政府标准化活动施行强制管理，在计划经济体制下的标准就是作为政府管理经济、指挥生产的行政手段，由政府包办，让企业实行的。"①"这一时期，标准与法律没有区别"②。随着 1978 年十一届三中全会的召开，改革开放以及经济建设成为这一时期的工作重心。从 20 世纪 80 年代中后期至今，我国经济体制与经济管理方式历经了重要改革转型期，90 年代初，我国确立了建设中国特色社会主义市场经济体制，商品经济逐步取代了计划经济，私营企业与国企改制活络了我国社会主义市场经济的竞争，随着市场经济体制的深入建设，企业开始自主探索企业标准化活动。为了支撑社会主义市场经济的建设以及商品经济的发展，1988 年颁布的《标准化法》(1988)打破了原来计划经济时期的标准化管理机制，逐步引入了市场机制，甚至与国际标准化活动接轨。《标准化法》(1988)所确立的标准化法制体系是我国从计划经济时期向市场经济时期过渡时代的产物，而《标准化法》(2018)完全诞生于社会主义市场经济的时代，各方面都顺应了我国当前的社会经济的发展。十八大以来，国家进入治理体系和治理能力现代化时期，标准化法制建设迎来了变革的历史机遇。2015 年国务院发布《深化标准化工作改革方案》，就重述市场和政府的关系，突出标准化的基础性和战略性作用，并提出"改革标准体系和标准化管理体制"。1990 年至今，我国社会经济发生了巨大的变革。90 年代初，我国开始初步建设社会主义市场经济，当时的市场环境开放程度远不如今日，市场主体的活跃程度也不如今日，社会经济正在从计划经济体制向社会主义市场经济体制转变。经过三十年的建设，时至 2020 年，我国社会主义市场经济逐步完善。"中国特色社会主义进入新时代，社会主要矛盾发生变化，经济已由高速增长阶段转向高质量发展阶段，与这些新形势新要求相比，我国市场体系还不健全、市场发育还不充分，政府和市场的关系没有完全理顺，还存在市场激励不足、要素流动不畅、资源配置效率不高、微观经济活力不强等问题，推动高质量发展仍存在不少体制机制障碍，必须进一步解放思想，坚定不移深化市场化改革，扩大高水平开放，不断在经济体制关键性基础性重大改革

---

①　王忠敏：《标准化改革要去除计划经济的影响》，载《中国标准化》2016 年第 12 期（上）。

②　柳经纬：《评标准法律属性论——兼谈区分标准与法律的意义》，载《现代法学》2018年第 5 期。

上突破创新。"①

从我国的标准化法制简史的梳理中可知,无论是计划经济时期的标准化活动还是市场经济时期的标准化活动,我国的标准化法律制度都是在塑造未来的(或下一阶段的)我国标准化法制体系,即标准化法指引人们应当依据标准化法的规定,从而实现某种标准化法制的阶段性任务以及标准化法追求的秩序,并且都与当下的时代任务相结合,因此,标准化法对社会的塑造具有阶段性,并非一蹴而就。这就说明了,我国的标准化立法是面向未来的,我国标准化事业仍在蓬勃发展阶段,尚需法律等顶层制度设计的指引,统一安排部署我国标准化工作,避免民间标准化活动的盲目。从这个角度上看,我国的"塑造型"标准化法制体系与美国的"确认型"标准化法制体系的区别实际上就是标准化管理体系所决定的,进一步说,是由标准化先发国家与标准化后发国家所决定的。

## (三)标准与法律融合形式不同:具体援引与模糊援引

所谓标准与法律融合形式,指的就是法律法规援引标准形式的不同。如上所述,美国标准与法律的融合形式是在具体的法律中列明引用的标准名、标准号等具体信息,例如,《消费品安全促进法案》第 104 条通过参引合并的立法技术纳入了 ASTM 制定的便携式床导轨的安全标准,即"便携式床导轨的标准消费者安全规格"(Standard Consumer Safety Specification for Portable Bed Rails,ASTM/F2085-12)。可见,美国法律法规援引标准的方式为具体援引,即明确指出法律法规援引了哪项标准。这是由于:美国的标准制定主体多为私营标准组织,往往针对同一产品或服务有多种不同的标准(技术要求),同时这些标准又由不同的标准组织制定,存在标准之间交叉重复的情况,美国公权力机构就必须在多种标准中选择满足其监管技术要求的标准。因此,美国公权力机构采用非政府标准时必须指出采用了哪项标准,否则法律法规将无法明确指向采用的是何种技术要求。

反观我国,我国法律法规援引标准也是我国法律体系中十分常见的现象,我国法律法规引用标准的形式为泛指,即指向性模糊、不具体指出法律法规援引的标准名称、标准号,也可称为模糊援引。我国是政府主导的分层级标准化体系,政府主导制定的标准(国家强制性标准、推荐性标准、行业标准、地方标准)在我国标准化活动中扮演着核心角色。我国法律援引标准均为政府主导制

---

① 《中共中央国务院关于新时代加快完善社会主义市场经济体制的意见》(2020 年第 15 号),http://www.gov.cn/gongbao/content/2020/content_5515273.htm,下载日期:2020 年 8 月 15 日。

定的标准,尚未出现法律援引非政府标准(团体标准、企业标准)的立法例,这与美国等发达市场经济国家法律援引非政府标准的现象大相径庭。我国政府不仅是标准的供应者,也是标准的使用者,还是标准化活动的管理者。在这种标准化体系下法律援引标准的模式也较为特殊,我国政府援引标准时信赖政府主导制定的标准,对标准的可靠性通常不做审查;而且我国政府标准体系较完善,标准与标准之间冲突、繁复的情况也较少,即同一种事项,通常在我国标准化体系中只有一种标准,因此,我国法律援引标准并不需要直接指明适用哪一项标准。虽然我国标准化体系对同一事项的规范较为单一,但在实践适用中必须要依据法律的具体规定与具体实际情况确定。例如,《中华人民共和国食品安全法》第 33 条第 9 款:"用水应当符合国家规定的生活饮用水卫生标准",那么此处适用的国家规定的标准就是指向国家强制性标准《生活饮用水卫生标准》(GB 5749—2006);再如,《中华人民共和国核安全法》第 43 条至第 47 条有关核废物处理的规定以及第 80 条"未达到国家放射性污染防治标准排放的",那么此处指的"标准"就是指向《放射性废物管理规定》(GB 14500—2002),同时还应包括《放射性废物近地表处置的废物接收准则》(GB 16933—1997)、《低、中水平放射性废物固化体性能要求—水泥固化体》(GB 14569.1—2011)等相关标准。

我国法律法规以泛指的形式援引标准是由于:我国标准化体系为一元体系,即以政府主导的一元体系,我国法律法规援引的标准几乎都是我国政府主导制定的标准。尽管我国法律法规援引标准时采用泛指的形式,通常就指向国家标准、行业标准以及地方标准,而不会指向较为庞杂的非政府标准(企业标准、团体标准)。同时,《强制性国家标准管理办法》第 29 条指出,强制性国家标准的审查应包括"与其他强制性标准的协调性",这就说明国家标准制定时不仅不得与其他强制性国家标准相冲突,还应当不得重复。这也保证了我国法律法规采用泛指形式援引标准的准确性。再者,我国政府有较强的标准化活动的能力,具有较高水平的标准化专业知识,所指定的标准质量通常也较高,能够反映科学技术成果和社会实践经验以及科学性、规范性、时效性,并且能够维护公共利益,满足各方的实际需求;但我国非政府标准标准化活动才刚起步,普遍存在标准化能力较低、未能保障公共利益等问题,因此,基于综合因素,现阶段法律法规仍然采用政府主导制定的标准。"我国法律法规援引标准的方式有利于保持法律的稳定性不因标准的变动而受到影响,同时又不会妨碍法律指向的标准随着科学技术的发展而完善,从而确保了法律借助于标准调整社会关系时能够做到'与时俱进'。"①但需要指出的是,我国法律法规援引标准的方式也存在不足之处,由于援引方式为泛指,法律法规在援引标准时没有载明具体援引的是哪一项标准,当同一类产品或服务存在重复标准或标准之间存在冲突时,就会产生指向性不明确的问题,从而引起标准在法律适用方面的争议。因此,美国法律法规以明确指出被援引标准名称、标准号的援引方式有助于提高法律的确定性,避免了许多标准在法律适用方面的争议。

此外,随着我国民间标准化实力的发展,民间标准化也逐渐出现高质量的标准化成果,出现了填补政府标准化不足的空缺,当前,存在规范性文件援引团体标准的实例。上海市住房和城乡建设管理委员会制定的《上海市装配整体式混凝土建筑防水技术质量管理导则》(沪建质安〔2020〕20号)(下称《导则》)于2020年3月1日实施,《导则》中不仅引用了许多国家标准,甚至还以具体引用的方式纳入中国工程建设标准化协会的团体标准《装配式建筑密封胶应用技术规程》(T/CECS 655—2019),成为《导则》的一部分。《导则》第8条第2款规定施工现场的接缝防水密封胶材料的相容性、耐久性、污染性性能检测依据该团体标准执行。再如,《广东省市场监督管理局关于广东省非医用口罩产品质量监督抽查实施细则的通告》(2020年第63号)(下称《通告》)于2020年4月21日实施,其将《一次性使用儿童口罩》(T/GDMDMA 0005—2020)、《日常防护口罩》(T/GDBX 025—2020)、《普通防护口罩》(T/CTCA 7—2019)、《PM2.5防护口罩》(T/CTCA 1—2019)、《民用卫生口罩》(T/CNTAC55—2020,T/CNITA 09104—2020)等多项团体标准列为非医用口罩质量监督抽查的依据。尽管《导则》《通告》性质为行政规范性文件,属于抽象行政行为,不属于我国立法法上的法律法规,"但行政规范性文件是我国法律法规体系的有机组成部分,"②《导则》《通告》仍具有一定的规范效力,可以作为行政机关执法的依据,即在上海市范围内有关"装配整体式混凝土建筑防水技术质量"以及"广东省范围内非医用口罩产品质量监督抽查"之事项范围具有普遍约束力以及反复适用③,被引用的团体标准取得效力的突破,从相对约束力到普遍约束效力。虽然行政

---

① 柳经纬、许林波:《法律中的标准——以法律文本为分析对象》,载《比较法研究》2018年第2期。

② 汪君:《行政规范性文件之民事司法适用》,载《法学家》2020年第1期。

③ 《国务院办公厅关于加强行政规范性文件制定和监督管理工作的通知》(国办发〔2018〕37号)指出,行政规范性文件是除国务院的行政法规、决定、命令以及部门规章和地方政府规章外,由行政机关或者经法律、法规授权的具有管理公共事务职能的组织依照法定权限、程序制定并公开发布,涉及公民、法人和其他组织权利义务,具有普遍约束力,在一定期限内反复适用的公文。

规范性文件引用团体标准是我国公权力部门向团体标准入法方向迈出的第一步与最远的一步,但当前法律体系不仅没有制度化团体标准入法,也没有通过更高层级立法引用团体标准。我国法律法规援引标准是否可以扩展至民间标准化领域,即公权力部门利用民间标准化成果,是我国标准化体制改革的重要议题之一。

我国的标准化体系已经脱离了计划经济体制,市场化改革是我国标准化改革的方向。《深化标准化工作改革方案》提出改革的总体目标是,"建立政府主导制定的标准与市场自主制定的标准协同发展、协调配套的新型标准体系,健全统一协调、运行高效、政府与市场共治的标准化管理体制,形成政府引导、市场驱动、社会参与、协同推进的标准化工作格局。"[①]这就说明了,今后我国标准化体系将逐步压缩政府主导制定的标准,进一步支持市场自主制定的标准,而美国是一个高度市场化的标准化体制,民间标准化活动成果几乎撑起了美国标准化体系,美国政府机构充分利用了民间标准化成果,不仅享受了高质量的标准化成果,又可以节省美国政府成本,形成了良好的政府与市场在标准化领域的公、私合作的典范。因此,美国的市场主导的标准化体制值得我国借鉴,尤其是在法律法规援引非政府标准以及政府行使监管职能引用非政府标准、非政府标准推进区域标准化等方面。

## 二、启示:我国法律应充分利用我国非政府标准化活动成果

从美国标准与法律融合制度中可以获得启示:我国政府机构同样可以充分利用非政府标准化活动的成果。在立法领域的体现,即是法律法规援引非政府标准。

非政府标准的范围应限缩为团体标准。首先,我国标准化法中的非政府标准分为企业标准与团体标准。企业标准依据企业具体的情况旨在实现企业标准化,由于企业之间差别较大,企业标准并未形成行业的普遍共识,因此,企业标准适用范围较窄,普遍适用性较低,企业标准并不适合大规模推广适用,即企业标准并非我国法律法规或公权力监管的最佳手段。反观团体标准,由于团体标准是某行业协会、团体经过标准制定程序推行的标准,能够反映该行业的普遍共识,并且具有较为广泛的适用性,能够兼顾到行业各方的利益,因此,在非政府标准中,团体标准是我国法律法规或公权力借助标准监管的较为合适的手

---

① 新华社:《国务院印发〈深化标准化工作改革方案〉》,http://www.gov.cn/xinwen/2015-03/26/content_2838703.htm,下载日期:2020 年 9 月 23 日。

段。此处所述的法律应充分利用我国非政府标准化活动成果指的是政府在立法以及履行监管职责时,应采用非政府标准,具体来说,非政府标准的范围应限缩在团体标准。其次,美国法律法规援引的绝大多数非政府标准类似于我国的"团体标准",由于美国法律法规援引的自愿共识标准通常都是由私营标准组织通过自愿共识程序制定的,此处所指的私营标准组织实际上就是技术协会、学会等非政府团体,因此,我国团体标准几乎可以等同于美国的自愿性标准。

## (一)法律法规援引非政府标准是当前世界法制普遍现象

如上述,标准与法律融合是当今世界法制体系中十分普遍的现象,标准与法律融合的形式又根据国内标准化管理体系的不同而不同。欧美标准化先发国家的标准与法律融合多是与非政府标准融合,即法律法规与政府机构行使监管职能时引用非政府标准,公权力机构充分利用了民间标准化成果以促进公共利益。标准化后发国家,如日本、俄罗斯①、韩国②,其标准化管理体系虽然是政府主导的标准化管理体系,即标准与法律融合多是由政府主导制定的标准,但也逐步向市场主导的标准化管理体系发展,逐渐开始采用非政府标准,利用民间标准化活动的成果,旨在补充政府标准化的不足以及建设市场经济的需要。可见,标准与法律融合是当前各国标准化法律体系中普遍的现象,但是非政府标准与法律融合是当前世界各国标准化法律体系的发展方向。

法律法规援引标准的现象也是我国法律体系的常见现象,我国这一现象的发展实际上就是标准逐渐从法律中区分出来的过程,即计划经济体制下的标准化法制到市场经济体制下的标准化法制。1979年施行的《标准化管理条例》第18条规定了标准就是技术法规③,这一时期各界对标准与法律关系的认识为"标准就是法律"。随着《标准化法》的颁布以及2017年大修订,标准与法律的关系逐渐区分开来,法律法规援引标准的提法才逐渐出现。

当前,我国法律法规大量援引标准,标准与法律融合已成为立法的常态。"我国286件法律文本中,检索出具有标准化意义上的'标准'共112件,在全部

---

① 刘春青等:《美国 英国 德国 日本和俄罗斯标准化概论》,中国质检出版社、中国标准出版社2012年版,第144页。

② 许柏、刘晶、杜东博等:《韩国标准化体系发展现状概述》,载《标准科学》2018年第10期。

③ 《标准化管理条例》第18条:"标准一经公布,就是技术法规,各级生产、建设、科研、设计管理部门和企业、事业单位,都必须严格贯彻执行,任何单位不得擅自更改或降低标准。对因违反标准造成不良后果以至重大事故者,要根据情节轻重,分别予以批评、处分、经济制裁,直至追究法律责任。"

法律文本总数中大约占比 39.2%。"①主要领域集中于环境保护、安全生产、标准计量、食品安全、能源、工程建设、产品质量、医药卫生,其中,《食品安全法》《节约能源法》《产品质量法》《安全生产法》《职业病防治法》等法律文本中援引标准频次最高,可以说,这些法律对标准较为依赖。然而,我国法律法规援引的标准类型均为政府主导制定的政府标准(国家标准、行业标准、地方标准),尚未出现我国法律法规援引市场主体主导制定的市场标准(团体标准、企业标准)的立法例,现阶段也只有出现极个别行政规范性文件引用团体标准的"萌芽",可见,我国法律法规对标准的依赖实际上就是对政府标准的依赖。虽然我国民间标准化活动已经大规模启动,《标准化法》(2018)已确认了团体标准的法律地位,但仍未见我国公权力机构充分利用我国民间标准化活动的成果,尤其是我国法律援引团体标准。我国法律法规全盘援引政府标准的现象与世界各主要先进国家重视利用民间标准化成果的趋势不同,也与我国当前标准化改革的趋势不同。因此,有必要考虑我国公权力机构如何充分利用民间标准化成果,尤其是我国法律法规援引团体标准的路径构建。

### (二)我国法律法规援引非政府标准的原因

我国法律法规援引非政府标准的原因与美国法律法规援引非政府标准的原因具有较大的区别,总的来说,我国标准化体系、标准化管理体系以及标准化法制体系与美国标准化体系、标准化管理体系以及标准化法制体系具有较大的区别。

如上述,美国法律法规援引非政府标准是由于美国民间标准化活动先于美国政府的标准化活动,已经形成了成熟的标准化管理体系,在这种标准化体系下,不再需要政府的管控,标准化活动的管理主要由市场配置与自治完成。美国法律法规援引非政府标准还为美国公权力机构带来了提高政府治理能力、治理效率、监管专业性、法律法规的可读性,以及减少政府标准化成本、政府监管成本等原因。虽然我国法律法规利用民间标准化成果也会有减少政府标准化成本、政府监管成本、提高政府治理的专业性等方面的原因,但从我国标准化体系的特点出发,我国法律法规援引非政府标准的基本原因有两方面:一方面,我国已经构建了完善的政府主导的标准化体系,从我国标准化体系的现实情况看,我国不需要另外构建一套民间标准化体系,非政府标准可以补充政府标准的不足,因此,法律法规通过援引技术要求更高的非政府标准以提高法律法规

---

① 柳经纬、许林波:《法律中的标准——以法律文本为分析对象》,载《比较法研究》2018 年第 2 期。

对产品或服务的技术要求;另一方面,法律法规援引非政府标准是我国标准化体制向市场化改革的要求。

**1. 法律法规援引非政府标准旨在通过提高技术要求以提高法治水平**

法律法规援引标准的作用并不只有延伸了法律的作用,还能通过技术要求的高低调节法治的质量。标准是科学技术领域最佳的秩序,得到了相关行业领域的普遍共识。标准所追求的技术价值是通过具体的技术要求实现的,以特定的社会经济条件以及市场需求为根据,法律法规援引的标准技术要求越高,法律法规所追求的规范秩序就越能够很好地实现,一国的产品或服务质量就越高,反之亦然。

例如,国家强制性标准《食品中农药最大残留限量》(GB2763—2019)中小麦"2,4-滴"(一种化学合成的除草剂)最大残留限量为 2mg/kg;而行业标准《绿色食品 农药使用准则》(NY/393—2013)规定,"绿色食品生产中允许使用的农药,其残留量应不低于 GB2763 的要求",这意味着虽然绿色食品生产过程中允许有限度地使用农药,但《绿色食品 农药使用准则》对绿色食品允许使用农药的类型进行了限缩,依据该行业标准,绿色食品生产过程中的使用农药的品种数量远少于普通农作物的生产,如此便体现了绿色食品对农药残留量的高技术要求。再者,《绿色食品 农药使用准则》进一步指出,AA 级绿色食品的生产过程中不得使用化学合成的农药,A 级绿色食品限制使用化学合成的农药使用量。最低限度地保护公众的生命、财产安全是国家强制性标准的基本任务,是产品或服务的最低技术要求,反映了国家强制性标准的兜底性。以《食品中农药最大残留限量》等标准为例,不仅对残留农药的种类比较"宽容"以外,对农药残留量也较为"宽容",这说明了为了保证农产品产量、价格的稳定,国家强制性标准允许农产品生产过程中使用农药,也允许农产品中少量残留农药。尽管存在农药残留量较大或使用较多类型的化学农药,但从食品安全科学的角度看,标准允许的农药种类或残留量在人体的容忍范围内。可见,《绿色食品 农药使用准则》作为行业标准其技术要求高于国家强制性标准,尤其在农药种类与农药残留量方面的技术要求较国家强制性标准要严格许多,通过追求减少农药的使用量,甚至不用农药旨在提升农产品的品质。农产品生产中的国家强制性标准对农药的技术要求低于行业标准,其主要原因是国家强制性标准所追求的"最佳秩序"不仅要兼顾到农业生产成本与农业生产效率以保证我国粮食安全,还要保证农药残留量为最低限度,不会对人体产生损害。若标准的技术要求一味追求无农药残留对公众身体健康的保障,将会扰乱农业生产秩序,更有可能导致农产品产量降低,破坏市场的供求关系,危害我国粮食安全,这也就是所谓的"以特定的社会经济条件以及市场需求为根据"。

随着无公害农产品种植生产技术的提高以及公众对更高质量的食品安全的追求,法律法规对农产品农药残留量的技术要求势必会逐渐提高,即农药残留量的许可范围将越来越小、使用农药品种将越来越少,甚至全面禁用化学合成的农药,如此也就实现了标准的技术要求提高法治质量的效果。随着市场需求要求提升技术要求,原有标准就需要进行修订,仅《食品中农药最大残留限量》(GB 2763)近年来就经过多次修改。其实法律法规可以直接采用现成的技术要求更高的行业标准,而不需要重新修订或制定国家强制性标准,法律法规采用了非强制性标准后,被采用的标准也具有了法律强制力。因此可以说,法律援引较高技术要求的标准有利于促进相关领域法治的水平,法治水平与标准的质量成正比关系。依据《标准化法》第 21 条之规定,在我国当前标准体系中,非政府标准(团体标准、企业标准)以及除国家强制性标准以外的政府标准(地方标准、行业标准、推荐性国家标准)的技术要求都不得低于国家强制性标准。但在实践操作中,这些标准为了获得更为广泛实施或获得更强的生命力,其技术要求均会高于国家强制性标准。国家鼓励社会团体、企业制定高于推荐性标准相关技术要求的团体标准、企业标准(《标准化法》第 21 条)。同样地,团体标准、企业标准为了获得更为广泛实施或获得更强的生命力以及制定团体标准是团体为了满足市场需要与创新需要,其技术要求通常又会高于政府主导的推荐性标准(国家推荐性标准、地方标准、行业标准)。如此看来代表非政府标准的团体标准、企业标准的技术要求应在我国标准化体系中处于较高的位置。假如日后我国法律法规开始援引这些技术要求较高的非政府标准,那么这意味着我国法律法规对高技术要求以及高法治质量的追求,随着法治水平的提高,法律法规就能更好地调整社会关系。

为了援引更高技术要求的标准是我国法律法规援引非政府标准的内在动机,也是本质原因。可见,我国为了提高法治水平而援引非政府标准是我国的标准化体系决定的,此与美国的情况具有较大的区别。尽管当前我国尚未有法律法规援引非政府标准,但这并不意味着我国法律法规援引非政府标准不可能实现,这不仅存在实际需求,同时也是我国标准化体系改革的"深水区"。

**2. 团体标准入法是我国社会主义市场经济发展在标准化领域的体现**

中国特色社会主义市场经济是有为政府与有效市场相结合的经济,通过"政府推动、企业参与、市场运作"机制,表现了公有制与商品生产的相容。"这已被中国改革开放 40 年来所取得的巨大成就所证实。"[1]可见,正确处理政府与

---

① 陈云贤:《中国特色社会主义市场经济:有为政府＋有效市场》,载《经济研究》2019年第 1 期。

市场的关系是中国经济领域改革的成功的关键,"将社会主义作为社会制度和市场作为一种资源配置机制有机结合起来同时发挥二者优势"①。

标准化领域的建设应坚持改革发展的精神和要求,但我国标准化领域的市场化改革尚未跟上我国社会主义市场经济发展的步伐。当前我国由政府主导的标准化体制仍有计划经济的影子,尽管 1988 年颁布的《标准化法》的某些规定突破了计划经济体制,但限于对市场在标准化活动中作用的有限认识,我国的标准化管理体系仍然延续了政府集中管理标准化工作和行政主导的标准化体制。当前我国市场经济改革已经进入"深水区",因此,市场在标准化资源配置中起到了越来越重要的作用,原来以政府为绝对地位的标准化体制已经不能适应当前社会经济的变革,应将当前以行政主导的标准化体制加入市场的配置,作为政府标准化活动的重要补充。对标准化体制的"市场化"改革便是当前标准化体制改革的工作重心,也是社会主义市场经济发展的必然要求。

"在标准体系改革上,呈现出一种类似于我国经济体制改革'国退民进'的现象。"②对此,《国务院关于印发深化标准化工作改革方案的通知》(国发〔2015〕13 号)指出,"要紧紧围绕使市场在资源配置中起决定性作用和更好发挥政府作用。"③实证化团体标准的法律地位是《标准化法》(2018)落实标准化体制市场化改革的制度的具体表现之一,将团体标准与企业标准实证化为相对于政府标准的市场标准,"这充分反映了新时代社会主义市场经济建设中全面深化改革的精神和要求,为发挥市场在标准资源配置上的作用提供了法律保障"④。欲要完成或继续深化标准化体制改革仅确认团体标准的法律地位还远远不够,尚不足以真正实现标准化体制的改革,应当在国家治理中赋予非政府标准更多的空间,即法律法规援引非政府标准,实现团体标准在国家层面获得实施。我国政府标准通过法律法规援引而获得普遍约束效力与强制约束力是政府标准的主要实施方式,但在当前我国标准化法制体系下,我国团体标准以当事人自愿采用为实施方式,而仅具有相对约束效力。囿于当前我国尚未有相关法律法规指明非政府标准入法的路径,并且我国法律法规也尚未出现援引非政府标准的立法例,因此,我国标准化体制为了跟上我国社会主义市场经济的改革以及顺应当前国际标准化体制的趋向,应当充分发挥民间标准化成果在我国国家治理体

---

① 胡家勇:《试论社会主义市场经济理论的创新和发展》,载《经济研究》2016 年第 7 期。

② 柳经纬:《评标准法律属性论——兼谈区分标准与法律的意义》,载《现代法学》2018 年第 5 期。

③ 《国务院关于印发深化标准化工作改革方案的通知》(国发〔2015〕13 号),http://www.gov.cn/zhengce/content/2015-03/26/content_9557.htm,下载日期:2020 年 5 月 24 日。

④ 柳经纬、周宇:《新中国标准化法制建设 70 年》,载《贵州省党校学报》2019 年第 6 期。

系中的作用,探索其入法的可能性,走完标准化体制市场化改革的"最后一里路",使之成为政府标准的重要补充与提升,在标准化体系领域形成有为政府与有效市场的结合,促进我国标准化领域的公私合作。

市场在标准化领域起到配置作用的原理与其在商品领域发挥作用的原理总体上相同,归根结底是供需关系。如上述,我国非政府标准,尤其是团体标准的技术要求通常高于政府标准,社会团体(即团体标准的制定者)向市场供应较高技术要求的标准,存在标准的"供给";立法对团体标准较高技术要求的需求是我国团体标准入法的根本原因以及补充政府标准的空白或不足之处,存在标准的"需求",如此,在我国标准化市场中就形成了对高质量的非政府标准(尤其是团体标准)的供求关系,在客观上形成了团体标准入法的基础动因。因此,作为"采购者"的我国立法机构可以充分利用由市场主导的标准化的成果,促进高质量的优秀团体标准入法,进一步推进与提高法治水平,进而提升我国产品或服务质量,催化我国产业升级。

**3. 我国已经存在公权力机构采用团体标准实现监管目的的"萌芽"**

虽然团体标准是《标准化法》中的新事物,但团体标准的发展受到了我国民间标准化组织的积极响应,当前我国标准化市场中具有较高的团体标准的存量,其中不乏许多高质量的团体标准。现阶段,在实践操作中,已有我国政府部门开始探索利用民间标准化成果的尝试。

民政部与市场监督管理总局联合发布的部门规章《团体标准管理规定》鼓励各部门、各地方在产业政策制定、行政管理、政府采购、社会管理、检验检测、认证认可、招投标等工作中应用团体标准(第29条)。虽然该规定鼓励公权力部门采用团体标准行使相关政府职权,但囿于该规定属于法律效力层级较低的部门规章,并且也没有制度化法律法规援引团体标准,仍具有适用方面的局限性,即政府部门适用标准或法律法规援引标准是否采用团体标准,仅具有"鼓励"或"推荐"的作用,对相关公权力机构并没有约束作用。再如,《住房城乡建设部办公厅关于培育和发展工程建设团体标准的意见》[1]明确指出,在行政监管和政府投资工程中推荐使用更加先进、更加细化的团体标准;政府相关部门在制定行业政策和标准规范时鼓励引用团体标准;提高团体标准的质量;加强团体标准的编制管理等相关事项。该意见不属于我国正式的法律渊源,同样地,对公权力机构采用更加先进、更加细化的团体标准仅起到指导、鼓励或推荐的作用,对相关下级机关约束力较弱。如此,顶层设计尚未向前一步,下级公权力机构在援引团体标准的问题上只会裹足不前,因此,公权力机构仍然更加倾向

---

① 　建办标〔2016〕57号。

采用政府主导制定的标准,而忽视采用民间标准化成果。

2020年3月1日实施的上海市住房和城乡建设管理委员会制定的《上海市装配整体式混凝土建筑防水技术质量管理导则》(沪建质安〔2020〕20号)(下称《导则》),该《导则》涉及许多技术要求问题,其中不仅引用了许多政府主导制定的标准,甚至还以具体引用的方式援引了中国工程建设标准化协会的团体标准《装配式建筑密封胶应用技术规程》(T/CECS 655—2019),成为《导则》的一部分。《导则》第8条第2款规定施工现场的接缝防水密封胶材料的相容性、耐久性、污染性性能检测依据该团体标准执行。《导则》之所以采用该团体标准,实际上该团体标准填补了政府标准在这一领域的空白①,可见,该实例体现了在某些领域团体标准是政府主导制定标准的重要补充。

再如,《广东省市场监督管理局关于广东省非医用口罩产品质量监督抽查实施细则的通告》(2020年第63号)(下称《通告》)于2020年4月21日实施,其将《一次性使用儿童口罩》(T/GDMDMA 0005—2020)、《日常防护口罩》(T/GDBX 025—2020)、《普通防护口罩》(T/CTCA 7—2019)、《PM2.5防护口罩》(T/CTCA 1—2019)、《民用卫生口罩》(T/CNTAC55—2020,T/CNITA 09104—2020)等多项团体标准列为非医用口罩质量监督抽查的依据。实际上,《通告》采用这一系列的团体标准并不全是由于政府标准的空白,政府标准也存在有相关于口罩的技术规范。例如,《日常防护型口罩技术规范》(GB/T 32610—2016)与《日常防护口罩》(T/GDBX 025—2020)的规范对象都是日常防护型口罩,两者相比较,不难发现:《日常防护型口罩技术规范》中内在质量要求"耐摩擦色牢度"的要求不区分干摩与湿摩,统一为4,而《日常防护口罩》(T/GDBX 025—2020)中内在质量要求"耐摩擦色牢度"更为精细的区分干摩与湿摩,指标也更严格于《日常防护型口罩技术规范》,干摩为3～4,湿摩为3;同时,《日常防护口罩》(T/GDBX 025—2020)明确规定了口罩的通气阻力,以防止特殊全体(老人、儿童)的窒息风险,提升口罩的安全性;两者有关过滤效率的规定也有所差别,虽然两者最高等级均为99%的过滤率,但是《日常防护口罩》中过滤效率等级的最低值为95%,相较于《日常防护型口罩技术规范》过滤效率等级最低值的90%更为严格,如此,就可以认为,《日常防护口罩》(团体标准)过滤效

①　笔者以"装配式建筑密封胶"为关键词在国家市场监督管理总局国家标准技术审评中心主办的"全国标准信息公共服务平台"检索,尚未检索出与该项技术有关的政府标准(国家标准、行业标准、地方标准)记录,因此,可以认为,当前我国尚未有政府标准对"装配式建筑密封胶"予以规范。http://std.samr.gov.cn/search/std? q＝％E8％A3％85％E9％85％8D％E5％BC％8F％E5％BB％BA％E7％AD％91％E5％AF％86％E5％B0％81％E8％83％B6,下载日期:2020年9月27日。

率的技术要求要高于《日常防护型口罩技术规范》(推荐性国家标准)。因此，《通告》采用非政府主体制定的《日常防护口罩》而不采用政府主导制定的《日常防护型口罩技术规范》的目的是追求更高的技术要求。

"尽管《导则》《通告》是行政规范性文件，属于抽象性行政行为，不属于我国立法法上的法律法规，但行政规范性文件是我国法律体系的有机组成部分。"[1]因此，《导则》《通告》具有行政法上的效力，也具有了强制约束力与普遍约束效力，可以作为行政机关执法的依据，即在上海市范围内有关"装配整体式混凝土建筑防水技术质量"以及"广东省范围内非医用口罩产品质量监督抽查"之事项范围具有普遍约束力以及反复适用[2]。被引用的团体标准取得效力的突破，从相对约束力到普遍约束效力。

虽然行政规范性文件引用团体标准是向我国法律法规援引团体标准实证化方向迈出的第一步，也是最远的一步，但当前法律体系不仅没有制度化团体标准入法，也没有更高层级立法援引团体标准。在美国正式将法律法规援引非政府标准制度化前，美国学界对美国早已存在的团体标准入法问题有制度化的呼声[3]，当前我国正在经历这一特殊的时期。因此，我国有必要将团体标准入法作为一种正式的法律制度，探索团体标准入法路径不仅具有前瞻性，更具有实践性。

当前我国规范体系中存在规范性文件援引团体标准之实例，究其原因有三：第一，填补政府标准的空白；第二，通过团体标准的先进性提高法治的质量；第三，由于尚未制度化团体标准入法的路径，更高层级立法部门裹足不前，因此无更高层级的立法援引团体标准。以《通告》为例，其纳入的《日常防护口罩》(T/GDBX 025—2020)团体标准不仅在颗粒、细菌过滤技术指标上先进于相关政府标准，在折叠比、耐唾液色牢度、老人与儿童对口罩技术指标的特殊要求等部分则填补了政府标准的空白。[4]《通告》纳入的《一次性使用儿童口罩》(T/

①　汪君：《行政规范性文件之民事司法适用》，载《法学家》2020 年第 1 期。

②　《国务院办公厅关于加强行政规范性文件制定和监督管理工作的通知》(国办发〔2018〕37 号)指出，行政规范性文件是除国务院的行政法规、决定、命令以及部门规章和地方政府规章外，由行政机关或者经法律、法规授权的具有管理公共事务职能的组织依照法定权限、程序制定并公开发布，涉及公民、法人和其他组织权利义务，具有普遍约束力，在一定期限内反复适用的公文。

③　Robert W. Hamilton, Role of Nongovernmental Standards in the Development of Mandatory Federal Standards Affecting Safety or Health, 56 *Tex. L. Rev.* 1329 (1978)，pp. 1436～1484.

④　广东省标准化协会：《省标协团标〈日常防护口罩〉被省市场监管局列为监督抽查依据》，http://www.gdsbx.org/xwlb/info_17.aspx? itemid＝581，下载日期：2020 年 5 月 24 日。

GDMDMA 0005—2020)具有填补政府标准空白的功能,中小学复学在即,由于我国尚未制定儿童口罩国家标准与行业标准,企业无标准可依,导致儿童口罩短缺,为了提供相关口罩生产企业生产中小学生专用口罩,广东省医疗器械管理学会制定《一次性使用儿童口罩》填补儿童口罩标准的空白。同时,该标准的颗粒过滤效率技术指标先进于外科口罩,由外科口罩的30%提高至80%。[①] 因此,从《通告》制定者,甚至将来的立法者角度看,在规范性文件制定中,甚至是立法中援引团体标准,不仅能够填补政府标准空白,还能够提高相关领域的法治水平。

当前我国公权力机构采用团体标准不仅有部级行政机关采用非正式的方式鼓励采用团体标准,甚至团体标准在现阶段已经通过非常态化、非制度化途径进入我国规范体系中,发挥了一定的规范作用,政府机构出现了利用民间标准化成果的"萌芽"。尽管如此,由于我国缺乏规定团体标准入法的立法,阻碍了更高层级立法援引团体标准,导致立法机关裹足不前,因此团体标准入法仍仅停留于"概念"层面,尚未有任何落地政策配套实现团体标准入法。可见,有必要通过专门立法,将团体标准入法作为一项正式的、完整的法律制度,并且逐步实现在更高效力等级的法律中援引团体标准,促进我国公权力部门充分利用民间标准化的成果。当前,我国公权力部门零星援引团体标准的现况与美国制度化法律法规援引非政府前的现况很类似,处于标准与法律融合的特殊历史时期,因此,下一阶段的团体标准工作,可以参照美国相同历史时期的情况,应考虑其入法的实现路径。

## (三)我国法律法规援引非政府标准实现路径

### 1. 我国法律法规援引非政府标准方式探索

我国当前法律法规援引标准的方式为模糊援引,即法律法规中没有明确指出援引标准的标准名、标准号等信息,而是模糊地表述为"依据相关标准的规定"。我国政府主导制定的标准体系单一,同一技术要求只有一种标准,通常不会发生重复的情况,因此,在具体法律适用中也能够较为准确地定位到援引的标准。但是,我国法律法规援引团体标准等非政府标准不宜采用模糊援引的方式,宜采用与美国相同的法律法规援引非政府标准的具体援引的模式,这是由于团体标准等非政府标准是我国政府标准以外的标准体系,存在对同一技术要求有不同标准的情况。因此,为了能够准确地适用被援引的标准,避免法律适

---

① 广东省医疗器械管理学会:《广东省医疗器械管理学会正式发布〈一次性使用儿童口罩〉团体标准》,http://www.ttbz.org.cn/Home/Show/12448,下载日期:2020年5月24日。

用出现问题,日后我国法律法规援引团体标准的立法中宜采用具体援引的方式。

**2. 我国法律法规援引非政府标准面临挑战**

(1)我国法律法规援引非政府标准是否会激发我国法律体系的"排异反应"

我国法律法规的制定主体为公权力部门,当前法律法规援引的标准是我国政府相关部门主导制定的标准,都属于同一个机体体系,自然不会产生"异体排异反应",易言之,立法部门对政府标准的先进性、技术性等方面更为信任,也就更加倾向采用政府标准。然而,非政府标准是市场主体制定的标准,属于公权力规范体系以外的规范性文件,若非政府标准通过法律法规的援引进入公权力规范体系中,那么这些非政府标准属于"异体",有可能激发我国公权力规范体系的"排异反应",即相关规范制定部门或适用部门难以相信公权力部门以外的标准,尤其是非政府标准的技术要求的科学性与合理性,是否被特定主体利用作为反垄断、反不正当竞争的工具。事实上,无论是政府标准还是非政府标准,法律法规援引之前应当进行详尽的审查,从客观层面审查标准是否能够满足立法目的或监管职能,审查内容包括但不限于先进性、技术性、合理性以及制定程序等方面,因此,只要非政府标准在入法前接受严格的检视,就可以认为通过检视的非政府标准与政府标准一样为可信赖标准。对此,下文详述之。

(2)非政府标准的先进性检视

我国法律法规援引非政府标准的根本原因与美国情况有本质的不同,美国法律法规援引非政府标准的原因是为了解决美国政府的基本标准化需求,填补了政府标准化的空白;而我国法律法规援引非政府标准的主要原因旨在提高我国产品或服务的技术要求、填补政府标准在某些领域的空白以提升法治的质量。因此,待入法的非政府标准的技术先进性问题是入法前必须要经受检视的,即待援引的非政府标准是否能够胜任提升技术要求与填补政府标准化空白的使命。

以团体标准的先进性检视为例:

第一,应当依据立法目的或监管目的选择团体标准。"考虑援引该标准能否满足立法目的,解决技术、监管等问题。"[1]首先,提出援引团体标准的公权力机构应当对拟援引团体标准进行实质性审查,要求团体标准制定组织提供制定团体标准的背景资料,重点审查其制定程序是否符合《标准化法》以及《团体标准管理规定》等规范中有关团体标准制定程序的规定。其次,还应当重点审查

---

[1]　甘功仁、刘可:《论我国法律法规援引团体标准的规则》,载《中国行政管理》2019 年第 4 期。

待援引团体标准的内容(技术要求)能否满足公权力机构监管、立法的需求,即技术要求较政府标准是否较高或是否能够填补政府标准的空白。再次,团体标准的质量应为核心审查要件,即团体标准是否做到"有利于科学合理利用资源,推广科学技术成果,增强产品的安全性、通用性、可替换性,提高经济效益、社会效益、生态效益,做到技术上先进,经济上合理。切实做到科学有效,技术指标先进。"以及"团体标准应符合法律法规的要求,不得与国家相关产业政策相抵触"(《团体标准管理规定》第十条、第十一条)。然后,还应重点审查团体是否利用团体标准妨碍产品或服务自由流通等排除、限制自由竞争的行为(《标准化法》第二十二条),即重点审查团体标准是否能够保障公共利益,是否有违反反不正当竞争法、反垄断法之嫌。最后,应以团体标准的质量作为重要参考因素,制定的团体只能作为辅助审核因素,不得以团体的级别作为审查团体标准入法的主要依据,例如,全国性团体制定的团体标准优先于地方性团体制定的团体标准。

第二,"应审查待援引团体标准是否具有广泛实施的可能性,有些团体标准的技术性很强,实施该标准可能需要配套其他技术或设备,有些企业可能达不到这样的技术水平、不具备实施该标准的技术能力。"[1]如果盲目地援引某种较高技术要求的团体标准,可能会侵害相关行业的利益,影响行业市场的正常发展秩序,妨碍市场经济的运行。因此,还应当审查待援引团体标准的合理性。

第三,提出援引团体标准的公权力机构可自行决定是否援引与审查标准,如果待援引团体标准无法满足需求,公权力机构可以自行修改或要求制定者修改团体标准,若其无法通过审查,又确实需要该团体标准,公权力机构可会同该团体以及其他团体、利益相关人共同制定新标准以满足需求。

第四,决定援引团体标准的,公权力机构可以部分引用或全文引用的方式援引团体标准,并且应当在相关条文中注明其标准制定者、标准名称、标准号等具体信息。

第五,应健全团体标准入法的发布、公示制度,构建统一的信息平台发布相关信息,供公众查阅团体标准入法情况以及征求公众意见、接受公众的监督。

第六,公权力机构应当定期关注其援引的团体标准的维护情况,重点审查早期援引团体标准是否有新版本或其技术要求能否符合后期的新情况,对此,可借鉴美国经验,公权力机构可以每五年维护一次被援引的团体标准;还应构建标准实施反馈制度,能够及时反馈团体标准实施中的问题。

---

[1] 甘功仁、刘可:《论我国法律法规援引团体标准的规则》,载《中国行政管理》2019 年第 4 期。

第七，更新、退出机制。经公权力机构审查，判定早期援引的团体标准不能应付新情况的，应采用新的版本或援引新的团体标准；团体标准实施效果不佳、影响市场秩序的或违法的，相关公权力机构可依职权撤销援引，并可以依据情节、后果追究相关人员法律责任。

只有高质量的、优秀团体标准才具备入法条件，当前阶段，我国团体标准的工作重心应重视团体标准的制定质量。由于我国政府长期主导我国标准化事业，我国政府具有较高的标准制定能力与标准制定经验，政府应加强培育团体标准制定组织，进一步健全和完善团体标准化管理工作机制。团体应进一步提升团体标准制定能力，同时提高团体标准质量，制定一批具有国际竞争力水平的团体标准，除满足政府对团体标准入法的需求外，还应满足国际标准化事业需求，提升我国标准国际竞争力。我国团体标准应通过提升自身质量，做好入法的准备。

（3）团体入法的著作权问题

标准为著作权保护客体是国内外理论上的通说，受我国立法承认（《团体标准管理规定》第二十二条）以及国际标准组织著作权政策的普遍共识①。尽管有学者否定标准著作权，也仅是由于标准著作权阻碍了法律的普遍可获得性应涤除著作权，并非否认标准的作品属性。② 团体标准为团体所编写，本质上属于著作权法上所称的作品，而法律法规并非著作权法上的作品。团体标准入法以后仍然具有著作权，这是由于，团体标准的著作权成立在先，入法行为并不当然涤除团体标准的著作权。③ 通过参引合并方式引用团体标准也是标准著作权对团体标准入法方式提出的必然要求，公众想要知道相关法律法规的具体规定内容，就必须从正规渠道获得团体标准，例如，公共图书馆、购买团体标准或者前往立法机关查阅等，如此便阻碍了公众对法律的可获得性。甚至在某些情况下，团体标准的著作权人借着团体标准的入法的优势，提高团体标准的售价，形成新类型的垄断形式——"标准垄断"。国家强制性标准全文公开可资借鉴，在互联网时代，入法的团体标准应在相关平台公开被引用部分，依据引用情况，全文公开或部分公开。这种公开方式是公众对法律的可获得性与团体标准著作

---

① 参见 ISO：《ISO POCPSA 2017——ISO 出版物发行、销售、复制及 ISO 版权保护政策》，国家标准版权保护工作组办公室译，中国标准出版社 2018 年版，第 1～38 页。

② Jorge L. Contreras, Andrew T. Hernacki, Copyright Termination and Technical Standards, 43 *U. Balt. L. Rev.* 221(2014). Pamela Sameulson, Questioning Copyrights in Standards, 48 *B.C. L. Rev.* 193(2007).

③ James M. Sweeney, Copyrighted Laws: Enabling and Preserving Access to Incorporated Private Standards, 101 *Minn. L. Rev.* 1331(2017)，p.1350.

权保护的平衡,既通过便捷的方式公布被引用的团体标准,又能够对公开系统进行技术处理,保护团体标准的著作权,例如,禁止复制、打印、下载,仅支持在线浏览。

（4）团体标准制定者的服务承诺

团体标准可视为是团体的产品,团体应遵循市场经济的规律,应对团体标准承担一定的"售后服务"。团体标准的制定者在团体标准入法前,为了团体标准更好地实施,进一步提升技术水平,应当承诺为标准采用者提供"售后服务"。区别于普通产品,团体标准的"售后服务"内容也较为特殊,团体标准制定者应充分发挥技术优势,面向采用团体标准的主体开展团体标准解释、实施、技术指导、技术咨询以及培训等服务。尤其在团体标准入法的情况下,团体标准制定者提供的"售后服务"就越重要。由团体标准制定者承担"售后服务"的主体,能够依托团体标准制定者的专业知识,发挥技术优势,更加准确地引导团体标准的实施。

### 3. 我国法律法规援引非政府标准制度构想

团体标准入法制度是我国标准化改革的重要体现之一,也是全新的法律制度,国家立法机关宜采"两步走"模式完成制度构建。第一步,宜以部分地区或部分行业、部分地区与部分行业先期开展团体标准入法试点工作;第二步,团体标准入法制度的立法模式选择,团体标准入法的单行法思路或修订《标准化法》予以规定之。最终总结试点实施经验,在全国立法层面制度化团体标准入法,直至推广全国。

（1）我国团体标准入法的先期试点工作

第一,开展有组织的团体标准入法制度的试点工作,考察全国各地方团体标准的制定、实施情况,选取团体标准事业较为发达地区,作为团体标准入法先期试点工作地区,优先推广团体标准入法制度。再者,也可以选取对标准高度依赖的行业作为先期试点行业,例如,环境保护、建设工程等行业,立法机构可以优先出台《团体标准入法规范条例》等试行文件制度化试点地区、行业团体标准入法工作,从实践中总结立法经验与制度需求。

第二,从援引团体标准的法律层级开展试点工作,从效力层级较低逐步发展到层级较高,直至最终由法律制度化团体标准入法。层级试点与地区、行业试点密不可分,在团体标准入法试点的地区,可以通过地方性法规、地方政府规章、规范性文件逐步开展试点工作;试点行业可以通过部门规章等开展试点工作,通过总结经验逐步推广至行政法规直至法律,最终制度化我国团体标准入法制度,丰富我国标准化法制体系。

（2）团体标准入法制度的立法模式选择:修法或单行法（特别法思路）?

第一种立法模式:通过修改《标准化法》规定团体标准入法制度。团体标准入法并非单个法条能够规定完整的,既包含了程序性事项,也包含了实体性事项,因此,若要修改《标准化法》,事实上应至少开辟专章予以规定"团体标准入法",才能够完整地规定团体标准入法制度。然而,《标准化法》是我国标准化法制体系的核心①,具有标准化领域基本法的一般特征,即规定的标准化法制中较为抽象的问题或普遍性问题,例如,总则、标准的制定、标准的实施等,《标准化法》仅一个条文对团体标准的实施作出全局性规定(第二十七条),因此,专章规定作为团体标准具体实施制度的"团体标准入法"势必会破坏当前《标准化法》的内部体系。再者,当前施行的《标准化法》由第十二届全国人民代表大会常务委员会于 2017 年修订,在短期内不宜再次进行较大修改作为标准化法制体系中基本法的《标准化法》,否则,不仅影响了法的安定性,也徒增立法成本。可见,在《标准化法》专章规定"团体标准入法"制度并非合适之路,应寻找新模式。

第二种立法模式:团体标准入法的单行法思路(特别法思路)。单行法思路指,在作为标准化法制基本法的《标准化法》以外,专法规定团体标准入法制度。美国团体标准入法的立法模式属于单行法模式,可供我国团体标准入法的单行法思路借镜。

1982 年,白宫下属机构管理与预算办公室(OMB)发布第 119 号通告(OMB Circular A-119)要求联邦政府机构应采用团体标准,美国国会颁行《国家技术转让与推动法案(1995)》(NTTAA)确认了 OMB 通告 A-119 之核心内容,强制要求美国联邦政府机构在履行职责、监管或政府采购活动中应当全面采用"自愿协商一致标准(Voluntary Consensus Standards)",以取代政府专用标准。② 自此美国联邦政府全面依赖自愿协商一致标准。这些标准涉及规范领域非常广泛,从玩具等消费品安全到医疗保险处方药配方的要求再到核电厂运营的准则。③ 美国团体标准入法的法律是由国会制定的单行法(NTTAA)确认,效力层级属于法案,其能够对行政法规、规章以及联邦政府机构的职能行为等起到约束作用。"国会在授权法中一般会概括规定行政部门的权限范围"④,因此,NTTAA 的功能在于授权联邦政府机构在行使行政监管职能或政府采购

①　柳经纬、周宇:《新中国标准化法制建设 70 年》,载《贵州省党校学报》2019 年第 6 期。

②　Lesley K. McAllister, Harnessing Private Regulation, 3 *Mich. J. Envtl. & Admin. L.* 291 (2014), p.320.

③　Nina A. Mendelson, Private Control over Access to the Law: The Perplexing Federal Regulatory Use of Private Standards, 112 *Mich. L. Rev.* 737 (2014), p.740.

④　[美]杰弗里·吕贝尔斯:《美国规章制定导论》,江澎涛译,中国法制出版社 2016 年版,第 10 页。

时采用团体标准。

我国可借鉴美国经验，可以将团体标准入法作为我国一项正式的法律制度，具体来说，应由单行法专门规范团体标准入法问题，作为我国团体标准入法的法律依据。单行法的优势在于能够对团体标准入法的程序以及实体性问题作出详细的规定，从团体标准制定者的资格、立法者的范围、援引程序、监督程序、维护程序等全过程规范。如此，不仅不会破坏作为我国标准化法制体系基本法的《标准化法》的内部体系，还能够丰富我国标准化法制体系。

再者，从效力层级上看，我国立法体系中（除宪法外），效力层级最高的是由全国人民代表大会及其常务委员会制定的法律，为了能够对法律援引团体标准的立法行为产生约束力，团体标准入法的单行法就必须是法律，以高效力层级的立法确认我国团体标准进入法律、行政法规、部门规章、地方性法规、地方政府规章的合法性。因此，团体标准入法的单行法的制定者只能是全国人民代表大会或其常务委员会。

<h1 style="text-align: right;">结　论</h1>

标准与法律融合是当代世界各国法治中十分普遍的现象,作为超级强国的美国,在其国家治理中尤其重视采用标准,特别是法律涉及健康、安全、环境保护等领域以及政府在履行其行政管理职责时更多地借用标准,提高治理能力与治理水平。

综上所述,本书得出两点结论:

第一,本书研究了美国标准与法律融合制度及其实现方式,一方面,从制度发展史、宏观制度到微观立法例全景揭示了美国标准与法律融合制度的全貌;另一方面,以《消费品安全促进法案》第 104 条为例,深入研究了美国标准与法律融合的路径。

第二,本书比较研究了美国标准与法律融合制度对我国标准与法律融合制度的借镜作用,研究了我国日后法律法规与非政府标准(团体标准)融合以及政府机构采用非政府标准(团体标准)的可能性及其路径。

## 一、美国标准与法律融合制度及其实现方式

由于各国标准化体制以及标准化法律体系的不同,各国标准与法律融合模式也各不相同。美国标准与法律融合模式是以市场为主导的模式,美国政府机构并没有从事国家层面的标准化管理工作,而是充分利用了民间标准化活动的成果。在当前世界范围内是较为典型的,其特征是"美国的标准化体系是非分层级的国内标准化体系、私营标准组织是标准的供应者、美国政府是标准的需求者"。

标准之所以与法律产生融合的现象,是因为标准与法律具有融合的基础、融合的动因。标准与法律具有融合的基础,第一,标准作为一种技术规范,法律

作为一种社会规范,因此,两者都具有规范性是两者融合的基础;第二,标准与法律都对秩序的追求是两者融合的基础。标准与法律的互补性,即融合的内在需求,是标准与法律融合的内因,标准可以获得法律效力的支撑实施、法律可以获得标准的科学技术性支撑以及标准补充了立法语言的局限性。从外部来看,法律规范领域不断扩大、标准化的领域不断扩大是标准与法律融合的外因。标准进入法治领域后,为法治带来标准能够延伸法治的作用、增强法律实施效果、促进依法行政等积极作用。美国标准与法律融合也具有其特殊的融合原因:节省美国政府机构的标准化成本、充分利用政府以外的民间标准化成果(专业知识)、促进实现标准化领域的公私共治、缩减《联邦登记》的篇幅等基于美国特殊国情的原因。

从美国标准与法律融合的近两百年的发展历史看,美国标准与法律融合形成今日的制度样貌是必然的,无法割裂与过去每一个历史时期的关系,是一个"自生发展制度"的结果。这主要是由于美国政府从近代标准化活动开局时就已经出局了,美国民间各专业技术组织替代了美国政府的标准化活动,最终,直至当前美国政府全面放弃政府专用标准的制定,转而全面采用私营标准组织制定的自愿共识标准。

当前美国标准与法律融合制度由《1995 年国家技术转让与推动法案》(NT-TAA)、《联邦参与制定和采用自愿一致标准及合格评定活动》(OMB 通告 A-119)以及"CFR part 51-Incorporation by Reference"三部法律直接规定,其中NTTAA 与 OMB 通告 A-119 是美国标准与法律融合的实体性规定,而"CFR part 51-Incorporation by Reference"规定的是美国标准与法律融合的实现技术,即通过参引合并的立法技术实现美国标准与法律的融合。《2004 标准制定组织推动法案》虽然并没有直接规定美国标准与法律融合,但给予了美国私营标准组织制定标准的反垄断、反不正当竞争豁免权,实质上保证了标准的质量与先进性,间接促进了美国标准与法律融合。

从微观层面研究美国标准与法律融合的立法例,我们可以发现美国标准与法律融合多发生在产品安全、食品安全、药品安全、环境保护、能源、建筑、航海等法律领域,这些法律领域十分依赖标准。这些法律领域都有一个共同的特点,即极具科学技术属性。美国标准与法律的融合,分为以下几步:第一,参引合并是美国标准与法律融合的实现技术,将原本属于不同规范体系的标准引入法律。第二,制定高质量、先进性、且获得各利益主体普遍同意的自愿共识标准是美国标准与法律融合的前提条件,遵守相关标准制定的程序是制定自愿共识标准的程序性保障。第三,由法律授权的美国政府机构提请参引合并自愿共识标准的立法程序是美国标准与法律融合的实现路径,首先,应检视待纳入的标准与法律的规范目的是否具有统一性,或者与政府机构行政管理的职责是否具有统一性,即是否具有融合基础;其次,检视纳入自愿共识标准的必要性,通常应做必要的市场调查;再次,陈述待纳入标准的内容,检视该标准是否能够满足法律或行政管理的要求,该标准能为法律或行政管理带来什么支撑作用;然后,征求相关利益主体意见,并讨论相关主体的意见;最后,形成最终规则,由相关政府机构提请联邦登记部门审核,并依据"CFR part 51-Incorporation by Reference"以参引合并的立法技术完成标准与法律融合。尚需说明的是,如果被纳入的标准经过修订,相关政府机构还应定期进行修订更新,将最新版本的标准纳入法律,其纳入程序与上述程序基本一致,即重新完成美国标准与法律的融合程序。

虽然美国标准与法律融合为美国政府机构带来"节约政府标准化成本"、"提高政府行政管理以及法律的专业性"、"减少了《联邦登记》的篇幅"、"充分利用了民间标准化成果"以及"实现了标准化领域的公、私共治"等诸多积极作用,但不可否认的是,美国标准与法律融合制度也对现有的美国法律体系发起了不小的挑战:标准著作权保护与法律的普遍可获得性之间的矛盾关系、私营标准组织的灰色法律地位及其带来的公共利益问题(利用标准的垄断问题、利用标准的不正当竞争行为、"公权私授"问题)。

## 二、美国标准与法律融合制度对中国标准与法律融合制度的借镜

通过比较中美两国的标准与法律融合制度,其最显著的区别为:中国的标准化管理体制是以政府为主导,而美国的标准化管理体制是以市场主导,因此,不同的标准化管理体制就发展出了不同的标准与法律融合模式。由于当前我国法律或行政管理都采用的是政府制定的标准,因此,我国标准与法律融合模式采用的是模糊(泛指)援引的方式;由于美国标准化体制由市场主导,在同一领域可能存在多个自愿共识标准,因此,美国标准与法律融合模式采用的是具体(具名)援引的方式。

虽然当前中国的标准化管理体制仍为政府主导,但新《标准化法》中确认了团体标准的法律地位,《团体标准管理规定》第二十九条"鼓励各部门、各地方在产业政策制定、行政管理、政府采购、社会管理、检验检测、认证认可、招投标等工作中应用团体标准"。可见,中国的标准化管理体制也逐渐开始融入市场化的标准化活动,鼓励法律或行政管理工作中采用团体标准。因此,美国以市场为主导的标准化管理体制可以为我国将来的标准化事业发展提供借镜。

　　从美国经验中,我国标准化管理体制可以借鉴的是:第一,充分利用政府外的标准化资源;第二,形成政府标准与非政府标准之间的竞争关系;第三,加强标准化领域的公私合作,逐步实现共治;第四,扶植民间标准化事业,培养出一批具有国际竞争力的标准制定组织,加强我国标准"走出去",逐步实现;第五,减少标准化领域的政府监管;第六,进一步深化我国标准化体制的市场化。

　　我国标准化管理体制的市场化转型开始的标志,即反映在我国法律法规、政府机构的监管采用团体标准(政府外的标准化成果)。为了提高技术要求或填补政府标准的空白,当前我国行政管理中已经零星出现了采用团体标准的情况。我国公权力机构采用团体标准是有可能制度化的,并可以从美国经验中获得启示。

# 参考文献 ■

## 一、中文著作

[1]白殿一、王益谊:《标准化基础》,清华大学出版社 2019 年版。

[2]卓泽渊:《法的价值论》,法律出版社 2018 年第 3 版。

[3]张文显:《法理学》,高等教育出版社 2011 年第 4 版。

[4]刘春青等:《美国 英国 德国 日本和俄罗斯标准化概论》,中国质检出版社、中国标准出版社 2012 年版。

[5]刘春青等:《国外强制性标准与技术法规研究》,中国质检出版社、中国标准出版社 2013 年版。

[6]甘藏春、田世宏:《中华人民共和国标准化法释义》,中国法制出版社 2017 年版。

[7]麦绿波:《标准学——标准的科学理论》,科学出版社 2019 年版。

[8]李春田:《标准化概论》,中国人民大学出版社 2014 年第 6 版。

[9]胡玉鸿、许小亮、陈颐:《法学流派的人学之维》,北京大学出版社 2013 年版。

[10]舒国滢:《法理学导论》,北京大学出版社 2019 年第 3 版。

[11]公丕祥:《法理学》,复旦大学出版社 2002 年版。

[12]黄茂荣:《法学方法与现代民法》(增订七版),自版,2020 年版。

[13]张平、马骁:《标准化与知识产权战略》,知识产权出版社 2005 年第 2 版。

[14]中国国家标准化研究院国家标准馆:《国际标准化资料概览——美国标准化组织篇（一）:ANSI 认可的标准制定组织》,中国质检出版社、中国标准出版社 2016 年版。

[15]李薇:《技术标准联盟的组织与治理》,科学出版社 2016 年版。

[16]王名扬:《美国行政法》(下),北京大学出版社 2016 年版。

[17]吴汉东:《知识产权法》,法律出版社 2014 年第 5 版。

[18]熊琦:《著作权激励机制的法律构造》,中国人民大学出版社 2011 年。

[19]丁道勤:《专利标准化的法律规制研究》,中国法制出版社 2017 年版。

[20]吴太轩:《技术标准化的反垄断法规制》,法律出版社 2011 年版。

[21]杨秀英:《标准化法教程》,厦门大学出版社 2011 年版。

[22]麦绿波：《标准化学——标准化的科学理论》，科学出版社 2017 年版。

[23]住房和城乡建设部强制性条文协调委员会、中国建筑科学研究院：《建筑技术法规和强制性标准研究》，中国建筑工业出版社 2018 年版。

## 二、中文译著

[1][德]弗里德里希·卡尔·冯·萨维尼：《论立法与法学的当代使命》，许章润译，中国法制出版社 2001 年版。

[2][美]斯科特·夏皮罗：《合法性》，郑玉双、刘叶深译，中国法制出版社 2016 年版。

[3][德]卡尔·拉伦茨：《法学方法论》，陈爱娥译，五南图书出版公司 1996 年版，第 87 页。

[4][奥]凯尔森：《法与国家的一般理论》，沈宗灵译，商务印书馆 2013 年版，第 72 页。

[5][德]卡尔·拉伦茨：《德国民法通论》，王晓晔、邵建东、程建英等译，法律出版社 2013 年版。

[6][德]齐佩利乌斯：《法学方法论》，金振豹译，法律出版社 2009 年版。

[7][美]本杰明·卡多佐：《司法过程的性质》，苏力译，商务印书馆 2000 年版。

[8][美]杰弗里·吕贝尔斯：《美国规章制定导论》，江澎涛译，中国法制出版社 2016 年版。

[9][德]Franz Wieacker：《近代私法史——以德意志的发展为观察重点》，陈爱娥、黄建辉译，五南图书出版公司 2004 年版。

[10][印]魏尔曼：《标准化是一门新学科》，中国科学技术情报研究所编译，科学技术文献出版社 1980 年版。

[11][美]威廉·J.基夫、莫里斯·S.奥古尔：《美国立法过程——从国会到州议会》（第十版），王保民、姚志奋译，北京大学出版社 2019 年版。

[12][美]乔迪·弗里曼：《私人团体、公共职能与新行政法》，载《北大法律评论》（第 5 卷·第 2 辑），法律出版社 2003 年版。

[13][美]Keith E. Whittington, Jason Iuliano：《禁止授权原则的迷思》，宋华琳、李美郡译，载章剑生：《公法研究》（第 19 卷），浙江大学出版社 2019 年第 1 期。

[14][德]茨威格特，克茨：《比较法总论》（上），潘汉典、米健、高鸿钧等译，中国法制出版社 2017 年版。

## 三、中文论文

[1]柳经纬：《论标准替代法律的可能及限度》，载《比较法研究》2020 年第 6 期。

[2]柳经纬：《标准与法律的融合》，载《政法论坛》2016 年第 6 期。

[3]柳经纬、周宇：《新中国标准化法制建设 70 年》，载《贵州省党校学报》2019 年第 6 期。

[4]俞可平：《标准化是治理现代化的基石》，载《理论学报》2015 年第 11 期。

[5]柳经纬：《评标准法律属性论——兼谈区分标准与法律的意义》，载《现代法学》2018 年第 5 期。

[6]范馨怡、宋明顺：《美国标准制定组织的发展机制及现状研究》，载《改革与战略》2018 年第 10 期。

［7］陈燕申、陈思凯：《美国国家标准机构的发展与作用探讨——ANSI 的经验及启示》，载《中国标准化》2016 年第 8 期。

［8］王军：《私主体何时承担公法义务美国法上的"关系标准"及启示》，载《中外法学》2019 年第 5 期。

［9］高秦伟：《私人主体与食品安全标准制定》，载《中外法学》2012 年第 4 期。

［10］柳经纬：《论标准对法律发挥作用的规范基础》，载《行政法学研究》2021 年第 1 期。

［11］柳经纬、许林波：《法律中的标准——以法律文本为分析对象》，载《比较法研究》2018 年第 2 期。

［12］柳经纬：《标准的规范性与规范效力——基于标准著作权保护问题的视角》，载《法学》2014 年第 8 期。

［13］刘风景：《立法目的条款之法理基础及表述技术》，载《法商研究》2013 年第 3 期。

［14］庞正：《法治秩序的社会之维》，载《法律科学（西北政法大学学报）》2016 年第 1 期。

［15］程虹：《让标准构成一种秩序》，载《大众标准化》2016 年第 12 期。

［16］柳经纬：《标准的类型划分及其私法效力》，载《现代法学》2020 年第 2 期。

［17］柳经纬：《论标准的私法效力》，载《中国高校社会科学》2019 年第 6 期。

［18］张文显：《法治与国家治理现代化》，载《中国法学》2014 年第 4 期。

［19］李林：《依法治国与推进国家治理体系现代化》，载《法学研究》2014 年第 5 期。

［20］卓泽渊：《国家治理现代化的法治解读》，载《现代法学》2020 年第 1 期。

［21］常健、叶丹枫：《论网络空间安全保障的战略导向与制度完善》，载《科技与法律》2016 年第 3 期。

［22］刘斌斌、杜海洋、兰宝艳：《我国绿色食品证明商标许可的成效与作用》，载《中华商标》2017 年第 10 期。

［23］刘春青、范春梅：《论 NTTAA 对美国标准化发展的推动作用》，载《标准科学》2010 年第 7 期。

［24］卓越、刘洋：《基于公共服务标准化的 ISO 9000 政府质量管理》，载《新视野》2013 年第 4 期。

［25］王忠敏：《标准化改革要去除计划经济阴影》，载《中国标准化》2016 年第 12 期（上）。

［26］刘伟民：《Deregulation 是"放松管制"还是"取消管制"？》，载《国际航空》2009 年第 9 期。

［27］杨培侃：《从私营标准之发展论 SPS 协定在全球食品安全治理之功能与限制》，载《科技法学评论》2014 年第 1 期（第 11 卷第 1 期）。

［28］于连超、王益谊：《美国标准战略最新发展及其启示》，载《中国标准化》2016 年第 5 期。

［29］杨正宇：《美国国家标准学会专利许可政策演进考察》，载《知识产权》2018 年第 3 期。

［30］张明兰、蔡冠华：《美国标准体系及其对公共管理的支持》，载《质量与标准化》2012 年第 3 期。

［31］王锡锌：《我国公共决策专家咨询制度的悖论及其克服——以美国〈联邦咨询委员会法〉为借鉴》，载《法商研究》2007 年第 2 期。

［32］刘春青：《实施 NTTAA 产生的经济效益实例分析》，载《标准化研究》2007 年第 1 期。

[33]宋华琳:《当代中国技术标准法律制度的确立与演进》,载《学习与探索》2009 年第 5 期。

[34]付强、张敬娟、王丽君:《ANSI 认可标准制定组织以及美国国家标准批准程序》,载《标准科学》2014 年第 7 期。

[35]一文:《当代美国国会立法程序简述》,载《中国人大》2000 年第 7 期。

[36]柳经纬:《合同中的标准问题》,载《法商研究》2018 年第 1 期。

[37]于连超:《作为治理工具的自愿性标准:理论、现状与未来》,载《宏观治理研究》2015 年第 4 期。

[38]吴志攀:《"互联网＋"的兴起与法律的滞后性》,载《国家行政学院学报》2015 年第 3 期。

[39]宋华琳:《论政府规制中的合作治理》,载《政治与法律》2016 年第 8 期。

[40]刘春青:《技术法规与自愿性标准的融合——美国政府高度重视利用标准化成果的启示》,载《世界标准化与质量管理》2008 年第 10 期。

[41]Colin Scott:《作为规制与治理工具的行政许可》,载《法学研究》2014 年第 2 期。

[42]周宇:《知识产权与标准的交织》,载《电子知识产权》2020 年第 1 期。

[43]王坤:《论著作权保护的范围》,载《知识产权》2013 年第 8 期。

[44]李扬:《FRAND 承诺的法律性质及其法律效果》,载《知识产权》2018 年第 11 期。

[45]杨宏晖:《论 FRAND 授权声明之意义与性质》,载《月旦民商法杂志》2015 年第 12 期。

[46]鲁篱:《标准化与反垄断问题研究》,载《中国法学》2003 年第 1 期。

[47]孔晓邦:《标准的"良"与"恶"——以国家治理体系和治理能力建设为视角》,载《电子知识产权》2019 年第 10 期。

[48]苏永钦:《何时上修立法标准?》,载《法令月刊》2017 年第 12 期。

[49]王忠敏:《标准化改革要去除计划经济的影响》,载《中国标准化》2016 年第 12 期(上)。

[50]汪君:《行政规范性文件之民事司法适用》,载《法学家》2020 年第 1 期。

[51]许柏、刘晶、杜东博等:《韩国标准化体系发展现状概述》,载《标准科学》2018 年第 10 期。

[52]陈云贤:《中国特色社会主义市场经济:有为政府＋有效市场》,载《经济研究》2019 年第 1 期。

[53]胡家勇:《试论社会主义市场经济理论的创新和发展》,载《经济研究》2016 年第 7 期。

[54]甘功仁、刘可:《论我国法律法规援引团体标准的规则》,载《中国行政管理》2019 年第 4 期。

[55]麦绿波:《标准的标准(上)》,载《中国标准化》2013 年第 7 期。

[56]麦绿波:《标准的标准(下)》,载《中国标准化》2013 年第 8 期。

## 四、报刊文献

[1]俞可平:《加强标准化建设以推进国家治理现代化》,载《中国国门时报》,2016 年 6 月 15 日,第 3 版。

[2]沈德咏:《加快推进人民法院标准化建设 努力服务司法事业科学发展》,载《人民法院报》,2015 年 12 月 7 日,第 1 版。

## 五、英文著作

[1]JoAnne Yates，Craig N. Murphy，*Engineering Rules：Global Standards Setting since 1880*，Johns Hopkins University Press，2019.

[2]Stephen Breyer，*Regulation and Its Reform*，Harvard University Press，1982.

[3]Nils Brunsson，Bengt Jacobsson and Associates(Eds.)，*A World of Standards*，Oxford University Press，2000.

[4]Tim Büthe & Walter Mattli，*The New Global Rulers：The Privatization of Regulation in the World Economy*，Princeton University Press，2011.

[5] Bernd M. J. van der Meulen，*Private Food Law*，Wageningen Academic Publishers，2011.

[6]Jorge L. Contreras，*The Cambridge Handbook of Technical Standardization Law：Further Intersection of Public And Private Law*，Cambridge University Press，2019.

[7]Hans Kelsen，*General Theory of Law and State*，Anders Wedberg(Trans.)，Harvard University Press，1949.

[8]Carsten Schmitz-Hoffmann，Michael Schmidt，Berthold Hansmann，Dmitry Palekhov (Eds.)，*Voluntary Standards Systems*，Springer(Heidelberg)，2014.

[9]Jürgen Friedrich，*International Environmental "Soft Law"*，Springer，2013.

[10]Keshab Das(Eds.) *Globalization and Standards*，Springer，2014.

[11] Stefano Ponte，Peter Gibbon，Jokob Vestergaard ( Eds.)，*Governing through Standards：Origins，Drivers and Limitations*，Palgrave Macmillan(London)，2011.

[12]Keshab Das(Eds.) *Globalization and Standards*，Springer，2014.

[13] Benjamin N. Cardozo，*The Nature of the Judicial Process*，Yale University Press，1921.

[14] Robert Tavernor，*Smoot's Ear：The Measure of Humanity*，Yale University Press，2007.

[15]Richard H. McCuen，Edna Z. Ezzell，Melanie K. Wong，*Fundamentals of Civil Engineering：An Introduction to the ASCE Body of Knowledge*，CRC Press，2011.

[16] Joanne Abel Goldman，*Building New York's Sewers：Developing Mechanisms of Urban Management*，Purdue University Press，1997.

[17]Daniel Hovey Calhoun，*The American Civil Engineer：Origins and Conflict*，Harvard University Press，1960.

[18]Steven W. Usselman，*Regulating Railroad Innovation：Business，Technology，and Politics in America*，1840—1920，Cambridge University Press，2002.

[19]Amy E. Slaton，*Reinforced Concrete and the Modernization of American Building*，1900—1930，The Johns Hopkins University Press，2001.

[20] Andrew L. Russell，*Open Standards and the Digital Age*，Cambridge University

Press，2014.

[21]Bruce Sinclair，*Early Research at the Franklin Institute the Investigation into the Causes of Steam Boiler Explosion*，1830—1837，Franklin Institute，1966.

[22]Douglas Richardson，Noel Castree，Michael F. Goodchild，Audrey Kobayashi，Weidong Liu，Richard A. Marston(Eds.)，*The International Encyclopedia of Geography*，John Wiley & Sons，Ltd，2016.

[23]Ian Ayres，John Braithwaite，*Responsive Regulation：Transcending the Deregulation Debate*，Oxford University Press，1992.

[24]Peter C. Yeager，*The Limits of Law*，Cambridge University Press，1991.

[25]Walter Mattli，Ngaire Woods(Eds.)，*The Politics of Global Regulation*，Princeton University Press，2009.

[26]Cheryl Hudson，Gareth Davies(Eds.)，*Ronald Reagan and the* 1980s：*Perceptions，Policies，Legacies*，Palgrave Macmillan，2008.

[27]Andrew L. Johns(Eds.)，*A Companion to Ronald Reagan*，First Edition，Wiley Blackwell，2015.

[28]Timothy Knight，*Panic，Prosperity，and Progress：Five Centuries of History and the Markets*，2014，Wiley.

[29]John Gray，*Hayek on Liberty*，Third Edition，Routledge，1998.

[30] Friedrich A. Hayek，*The Constitution of Liberty*，The University of Chicago Press，1978.

[31] Owen R. Greulich，Maan H. Jawad，*Primer on Engineering Standards*，ASME Press，2018.

[32]Michael S. Baram，*Alternatives to Regulation：Managing Risks to Health，Safety and the Environment*，LexingtonBooks，1982.

[33] Stefano Ponte，Peter Gibbon，Jokob Vestergaard（Eds.），*Governing through Standards：Origins，Drivers and Limitations*，Palgrave Macmillan(London)，2011.

[34]David Wright，Paul De Hert（Eds.），*Enforcing Privacy：Regulatory，Legal and Technological Approaches*，Springer，2016.

[35]Chris Brummer，*Soft Law and the Global Financial System*，Second Edition，Cambridge University Press，2015.

[36]Craig Joyce，Marshall Leaffer，Peter Jaszi，Tyler Ochoa，Michael Carroll，*Copyright Law* Ninth Edition，LexisNexis，2013.

[37]Suetonius，*Lives of the Caesars*，Catharine Edwards（Trans.），Oxford University Press，2008.

[38]Stephen M. Mcjohn，*Intellectual Property*，Sixth Edition，Wolters Kluwer，2019.

[39]John Locke，*Second Treatise of Civil Government*，Originally published in 1690，C. B. Macpherson(Eds.)，Hackett Publishing Company，Inc.，1980.

［40］John F. Manning，Matthew C. Stephenson，*Legislation and Regulation*，Foundation Press，2010.

［41］Craig N. Murphy，JoAnne Yates，*The International Organization for Standardization (ISO) Global governance through voluntary consensus*，Routledge，2009.

［42］T.R.B. Sanders，The Aim and Principles of Standardization，ISO，1972.

# 六、英文论文

［1］Emily S. Bremer，American and European Perspectives on Private Standards in Public Law，91 *Tul. L. Rev.* 325 (2016).

［2］Robert W. Hamilton，Role of Nongovernmental Standards in the Development of Mandatory Federal Standards Affecting Safety or Health，56 *Tex. L. Rev.* 1329 (1978).

［3］Nina A. Mendelson，Private Control over Access to the Law：The Perplexing Federal Regulatory Use of Private Standards，112 *Mich. L. Rev.* 737 (2014).

［4］Tyler R. T. Wolf，Existing in a Legal Limbo：The Precarious Legal Position of Standards-Development Organizations，65 *Wash.& Lee L. Rev.* 807 (2008).

［5］Bengt Jacobsson，Standardization and Expert Knowledge，in：Nils Brunsson，Bengt Jacobsson and Associates(Eds.)，*A World of Standards*，Oxford University Press，2000.

［6］Emily S. Bremer，American and European Perspectives on Private Standards in Public Law，91 *Tul. L. Rev.* 325 (2016).

［7］Jane K. Winn，Globalization and Standards：the Logic of Two-Level Games，5 *ISJLP* 185 (2009).

［8］Eike Albrecht，VSS and Legal Standards：Competition or an Added Value? In：Carsten Schmitz-Hoffmann，Michael Schmidt，Berthold Hansmann，Dmitry Palekhov (Eds.)，Voluntary Standard Systems A Contribution to Sustainable Development，Springer，2014.

［9］James M. Sweeney，Copyrighted Laws：Enabling and Preserving Access to Incorporated Private Standards，101 *Minn. L. Rev.* 1331 (2017).

［10］Eike Albrecht，VSS and Legal Standards：Competition or an Added Value? in：Carsten Schmitz-Hoffmann，Michael Schmidt，Berthold Hansmann，Dmitry Palekhov (Eds.)，*Voluntary Standards Systems*，Springer(Heidelberg)，2014.

［11］Emily S. Bremer，Private Complements to Public Governance，81 *Mo. L. Rev.* 1115 (2016).

［12］Emily S. Bremer，Incorporation by Reference in an Open-Government Age，36 *Harv. J. L. & Pub. Pol'y* 131 (2013).

［13］Lesley K. McAllister，Harnessing Private Regulation，3 *Mich. J. Envtl. & Admin. L.* 291 (2014).

［14］Tara S. Nair，Milind Sathye，Muni Perumal，Craig Applegate，Suneeta Sathye，Indian Microfinance and Codes of Conduct Regulation：A Critical Examination，In：Keshab Das

(Eds.) *Globalization and Standards*，Springer，2014.

[15]Stefano Ponte，Peter Gibbon，Jokob Vestergaard，Governing through Standards：An Introduction，in：Stefano Ponte，Peter Gibbon，Jokob Vestergaard（Eds.），Governing through Standards：Origins，Drivers and Limitations，Palgrave Macmillan（London），2011.

[16]B. Brett Heavner，Michael R. Justus，Worldwide Certification-Mark Registration：A Certifiable Nightmare，2 Landslide 21（2010）.

[17]Mark R. Barron，Creating Consumer Confidence or Confusion-The Role of Product Certification Marks in the Market Today，11 *Marq. Intell. Prop. L. Rev.* 413（2007）.

[18]Michelle B. Smit，（Un）Common Law Protection of Certification Marks，93 *Notre Dame L. Rev.* 419（2017）.

[19] Russell L. Andrew，The American System：A Schumpeterian History of Standardization. Progress & Freedom Foundation Progress on Point Papers，*SSRN Electronic Journal*（2007）.

[20]Emily S. Bremer，On the Cost of Private Standards in Public Law，63 *U. Kan. L. Rev.* 279（2015），p.301.

[21]John G. Burke，Brusting Boilers and the Federal Power，1 *Technology and Culture* 7（1966）.

[22]James C. Miller Ⅲ，Regulatory Relief under President Reagan，22 *Jurimetrics J.* 431（1982）.

[23]Charles G. Moerdler，Deregulation-the United States Experience，6 *Hofstra Lab. L. J.* 177（1989）.

[24]Lovell，C. H.，Deregulation of State and Local Government. 13 *Policy Studies Journal* 607（1985）.

[25]R. H. Coase，The Nature of the Firm，16 *Econonmica* 386（1937）.

[26]Kenneth W. Abbott，Duncan Snidal，The Governance Triangle：Regulatory Standards Institutions and the Shadow of the state，in：Walter Mattli，Ngaire Woods（Eds.），*The Politics of Global Regulation*，Princeton University Press，2009.

[27]Jorge L. Contreras，From Private Ordering to Public Law：The Legal Frameworks Governing Standards-Essential Patents，30 *Harv. J. L. & Tech.* 211（2017）.

[28]Richard E. Wiley，Dennis R. Patrick，Laurence A. Tisch & Jonathan D. Blake，Broadcast Deregulation：The Reagan Years and Beyond，40 *Admin. L. Rev.* 345（1988）.

[29]Peter L. Strauss，Private Standards Organizations and Public Law，22 *Wm. & Mary Bill Rts. J.* 497（2013）.

[30]Stephen Brobeck，Economic Deregulation and the Least Affluent：Consumer Protection Strategies，47 *Journal of Social Issues* 169（1991）.

[31]Iwan Morgan，Reaganomics and its Legacy，in：Cheryl Hudson，Gareth Davies（Eds.），

Ronald Reagan and the 1980s: Perceptions, Policies, Legacies, Palgrave Macmillan, 2008.

[32]Michael R. Adamson, Business and Labor, Deregulation and Regulation, in: Andrew L. Johns(Eds.), *A Companion to Ronald Reagan*, First Edition, Wiley Blackwell,2015.

[33]Lawrence A. Cunningham, Private Standards in Public Law: Copyright, Lawmaking and the Case of Accounting, 104 *Mich. L. Rev.* 291 (2005).

[34]Peter L. Strauss, Private Standards Organizations and Public Law, 22 *Wm. & Mary Bill Rts. J.* 497 (2013).

[35]Stacy Baird, The Government at the Standards Bazaar, 18 *Stan. L. & Pol'y Rev.* 35 (2007).

[36]Kristina Tamm Hallström, Organizing the Process of Standardization, in: Nils Brunsson, Bengt Jacobsson, and Associates (Eds.), *A World of Standards*, Oxford University Press, 2000.

[37]William P. Boswell, James P. Cargas, North American Energy Standards Board: Legal and Administrative Underpinnings of a Consensus Based Organization, 27 *Energy L.J.* 147 (2006).

[38]Matthew Topic, The Standards Development Organization Advancement Act of 2004: A Victory for Consumer Choice, 12 *J. Tech. L. & Pol'y* 45 (2007).

[39]Nina A. Mendelson, Taking Public Access to the Law Seriously: The Problem of Private Control over the Availability of Federal Standards, 45 *Envtl. L. Rep. News & Analysis* 10776 (2015).

[40]F. Scott Boyd, Looking Glass Law: Legislation by Reference in the States,68 *Louisiana law review* 1201 (2008).

[41]Brad Biddle, Frank X. Curci, Timothy F. Haslach, et al., The Expanding Role and Importance of Standards in the Information and Communications Technology Industry, 52 *Jurimetrics* 177 (2012).

[42] Kyra A. Goidich, The Role of Voluntary Safety Standards in Product Liability Litigation: Evidence of Cause in Fact, 49 *Ins. Counsel J.* 320 (1982).

[43]Stefano Ponte, Peter Gibbon, Jokob Vestergaard, Governing through Standards: An Introduction, in: Stefano Ponte, Peter Gibbon, Jokob Vestergaard(Eds.), *Governing through Standards: Origins, Drivers and Limitations*, Palgrave Macmillan(London), 2011.

[44] Richard E. Wiley, Dennis R. Patrick, Laurence A. Tisch & Jonathan D. Blake, Broadcast Deregulation: The Reagan Years and Beyond, 40 *Admin. L. Rev.* 345 (1988).

[45]Juana Coetzee, Private Regulation in the Context of International Sales Contracts, 24 *Law democracy & dev.* 27 (2020).

[46]Joel Bakan, The Invisisble Hand of Law: Private Regulation and the Rule of Law, 48 *Cornell int'l l.j.* 279 (2015).

［47］Adam I. Muchmore，Private Regulation and Foreign Conduct，47 San *Diego l. rev.* 371 （2010）.

［48］John Hasnas，Defending Private Safety Regulation，43 *Regulation* 40 （2020）.

［49］Randall S. Kroszner，The Role of Private Regulation in Maintaining Global Financial Stability，18 CATO J. 355 （1999）.

［50］Philip J. Weiser，Internet Governance，Standard Setting，and Self-Regulation，28 N. *Ky. l. rev.* 822 （2001）.

［51］Jody Freeman，The Private Role in the Public Governance，75 *N. y. u. l. rev.* 543 （2000）.

［52］Paul Verbruggen，Private Regulation in EU Better Regulation，19 *Eur. j.l. reform* 121 （2017）.

［53］Pamela Sameulson，Questioning Copyrights in Standards，48 *B.c. l. rev.* 193 （2007）.

［54］Jorge L. Contreras & Andrew T. Hernacki，Copyright Termination and Technical Standards，43 *U. balt. l. rev.* 221 （2014）.

［55］Nick Martini，Veeck v. Southern Building Code Congress International，Inc.，18 *Berkeley tech. l.j.* 93 （2003）.

［56］Stewart Chaplin，Incorporation by Reference，2 *Colum. l. rev.* 148 （1902）.

［57］Antonin Scalia，The Rule of Law as a Law of Rules，56 U. *Chi. l. rev.* 1175 （1989）.

［58］Daniel J. Russell，Veeck v. Southern Building Code Congress International，Inc.：Invalidating the Copyright of Model Codes upon Their Enactment into Law，5 TUL. J. *Tech. & intell. prop.* 131 （2003）.

［59］Jorge L. Contreras，Fixing Frand：A Pseudo-Pool Approach to Standards-Based Patent Licensing，79 *Antitrust L.J.*47 （2013）.

［60］Jorge L. Contreras，A Brief History of Frand：Analyzing Current Debates in Standard Setting and Antitrust through a Historical Lens，80 *Antitrust L.J.*39 （2015）.

［61］Robert D. Keeler，Why Can't We Be （F）rands：The Effect of Reasonable and Non-Discriminatory Commitments on Standard-Essential Patent Licensing，32 *Cardozo Arts & Ent. L.J.* 317 （2013）.

［62］Susan L. Cook，Compliance with Due Process：A Solution to Strict Liability for Private Standard-Setting Organizations under A. S. M. E. v. Hydrolevel，48 *Alb. l. rev.* 146 （1983）.

［63］Kurt J. Lindower，Noerr-Pennington Antitrust Immunity and Private Standard-Setting，58 *U. cin. l. rev.* 341 （1989）.

［64］Enrique M. Fernando，Administrative Agencies and Non-Delegation of Legislative Power，24 *Phil. l.j.* 341 （1949）.

［65］Colin Scott，Governing Without Law or Governing Without Government New-ish Governance and the Legitimacy of the *Eu*，15 *Eur. l.j.* 160 （2009）.

［66］Robert W. Hamilton，Prospects for the Nongovernmental Development of Regulatory Standards，32 *Am*. *U*. *L*. *Rev*. 455（1983）.

［67］Elwyn A. King，State Constitutions Forbidding Incorporation by Reference，16 *B.U. L. Rev*. 625（1936）.

［68］Susan Rose-Ackerman，American Administrative Law under Siege：Is Germany a Model，107 *Harv*. *L*. *Rev*. 1279（1994）.

## 七、日文文献

［1］長谷川亮一「近代日本における「標準化」の概念について」『人文社会科学研究科研究プロジェクト報告書』、第 217 集（2012 年 2 月）。

［2］星野裕「工業標準化と規格用途開発」『標準化研究』、第 1 巻創刊号（2003 年 3 月）。

［3］小山正德「工業標準化法と日本工業規格について」『電気学会雑志』、第 69 巻第 734 号（1949 年 12 月号）。

［4］呂建良「日本における標準化戦略の発展」『問題と研究』第 42 巻第 1 号（2013 年 1.2.3 月号）。

## 八、德文文献

［1］Peter Marburger，Die Regeln der Technik im Recht，Carl Heymanns Verlag KG，1979.

［2］Jürgen Ensthaler，Dagmar Gesmann-Nuissl，Stefan Müller，Technikrecht：Rechtliche Grundlagen des Technologiemanagements，Springer Vieweg，2012.

［3］Manfred Wolf/Jörg Neuner. Allgemeiner Teil des bürgerlichen Rechts 10 Auflage. Verlag C.H.Beck（München），2012.

［4］Claus-Wilhelm Canaris，Die Feststellung von Lücken im Gesetz，2.，überarbeitete Auflage，Duncker & Humblot，1983.

［5］Jürgen Ensthaler，Bedeutung Der Zusammenarbeit Zwischen Technik-Und Rechtswissenschaft：Ein Beitrag Zur Entwicklung Eines Realitätsgerechten Unternehmensrechts，43 Zeitschrift Für Rechtspolitik 226（2010）.

［6］Fabio Babey，Salim Rizvi，Die Frand-Selbestpflichtung：Fair，Reasonable and Non-Discriminatory term（FRAND）im Lichte des Kartellrechts，Wirtschaft und Wettbewerb，09/2012，808—/810.

## 九、法规、政策文件

［1］《中国共产党第十九届中央委员会第五次全体会议公报》。

［2］《中华人民共和国标准化法》。

［3］《中华人民共和国产品质量法》。

［4］《中华人民共和国核安全法》。

［5］《中共中央关于全面推进依法治国若干重大问题的决定》。

［6］Royal Charter and Bye-laws，https://www. bsigroup. com/globalassets/Documents/about-bsi/royal-charter/bsi-royal-charter-and-bye-laws. pdf，访问日期：2020 年 12 月 15 日。

［7］Memorandum of Understanding Between the United Kingdom Government and the British Standards Institution in Respect of Its Activities as the United Kingdom's National Standards Body，https://www. bsigroup. com/Documents/about-bsi/BSI-UK-NSB-Memorandum-of-Understanding-UK-EN.pdf，访问日期：2020 年 12 月 15 日。

［8］平成十二年（2000 年）5 月 31 日建設省告示第 1446 号《建築物の基礎、主要構造部等に使用する建築材料並びにこれらの建築材料が適合すべき日本工業規格又は日本農林規格及び品質に関する技術的基準を定める件》,https://www.mlit.go.jp/notice/notice-data/pdf/201706/00006705. pdf,访问日期：2021 年 2 月 25 日。

［9］OMB Circular A-119，Federal Participation in the Development and Use of Voluntary Consensus Standards and in Conformity Assessment Activities.

［10］NTTAA，National Technology Transfer and Advancement Act，Public Law 104-113.

［11］National Traffic and Motor Vehicle Safety Act of 1966.

［12］Occupational Safety and Health Act of 1970.

［13］Consumer Product Safety Act of 1972.

［14］Federal Energy Administration Authorization Act of 1977.

［15］Voluntary Standards and Accreditation Act of 1977，H.R.8184.

［16］USSS，United States Standards Strategy，https://share. ansi. org/Shared％20Documents/Standards％20Activities/NSSC/USSS-2020/USSS-2020-Edition. pdf，访问日期：2021 年 1 月 31 日。

［17］Standards Development Organization Advancement Act of 2004（Public Law 108-237）（H.R.1086）.

［18］OMB：ANSI Response to Request for Comments Federal Participation in the Development and Use of Voluntary Consensus Standards and in Conformity Assessment Actives.

［19］ANSI, ANSI Essential Requirements：Due process requirements for American National Standards，https://share. ansi. org/Shared％20Documents/Standards％20Activities/American％20National％20Standards/Procedures,％20Guides,％20and％20Forms/2020_ANSI_Essential_Requirements.pdf，访问日期：2020 年 8 月 19 日。

［20］CFR part 51-Incorporation by Reference.

［21］Occupational Safety Health Act of 1970.

［22］Certain Fabricated Structural Steel From the People's Republic of China：Final Affirmative Determination of Sales at Less Than Fair Value.

［23］Copyright Law of the United States and Related Laws.

［24］ISO：《ISO POCPSA 2017——ISO 出版物发行、销售、复制及 ISO 版权保护政策》,国家标准版权保护工作组办公室译,中国标准出版社 2018 年版。

[25]《中共中央国务院关于新时代加快完善社会主义市场经济体制的意见》(2020 年第 15 号)，http://www.gov.cn/gongbao/content/2020/content_5515273.htm，访问日期：2020 年 8 月 15 日。

[26]《国务院办公厅关于加强行政规范性文件制定和监督管理工作的通知》(国办发〔2018〕37 号)。

[27]《国务院关于印发深化标准化工作改革方案的通知》(国发〔2015〕13 号)，http://www.gov.cn/zhengce/content/2015-03/26/content_9557.htm，访问日期：2020 年 5 月 24 日。

[28]《住房城乡建设部办公厅关于培育和发展工程建设团体标准的意见》(建办标〔2016〕57 号)。

[29]《团体标准管理规定》。

[30]《上海市装配整体式混凝土建筑防水技术质量管理导则》(沪建质安〔2020〕20 号)。

[31]《广东省市场监督管理局关于广东省非医用口罩产品质量监督抽查实施细则的通告》(2020 年第 63 号)。

## 十、标准文件

[1]《车辆驾驶人员血液、呼气酒精含量阈值与检验》(GB 19522—2004)。

[2]《灯具 第 1 部分：一般要求与试验》(GB 7000.1—2015)。

[3]《党政机关电子公文格式规范 第 1 部分：公文结构》(GB/T 33476.1—2016)。

[4]《村级公共服务中心建设与管理规范》(GB/T 38699—2020)。

[5]《政府热线服务规范》(GB/T 33358—2016)。

[6]《公共机构办公区节能运行管理规范》(GB/T 36710—2018)。

[7]《政务服务中心服务现场管理规范》(GB/T 36112—2018)。

[8]《政务服务中心服务投诉处置规范》(GB/T 36113—2018)。

[9]Safety Code for Mechanical Power Transmission Apparatus(ANSI b15.1-53(R58)).

[10]Standard Specification for Performance of Materials Used in Medical Face Masks(F2100-19).

[11]American National Standards for Ladder-Fixed-Safety Requirement(ANSI-ASC A14.3—2008).

[12]《标准化工作指南 第 1 部分：标准化和相关活动的通用词汇》(GB/T 20000.1—2002)。

[13]Standard for Fire Test for Valves(API 6FA—2018).

[14]《和田玉实物标准样品》(GSB16-3061—2013)。

[15]Standard Specification for Polytetrafluoroethylene(PTFE) Granular Molding and Ram Extrusion Materials(ASTM D4894—2015).

[16]Standard for Spray Finishing Using Flammable and Combustible Material,(NFPA/33—1969).

[17]Four Wheel All-Terrain Vehicles Equipment Configuration，and Performance Requirements，(American National Standard ANSI/SVIA-1-2007).

[18]Portable Bed Rails(ASTM F2085-12).

[19]《标准化工作指南 第1部分:标准化和相关活动的通用术语》(GB/T 20000.1—2014)。

[20]《装配式建筑密封胶应用技术规程》(T/CECS 655—2019)。

[21]《一次性使用儿童口罩》(T/GDMDMA 0005—2020)。

[22]《日常防护口罩》(T/GDBX 025—2020)。

[23]《普通防护口罩》(T/CTCA 7—2019)。

[24]《PM2.5防护口罩》(T/CTCA 1—2019)。

[25]《民用卫生口罩》(T/CNTAC55—2020,T/CNITA 09104—2020)。

[26]《日常防护型口罩技术规范》(GB/T 32610—2016)。

## 十一、判例

[1]Allied Tube & Conduit Corporation v. Indian Head Inc. 108 S.Ct.1931 (1988).

[2]ASMEv. Hydrolevel. 102 S.Ct.1935 (1982).

[3]Consolidated Metal Product, Inc. v. American Petroleum Institute. 846 F. 2d 284 (5th Cir.1988).

[4]Noblecraft Industries, Inc. v. Secretary of Labor. 614 F.2d 199 (1980).

[5]Veeckv. Southern Bldg. Code Congress Intern. 293 F.3d 791 (5th Cir. 2002).

[6]American Soc. For Testing v. Public.Resource.Org. 78 F.Supp.3d 534 (D.D.C. 2015).

[7]American Soc. For Testing v. Public.Resource.Org. 896 F.3d 437 (D.C. Cir. 2018).

[8]Allied Tube & Conduit Corporation v. Indian Head Inc. 817 F.2d 938 (2nd Cir.1987).

[9]J. W. Hampton. Jr., v. United States. 276 U.S. 394 (1928).

[10]A. L. A. Schechter Poultry Corporation v. United States. 295 U. S. 495 (1935).

[11]Carter v. Carter Coal Co. 56 S. Ct. 855 (1936).

## 十二、其他文献

[1]《现代汉语辞海》编委会:《现代汉语辞海》(二卷),山西教育出版社2002年版。

[2]ANDREW L. RUSSELL, Standardization in History: A Review Essay with an Eye to the Future, http://www.arussell.org/papers/futuregeneration-russell.pdf,访问日期:2019年7月25日。

[3]Franklin Institute, General Report on the Explosions of Steam-Boilers, C. Sherman & Co., Printers, 1836.

[4]薛波主编,潘汉典总审定:元照英美法词典(缩印版),北京大学出版社2013年版。

[5]Bryan A. Garner(Eds.), Black's Law Dictionary, Ninth Edition, Thomson Reuters, 2009.

[6]Maintaining Our International Competitiveness: The Importance of Standards and Conformity Assessment on Industry, Vol. 12: Hearing Before the Subcommittee on Technology of the Committee on Science, U. S. House of Representatives, One Hundred Fourth Congress, First Session, June 29, 1995, U.S. GOVERNMENT PRINTING OFFICE,

1995.

［7］Andrew Russell，The American System：A Schumpeterian History of Standardization，http：//ssrn.com/abstract＝975259，访问日期：2020 年 3 月 1 日。

［8］NIST，Regulatory SIBR（P-SIBR）Statistics，Standards Incorporated by Reference（SIBR）Database，https：//www.nist.gov/standardsgov/what-we-do/federal-policy-stand-ards/sibr，访问日期：2020 年 3 月 5 日。

［9］Standards Development Organization Advancement Act of 2003：hearing before the Task Force on Antitrust of the Committee on the Judiciary，House of Representatives，One Hundred Eighth Congress，first session，on H.R. 1086. ，U.S. Government Printing Of-fice，2003.

# 附录一

# 知识产权与标准的交织①■

**摘要**：知识产权与标准全方位交织，即标准本体与著作权的交织、标准内容与专利权的交织、标准执行与商标权的交织。知识产权竞争策略的需要、标准对先进性与技术性的追求、标准本体需要受知识产权的保护以及标准执行需要监督的要求产生了知识产权与标准交织。知识产权与标准的交织引发了两者间的紧张关系，标准与著作权的交织产生了纳入法律的标准著作权与可获得性的紧张关系，标准与专利权的交织导致了标准必要专利权人滥用专利权的问题，标准与商标权的交织暴露了我国认证认可制度的法律供应不足的问题。

**关键词**：技术标准化；标准；标准著作权；标准必要专利；证明商标

标准，或可称为技术标准，是指"为了在一定范围内获得最佳秩序经协商一致制定并由公认机构批准，共同使用和重复使用的一种规范性文件"。② 由于标准具有规范性，能够调整一定的社会关系，因此，标准为规范性文件。标准规范的对象是具有极强的客观性与科学性的科学技术领域，例如，环境水质标准是水保部门以及环境部门经过科学测定后制定的。因此，标准与科学、技术直接关联。③ 技术标准本质上不是法律，④无法律约束力，⑤它的规范性源于某一科

---

① 该文发表于《电子知识产权》2020年第1期。

② 此即我国国家标准《标准化工作指南》关于标准的定义。

③ 柳经纬、许林波：《法律中的标准——以法律文本为分析对象》，载《比较法研究》2018年第2期。

④ Wolf，Neuner. Allgemeiner Teil des bürgerlichen Rechts 10 Auflage. Verlag C. H. Beck（München），2012，S.25. Peter Marburger，Die Regeln der Technik im Recht，Carl Heymanns Verlag KG，1979，S.283.

⑤ Eike Albrecht，VSS and Legal Standards：Competition or an Added Value? in：Carsten Schmitz-Hoffmann，Michael Schmidt，Berthold Hansmann，Dmitry Palekhov（Eds.），*Voluntary Standards Systems*，Springer（Heidelberg），2014，p. 68.

学技术领域所公认的、协商一致所得出的一种最佳秩序以及专业性。

标准与法律的关系体现在两个层面。第一层面是规范层面,称为标准与法律的融合,即标准作为规范工具的角色出现在法律体系中,①标准进入法治体系。标准作为治理工具参与社会治理是基于规范性以实现标准的某种技术要求。标准与法律融合恰是标准参与社会治理的方式之一,法律的强制效力能够支撑标准得到更好的贯彻与执行。②"合标"行为得到积极的法律效果,"违标"行为得到消极的法律效果。标准的科学技术品格延伸了法律的调整范围,尤其在网络安全等科学技术性较强的新兴领域,③法律借助标准的科学技术规范作用,深入调整新领域的社会关系。第二个层面是非规范性层面,即标准本体受到法律的规范,具体来说,标准是法律关系的客体,在法律体系中可寻找到标准的法律属性坐标,标准可以成为法律规制的对象,标准成为成立某种法律的要件等。当前仅有个别学者涉足第一层面的研究;第二层面的研究属于标准与知识产权交织的法律效果问题,现有文献较多集中讨论了标准必要专利问题,但对该问题的体系视角不足,仅将其作为标准与知识产权耦合问题中的一个"点"研究,常出现似是而非的结论。标准与知识产权交织问题的研究应回归其一般原理,本文以"面"代"点",为标准与知识产权交织的研究提供一般原理以及体系支撑。

## 一、知识产权与标准交织的一般原理

传统理论认为,知识产权体系是由著作权、专利和商标组成。标准与知识产权交织的发生领域贯穿整个知识产权体系。由于知识产权具有科学技术性、可重复实施性、专属性等特点,标准在知识产权领域的交织方式受知识产权法规范,然而标准与法律在规范性上的交织体现为规范其他社会关系,例如标准在食品安全法、环境保护法中的规范性作用。

### (一)知识产权与标准交织的现状

在国家立法阙如的情形下,为应对标准与知识产权交织中的法律问题,许

---

① 关于标准与法律融合的一般原理,参见柳经纬:《标准与法律的融合》,载《政法论坛》2016 年第 6 期。

② Stephen Breyer, Regulation and Its Reform, Harvard University Press, 1982, pp. 112～114.

③ 常健、叶丹枫:《论网络空间安全保障的战略导向与制度完善》,载《科技与法律》2016 年第 3 期。

多标准组织(SDO)均出台知识产权政策(Intellectual Property Right Policy)。

欧洲标准化组织(CEN/CENELEC)制定了较为详尽的、成体系性的知识产权政策。欧洲标准化组织 2010 年发布的《欧洲标准化组织指南 8》(2019 年修订版)(CEN/CENELEC Guide 8)旨在规范欧洲标准化组织制定、执行标准中知识产权问题的基本知识产权政策,涉及专利以及其他法定的与发明有关的知识产权,具体来说涉及标准必要专利的披露以及必要专利纳入标准程序等问题。欧洲标准化组织 2015 年发布的《欧洲标准化组织指南 10》(2017 年修订版)(CEN/CENELEC GUIDE 10)旨在规范欧洲标准组织出版物的传播、销售与著作权问题,主要在于保护欧洲标准组织出版物的著作权。欧洲标准化组织 2013 年发布的《欧洲标准化组织指南 24》(2014 年修订版)(CEN/CENELEC GUIDE 24)旨在规范欧洲标准化组织商标权的使用与保护问题,重点规范了欧洲标准化组织商标的内部管理、外部授权以及侵权追责问题。

美国标准化协会(ANSI)同样制定了较为详尽的、成体系的知识产权政策。其中包括了规范 ANSI 标准涉及专利权处置问题的《ANSI 专利政策实施导则》(Guidelines for Implementation of the ANSI Patent Policy)、规范 ANSI 商标权使用的《ANSI 关于嵌入式商标的导则》(ANSI Guidelines on Embedded Trademark)。ANSI 标准的著作权问题较为复杂,是当前美国国内立法、判例、标准制定者与标准实施者都关注的热点问题。美国联邦政府、ANSI 都发布了许多政策性文件规范标准著作权使用以及标准著作权保护问题。此外,国际标准化组织(ISO)2017 年修订了《ISO 出版物发行、销售、复制及 ISO 版权保护政策》①(POCOSA),POCOSA 是一份十分详尽的标准著作权使用、保护政策。

从比较法上看,世界各主要标准组织近年都制定了较为详尽、成体系的知识产权政策,可见标准与知识产权关系因交织而产生质变。技术标准在过去被认为是公共治理的工具,属于"公知"领域,不包含有企业、个人的知识产权。目前,随着市场竞争的升级,知识产权作为企业核心竞争战略常常出现在标准中,越来越多私有组织制定的非政府标准涌入市场以及法规引用标准的现象产生,标准著作权问题也日益受到关注。

反观我国,国家标准化管理委员会与国家知识产权局 2014 年颁布了《国家标准涉及专利的管理规定(暂行)》以及国家质量监督检验检疫总局 2004 年颁布了《认证证书和认证标志管理办法》(2015 年修订)。虽然我国在近年也有一些规范标准与知识产权的规范性文件出台,但仍存在法律规范不足、基础研究

---

① 参见 ISO:《ISO POCPSA 2017——ISO 出版物发行、销售、复制及 ISO 版权保护政策》,国家标准版权保护工作组办公室译,中国标准出版社 2018 年版,第 1~38 页。

薄弱等问题。一方面,当前我国标准与知识产权制度设计较为松散,规范供给不足,尚未形成体系性的规范群,例如,标准著作权暂无法律法规予以保护,认可认证制度也存在立法不足的问题。另一方面,标准与知识产权关系的理论研究不足,目前我国学界对该议题的研究重点集中在标准必要专利领域,少有研究跳脱标准必要专利的研究范畴,转而关注标准与知识产权的一般原理。这造成了在规则制定中理论供给不足的问题,体系对立法的支撑不足。因此,标准与知识产权关系的研究是当前知识产权学界与标准化学界应当共同关注的新兴问题。

## (二)知识产权与标准交织的方式

知识产权的制度目的是区分产品、服务以及生产、销售和提供服务的企业,而标准是提供一种统一性的技术方案,追求领域内产品、服务的统一。两种目标不同的制度何以实现交织?

知识产权与标准交织带来了两者之间的紧张关系。[1] 但紧张并非常在,不外乎是标准既受知识产权法规制,又受到知识产权的保护。所谓知识产权与标准交织的方式指两者交织的具体表现形式以及通过何种路径实现交织的。标准与知识产权的交织贯穿于标准本体、标准内容、标准执行等标准化全过程。

标准本体与知识产权的交织是作为创作作品的标准本身受到著作权法的保护。标准著作权人通常情况下是标准制定者,标准制定者在标准制定过程中花费了较大的成本,同时也进行了标准的创作。因此,标准本体应受著作权法的保护,这也是国际上的通行做法。

标准内容与知识产权在两个层面交织。其一,标准内容以尚未专利化的技术方案为呈现形式,该技术方案仅受著作权的保护。[2] 其二,标准内容是专利化的技术方案,即标准与专利权相互交织,并产生相应的法律效果,尤其是标准必要专利之情形,例如,标准涉及专利的披露、专利权人的 FRAND 承诺等。此外,外观设计专利也能成为标准的内容。一般认为,外观设计不考虑实用目的,它所解决的不是技术问题,而是美学上的问题。[3] 标准分类中,有些标准对产品、服务有技术要求,有些标准对产品的外观有所要求,仅考虑产品外观包装的

---

[1]　Nuno Pires de Carvalho, Technical Standards, Intellectual Property, and Competition-A Holistic View, 47 *Wash. U. J. L. & Pol'y* 61(2015), p. 61.

[2]　一般认为,专利权对技术方案的保护并非是法律对技术方案保护的唯一形式,现有法律制度还有很多法律可以保护技术方案,例如,合同法、商业秘密保护法。参见吴汉东:《知识产权法》,法律出版社 2014 年第 5 版,第 137 页。

[3]　刘春田:《知识产权法》,高等教育出版社 2015 年第 5 版,第 167 页。

美学问题,但不涉及产品实质性的质量、品质问题。外观包装标准通常为了产品的装载、运输的方便,但也有部分产品的外观包装受专利保护,例如利乐包装(Tetra Pak)。

标准执行与知识产权的交织点为证明商标。证明商标指从事商品、服务品质监督检查者用以保证其监督检查的商品或者服务品质的商标。① 标准是监督检查者对产品、服务检查的依据,标准组织或第三方机构提供认证是监督标准执行的通行做法,最有效率、最经济的认证表达方式是授权符合标准的产品使用标准组织或认证机构的证明商标。最广泛被用以证明商品或服务符合标准的认证商标是我国的"绿色食品"、"3C"(中国强制性产品认证)以及国际上采用的 UL(Underwriter Laboratories Inc.)、ISO 9000。

## (三)知识产权与标准交织的原因

### 1. 产业竞争策略

产业竞争策略是知识产权与标准交织的重要原因,知识产权通过标准的表达能够更好地实现市场竞争策略,获取最大的市场利益。标准是具有技术品格的规范性文件,能对标准实施者产生约束力。标准的约束力虽然不如法律那般具有强制性,但是违标产品可能会受到"无形之手"的阻挡,排除于市场认可之外,直至被市场淘汰。

标准是高层次的知识产权战略,知识产权拥有者通过标准把各种知识产权打包,再以标准许可的方式获利,而其他厂商却在标准的束缚中无力反抗。② 知识产权人借着标准推广的东风,并且拥有比通常情况下更具优势的许可条件谈判的地位,从更多的标准实施者处获得更多的许可费,这突破了传统的知识产权人的获利模式,对知识产权人是不小的诱惑。由于知识产权有极强的专属性,能排除他人非经权利人许可而为的侵害知识产权行为,因此标准与知识产权交织后,借着知识产权专属性的优势地位巩固与提升标准制定者或知识产权人的市场竞争地位,标准制定者能够借着优势地位来限制竞争、排除竞争以获得更大的市场利益。

知识产权与标准的竞争策略是相辅相成、相互促进的,标准为知识产权人获得了更多利益的同时,知识产权制度也能为标准提供充分的保护。比如,标准组织制定标准时投入了相当大的人力与物力成本,标准组织通过出版、售卖

---

① 李杨:《商标法基本原理》,法律出版社 2018 年版,第 5 页。
② 丁道勤、杨晓娇:《标准化中的专利挟持问题研究》,载《法律科学(西北政法大学学报)》2011 年第 4 期。

标准能够获得可观的收益回报。① 同时,著作权可为标准提供较为全面的保护,保护作为著作权人的标准组织的著作人身权以及著作财产权,规范标准实施者对标准的合理使用,打击侵害标准著作权的行为。

### 2. 标准先进性、科学性的需要

制定和贯彻标准必须依据科学、技术和实践经验的综合成果。制定者不能随心所欲地制定标准,而应受某一时期、某一领域的科学技术发展水平高低的限制。② 随着技术经济的发展,新技术、新发明能给所有者带来较大的经济利益,许多先进技术的拥有者寻求以知识产权保护自己的新技术,新技术、新发明往往是该领域最先进技术的代表,具有较高的科学技术创新性。科学技术的先进性是制定标准的基本原则,基于先进性原则的要求,标准制定者就不得不纳入代表先进技术的知识产权以保证其先进性。

市场推广实施包含知识产权品格的标准后,一方面,统一了产品或服务的品质与技术要求,升级产品或服务的品质,执行最新标准的技术要求,促进行业往先进性的方向发展。另一方面,标准是实现技术要求的一整套完整、详尽的技术方案,而专利技术仅是关于解决单一问题的技术方案。标准制定的过程是对多项专利技术的整合,标准纳入多项专利是实现标准整体的作用大于多个单一专利简单相加的作用,以该过程二次实现技术的先进性,巩固科学技术创新的成果。可见,制定标准是对现有技术方案的重新创作或整合以达成技术共识的过程。

## 二、著作权制度与标准的交织

著作权与标准的交织指标准的本体为著作权的保护对象,由此产生法律效果。

### (一)标准应受著作权保护

#### 1. 标准是《著作权法》第三条所称的作品

著作权法所称的创作指直接产生文学、艺术和科学作品的智力活动。通说认为,作品是思想、情感的表达,作品应具有独创性,该表达属于文学、艺术和科

---

① Emily S. Bremer, On the Cost of Private Standards in Public Law, 63 *U. Kan. L. Rev.* 279 (2015), p. 279.

② 李春田:《标准化概论》,中国人民大学出版社 2014 年第 6 版,第 279 页。

学范畴。① 标准是思想的表达,技术要求、技术秩序、技术进步、实施标准的经济合理性等通过标准文本表达,即标准本文是标准制定者思想表达的载体。标准是智力劳动的成果,标准制定者将技术要求、技术秩序等内容通过一定的逻辑关系、表现形式予以呈现。标准是标准制定者通过标准的立项、起草、讨论形成共识、修订、公布等庞杂制定程序独自创作的、具有独创性的作品。标准通常所表达的内容可能属于科学范畴,例如食品安全标准,也可能属于文学领域,例如标点符号使用的相关标准。从形式上看,标准的表现形式十分丰富,既有文字作品形式(《著作权法》第三条第一项),也有工程设计图、产品设计图、示意图等图形作品或模型作品(《著作权法》第三条第七项)。从内容上看,标准并非唯一表达,同一领域普遍存在多种不同技术要求的标准的情况,不同的标准制定者可对同一事项设置不同的技术要求,可以是高技术要求、也可以是低技术要求,可用 A 种方案实现技术秩序,也可用 B 种方案实现技术秩序。因此,标准应是《著作权法》第三条所称的作品,受著作权保护。

**2. 标准不是《著作权法》第五条所排除的著作权保护对象**

作为科学技术领域的规范性文件,标准因其规范性而经常被误解是法律,以至于被部分学者否认它可以成为著作权的客体。"标准就是法律"的刻板印象来自于 1979 年颁布的《中华人民共和国标准化管理条例》中明确规定:"标准一经批准发布,就是技术法规",正因此,长期以来标准著作权保护的实际情况很不理想。虽然标准与法律都具有规范属性,但两者规范属性有本质差别,标准的规范性仅及于技术规范性,而法律的规范性是国家强制力所保障实施的强制效力,即便标准通过法律获得了法律规范性,仍无法改变标准技术规范的本质。② 当前我国实施国家标准全文公开制度,这并不意味着标准不具有著作权,而是作为著作权人的国家主动行使著作权。③ 可见,是否具有规范性并非判断法律与非法律的科学依据,标准不属于法律规范的范畴,也就不是被《著作权法》第五条所排除保护之内容。

## (二)著作权与标准交织的原因

著作权与标准交织的根本原因是由于标准本体作为作品受著作权保护的,著作权制度全面保护标准本体。这包括了著作人身权与著作财产权,旨在保护

---

① 刘春田:《知识产权法》,高等教育出版社 2015 年第 5 版,第 55~58 页。

② 参见柳经纬:《标准的规范性与规范效力——基于标准著作权保护问题的视角》,载《法学》2014 年第 8 期。

③ 参见刘云、郭济环:《国家标准全文公开背景下的版权保护问题研究》,载《中国标准化》2017 年第 19 期。

标准著作权人的标准署名权、标准不受删改、标准不受歪曲、标准的完整性、标准翻译权、标准复制权、标准出版权、标准销售权等著作权能。当前我国著作权法足以为标准著作权人提供较为全面的著作人身权与著作财产权保护，只需贯彻即可。

标准著作权人的现实需求。激励功能是著作权制度功能的一种，保障著作权人的合法著作权有经济收入作为创作的回报，以激励著作权人不断地创作新作品。在标准著作权领域，同样也存在经济上的激励原因。通常标准组织（标准制定者）是标准的著作权人，国际上的标准组织大部分是民间非营利性的专业技术组织，营运资金既不来自于政府财政拨款，也不来自于经营营利活动，而是来自于会员费与出版物的销售费（包括但不限于标准、指南、导则等），例如美国材料与实验协会（ASTM）、美国消防协会（NFPA）等知名标准组织。标准组织营运成本主要是制定标准的费用，包括了办公费、专家费用、试验费、会议费等支出，但标准组织的会员费难以维系制定标准的运营开销，因此销售出版物成为了标准组织获取资金的重要途径。公平有序的著作权市场保护制度对标准组织可持续发展有重要意义，可以保障标准组织的经济利益。销售出版物不仅能为标准组织获得运营资金，以投入更优标准研制，还能为标准实施者带来更高效的产品生产效率以及不断增长的销量以获得更多的盈利[1]，呈现多元共赢、有序的标准市场格局。

## （三）标准著作权保护与法律可获得性的紧张关系

标准通过参引合并（Incorporation by Reference）的立法技术被纳入法律，从而获得了强制约束力和普遍适用效力。但标准应如同法律一样，具有普遍可获得性。可获得性与标准的著作权发生冲突，意味着利益相关人可以像复制、翻译法律文本那样复制、翻译标准。所谓参引合并，指制定法律时用参引的方式而并非以明示包含或重复的方式将原法律中的章节或更大部分并入后来的法律。[2] 美国《联邦法规汇编》（CFR，Code of Federal Regulation）第 51 条第 7 款规定了参引合并适格材料的类型，即已经公开发表的数据、标准、准则、规范、

---

①　Roger Henning，Selling Standards，in：Nils Brunsson，Bengt Jacobsson（Eds.），*A World of Standards*，Oxford University Press，2000，p. 122.

②　Edited by Bryan A. Garner，Black's Law Dictionary，Ninth Edition，WEST A Thomson Reuters Business，2009，834-835. 另见薛波主编，潘汉典总审定：元照英美法词典（缩印版），北京大学出版社 2013 年版，第 679 页。

技术方案、插图或者其他类似的材料，并且应对利益相关方具有合理的可获得性。[①] 政府机构欲将上述适格材料纳入法规应依据《联邦备案法案》(Federal Register Act)向美国联邦备案管理委员会(Administrative Committee of the Federal Register)提出备案申请，经审查最终决定是否允许纳入相关材料。政府机构应在待审查法案的序言部分向公众明示该法案引用了哪些材料，如何获得材料，应提交一份被引材料存档，最后在联邦备案公报上发布。虽然被引材料种类多，但政府机构纳入最频繁的是标准。据美国学者对法规引用标准数量的统计，截至 2012 年 1 月 6 日，国家标准技术研究院(NIST)基准数据库收录标准 9475 项。[②] 截至 2016 年 8 月 16 日，共有 23624 项法规纳入标准的记录[③]，仅用了 4 年时间就翻倍于先前统计数据，可见美国政府机构对标准的依赖。纳入标准的法规领域横跨了会计、消费品安全、能源、政府合同、保险、卫生医药、技术通信、建筑、政府采购等行业。

标准的推广性与标准著作权保护之间势必产生冲突，若被纳入法律的标准为私人标准，这种冲突关系更加明显，即知识产权保护与公共对标准需求、法律可获得性之间的矛盾关系。

**1. 法律纳入私人标准的原因**

美国标准体系是一个庞大的、以私营为主的独立治理的开放性体系，长久以来在公共目标方面发挥着重要作用。[④] 1996 年施行的《国家技术转让与推动法案》(NTTAA)首次要求任何美国政府机构必须优先使用私人标准以取代政府标准。

(1)私人标准的高度专业性与私人治理的兴起

标准组织较强的标准制定能力基于专业性，专业且高质量的私人标准满足政府维护公共利益的需求以及政府对相关行业监管的需求。私主体制定的标

---

① CFR (Code of Federal Regulation)：Sec. 51-Incorporation by Reference，https://www.govinfo.gov/content/pkg/CFR-2018-title1-vol1/pdf/CFR-2018-title1-vol1-part51.pdf，最后访问日期：2019 年 10 月 19 日。

② Emily S. Bremer, Incorporation by Reference in an Open-Government Age, 36 Harv. J. L. & Pub. Pol'y 131(2013)，p. 150.

③ NIST：Regulatory SIBR (P-SIBR) Statistics, Standards Incorporated by Reference (SIBR) Database, https://www.nist.gov/standardsgov/what-we-do/federal-policy-standards/sibr，最后访问日期：2019 年 10 月 19 日。该数据库自 2016 年 8 月 16 日起未更新，目前仅提供此前的历史数据，以供参考。

④ Emily S. Bremer, Private Complements to Public Governance, 81 Mo. L. Rev. 1115 (2016)，p. 1120.

准满足了政府需求,因此,美国政府机构原则上不再使用政府标准。①

法律纳入私人标准是公私合作治理到私人治理发展的需要。从公共治理到私人治理转变的过程中,私人标准起到了关键作用。私人治理随着高质量私人标准的兴起而兴起,政府缺乏某些必要的技术专长、金融资源或灵活迅速地应变更加复杂与紧迫的立法任务,②就需要以私人标准为手段助力私人治理。③私人治理是市场主体的自我监管、自我治理的必要路径。

(2)节约政府制定标准的成本

美国标准化体系中,独立制定标准是制定高质量标准的基本保障。标准组织在隶属关系、资金赞助方面是独立的,标准组织独立制定标准不受任何组织外利益集团影响。政府像普通消费者一样,在浩如烟海的标准市场中采购符合其需求的标准,政府购买一个私有标准所花费的必要时间、金钱和劳动力,往往比开发相应的政府标准更节约。④ 与 NTTAA 同时发布的众议院报告显示,众议院科学委员会的目标是"通过有效地将联邦政府和私营部门的资源纳入私人标准体系,同时保护其工业和公共利益,减少重复和浪费"。1995 年 6 月 25 日,Hufbauer 在美国众议院的 NTTAA 的立法听证会上指出:采用私人标准能够降低纳税人的成本,节省标准冲突与繁复的成本。⑤ 同时委员会希望 NTTAA 支持政府实现这一目标:"逐步停止使用联邦开发的标准,转而使用私营标准组织制定的协商一致标准。"

(3)采用私人标准已经形成市场惯例

私人标准对市场有较高的敏感性,能及时感知市场需求。美国政府采用私人标准并非一蹴而就。美国政府机构早于 NTTAA 颁行前就采用私人标准。

---

① 参见刘春青、范雪梅:《论 NTTAA 对美国标准化发展的推动作用》,载《标准科学》2010 年第 7 期。

② Tim Büthe, Walter Mattli, *The New Global Rulers*: *The Privatization of Regulation in the World Economy*, Princeton Press, 2013, p. 5.

③ Stefano Ponte, Peter Gibbon, Jokob Vestergaard, Governing through Standards: An Introduction, in: Stefano Ponte, Peter Gibbon, Jokob Vestergaard(Eds.), *Governing through Standards*: *Origins*, *Drivers and Limitations*, Palgrave Macmillan(London), 2011, p. 3.

④ Tyler R. T. Wolf, Existing in a Legal Limbo: The Precarious Legal Position of Standards-Development Organizations, 65 *Wash*. & *Lee L. Rev*. 807(2008), p. 817.

⑤ Maintaining Our International Competitiveness: The Importance of Standards and Conformity Assessment on Industry, Vol. 12: Hearing Before the Subcommittee on Technology of the Committee on Science, U. S. House of Representatives, One Hundred Fourth Congress, First Session, June 29, 1995, U.S. Government Printing Office, 1995, p. 5.

以放松政府管制而闻名的里根政府时期(1981—1989)强烈鼓励政府部门优先采用私人制定的标准以替代政府标准。① NTTAA 只不过是确认民间已经广泛采用较高质量的私人标准,将其制度化、常态化,促进国家整体产品、服务的质量提升。②

### 2. 两种关于"标准纳入法律中的著作权保护与可获得性"的学说

(1)泛著作权保护主义

私人标准纳入法律前就取得著作权,纳入行为并不当然涤除标准著作权(著作权人事先声明除外),③因此,即便私人标准纳入法律,仍受著作权保护。政府机构向位于华盛顿的联邦备案办公室阅览室提交完整的被纳入材料以供公众阅览,但不提供任何复印或扫描,该阅览室对远途的公众遥不可及。

标准纳入法律以节约政府经费是通过转嫁政府成本于公众的方式来实现。④ 购买昂贵的标准对小企业主、公众造成较重的财务负担,甚至个别标准组织利用法律赋予其标准独一无二的强制效力,形成著作权垄断严重侵害公众的权益⑤。草药产品标准是由美国草药协会(AHPA)出版的《草药商业》。在1992 年 AHPA 出版第一版后,该标准经美国食品和药物管理局(FDA)引用成为了膳食补充剂的法定命名法的组成部分。AHPA 以 250 美元的价格在其网站上附条件出售该版本,条件是"只有 PDF 格式……不得印刷、转让、销售。"2000 年第二版出版,该标准更新了 2048 个不同的条目。虽然新版本在先进性以及实效性方面更有价值,但由于没被 FDA 纳入法律而不具有约束力,AHPA 在同一网页上以 99.99 美元(无附加限制条件)出售该版本。被纳入法律的标准是以垄断地位为定价依据,而不是以标准的市场价值为依据。⑥ 高昂的标准价格阻碍公众对法律的可获取性,进而影响法律的执行、贯彻。

泛著作权保护主义由当前美国制定法与判例法所背书,旨在实现著作权法

---

① Peter L. Strauss, Private Standards Organizations and Public Law, 22 *Wm. & Mary Bill Rts. J*. 497(2013), pp. 503～504.

② Jane K. Winn, Globalization and Standards: the Logic of Two-Level Games, 5 ISJLP 185(2009), p. 185.

③ James M. Sweeney, Copyrighted Laws: Enabling and Preserving Access to Incorporated Private Standards, 101 *Minn. L. Rev*. 1331(2017), p. 1350.

④ Nina A. Mendelson, Private Control over Access to the Law: The Perplexing Federal Regulatory Use of Private Standards, 112 *Mich. L. Rev*. 737(2014), p. 746.

⑤ James M. Sweeney, Copyrighted Laws: Enabling and Preserving Access to Incorporated Private Standards, 101 *Minn. L. Rev*. 1331(2017), p. 1371.

⑥ Peter L. Strauss, Private Standards Organizations and Public Law, 22 *Wm. & Mary Bill Rts. J*. 497(2013), pp. 509～510.

对标准的全面保护。过度著作权保护主义侵害了公民对法律的可获得权利：首先，纳入法律的标准的定价过于恣意，在目前制度框架下，政府机构或利益相关人对标准定价无决定性影响，而标准组织对标准定价起决定性作用。其次，标准组织滥用定价权，哄抬标准售价。由于被纳入法律的标准具有不可替代性，利益相关人陷入无其他选项的无奈境地。再次，政府机构一味节省预算，且过度依赖私人标准，虽然能直接减少纳税人的成本，但是间接增加了社会成本。实施者不得不花费大成本购买标准使其产品符合法律之规定，因此产生的产品成本必然转嫁于消费者。所以，当前盛行的泛著作权保护主义应得到修正。

（2）泛法律普遍可获得性主义

泛法律普遍可获得主义是对泛著作权保护主义的修正，指任何受著作权保护的材料被纳入法律后都应向任何公众公开，公众可以很容易地获得它且知晓其内容。理论普遍支持技术标准应受美国《著作权法案》（Copyright Act of 1976）第 203 条的保护，但仍有美国学者认为，鉴于技术标准的公共属性，尤其是被纳入法律的技术标准的可获得性问题，第 203 条应排除之。[1] 从政策层面思考，标准不是美国《著作权法案》的保护对象。[2] 实际上泛法律普遍可获得学说不问被纳入法律的材料是否应受著作权保护或是否具有著作权，其关注被纳入法律的材料是否能够被公众获取，或者说仅要求著作权让渡部分著作权能使公众可获得之。

仅公布被纳入法律材料名称而不公布具体内容是参引合并的特点，这就必然引发著作权保护与公众对法律可获得性的冲突。由于这种"法律"是在私人（著作权人）控制下，并非真正的"秘密"，不仅昂贵且购买途径复杂。此对现代民主立法提出诘问，法律是否应当被公众容易地获得？[3]

为实现公众对法律普遍可获得权利以及遵从现代民主精神，美国学界解决该矛盾的方式有两种：

其一，标准被全文纳入法律。全文纳入可彻底地解决公众可获得性，但产生新的问题。第一，私人标准篇幅较大。大部分标准篇幅超过百页，IFRS（International Financial Reporting Standards）是被纳入法律、共计 2500 页的美国

---

[1]　Jorge L. Contreras, Andrew T. Hernacki, Copyright Termination and Technical Standards, 43 *U. Balt. L. Rev.* 221(2014), p. 221.

[2]　Pamela Sameulson, Questioning Copyrights in Standards, 48 *B.C. L. Rev.* 193 (2007), p. 193.

[3]　Nina A. Mendelson, Private Control over Access to the Law: The Perplexing Federal Regulatory Use of Private Standards, 112 *Mich. L. Rev.* 737(2014), p. 737.

会计标准。① 而且标准间存在相互引用，即某法案纳入 A 标准，同时 A 标准又引用 B 标准，B 标准是否也应被全文纳入法律。美国消费品安全法案引用了数十种标准，每种标准又引用其他标准。若纳入所有被引用标准，法规的篇幅难免过于庞大，违背缩减联邦法规篇幅的立法目标，对法规的可读性产生消极影响，阻碍不具备法律专业知识的公众查法，间接地侵害公众对法律的可获得性。第二，全文纳入侵害标准著作权。CFR 全文纳入受著作权保护的外来作品的做法不合理。② 全文纳入标准是对私人标准的复制与传播，公众可免费复制获得私人标准全文，无疑严重侵害著作权，从而影响标准的销售。虽然政府机构在理论上存在对私人标准著作权一次性买断或征收的选择，但著作权谈判很容易陷入僵局，若征收补偿费太高，政府机构可能亲自制定政府标准，直接增加全体纳税人负担；若征收补偿费太低，有标准组织拒绝政府机构全文纳入标准之虞。

其二，涤除标准著作权。由于标准纳入法律就具有国家立法的品格，因此，纳入法律的标准如同法律一样不受著作权保护。这种方法虽然能继续维持 CFR 的短篇幅，也能避免政府机构与标准组织旷日持久的著作权谈判。但涤除标准著作权解决公众可获得性是个不可行的方案。付费获得"法律"与著作权保护之争总是给人一种著作权等于付费的刻板印象，主张涤除著作权而获得公众对法律可获得的观点忽视著作权本身蕴含的公共利益。③ 经济利益激励著作权人不断地创作取得更多高质量的成果造福于社会，若毫无经济激励就没人愿意去创造，社会创作将停滞不前，损害公共利益。著作权激励机制不是一个鼓励自私的制度，与其说激励机制是著作权产业投资者发扬的结果，不如说是促进信息生产与传播并保证著作权制度及时适应未来的基本要件。④ 著作权法在提供激励与传播思想这一更重要的目标之间取得平衡。因此，著作权保护的目标是实现公共利益，而不是私人利益。⑤ 鉴于此种公共利益之因素，著作权法就允许著作权人出售其作品以换取经济利益。涤除私人标准的著作权将从根本上剥夺标准制定者获取任何经济利益的可能性，将挫败标准制定者不断制定高

---

① Tim Büthe & Walter Mattli, *The New Global Rulers：The Privatization of Regulation in the World Economy*, Princeton University Press, 2011, pp. 1～2.

② Emily S. Bremer, Incorporation by Reference in an Open-Government Age, 36 *Harv. J. L. & Pub. Pol'y* 131(2013), pp. 153～154.

③ Emily S. Bremer, On the Cost of Private Standards in Public Law, 63 *U. Kan. L. Rev.* 279 (2015), p. 294.

④ 熊琦：《著作权激励机制的法律构造》，中国人民大学出版社 2011 年版，第 238 页。

⑤ Lawrence A. Cunningham, Private Standards in Public Law：Copyright, Lawmaking and the Case of Accounting, 104 *Mich. L. Rev.* 291(2005), pp. 309～310.

质量标准的热情。如果标准组织不再制定高质量的标准,政府就不得不花费巨大人力、经济成本亲自制定标准,最终成本以税收或其他方式由公众承担,并且标准质量无法得到保证,从而侵害公众利益。许多标准组织都是非营利性组织,运营费、专家费来自售卖标准而获取的经费,以便从资金上保证标准组织的独立性,不受利益相关资助主体的干扰。可见,通过售卖标准获得经费是保证标准质量、维持标准组织运营的重要手段。涤除标准著作权的修正路线是一种"因噎废食"的立法思路,不利于标准化事业的发展。

上述两学说不仅不能缓和两者之间的紧张关系,甚至还对他方造成更大的伤害。因此,有必要考虑新思路。

### 3. 两者紧张关系的缓和之道:FRAND 承诺在著作权领域的扩张

为防止标准必要专利集中扰乱市场秩序,许多标准组织颁布专利政策,广泛应用的 FRAND 正是其中之一。① FRAND 承诺扩张至著作权领域的基本面是标准的著作权保护与公众对法律获得的矛盾,相较于专利被纳入标准中所引发的专利权问题有相似之处,可资借鉴:其一,两者都是技术标准与知识产权交织现象对公共利益产生影响的问题。其二,知识产权人在上述两种情况中均处于优势地位,能形成垄断地位排除和限制竞争。其三,矛盾焦点都在于如何实现与标准交织的知识产权的内容能够被公众更容易、更便捷地获得。其四,产生问题的根源均源自于知识产权的许可费,知识产权人与相对人关于许可费的高低、附加条件等引发的争议。

标准被纳入法律后对公众产生了强制约束效力,因此,私人标准具有不可替代性,即著作权人几乎是独占市场份额。若著作权人利用不可替代的地位侵害市场利益,本质上属于垄断行为。著作权反垄断是缓和公众对法律的普遍可获得性与私人标准著作权保护之间矛盾的路径。

FRAND 承诺在著作权领域的新内涵:

第一,公平。在著作权领域中的公平含义指受著作权作品的售价不得因该作品被纳入法律后上涨,即私人标准被纳入法律后,前后售价应是公平的。

第二,合理。FRAND 承诺中合理有两个层面之含义。一方面,价格的合理,即标准文本的售价对于大多数利益受影响者来说是合理可接受的,既能保障公众对法律的可获得性,也能维持标准组织的日常运行,对标准组织也具有一定的经济激励作用。另一方面,附加使用限制的合理性。标准组织为保护著作权对售卖的标准附加一些使用限制对公众来说并不合理,甚至阻碍公众对法

---

① Jorge L. Contreras, Fixing Frand: A Pseudo-Pool Approach to Standards-Based Patent Licensing, 79 *Antitrust L.J.* 47(2013), p. 50.

律的可获得性。总的来说,不得附加较著作权法更严苛的使用限制条件是标准组织设置合理附加使用限制条件的基本含义。

第三,无歧视。在标准必要专利中 FRAND 承诺无歧视指标准必要专利的许可条件应对潜在的或现实的标准使用人是相同的,即无歧视。① 在著作权领域无歧视的含义应有所变化。一方面,受影响对象的无歧视。由于私人标准被纳入法律就获得法律的规范、强制效力。法律适用于任何人。因此,在著作权领域无歧视的对象应指对任何受法律影响的公民,无歧视范围远大于标准必要专利之情形。另一方面,公众对被纳入材料使用条件的无歧视。在同等条件下,著作权人不得因受影响主体之不同,而设置不同的使用条件或附加使用条件。

第四,被纳入的私人标准应具有持续的可获得性。标准组织应确保被纳入法律的标准的持续可获得性。例如,公众不会因标准文本的缺货(绝版、印数少等出版问题)而无法获得标准文本,以至于阻碍公众对法律的获得。

## 三、专利权制度与标准的交织

标准与专利权的交织,准确来说,应是标准与专利的融合。融合是一种更为紧密的交织。标准与专利的融合形式是专利直接成为标准的内容,形成一种"你中有我,我中有你"的状态。

专利与标准的融合是当前专利学界或标准化学界的研究热点,尤其是标准必要专利领域,专利权人、标准组织、标准实施者多方利益交织使该问题日趋国际化、复杂化、常态化。本文旨在厘清专利与标准融合的一般原理,研究两者融合的动因,为标准必要专利的相关研究提供一般理论,强化标准必要专利研究的体系性。

传统技术标准是属于公知领域的技术规范,不含有企业的知识产权。目前,越来越多地包含有企业专利的通信标准通过市场竞争成为行业的"事实标准",甚至政府与国际组织制定的行业标准中也包含有企业专利,将"私有权"打上了"公有权"的标签。这类包含有企业专利的标准,对行业和企业的技术创新和竞争力都具有重要影响,成为各方利益的焦点以及贸易的"语言"。② 标准与

---

① Robert D. Keeler, Why Can't We Be (F)rands: The Effect of Reasonable and Non-Discriminatory Commitments on Standard-Essential Patent Licensing, 32 *Cardozo Arts & Ent. L. J.* 317(2013), p. 326.

② 丁道勤、杨晓娇:《标准化中的专利挟持问题研究》,载《法律科学(西北政法大学学报)》2011 年第 4 期。

专利权有着截然不同的特性,标准旨在技术要求的推广与统一化,实现社会生产效率的最大化;而专利强调专属与排他性,与技术标准强调的大规模应用具有本质上的冲突,两者何以融合?

## (一)专利与标准的融合形式

依传统专利法理论以及我国《专利法》专利保护的对象分为两大类,第一类是作为技术方案的发明与实用新型,第二类是非为技术方案的外观设计专利。

### 1. 发明、实用新型与标准融合的形式——标准必要专利

发明指发明人利用自然规律为解决某一技术领域存在的问题而提出的具有创造性水平的技术方案。[①] 实用新型是指对产品的形状、构造或者其结合所提出的适于实用的新的技术方案。这个新的技术方案能够在工业上制造出具有实用价值或实际用途的产品。[②] 这一类专利技术直接利用在工业生产上,指导商品的大规模生产,同时解决相应的工业技术问题。由于技术性是标准的基本特性,发明、实用新型以技术标准的具体内容或技术方案出现在标准文本中,以提升技术标准的技术性,此时发明或实用新型就成为标准必要专利。标准必要专利是技术标准中必不可少、不可替代的专利,为实施某种技术标准或实现某种技术要求就不得不采用的专利。[③] 可见,专利发明、实用新型与标准融合的交点是标准必要专利。

### 2. 外观设计专利与标准融合的形式

外观设计是对产品的形状、图案或者其结合以及色彩与形状、图案的结合所作出的富有美感并适于工业应用的新设计。[④] 与技术性为核心的技术方案相比,外观设计兼具产品的功能性和设计的非功能性,与技术方案存在本质区别。[⑤] 因此,外观设计专利仅在于实现工业产品的外观方面发挥作用,实际上与产品的技术要求、技术功能并无直接关系。理论上,由于外观设计专利同样是一种可执行的设计方案,能够与标准进行融合,且外观设计专利同样是作为标准的具体内容与标准融合,两者融合的交点为:当标准援引外观设计专利规范某种商品外观时,外观设计专利就以此路径纳入标准。例如,某酒店协会制定的团体标准规定,在该协会成员所属酒店大堂入口处应摆放 A 样式伞架、B 样

---

① 　冯晓青、刘友华:《专利法》,法律出版社 2010 年版,第 54 页。

② 　冯晓青、刘友华:《专利法》,法律出版社 2010 年版,第 57 页。

③ 　参见王晓晔:《标准必要专利反垄断诉讼问题研究》,载《中国法学》2015 年第 6 期。

④ 　张爱国:《我国外观设计保护创造性要求之检讨与重设》,载《法商研究》2014 年第 3 期。

⑤ 　张鹏:《外观设计单独立法论》,载《知识产权》2018 年第 6 期。

式鞋架、C 样式花瓶(均为外观设计专利)以提升酒店的整体美感。

### 3. 技术方案与标准融合的形式

《专利指南》(2010)第一部分第二章 6.3 节给出了技术方案的定义:专利法第二条第三款所述的技术方案,是指对要解决的技术问题所采取的利用了自然规律的技术手段的集合。技术方案有三大面向:解决技术问题为目标、利用自然规律为手段、本质上是一种技术手段。《专利法》第二条第三款的规范内容是为我国专利的具体分类下定义,厘定技术方案的概念范围,并从法定层面确认发明与实用新型的本质属性均是技术方案。

技术方案与标准融合的形式是技术方案成为标准的内容得以实现。由于技术标准是科学技术领域的规范性文件,不仅能够规范解决某种技术问题,还能够对特定的产品或服务提出技术要求,这就对标准的技术性以及可施行性提出较高的要求,因此,技术标准文本的撰写形式应是技术方案。技术方案必须针对技术问题,利用技术手段,取得技术效果,技术方案必须具有被作为技术实施的可能性。① 实现技术方案需要标准的规范性支撑,技术方案能够实现技术标准对科学技术先进性的需求。同样,技术性是技术标准与技术方案两者融合的基础。

技术专利与标准融合的法律效果不同于技术方案与标准融合的法律效果,应区别对待。虽技术专利是技术方案,但技术方案不一定是技术专利。一项技术方案之所以称得上专利,因为它是一种新技术。② 技术专利是专利化的技术方案,具有排他性、地域性、期限性、新颖性、先进性等特征。当技术标准仅与尚未专利化的技术方案融合就不发生标准与专利融合的法律效果,即不存在标准必要专利权人与标准制定者、标准实施者之间的紧张关系。非专利的技术方案与标准融合仅发生著作权法律效果,仅受标准著作权的保护。

## (二)专利与标准的融合原因

标准纳入专利有两方面的需求:第一,标准对专利技术先进性的需求;第二,专利权人对专利被纳入标准而获广泛使用的专利许可费收入。③ 由于技术标准同技术进步的关系极其密切,对国家经济发展和企业的竞争力都有最直接的影响,④准确来说,专利与标准的融合的原因总结有二:标准的先进性要求与

---

① 王迁:《知识产权法教程》,中国人民大学出版社 2019 年第 6 版,第 267~268 页。

② 冯晓青、刘友华:《专利法》,法律出版社 2010 年版,第 100 页。

③ Mark R. Patterson, Inventions, Industry Standards, and Intellectual Property, 17 *Berkeley Tech. L.J.* 1043(2002), p. 1043.

④ 李春田:《标准化概论》,中国人民大学出版社 2014 年第 6 版,第 103 页。

标准的竞争策略使然。

### 1. 标准对先进性要求

专利与标准的融合原因之一是标准对先进性要求。

标准对先进性的需求。标准是科学技术领域的规范性文件,标准应真实反映当下的科学技术发展水平,才能实现标准的"善治",发挥标准的治理功能,引导受规范领域紧跟当前科学技术的发展,从而推动全领域的技术进步。若标准不能真实反映当下的科学技术发展水平,标准就会扰乱科学技术的发展秩序。制定技术标准应力求反映科学、技术和生产的先进成果,因为只有先进的技术标准才能促进生产、推动技术进步。① 从某种程度上说,先进的标准就是高质量标准,实施者实施先进的标准能提高产品或服务的质量、生产效率以及降低生产成本,且面临的产品或服务的技术风险也明显降低。

标准从专利技术中汲取先进性。新颖性是专利技术最显著的特点之一,指发明创造成果具有前所未有的技术特点。创造性是发明创造的本质特征,创造性指的是发明有突出的实质性特点和显著的进步,实用新型有实质性特点和进步。② 专利技术新颖性与创造性的特点都突出了先进性是专利技术与现有的技术方案的区别。专利法保护的"新的技术方案"提供了某一领域最新技术的信息,③代表着相关领域最先进的技术成就。高新技术的发明者和改进者都有非常强的专利保护意识,其技术成果几乎完全被专利覆盖,一项尖端技术往往包含多个技术方案并分别为不同的专利权人所掌握,标准制定组织在这个领域内别无选择地必须与拥有专利的知识产权人谈判,将专利耦合纳入标准当中。④如此,就形成了技术标准对专利的依赖,也就是标准与专利技术融合的重要原因。由于专利技术对标准的实施具有不可替代性,与标准融合的专利技术就成为了标准必要专利。标准必须要通过必要专利的先进性实现自身的先进性,标准必要专利的"必要性"可以说就是专利技术的先进性使然。标准与专利的融合能弥补彼此制度上的缺陷,标准作为生产实践经验的总结,其内容反映的是成熟的技术要求,其制定通常会滞后于技术发展。随着高科技的发展,技术更新周期越来越短,标准就不得不吸收专利突破原来的技术规范。

### 2. 标准与专利的竞争策略

专利与标准的融合原因之二是标准的竞争策略。

第一层面,从全行业的竞争策略来看,技术标准化可以提升全行业的整体

---

① 李春田:《标准化概论》,中国人民大学出版社 2014 年第 6 版,第 106 页。

② 冯晓青、刘友华:《专利法》,法律出版社 2010 年版,第 111 页。

③ 吴汉东:《知识产权法》,法律出版社 2014 年第 5 版,第 6 页。

④ 丁道勤:《专利标准化的法律规制研究》,中国法制出版社 2017 年版,第 59～60 页。

竞争力。在各国国家政策有意鼓励、支持和推动下,加快了标准与专利融合的步伐,并逐步演变为世界经济发展的一种新趋势,即"技术专利化、专利标准化、标准全球化"。先进的专利技术纳入标准有利于扩张专利技术的使用,客观上也扩大了专利技术的被许可人以及技术产品的终端用户数量,避免专利技术浪费。在行业内部,同类技术产品可以有众多不同的企业进行生产有助于推动企业之间的竞争和技术创新,[①]执行先进、高质量标准制造出来的产品质量普遍较高,因此,间接促进全行业产品质量的提升。产品通过大规模的标准化生产方式降低了边际成本,尤其是专利技术许可费的边际成本,在增加生产企业获得利润的同时也降低了标准化产品的市场售价。"高质优价"的标准化产品能够获得较高的市场竞争力与赢取消费者的青睐,实现多方共赢的市场格局。

第二层面,从专利权人角度来看,标准必要专利意味着专利权人获得了专利许可谈判中的优势地位,即通过专利劫持攫取更多专利许可费或设置苛刻的许可条件。专利技术纳入标准标志该专利技术与同类专利技术的竞争中取得了优势地位,在更大广度上扩展了专利技术的实施,避免了专利技术因长时间未获推广而被市场淘汰,也能获得更多市场反馈,使专利技术在标准化中不断地升级。

第三层面,从标准之间的竞争来看,专利技术纳入标准是由于标准市场存在竞争。专利技术代表先进性,高质量、高效率且符合市场趋势的标准在标准市场中存在竞争优势,能够吸引到更多的标准实施者,那些先进性程度较低的标准将很容易被市场淘汰。因此,即使纳入专利技术会带来标准实施上的一些阻碍,标准组织仍愿意采用技术专利以强化标准的先进性。

## (三)专利与标准融合的紧张关系

标准与专利结合是双刃剑,虽然推动了技术的发展与创新,但如果处理不当,会阻碍新技术的发展应用。当专利借标准行走,专利权对标准的威胁也就昭然若揭。[②] 专利与标准融合的紧张关系源于标准的推广性品格与专利专属性品格之间的矛盾。标准的推广性品格指实现产品或服务的一体化,降低生产的成本,提高生产效率,让更多潜在的标准使用者实施标准是标准化的基本目标之一。专利权专属性品格指专利的排他性、专有性、地域性,阻碍了专利技术的大规模推广,尤其专利被纳入标准时,专利权人在许可谈判中更具优势地位,标

---

[①]    王晓晔、丁亚琦:《标准必要专利卷入反垄断案件的原因》,载《法学杂志》2017 年第 6 期。

[②]    丁道勤、杨晓娇:《标准化中的专利挟持问题研究》,载《法律科学(西北政法大学学报)》2011 年第 4 期。

准推广就受阻于专利权人滥用专利权。为应对专利劫持的威胁,许多标准制定组织出台了专利政策,向专利权人施加一项或两项的义务,其一,披露对执行标准必要的专利义务,其二,以 FRAND 承诺的条件向标准实施者许可专利的义务。①

当前国内外涉及标准必要专利的研究集中于反垄断层面的法律规制,对该问题做了扎实的研究,也提出了许多具有理论与实践意义的见解。因此,本文不再赘述标准与专利权融合的紧张关系应对措施或制度建议,本文仅补充说明旧有研究遗漏的两个问题:

第一,违反 FRAND 承诺的法律效果本质上是一种民事责任,并不当然引发反垄断责任。FRAND 承诺的法律性质是:"首先是民事法律行为,其次,专利权人向不特定多数的潜在被许可人发出以'公平、合理、无歧视'条件与被许可人签订专利许可合同的预约合同的要约",②并且是一种要求标准必要专利权人事前做出的自我约束行为(Selbestverpflichtung)。③ 对标准制定组织来说,专利权人向标准制定组织作 FRAND 承诺可认为专利权人与标准制定组织之间形成一种类似利益第三人合同的无名合同关系,受益人为潜在被许可人。④ 若专利权人违反 FRAND 承诺,应依据合同法的相关规定以及合同的约定向标准制定组织或受益人承担相应的违约责任。但对潜在被许可人来说,FRAND 承诺是一种要约。在合同尚未缔结阶段,若缔约双方中的一方恶意磋商,构成另一方的损害,就构成缔约过失责任,因此,若专利权人恶意磋商致潜在被许可人损害,应承担缔约过失责任。专利权人违反 FRAND 承诺构成两个层面的民法上的法律效果,两种法律效果分别是标准制定组织或利益第三人合同受益人(潜在被许可人)违约责任请求权以及作为受要约人的潜在被许可人的缔约过失责任请求权,潜在被许可人的请求权发生竞合,择一主张即可。通常认为,合同违约责任赔偿范围是履行利益,缔约过失责任的赔偿范围是信赖利益,履行利益的赔偿范围比信赖利益大,潜在被许可人主张违约责任对其更有利。专利

① Jorge L. Contreras, A Brief History of FRAND: Analyzing Current Debates in Standard Setting and Antitrust Through A Historical Lens, 80 *Antitrust Law Journal No.* 1 (2015), p.42.

② 参见周宇:《标准必要专利中 FRAND 承诺的法律性质》,载《电子知识产权》2019 年第 6 期。

③ Fabio Babey, Salim Rizvi, Die Frand-Selbestpflichtung: Fair, Reasonable and Non-Discrimnatory term (FRAND) im Lichte des Kartellrechts, 9 Wirtschaft und Wettbewerb 808(2012), S.808.

④ J. Gregory Sidak, A FRAND Contract's Intended Third-Party Beneficiary, 1 *Criterion J. on Innovation* 1001(2016), pp.1001~1017.

权人违反 FRAND 承诺引起民事责任的同时,并不当然引起专利权人的反垄断法上之责任,尚需构成反垄断要件才能构成反垄断法上之责任,例如是否达到了市场支配地位。可见,违反 FRAND 承诺并不当然导致专利权人垄断法上之责任。

第二,违反 FRAND 承诺在标准化方面有不利益效果。学界关注到的仅是违反 FRAND 承诺后引发的法律效果,例如,违约责任或反垄断责任,标准化方面的不利益效果被学界所忽略。虽然标准为实现先进性而融合专利技术,但任何先进技术的采用和推广又都受经济条件的制约,充分考虑经济上的合理性。① 虽标准具有高质量性、高技术性、专业性、较高的制定水平,但推行该标准成本过大,实施该标准的条件过多,造成实际实施效果不佳、效率低下,而不具有经济上的合理性,这导致该种优质标准与低劣标准一样被市场淘汰。标准具有很浓厚的市场品格,即标准就如同普通商品一样,受到供需关系理论、市场竞争理论的控制。囿于标准必要专利许可合同缔约成本过大、许可费用畸高、使用条件过于严苛等标准实施实效问题,潜在标准实施者将越来越少直至此种标准被市场所淘汰。在西方自愿标准体系中,选择另一种合适的标准是对不合适标准不满的表达,② 无经济合理性的标准终将被市场所淘汰。标准的淘汰意味着标准制定者损失前期所投入的制定成本,也不再有标准实施者购买标准。严苛的专利使用条件以及高昂的许可费用与崇尚标准实施的自由化、竞争化、推广化的标准化市场矛盾,进而必将被市场所淘汰,对标准必要专利权人来说,淘汰意味着即便专利权被纳入标准,也不会有标准实施者支付专利许可费。

标准与专利的融合本是多方共赢的新思路,但由于标准必要专利权人滥用专利权的行为,导致标准与专利融合对当前标准化制度以及专利法制度产生了较大的冲突。因此,标准必要专利权人不应过度设置专利使用条件、勒索过高的许可费等阻碍标准推广的行为。标准必要专利权人在遵守 FRAND 承诺的同时,应考虑标准实施的社会效果,重推广轻专属。倘若标准制定者与专利权人对标准实施者的使用条件以及许可费问题谈判不尽顺利,标准制定者可以考虑放弃使用该专利,寻求使用条件、许可费更优惠的相似专利技术,旨在提升标准的可适用性。标准与专利的融合涉及标准必要专利权人、标准制定者、标准实施者的三方关系,三方应促进合作,共创多赢的标准与专利融合的新局面。

---

① 李春田:《标准化概论》,中国人民大学出版社 2014 年第 6 版,第 106 页。

② Bengt Jacobsson, Standardization and Expert Knowledge, in: Nils Brunsson, Bengt Jacobsson (Eds.), *A World of Standards*, Oxford University Press, 2000, p. 46.

## 四、商标权制度与标准的交织

商标权制度与标准交织点是证明商标,因此,本部分的讨论范围不涉及商标权制度的其他方面。

### (一)证明商标与标准交织的形式

产品或服务的质量标准是其内在技术规定,即通过书面的技术方案描述某种产品或服务应达到的技术要求,是否达到这种技术要求由有专业技术的机构认证认可并公之于众。实践中有包括质检部门定期在媒体上发布名录在内的多种方法让消费者知晓某种产品或服务达到技术要求,但最高效、最直接地表达某种产品或服务达到标准的技术要求与通过认证认可的方式是证明商标,例如"绿色食品"商标是由中国绿色食品发展中心授权于符合绿色食品相关技术标准要求的企业或食品使用的证明商标,星级饭店图形证明商标是由中国旅游饭店业协会授权于符合相应服务等级评定标准的酒店使用的证明商标。

证明商标指由对某种商品或服务具有监督能力的组织所控制,而由该组织以外的单位或者个人使用于其商品或服务,用以证明该商品或服务的原产地、原料、制造方法、质量或者其他特定品质的特征。这些标记不属于任何个人或企业专有,只要来源于某一地区或达到了相应的质量标准就都可以使用。[①] 证明商标分为两类,一类是原产地证明,另一类是品质证明商标,以证明商品或服务具有某种特定品质的标志。我国有规范性文件对证明商标予以规定,国家工商行政管理总局于 2003 年颁布实施的《集体商标、证明商标注册和管理办法》第十一条规定:"(二)该证明商标证明的商品的特定品质;(三)使用该证明商标的条件;"实际上,该两款所规定的这就是标准与证明商标的交织及其作用。

### (二)证明商标与标准交织的原因

为满足越来越多的普通消费者要求他们买到的产品或服务是安全、健康、可靠、环保或是可核实原产地的需求,企业正在努力宣传他们的产品或服务,并被"认证"满足这些特点。[②] 证明商标的本质特征和基本功能就是证明特定内在品质的商品,即安全和优质两大品质,这两大品质使其在市场效应和市场声誉

---

①　杜颖:《商标法》,北京大学出版社 2016 年第 3 版,第 69 页。

②　B. Brett Heavner, Michael R. Justus, Worldwide Certification-Mark Registration: A Certifiable Nightmare, 2 *Landslide* 21(2010), p. 21.

保护上更具有影响力。① 为保护证明商标的市场影响力与公信力,认证机构或标准制定组织作为证明商标的注册人应在证明商标管理与产品、服务质量上严格把关。

### 1. 弥合企业与消费者之间信息不对称

通常消费者获取商品或服务的内在信息是从商品或服务的提供商处获得,也可能从消费者的调查、市场经验、先前的购买者以及第三方机构获得。随着科技的发展,人类社会呈现高度分工协作体系,在复杂的体系中人们往往对其他领域的专业知识知之甚少,需要专业技术专家给予专业上的支持,消费者欲要获得真实可靠的商品或服务信息就存在一定的困难。现代科技条件下,商品的技术要求主要表达为质量标准。通过质量标准将商品内在技术信息传递给消费者成为缓解信息不对称的重要选择。② 在这种情况下,消费者只能通过某种商品是否符合某种标准的要求来判断商品的质量,但以技术标准形式呈现出的商品质量对普通人来说同样是复杂与抽象的,甚至是不可完成的,例如某一商品的质量标准中涉及许多只能由专业人员才能完成的化验参数等技术要求。虽然在实质上,以技术标准的形式表达商品信息是最详尽、最完整、最全面的,但在形式上,以技术标准表达商品信息不仅不符合日常交易习惯、也拖沓了交易效率。仅以技术标准弥合生产者与消费者之间的信息不对称尚不足以高效地传递质量标准中所承载诸多技术信息于消费者,因此,并非最好的方式。

证明商标可以承载某一商品或服务达到相应技术标准要求的表达,这来自于商标法传统理论上的识别功能。所谓商标识别功能是商标识别商品或者服务来源的作用,③ 通常证明商标将产品或服务区分为:符合标准或不符合标准以及符合高品质要求标准或低品质要求标准。可见,证明商标可以直接将质量标准内在信息传递给消费者④,由专业机构事前为消费者认证,即便消费者不具备专业的认证知识,也能通过证明商标购买到高品质产品。产品上带有认证标志就可以把准确可靠的质量信息传递给消费者,对企业而言,还起到质量信誉证的作用,表明认证标志产品的生产企业要接受认证机构的监督复查,确保出厂

---

① 刘斌斌、杜海洋、兰宝艳:《我国绿色食品证明商标许可的成效与作用》,载《中华商标》2017 年第 10 期。

② 于连超:《商标对质量标准的表达及其法律责任配置解析——关注食品安全私营标准》,载《河北法学》2015 年第 9 期。

③ 李杨:《商标法基本原理》,法律出版社 2018 年版,第 13 页。

④ 于连超:《商标对质量标准的表达及其法律责任配置解析——关注食品安全私营标准》,载《河北法学》2015 年第 9 期。

的认证产品持续稳定符合标准要求。① 产品或服务的标准化带来的直接结果就是统一化,无论是产品的参数、外观、性能等方方面面均符合标准所规定的技术要求。若产品或服务由认证商标证明符合某种技术标准的要求,此时,证明商标还能向消费者传递"附有该证明商标的每一件产品或服务都具有相同的品质"的信息,即便产品或服务是由不同地区的不同企业提供,只要附有证明商标,可认为这些商品均具有同一品质,此即来自于传统商标法中的商标具有质量保证功能。如此,由同一种证明商标认证的产品或服务就形成了一个品质联盟。

## 2. 作为非政府治理的认证认可制度延伸政府治理的作用

在标准化体系内,通过认证认可制度完成标准贯彻实施的评估。标准制定者具备相当的专业知识与技术对标准实施效果予以评价,因此,认证认可是由标准制定者负责。除了标准制定者认证以外,还可以由第三方机构负责。自1980 年代以后,许多国家标准机构、国际标准组织(ISO、ANSI、ASQ 等标准机构)以发展、为标准实施者提供认证认可业务的方式改变其对标准实施的监管方式。认证主体已发展出独立的第三方、且更加多样的标准认证组织,它们不再只是标准制定者或认证机构。② 认证机构不仅对产品安全,还对其他领域,如排放和检疫、功能安全以及是否符合其他国家的标准进行标识。③ 认证认可之所以能成为标准实施的保障,是因为认证认可制度在一定程度上满足了市场消费者对商品信息的需求。④ 在适用自愿性标准体系的国家,虽然标准本身无法律约束力,但是标准的法外"约束力"促进标准实施者合标行为,即市场因素促使标准的贯彻实施,通过产品或服务的认证认可制度检验标准实效。

第三方认证机构具备较高的专业技术知识(由行业专家组成)与中立性(既不是产品或服务提供者,也不是标准制定者),因此,在非政府标准体系完善的国家,第三方认证机构对产品或服务形成一种事实上的监管关系,承担了部分公权力对产品或服务质量监管的职能,因此,认证认可制度被称为"非政府的行政许可"。第三方机构比起政府认证具有更强专业性的专家团队、更加丰富的

---

① 李春田:《标准化概论》,中国人民大学出版社 2014 年第 6 版,第 162 页。

② JoAnne Yates,Craig N. Murphy,*Engineering Rules*:*Global Standard Setting since* 1880,John Hopkins University Press(Baltimore),2019,pp. 300~301.

③ Mark R. Barron,Creating Consumer Confidence or Confusion-The Role of Product Certification Marks in the Market Today,11 *Marq. Intell. Prop. L. Rev.* 413(2007),p. 418.

④ Michelle B. Smit,(Un)Common Law Protection of Certification Marks,93 *Notre Dame L. Rev.* 419(2017),pp. 435~436.

从业经验以及对不断变化市场情况及时反应的市场感知力。第三方认证机构通过构建完备的认证认可制度奠定其在相关领域的权威地位。①

### (三)我国立法对认证认可制度的回应

标准的实施与证明商标制度互为表里关系,构建完备的认证认可制度是规范认证商标使用的关键,也是标准贯彻实施的重要保障。

以我国"绿色食品"商标为例,我国自推出"绿色食品"认证制度后,截至2019年10月,全国绿色食品企业总数达到了15658家,获证产品总数达到了35816件,"绿色食品"认证的规模不断扩大。② "绿色食品"标识在消费者选择商品时具有较大的影响。③ 绿色食品证明商标明晰标准的价值取向,以及证明商标的自身价值,必然会促进农业产业化的发展,从而引领传统农业向品牌农业、生态农业、优质农业迈进,保护农业生产者的合法权益。绿色食品证明商标的作用在于:示范引领、品牌效应、优质优价、保障权益、保护环境。④ 我国"绿色食品"商标的成功裨益各方,虽然我国已经有强制认证与非强制认证制度,但遗憾的是,我国当前尚未构建一套制度化、常态化的标准认证体系,新《标准化法》尚存在对标准认证认可制度构建以及法理研究不足⑤,我国认证认可机构数量不足、认证认可领域较少、具备相应认证认可工作资质的从业人员教育不足等问题。

新《标准化法》应重视构建标准认证制度。2019年3月11日市场监管总局局长张茅于第十三届全国人民代表大会第二次会议新闻中心表示:"我们还在计量、检测、标准、认证认可等方面为企业提供更好的服务。"⑥我国标准的认证认可应当建立常态化、制度化的长效机制,认证认可制度应当与我国标准制定制度、标准制定主体相衔接,完善标准化体系,积极借鉴国外先进经验,实现标

---

① 张平、马骁:《标准化与知识产权战略》,知识产权出版社2005年第2版,第304页。

② 中国绿色食品发展中心:《绿色食品信息查询》,http://www.greenfood.agri.cn/xxcx/lssp/,最后访问日期:2019年10月4日。

③ 参见宋亚非、于倩楠:《消费者特征和绿色食品认知程度对购买行为的影响》,载《财经问题研究》2012年第12期。

④ 刘斌斌、杜海洋、兰宝艳:《我国绿色食品证明商标许可的成效与作用》,载《中华商标》2017年第10期。

⑤ 《标准化法》第三十二条原则上规定了县级以上人民政府标准化行政主管部门、有关行政主管部门应对标准的实施进行监督检查。实际上,标准的认证认可制度就是标准实施最高效的监督检查方法,但《标准化法》尚未对此做出必要的规定。

⑥ 新华社:《国家市场监督管理总局局长张茅等就"加强市场监管 维护市场秩序"答记者问》,http://www.gov.cn/xinwen/2019-03/11/content_5372867.htm#1,最后访问日期:2019年10月7日。

准化体系极其制度的科学合理。从制度构件层面看,公权力与证明商标权人应严格控制商标使用之方式,以免造成误认或有损消费者权益之情事。① 从市场方面看,消费者对认证认可商标的认识不足,消费者对认证认可商标的感知能力不足,不能够完整的解读认证认可商标所传达的有关产品或服务品质信息。因此,应进一步加强市场对认证认可商标的理解以及对消费者的宣传,力求使消费者能准确地破译认证认可商标所表达的准确含义,消费者自身不仅能购买到高品质的产品,反过来也能促进认证认可商标制度的发展。实现第三方认证的社会中间层主体地位,承担社会生活中市场失灵、降低交易费用、协作监管的功能。②

## 五、结语:标准与知识产权交织带来的机遇与挑战

标准与知识产权交织是市场经济与知识经济交织的必然结果。我国知识产权事业与标准化事业刚起步,厘清标准与知识产权关系具有较大的学术意义与实践意义,一方面为标准与知识产权交织的后续研究提供一般理论支撑,另一方面供实践政策部门提供参考。标准与知识产权全方面交织,由此带来的机遇与挑战是该领域未来的研究方向。未来研究主要有以下几个方面:第一,当前我国正在制定标准化战略,如何实现标准化战略与我国知识产权战略交织,制定一套体系科学合理的标准战略是今后研究的重点。第二,现阶段我国标准国际竞争力较弱,如何通过标准与知识产权的交织提升我国标准质量以及如何实现我国标准的国际化是未来我国标准化事业发展的重点,尤其在我国区域标准的构建以及区域标准如何推动"一带一路"建设,构建以标准为主的多边非政府治理模式。第三,标准与知识产权交织而产生的更细致的法律问题尚需理论界与实务界的回应,尤其是标准著作权保护、标准必要专利权人滥用权利、认证认可制度的构建等方面。本文起抛砖引玉作用,以期后续研究能进一步推进标准与知识产权交织之研究。

---

① 曾陈明汝:《商标法原理》(修订三版),蔡明诚续著,新学林出版股份有限公司2007年版,第24页。

② 高国钧:《第三方认证权的法律属性与基本特征——基于社会中间层主体理论的分析》,载《河北法学》2015年第11期。

# 附录二

## 标准必要专利中 FRAND 承诺的法律属性[①]■

**摘要:**FRAND 承诺可被称为是法学上的发现。通过解构 FRAND 承诺,发现其核心要素与意思表示之要素相契合,故可认为其是意思表示。目前学界认为 FRAND 承诺的法律性质为利益第三人合同或单方法律行为,但细究起来,这两种学说都有与传统民法理论相冲突的地方,故无法将其法律性质定义为利益第三人合同或单方法律行为。FRAND 承诺的法律效果并不会产生法律关系的变动,故 FRAND 承诺非为法律行为,仅仅是一个意思表示。FRAND 承诺的法律本质属性是以"公平、合理、无歧视"为条件与标准实施者签订专利许可合同的要约,标准实施者承诺后,标准必要专利权人与标准实施者之间产生预约合同关系。若标准必要专利权人违约,其应当承担违约责任,即应赔偿标准实施者的信赖利益损失。

**关键词:**FRAND 承诺;标准必要专利;预约合同;单方法律行为

1958 年 Hans Dölle 教授在德国法学家年会上提出了法学上的发现(Juristische Entdeckungen),旨在说明法学上的发现之意义。目前,民法学上所指之法学的发现主要指耶林发现的缔约过失责任。王泽鉴先生认为,法学上的发现区别于自然科学的发现,法学上的发现是基于思辨行为的发现,这类发现是我们能够认识到迄今尚未被人知悉的特定规则上的关联。耶林的法学上的发现,为如何合理规范社会生活开拓了一条路径。耶林发现的缔约过失责任理论的发展遍及全球,影响深远。[②] 耶林对缔约过失理论的发现以及后世对该理论的发展打通了债法与侵权法的融合地带,夯实了债法领域的理论。

标准必要专利是标准化与专利权耦合的产物,究其原因,主要有主、客观两

---

① 该文发表于《电子知识产权》2019 年第 6 期。

② 王泽鉴:《民法学说与判例研究》(合订本),北京大学出版社 2017 年版,第 8 页。

方面。主观方面,标准制定组织为了将专利纳入其制定标准,以追求产品制造的利益;客观方面,先进性、新颖性是专利权的核心要素,专利代表着当代某一技术领域的最新先进成果。可见,标准化的目的之一即是追求标准的先进性,故专利与标准化的耦合也是标准追求先进性的必由之路。鉴此,专利权人很可能借由其优势地位,滥用其专利权,形成专利垄断,侵扰市场竞争,故法律就必须对涉及标准的专利权进行必要的规制。目前,几乎所有的标准化组织制定标准都要求专利权人对其专利权许可作 FRAND(Fair reasonable and non-discriminatory)承诺。笔者认为,在标准必要专利反垄断、反不正当竞争领域,FRAND 承诺也可被誉为是法学上的发现,这是一个渐进、徐成的发现过程,从无到有,发展至今时间跨度近百年。[①] 目前国内外学界关于 FRAND 承诺性质探究已有不少成果,但均从 FRAND 承诺的某个特征为视角,与某种既有的法律概念相联系,而遗漏了 FRAND 承诺的上下游相关问题,故难以把握其制度全貌。本文从 FRAND 承诺的目的、内涵以及概念出发以期正确揭示其性质。

## 一、FRAND 承诺是意思表示

标准必要专利权人做 FRAND 承诺的直接法律后果是为了引起在私法上约束其专利权行使,间接目的是让其专利权被纳入标准获得更为广泛的使用,收取更多的许可费。

意思表示为进入法律行为的世界开启了一扇大门。它是确定以及赋予法律行为具有何种效力的手段。[②] 传统民法理论认为,意思表示,是指表意人向他人发出的表示,表意人据此向他人表明,根据其意思,某向特定的法律后果(或一系列法律后果)应该发生并产生效力。[③] 可见,标准必要专利权人做 FRAND 承诺是其真意的表达并成立某种法律效果,同时又使这种法律效果产生效力,从宏观层面上看,它与意思表示基本相同。但需对 FRAND 承诺依据意思表示的要素进行解构,从微观层面检视。

直至今日,意思表示的要素(构成要件)仍被分为三个组成部分:行为意思

---

① 关于 FRAND 承诺的发展历史及其发现过程,参见 Contreras, Jorge L., A Brief History of Frand: Analyzing Current Debates in Standard Setting and Antitrust through a Historical Lens, 80 *Antitrust L.J.* 39 (2015), pp. 39~120.

② Detlef Leenen, BGB Allgemeiner Teil: Rechtsgeschäftslehre, 2., neu bearbeitete Auflage, De Gruyter, 2015, S.57.

③ [德]卡尔·拉伦茨:《德国民法通论》(下册),王晓晔、邵建东、程建英、徐国建、谢怀栻译,法律出版社 2013 年版,第 450 页。

（Handlungswille）、表示意识（Erklärungsbewusstsein）和交易意思（Geschäftswille）。① 本文采经典的意思表示要素学说对 FRAND 承诺进行解构。

## （一）行为意思之检视

意思表示存在的必要的前提条件是客观构成要件的、有意识的实现，即表示本身必须是由意思（Willen）所控制。② 即该项意思表示要素应为表意人之内心真意。如上述，必要专利权人做 FRAND 承诺的目的是欲将其专利纳入标准，形成标准必要专利，借由标准的"东风"推广其专利权，扩大其许可范围，增加许可费，提高专利技术转化为经济利益的效率。即便此为表意人之目的，即动机，也非为意思表示之内容（FRAND 承诺中具有法律意义上之意思内容为公平、合理、无歧视为条件与标准实施者谈判标准必要专利的许可合同），但是仍可认为，表意人做 FRAND 承诺是具有其内心真意的，完全是发自其内心的，故，从这个角度看，表意人具有所谓意思表示的行为意思。

## （二）表示意识之检视

表示意识存在于，当行为人知道其行为意味着某个（irgendeine）法律上重要的表示时。行为人因此必须知道，其通过自己的行为表达了某种法律上重要的事情并由此在法律上受到约束。③ 如果说意思是意思表示之主观方面，那么表示则是将这种内化之意思外化的手段以及客观化的过程，表意人通过表示意识将其内心对外界表达，使世人知晓。表意人在为表示行为之时应当有表示意识，即表意人清楚地知晓他在进行表示行为，并且表示行为与内心意思是契合的。在 FRAND 承诺中，表示意识就可认为是标准必要专利权人将其意思表示之内容通过某种方式外化。通常，标准组织会要求必要专利权人以书面的方式做出 FRAND 承诺，这种书面承诺的方式就是将表意人内心意思所外化的过程。表意人在做书面承诺的同时，他清楚地知晓这种表示行为是将其内心意思的外化。故可推出表意人具有表示意识。

---

① ［德］本德·吕特斯、［德］阿斯特丽德·施塔德勒：《德国民法总论（第 18 版）》，于馨淼、张姝译，法律出版社 2017 年版，第 154 页。

② ［德］本德·吕特斯、［德］阿斯特丽德·施塔德勒：《德国民法总论（第 18 版）》，于馨淼、张姝译，法律出版社 2017 年版，第 154 页。

③ ［德］本德·吕特斯、［德］阿斯特丽德·施塔德勒：《德国民法总论（第 18 版）》，于馨淼、张姝译，法律出版社 2017 年版，第 155 页。

## (三)交易意思之检视

交易意思是指向特定法律后果(bestimmte Rechtsfolge)的意思,恰恰要完成一个十分具体的交易的意图。[①] 交易意思也称为效果意思,即表意人明确地知道他做成意思表示的法律效果会对表意人自己的权利义务关系产生何种影响。弗卢梅指出,意思自治是一种自负责任的行为(Selbstverantwortung)。[②]可见,作为意思自治之核心的意思表示,应是一种自负责任的行为,即表意人应当对意思表示产生的一切法律后果负责,这亦可认为是意思表示约束力的来源。因此,标准必要专利权人做 FRAND 承诺的同时,他不仅应当知晓做出FRAND 承诺后对其专利权的限制,还应当知道 FRAND 承诺如何对其专利权产生影响,即必要专利权人有义务依据其承诺与标准实施者就必要专利许可事宜进行善意的谈判,此其一;其二,若标准必要专利权人拒绝以 FRAND 条件许可标准实施者使用必要专利,那么裁判者将驳回标准必要专利权人对标准实施者的专利侵权禁令以及超过 FRAND 承诺部分的许可费,同时,标准必要专利权人还将面临涉嫌违反反垄断法的调查。标准必要专利权人在做 FRAND 承诺的同时,标准组织通常会告知他权利义务等利害关系。故可认为,必要专利权人在做 FRAND 承诺时具有交易意思(效果意思)。

## (四)小结

综上,经过解构 FRAND 承诺的要素,能够与经典的意思表示要素所契合,故可认为 FRAND 承诺是必要专利权人所发出的意思表示。笔者认为,虽FRAND 承诺的性质应当具有私法属性,能在私法体系上寻找到 FRAND 承诺的体系位置,但意思表示仅仅是开启法律行为的大门,仍具有千变万化的形态,FRAND 承诺仅是意思表示抑或是法律行为仍有待后文厘清。"法律行为"和"意思表示"的概念在许多情形中被作为同义词使用。民法典第一草案的《立法理由书》针对这两个概念在《民法典》中的适用阐述为:"意思表示可以被理解为法律行为中的意思表示。一般而言,意思表示和法律行为这两个表述被作为同

---

①　[德]本德·吕特斯、[德]阿斯特丽德·施塔德勒:《德国民法总论(第 18 版)》,于馨森、张姝译,法律出版社 2017 年版,第 158 页。

②　Vgl. Werner Flume. Allgemeiner Teil des Bürgerlichen Rechts Band2 Das Rechtsgeschäft, 4. Unveränd. Auflage, Springer-Verlag, 1992, Seites 61-62. 参见[德]维尔纳·弗卢梅:《法律行为论》,迟颖译,法律出版社 2013 年版,第 29 页。

义词使用。"①德国学者指出:"每个法律行为由一个或多个意思表示所组成。"②因此,仅仅确定了 FRAND 承诺为意思表示还不足以最终确定其法律属性。例如,单方行为就仅有一个意思表示,就能够独立的形成一个法律行为,引起权利义务关系的得丧变更;而要约、承诺虽是一个单独意思表示,但并不发生法律行为的法律效果,即引起权利义务关系的得丧变更,只有要约、承诺相互契合的情形下,才形成一个完成的法律行为,即合同,故作为法律行为的合同至少由两个意思表示所组成。

## 二、检视 FRAND 承诺之性质现有学说

本文已通过解构 FRAND 承诺的要素,揭示了 FRAND 承诺是意思表示,但不少学者、判例认为其性质之解释进路应更进一步,应解释为法律行为,主要有利益第三人合同说与单方法律行为说。

### (一)第三人利益合同说

利益第三人(Verträge zugunsten Dritter)当事人之一方(要约人),约使他方(债务人)向第三人给付或第三人即因之而取得直接请求给付权利之契约。③利益第三人契约分为了真正的利益第三人契约与不真正利益第三人契约,主要区别在于第三人是否对债务人有合同上的请求权资格(berechtigenden)。④ 真正利他合同(Echte Verträge zugunsten Dritter)的第三人可以依据合同取得对债务人的债权请求权,不真正利他合同(Unechte Verträge zugunsten Dritter)的第三人不能取得该请求权。⑤

利益第三人合同说认为,必要专利权人所作 FRAND 承诺之性质是为利益第三人合同,该说是美国学界与司法界之通说。该说主要从美国标准必要专利诉讼案例中发展而来。美国学者认为,"美国法院已经从 Apple, Inc. v. Motorola Mobility, Inc.(2011)以及 Microsoft Corp. v. Motorola, Inc.(2012)案中发现,以 FRAND 条件许可必要专利的情况下,标准的采用者(即被许可

---

① [德]维尔纳·弗卢梅:《法律行为论》,迟颖译,法律出版社 2013 年版,第 29 页。

② Köhler, BGB Allgemeiner Teil, 39., neu bearbeitete Auflage, C.H.Beck, 2015, S. 47.

③ 史尚宽:《债法总论》,中国政法大学出版社 2000 年版,第 614 页。

④ Brox/Walker, Allgemeines Schuldrecht, 38., aktualisierte Auflage, 2014, C.H. Beck, §10, Rn.2-3.

⑤ Barbara Dauner-Lieb/Werner Langen, NoMos Kommentar BGB Schuldrecht Band2/1, 3.Auflage, NoMos Verlag, 2016, §328, Rn.2.

人)是专利权人与标准制定组织之间的 FRAND 合同的利益第三人。"[1] 即，FRAND 承诺的受益人为标准实施者，其受益内容为标准实施者享受以 FRAND 条件与必要专利权人签订专利许可协议。

我国学者认为，FRAND 承诺的性质为利益第三人合同。第一，虽然标准实施者非合同当事人，但是他可以请求必要专利权人履行 FRAND 承诺许可实施其专利技术，该权利是因为必要专利权人向标准制定组织做出承诺而获得。第二，该合同必要专利权人履行 FRAND 的义务，未科以标准实施者义务。第三，标准实施者可以独立的请求必要专利权人履行 FRAND 义务。第四，原合同的订立无需征得标准实施者的同意。[2]

笔者认为，FRAND 承诺之性质解释为利益第三人合同有待商榷。

第一，依据传统民法理论，由合同关系所产生的债权效力具有相对性，虽然利益第三人合同是对合同效力相对性的突破，但这种突破是有限的，即突破之边界仅到第三人为止，其效力范围仅及于特定的第三人；不同于物权等绝对权，其效力范围及于不特定第三人。那么，在 FRAND 承诺被解释为利益第三人合同情况下，第三人的特定性应受检视。目前，国内外学者认为 FRAND 承诺的性质为利益第三人合同，其受益人为所有潜在的标准实施者。我国学者进一步指出，标准可以被重复使用并且不会穷尽的特性可以满足向所有潜在标准实施者履行。[3] 一方面，我国学者所主张的"FRAND 承诺是向所有的潜在标准实施者做出"，这种认识正是合同相对性理论所排斥的，标准实施者的潜在性体现了第三人的不特定性，这种对标准实施者范围的简单概括不宜解释为将第三人特定化，反而呈现出 FRAND 承诺的对世效力。另一方面，若必要专利权人标准实施者违反 FRAND 承诺，标准实施者可以独立请求权必要专利权人履行 FRAND 义务，初看起来，该 FRAND 承诺的特征看似真正利益第三人合同，但实际上，这种独立请求权并不当然是基于利益第三人合同产生的，其他法律关系也能够产生这种效力，例如，要约等对必要专利权人具有约束的意思表示。

第二，FRAND 承诺中第三人非纯获利益。传统民法理论认为，第三人所获得的合同利益，对第三人而言，乃纯获法律上之利益。[4] 我国台湾学者认为，必

---

[1]　J. Gregory Sidak，A FRAND Contract's Intended Third-Party Beneficiary，1 Criterion J. on Innovation 1001（2016），1004.

[2]　马尚、陶丽琴、阮家莉：《标准必要专利禁令请求权的抗辩——从利益第三人合同的视角》，载《标准科学》2017 年第 9 期。

[3]　马尚、陶丽琴、阮家莉：《标准必要专利禁令请求权的抗辩——从利益第三人合同的视角》，载《标准科学》2017 年第 9 期。

[4]　郑冠宇：《民法债编总论》，新学林出版股份有限公司 2017 年版，第 307 页。

要专利权人做出 FRAND 承诺并未放弃专利权的排他权,充其量只是放弃排除请求权的行使而已,该声明尚不发生授权专利的积极意义,其仍保有请求专利许可费的利益,第三人(标准实施者)仍需要负担专利许可费用。① 可见,标准实施者在 FRAND 条件下与必要专利权人谈判许可协议仅仅是必要专利权人放弃排除请求权的行使的必然后果,并非必要专利权人以标准实施人获利为内容的意思表示。

第三,第三人权利取得节点尚待厘清。若将 FRAND 承诺解释为利益第三人合同,那么第三人利益取得的时间节点将成为话说必须要回答的问题。权利取得的时间节点与取得方式具有直接关系,目前利益第三人合同利益的取得方式在比较法上有自动取得说与接受说。接受说认为,只有在第三人做意思表示明示或默示接受他人合同授予的利益之后,第三人才取得权利。② 之所以第三人能取得权益,是因为产生于第三人接受利益的意思表示。③ 自动取得说认为,第三人约款无需得到第三人之同意即生效力。④ 目前,标准组织的知识产权政策、国内外学者的研究抑或是美国的裁判均未厘清该问题,笔者认为,该问题并不是被忽视,而是无法解释。其一,假设为第三人做意思表示接受权利,似与 FRAND 承诺之目的不符,由于 FRAND 承诺是一种要求必要专利权人放弃一定权利的承诺,该承诺之意思表示一经做出就有效力,不需要任何人的接受。其二,假设为自动取得,即做出 FRAND 承诺之日起第三人取得权利,但由于取得主体无法特定化,常常标准实施者均在必要专利权人做出 FRAND 承诺以后才开始与其协商专利许可,那么将会产生一个权利人尚未确定,但权利已经产生的结果,其与民法学上"一秒钟"逻辑相矛盾。

故,FRAND 承诺之性质无法解释为利益第三人合同。

## (二)单方法律行为说

我国学者认为:"FRAND 承诺只不过是标准必要专利权人给其标准必要专利设定负担的单方法律行为。"⑤该说认为:首先,FRAND 承诺是必要专利权人欲意引起法律关系变动而从事的意思表示行为。再者,FRAND 承诺一经做出立即生效,并且为标准必要专利设置了一个负担,故依据法律行为的分类,

---

① 杨宏晖:《论 FRAND 授权声明之意义与性质》,载《月旦民商法杂志》2015 年第 12 期。

② 张家勇:《为第三人利益的合同的制度构造》,法律出版社 2007 年版,第 236 页。

③ 参见戴修瓒:《民法债编总论》,三民书局 1993 年第 4 版,第 311 页。

④ 郑冠宇:《民法债编总论》,新学林出版股份有限公司 2017 年版,第 307 页。

⑤ 李扬:《FRAND 承诺的法律性质及其法律效果》,载《知识产权》2018 年第 11 期。

FRAND 承诺应解释为单方法律行为。笔者认为,该说值得肯认之处是:不仅正确地观察到了 FRAND 承诺对必要专利权人的约束效力,还精确地揭示了必要专利权人对必要专利设定的负担完全是出自于其真实的意思表示。但将 FRAND 承诺之性质解释为单方法律行为仍有值得商榷之处。

单方法律行为(Einseitige Rechtsgeschäfte)也是法律行为的一种类型,它仅需要一个意思表示即可产生法律关系的变动,不同于多方法律行为需要至少两个意思表示,例如,合同。① 单方法律行为所产生的是法律关系的变动,即法律关系的产生、变更、消灭,其与多方法律行为的根本差别在于仅需一方当事人即可完成这一行为。而反观 FRAND 承诺,虽一经做出便能立即对必要专利权人产生约束效力,但是这种约束效力不一定就是如同单方法律行为所直接引起的法律关系产生变动的效力,例如,抛弃所有权直接引起物权关系的变动。当事人所做出能够束己的意思表示除了单方法律行为行为外,还有合同法上的要约、承诺等,只是束己行为所发生的根据以及效力各不相同。

单方法律行为说重点强调 FRAND 承诺作为法律行为的一种,因其无受领对象,而具有单方性。笔者认为,实际上,FRAND 承诺并非没有受领人。一方面,标准制定组织欲将必要专利权人之专利纳入标准中,就必须要求必要专利权人做 FRAND 承诺,此时,标准制定组织即为这项以"公平、合理、无歧视"为内容的意思表示之受领人。从这个角度看,是标准制定组织的要求在先,必要专利权人的承诺在后,可见,标准组织要求必要专利权人做 FRAND 承诺的意思表示为要约,必要专利权人所做的 FRAND 承诺更像是承诺(合同法上之承诺),故难谓单方法律行为。另一方面,从 FRAND 承诺的目的是必要专利权人欲使其专利获得更大范围的推广以收取更多的许可费,可见,FRAND 承诺仅仅只是必要专利权人达成目的的手段而已,并不仅仅是一个单纯的束己行为,而应当是一种利己行为,笔者认为,FRAND 承诺的本质内涵是必要专利权人以"公平、合理、无歧视"为内容与被许可人签订许可合同的一项前置制度,期许被许可人对专利权人的 FRAND 承诺做出回应,与其进行对许可协议进一步的磋商谈判,具有极强的互动性,非单方性。单方法律行为的自我性、单方性,正如德国民法学家弗卢梅所述:"在不涉及他人的情况下,人们可以基于单方法律行为形成法律关系。"② 由于 FRAND 承诺并非不涉及他人的,故难谓其为单方法律行为。

---

① Detlef Leenen, BGB Allgemeiner Teil: Rechtsgeschäftslehre, 2., neu bearbeitete Auflage, De Gruyter, 2015, S.243. Köhler, BGB Allgemeiner Teil, 39., neu bearbeitete Auflage, C.H.Beck, 2015, S.39.

② [德]维尔纳·弗卢梅:《法律行为论》,迟颖译,法律出版社 2013 年版,第 160 页。

因此,FRAND 承诺本身虽然是一种必要专利权人的束己行为,但实际上,放眼于标准必要专利许可谈判以及必要专利权人与标准组织之间的关系,FRAND 承诺更加体现的是一种互动性,具有合同品格的意思表示,而不是仅具有单方性品格的单方法律行为。

单方法律行为之所以区别于多方法律行为,是因为单方法律行为是由一个意思表示构成就能够产生法律关系的变动,而多方法律行为需要至少两个以上的意思表示。本文认为,FRAND 承诺本身,既不是单方法律行为,也不是多方法律行为,它仅仅是一个意思表示,那么该意思表示在民法上的定位、属性又是什么呢? 容下文详述之。

## 三、作为意思表示的 FRAND 承诺的真正法律属性为要约

通过检视上文对目前学界、判例主流的两种有关 FRAND 承诺性质是法律行为的解释进路,笔者认为,无论是利益第三人合同说或是单方法律行为说都有与传统民法理论、概念不相兼容之处。FRAND 承诺之性质解释进路,应回归到意思表示层面。

### (一)FRAND 承诺在必要专利许可交易中的地位

一方面,专利权人作 FRAND 承诺的目的是将其专利与标准融合,与更多的标准实施者订立许可合同,扩大其专利权的影响力,获得更多的专利许可金。另一方面,在于保障标准实施者均得以合理条件取得标准专利授权,免受不合理之刁难阻挠,其有意保护标准实施者之意图甚为明显。① 可见,FRAND 承诺本身并不涉及具体专利许可合同的内容,它仅是在为促成双方当事人能够尽可能的签订专利许可合同做铺垫,如此,便能在专利权许可谈判方面最大可能的消除障碍,扩大标准的适用范围,提高标准的影响力,进而以标准的先进性促进产业的先进性。FRAND 承诺在标准必要专利的整个许可过程中之角色在许可合同之前,且不涉及许可合同的具体内容,例如,许可费、许可期限等,故可认为,FRAND 承诺是一种为许可合同铺垫的先合同行为。

FRAND 承诺仅是一个先合同的意思表示,其尚未发展成法律行为,无法引起法律关系的直接变动。但 FRAND 承诺仍具有法律约束力,其是必要专利权人所做的一种束己行为。FRAND 承诺的目的在于保障标准实施者能够公平、

---

① 王立达:《标准必要专利权行使之国际规范发展与比较分析——FRAND 承诺法律性质、禁制令、权利金与竞争法规制》,载《月旦法学杂志》2018 年第 4 期。

合理的条件取得专利权,因此,就必须为专利权人在专利权许可谈判中设置一些负担,即在专利权许可合同的谈判过程中,必要专利权丧失了其作为必要专利权人本该有的较优势地位,失去了较多的谈判筹码。

故,FRAND 承诺具有预约性质:一方面是必要专利权人所做的一种束己的意思表示,另一方面,FRAND 承诺的受领对象为标准实施者。故 FRAND 承诺是一种必要专利权人所做的为与标准实施者签订必要专利许可合同的意思表示,缔约意向的表达。

## (二)作为预约合同要约的 FRAND 承诺

笔者认为,FRAND 承诺的法律性质解释进路应为:标准必要专利权人向标准实施者所发出的以公平、合理、无歧视原则与标准实施者签订标准必要专利许可合同的预约合同的要约。

要约,是指为相对人创设一经其同意即成立合同的法律地位的需受领的意思表示。[①] 要约是一种与承诺结合后成立一个法律行为(合同)的意思表示,要约本身并不构成一个独立的法律行为。[②] 构成要约必须符以下条件:要约必须是特定人所为的意思表示,要约必须向相对人发出,要约必须具有缔结合同的目的,要约的内容必须具体确定。[③]

FRAND 承诺之性质为要约应受检视:

其一,要约必须是特定人所为的意思表示。要约是要约人向相对人所作出的含有合同条件的意思表示,旨在得到受要约人的承诺并成立合同,只有要约人是特定的人,受要约人才能对之承诺。[④] FRAND 承诺是一个由标准必要专利权人所做出的意思表示,因此,FRAND 承诺作为要约,其要约人是特定的,即标准必要专利权人,受要约人的承诺受领人应是标准必要专利权人。标准必要专利权人作为要约人的特定性,不仅可以为单独一人,还可以是多人(合作发明的情形),甚至可以是法人或非法人组织。

其二,要约必须向相对人发出。要约必须经过相对人的承诺才能成立合同,因此,要约必须是要约人向相对人发出的意思表示。[⑤] 笔者认为,要约相对人应是标准实施者。若 FRAND 承诺的法律性质为要约,那么要约标的为"以

① 赵文杰:《要约》,载《中德私法研究(13):合同因违法而无效》,王洪亮、张双根、张谷等主编,北京大学出版社 2016 年版,第 273 页。
② 韩世远:《合同法总论》,法律出版社 2018 年第 4 版,第 117 页。
③ 参见崔建远:《合同法》,法律出版社 2015 年第 6 版,第 28～29 页。
④ 崔建远:《合同法》,法律出版社 2015 年第 6 版,第 28 页。
⑤ 崔建远:《合同法》,法律出版社 2015 年第 6 版,第 28 页。

FRAND 为条件与标准实施者签订专利许可合同"，因此，受要约人可确定为标准实施者。要约相对人一般为特定的人，但在特殊情况下，对不特定的人作出但无碍要约所达目的时，相对人亦可不为特定人。① 标准实施者是一个笼统的、概括性的群体，任何人都有可能成为标准实施者，可见标准实施者具有潜在性的特征，从而成为不特定主体。但依 FRAND 承诺之目的就是为了保障不特定的标准实施者的利益以及限制专利权人的谈判优势地位，故，即便作为要约的 FRAND 承诺之要约相对人为不特定主体，也不会碍于 FRAND 之目的实施。

其三，要约必须具有缔结合同的目的。检视一个意思表示是否具有缔结合同之目的，只要看其要约中是否清楚地、明确地将这种意思表达出来。在 FRAND 承诺中，其缔结的合同为：以 FRAND 承诺为条件与相对人签订专利许可合同的预约合同，可见，作为要约的 FRAND 承诺中，其缔约目的应是十分明确的。

其四，要约的内容必须具体确定。若 FRAND 承诺作为要约，其内容必须确定。但 FRAND 承诺内容的不确定性、模糊性、原则性饱受国内外学界诟病，不少学者认为，应当将 FRAND 承诺内容具体化、制度化、条文化。② FRAND 承诺仅表明以公平、合理、无歧视条件给予所有潜在标准实施者许可，对方当事人名称、标的、数量、质量和价款等合同基本内容都不确定。③ 笔者认为，若将 FRAND 承诺认为是专利许可合同的一部分，当然不够具体，且十分模糊，这是因为：必要专利权人与标准实施者有关标准必要专利许可问题的谈判、磋商已经进入了实质阶段，即涉及许多核心问题，例如，专利许可费、许可期限等。但实际上，FRAND 承诺只不过是一个预约合同的要约。作为预约合同，尤其交易上之实际需要即对本约之预备性功能，可先确定当事人有受契约约束及订立本约之意。④ 预约合同不涉及本约具体内容，它仅强调双方当事人有义务在预约的外部架构范围内，嗣后进一步订立另一个债权契约，亦即本约。若预约涉及本约的具体内容，则其不仅是预约，应直接认定为本约。⑤ 可见，FRAND 承诺的模糊性与其预约合同的品格有关，旨在约束标准必要专利权人与标准实施者的谈判，限制标准必要专利权人的优势地位，其强调以"公平、合理、无歧视"原

---

① 崔建远：《合同法》，法律出版社 2015 年第 6 版，第 28 页。

② Jorge L. Contreras, Fixing Frand: A Pseudo-Pool Approach to Standards-Based Patent Licensing, 79 *Antitrust L. J.* 47 (2013), pp. 47～97.

③ 李扬：《FRAND 承诺的法律性质及其法律效果》，载《知识产权》2018 年第 11 期。

④ 吴从周：《论预约：探寻德国法之发展并综合分析台湾"最高法院"相关判决》，载《台大法学论丛》第 42 卷特刊，2013 年 11 月，第 768 页。

⑤ 陈自强：《契约之成立与生效》，元照出版公司 2014 年版，第 114 页。

则进一步签订标准必要专利许可合同。由是观之，FRAND 承诺的模糊性正是由其预约性质所决定的，为双方当事人预留更多的空间为许可合同的谈判，许可合同具体的条款应由当事人后续的磋商，易言之，此预约合同的功能是为本约的顺利签订保驾护航。

据此，我们可以认为，FRAND 承诺是以"以公平、合理、无歧视原则与标准实施者签订标准必要专利许可合同"为内容的预约合同的要约。

## (三)作为预约合同要约的 FRAND 承诺的效力

### 1. 作为预约合同要约的 FRAND 承诺的生效时间

由于要约是需受领的意思表示，所以到达受要约人时生效(《合同法》第 16条第 1 款)。[①] FRAND 承诺受要约人是不特定化、概括化的标准实施者，其生效时间节点为何时，即何时到达受要约人的，这是将 FRAND 承诺的法律性质定义为预约合同要约中不可回避的问题。

FRAND 承诺作为要约，其生效时间节点应当是进入具体受要约人的管领范围时，即具体受要约人知道或应当知晓该要约时。由于 FRAND 承诺是由标准必要专利权人统一做出的，无法针对每个具体的标准实施者分别做出，只能概括性的向潜在的标准实施者这个群体发出，故该要约仅发出一次，尽管受要约人可能是多数人。那么该要约即构成向不特定人发出的要约(Angebot ad incertam personam)，即所谓的公众要约，类似于自动贩卖机、公共交通工具等。[②] 正是由于公众要约到达潜在的、具体的受要约人的时间节点并不相同的特点，笔者认为，FRAND 承诺作为要约的生效时间节点应当是进入具体受要约人的管领范围时。具体来说，当潜在的标准使用者确定使用某一包含了必要专利的标准后，即标准使用者阅读了某一包含有必要专利的标准文本后，就可以认为标准必要专利权人的 FRAND 承诺到达标准使用者(要约受领人)的管领范围，此刻，FRAND 承诺就发生了要约效力。

### 2. 作为预约合同要约的 FRAND 承诺的撤回

既然 FRAND 承诺为预约合同的要约，那么要约撤销也就是不可回避的问题了，要约到达受约人处之前可以撤回(《合同法》第十七条)。FRAND 承诺是向不特定的、潜在的标准实施者发出的预约合同要约，因此，要约到达时间的不同就决定了要约生效的时间也不同，标准必要专利权人可在何时撤回其要约

---

①　赵文杰:《要约》,载《中德私法研究(13):合同因违法而无效》,王洪亮、张双根、张谷等主编,北京大学出版社 2016 年版,第 278 页。

②　杨代雄:《〈合同法〉第 14 条(要约构成)评注》,载《法学家》2018 年第 4 期。

呢？笔者认为，FRAND承诺撤回在到达第一位标准实施者之前可以撤回。理由如下：由于要约尚未到达任何一个潜在的受要约人，故要约可以撤回应无疑问。但是，当FRAND承诺到达第一个标准实施者后，到达第二个标准实施者之前，FRAND承诺能否撤回就有探讨之空间。依据FRAND承诺的内容，应当与任何一个潜在的标准实施者以"公平、合理、无歧视"的条件签订专利权许可协议。通常要约人撤回其要约是为了变更其要约之内容，进而对日后合同订立之内容产生实质性影响，若FRAND承诺到达第一个受要约人后到达第二个受要约人之前，要约人撤回其要约，将有违FRAND承诺之"公平、合理、无歧视"之根本精神，即对前、后受要约人可能有"不公平、不合理、歧视"的缔约磋商过程。故可认为，FRAND承诺实际上是标准必要专利权人所做出的、含有不撤回该要约的要约。

### 3. 标准实施者的承诺法律效果

受要约人对要约进行承诺的法律效果为双方当事人的合同成立。若标准实施者对必要专利权人所做出的"以公平、合理、无歧视条件与标准实施者订立必要专利许可协议"的要约进行承诺，这就意味着双方当事人成立"以公平、合理、无歧视条件与标准实施者订立必要专利许可协议"为合同标的预约合同，对双方均具有合同约束力。此刻，FRAND承诺才真正发生"以公平、合理、无歧视条件与标准实施者订立必要专利许可协议"的法律效果，这是法律行为区别于要约的法律效果。标准必要专利权人应当恪守诚实信用原则与标准实施者进行必要专利许可协议的谈判二作。

至于标准实施者的承诺方式，笔者认为，只要标准实施者有意愿采用含有该专利的标准，这种意愿即可解释为是标准实施者对标准必要专利权人"以公平、合理、无歧视条件与标准实施者订立必要专利许可协议"要约的承诺。

### 4. 违反FRAND承诺的法律效果

FRAND承诺实际上是预约合同的要约，到达第一个标准实施者后便不能撤销，当标准实施者对该要约进行承诺，预约合同即刻成立。预约合同的生效要件应为合同的普通生效要件，通常预约合同成立时就生效，对双方当事人具有法律拘束力。

标准实施者与标准必要专利权人之间的许可合同的标的是必要专利权人应以"公平、合理、无歧视"的条件与标准实施者进行专利许可合同的磋商、签订。若必要专利权人违反了预约合同，即以"不公平、不合理、歧视"的条件以某一标准实施者进行专利许可合同的谈判，具体来说，标准必要专利权人假意订立合同与标准实施者恶意磋商等情形。由于可归咎于标准必要权人的原因，最终导致许可合同无法签订。那么，必要专利权人就应承担预约合同的违约责任。笔者认为,对于有效成立的预约合同,其相应的损害赔偿内容为预约合同的履行利益。依据预约合同的目的,预约合同的履行利益是双方当事人订立本约,由于违反预约合同的结果是没有订立本约,故预约合同的履行利益实际上就是本约的信赖利益。故,我们可以认为,FRAND 承诺人若违反其"公平、合理、无歧视与标准实施者订立许可合同"之预约合同义务时,他应当承担预约合同的违约责任,违约责任承担的范围是预约合同的履行利益,即以本约的信赖利益为限。由于合同法奉行契约自由原则,裁判机关无法依据预约合同强制违约方缔约,违约损害赔偿在这里的主要目的是要以金钱替代债务人履行债务。

# 四、结论

标准必要专利纠纷案件日渐复杂化、专业化、国际化,对我国裁判部门是个不小的挑战,但厘清 FRAND 承诺的性质对实践审判工作有所助益。本文认为,FRAND 承诺实际上是民法上的意思表示,并非利益第三人合同、单方法律行为等法律行为,其本质是"以公平、合理、无歧视条件与标准实施者订立必要专利许可协议"的要约。依据 FRAND 承诺要约的本质,应适用民法的相关规范与理论以解决,但同时,应当结合 FRAND 承诺的特殊性,才能准确适用法律。因此,本文通过揭示 FRAND 承诺之性质,以期能够对涉及 FRAND 承诺之纠纷审理有参考价值,加深学界以及实务界对 FRAND 承诺的理解。